谨以此卷献给姚梅镇先生诞辰一百周年

武大国际法评论

钱绍武题

CSSCI（2014-2015年）来源集刊

武大国际法评论

WUHAN UNIVERSITY INTERNATIONAL LAW REVIEW

教育部人文社会科学重点研究基地
武汉大学国际法研究所
主办

第十八卷·第一期
VOL.18 No.1

WUHAN UNIVERSITY PRESS
武汉大学出版社

图书在版编目(CIP)数据

武大国际法评论 = WUHAN UNIVERSITY INTERNATIONAL LAW REVIEW. 第18卷.第1期/教育部人文社会科学重点研究基地,武汉大学国际法研究所主办.—武汉:武汉大学出版社,2015.10
ISBN 978-7-307-16986-9

Ⅰ.武…　Ⅱ.①教…　②武…　Ⅲ.国际法—研究　Ⅳ.D99

中国版本图书馆CIP数据核字(2015)第244708号

责任编辑:钱　静　　责任校对:汪欣怡　　版式设计:马　佳

出版发行:**武汉大学出版社**　(430072　武昌　珞珈山)
(电子邮件:cbs22@whu.edu.cn　网址:www.wdp.com.cn)
印刷:武汉中科兴业印务有限公司
开本:787×1092　1/16　印张:23　字数:448千字　插页:2
版次:2015年10月第1版　2015年10月第1次印刷
ISBN 978-7-307-16986-9　定价:53.00元

武大国际法评论

第十八卷·第一期

编辑部邮箱：whuilr@ whu. edu. cn　whuilr@ 163. com

通 信 地 址：湖北省武汉市武汉大学法学院

《武大国际法评论》编辑部

邮 政 编 码：430072

Wuhan University International Law Review

Vol. 18 No. 1

E-mail: whuilr@ whu. edu. cn　　whuilr@ 163. com

Address: Editorial Board of Wuhan University International Law Review,
School of Law, Wuhan University, Wuhan 430072

武大国际法评论

学术顾问

(按姓氏拼音先后为序)

Wuhan University International Law Review

Editorial Advisory Board

目　录

一、姚梅镇学术思想

二、专论

三、国际投资法

四、国际谈判见闻

五、书评

TABLE OF CONTENTS

Yao Meizhen's Academic Thought

Articles

International Investment Law

International Negotiation

Book Review

一、姚梅镇学术思想

国际经济法是一个独立的法学部门
——姚梅镇先生的学术思想给我的启迪与思考

□ 余劲松*

20世纪80年代初，国际经济法学在我国和国际上都是一门新兴学科。无论是国际经济法的概念与范围还是研究方法，在学术界都存有争论。姚梅镇先生自改革开放伊始就致力于国际经济法的研究，并在分析比较国际实践和学界观点以后，在国内率先倡导打破传统的法学分科，采用综合的方法研究国际经济法。他提出的国际经济法是一个综合私法与公法、国内法与国际法而形成的独立的法学部门的学说与观点，现已成为我国国际经济法学界的代表性学说，推动了中国国际经济法学的长足发展。然而，作为一个学术问题，国际经济法的研究方法以及国际经济法的对象和范围仍然是学界争论的一个问题。学界也有观点认为，传统法学分科具有合理性，应该按照公法与私法的划分方法来确定国际经济法的对象与范围。对于这一问题，姚先生生前也曾与我讨论过，在我后来从事国际经济法的教学与科研的学术生涯中，我也经常思考这一问题。我始终认为姚先生关于国际经济法的观点与方法是科学合理的，这不仅仅是因为我作为姚先生的学生受其启迪和影响，在很大程度上也是出于我自己在国际经济法的教学科研实践中的认识和思考。

一、关于国际经济法的研究方法

对于国际经济法这一新兴学科，姚梅镇先生从一开始就主张采取综合的、实证

* 教授、博士研究生导师，中国人民大学国际法研究所所长。

的研究方法。他认为，对于国际经济法研究的对象和方法，“首先要问的是，客观现实的‘问题是什么?’而不是‘法是什么’”。①

从实际出发来研究问题，从哲学的角度看，这也是唯物主义的认识论和方法论。作为“文革”后的首届大学生，我们入学后在学习哲学课时，全国正在开展一场“真理标准”的大讨论，那场大讨论对于解放思想具有重要意义，对我以后认识问题分析问题都具有重要影响。辩证唯物主义的认识论和真理标准的大讨论告诉我们：认识事物应从实际出发，要按客观事物的本来面貌认识它们；世界上的事物都是互相联系的，不要孤立地看问题；事物是发展变化的，不要静止地看问题；认识的真理性也只有在实践中得到检验和证明，实践是检验真理的唯一标准。这种认识论或方法论对我以后的法学研究也很有影响，当我开始研习国际经济法时，姚先生关于从客观现实的“问题是什么”出发的见解，我就深以为然，觉得这符合唯物主义的认识论和方法论。

从科学方法论角度看，姚先生所主张的是一种实证研究方法。实证方法是自然科学采用的方法，但在社会科学、包括法学领域也早已得到广泛运用。马克思、恩格斯将自己的历史唯物主义学说也定性为实证科学，因为他们是立足于现实的实践本身，从人类生产活动的现实性出发考察历史的。② 实证方法是注重从客观实际出发的，客观实际是我们研究问题的起点，是开展进一步研究的必要条件。要回答“问题是什么”，就必须从客观现实出发，对有关问题进行研究和分析。

对于法学的研究对象“是什么”这一问题来说，实证研究方法告诉我们，必须根据社会关系的变化和发展，从实际出发而不是从先验出发，来考察和确定。因为随着社会的发展变化，社会关系也在发展和变化。法学部门的划分是人为的，必须依据社会关系的发展和变化来划分。对于国际经济法这一新兴学科来说，要回答其对象和范围“是什么”，就不应从先验的概念、原则或学说出发，而应该根据国际经济交易的客观实际考察。姚先生在一开始研究国际经济法时就注意到，美国学者注重实证研究方法，把个人、公司、国家、国际组织跨国交易与关系的一切法律

---

① 姚梅镇：《国际经济法是一个独立的法学部门》，载《中国国际法年刊》1983年卷，第373~385页。

② 马克思在《资本论》第一卷（人民出版社1975年版）的序言中说：“物理学家是在自然过程表现得最确实、最少受干扰的地方考察自然过程的，或者，如有可能，是在保证过程以其纯粹形态进行的条件下从事实验的。我要在本书中研究的，是资本主义生产方式以及和它相适应的生产关系和交换关系。到现在为止，这种生产方式的典型地点是英国。因此，我在理论阐述上主要用英国作为例证。”

问题作为其研究对象，提出了“跨国法”①、“国际交易与关系法”②、“跨国法律问题”③ 等概念。姚先生认为，美国学者的跨国法的设想和研究方法，能反映并符合现代国际经济交往的实况，“代表了一种新的趋向，实属可取”。④ 我对此也十分认同。我认为姚先生对国际经济法研究所持的是一个严谨学者所具有的实事求是的科学态度。胡适很早就曾说过：“科学本身只是一个方法，一个态度，一种精神。”科学的态度和方法必然要求从实际出发，不受传统观念束缚，不拘窠臼，解放思想，这样才能有所开拓和创新。

二、传统公法与私法的划分及其变化

然而，前面谈到，对于打破传统法学分科来研究国际经济法的观点，也有学者并不认可或持怀疑态度。我认为，作为一个学术问题，学术界是完全可以对此进行争鸣和讨论的。但这里我觉得需要注意的是，姚梅镇先生并没有否认公法与私法的划分，他只是认为，研究国际经济法，应打破传统的法学分科，其理由是传统的法学分科没有注意到公法与私法、国际法与国内法间的联系，而这在国际经济法领域更为突出。

法的分类理论源自罗马法学家，后来成为大陆法系国家法的分类的基础。公法与私法的分类最早是由罗马法学家乌尔比安所提出的，他依据法的调整对象和价值取向的不同将法划分为公法与私法，“公法涉及罗马帝国的政体，私法则涉及个人的利益”。19 世纪后，公私法之分在欧洲大陆法系国家的法律编撰、法制改革、法学教育中被广泛运用。

公法与私法的划分仍然具有重要意义。对于我国来说，在以前计划经济时代，主要强调公权、公共利益的保护，而不重视私权、私人利益的保护。改革开放以后，随着市场经济的发展，为保护私人利益，私权才日益受到重视，民法、物权法、债权法、公司法等私法制度也逐步建立和完善。私法作为调整私人当事人间的平等关系，“以权利为本位，并主张权利的同等保护”。⑤ 强调私权和私法的重要性，对于限制国家权力、维护私人利益无疑具有重要意义。

---

① Philip C. Jessup, *Transnational Law*, Yale University Press, 1956.

② Milton Katz and Kingman Brewster, *The Law of International Transactions and Relations, Cases and Materials*, Foundation Press, 1960.

③ Steiner and Vagts, *Transnational Legal Problems*, Foundation Press, 1968.

④ 姚梅镇：《国际经济法是一个独立的法学部门》，载《中国国际法年刊》1983 年卷，第 373~385 页。

⑤ 江平、张楚：《民法的本质特征是私法》，载《中国法学》1998 年第 6 期。

然而，公法与私法并不是划分法律部门的唯一标准。这种分类是大陆法国家采用的，英美法并没有像大陆法国家那样严格划分公法与私法。同时，公法和私法的划分也不能绝对化。①

例如，随着社会的发展，法的调整对象也在不断发生变化。人们认识到，除了传统的国家利益和个人利益外，社会利益现在也日益突出。近代社会连带学派的狄骥就强调社会连带关系，而否认公法和私法的划分。美国著名的社会法学派庞德认为，法是社会控制工具，要协调和保障各种利益，并第一次对个人利益、公共利益和社会利益这三类利益进行了系统的阐述。② 随后，为调整特定社会利益，社会法也应运而生。学者认为，社会法是介入公法和私法之间的一类法律、法规的总称，以此为研究对象的学科即社会法学。

从法律主体和国家参与的法律关系看，也产生了重要变化。根据传统公法与私法的划分标准，公法是调整国家与个人之间的关系的，而私法是调整个人与个人之间的关系的；或者，公法是国家直接参与法律关系的法律，而私法则是国家不直接参与但需要国家监督和保护的法律。③ 但是，随着社会的发展和国家职能的变化，国家既可以是社会的管理者，同时它也可以从事私法主体所从事的活动。例如，国家可以与私人缔结合同，从事商事交易，处分财产等。因此，国家与私人间合同，例如政府与私人间关于自然资源开发或基础设施建设的特许协议，其性质是公法合同还是私法合同，就成为一个颇有争议的问题。现代纯粹法学的代表人物凯尔森就从这个角度出发，对传统的公法与私法的划分持否定态度。凯尔森认为，“在所有现代法律秩序中，国家和任何其他法人一样，可以具有对物权和对人权，具有由‘私法’所规定的任何权利和义务。在有一个民法典时，该法典的规范同等地适用于私人与国家。……一个法律关系以国家为其当事人一方的事实，并不一定要将国家从私法领域中移出。区分公法与私法之间的困难正好在于国家及其国民间的关系不仅具有‘公的’而且还有‘私的’性质。”④

依照传统的公法与私法划分的理论，国家与个人之间的关系是“公法”性质，受公法调整，而私人间的关系是“私法”性质，受私法调整。然而，随着社会的发展，经济与社会关系的日趋复杂化，调整这些关系的法律手段也不再是那么单

① 公法和私法的划分标准本身就有争议。关于公法与私法划分标准，有以下几种学说：（1）利益说（或目的说）；（2）主体说（或权力说）；（3）法律关系说等。

② ［美］罗斯科·庞德：《通过法律的社会控制》，沈宗灵译，楼邦彦校，商务印书馆 2010 年版。

③ 参见［日］美浓部达吉：《公法与私法》，黄冯明译，中国政法大学出版社 2003 年版。

④ ［奥］凯尔森：《法与国家的一般理论》，沈宗灵译，商务印书馆 2013 年版，第 298 页。

一，而是相互融合了。私法的公法化和公法的私法化已成为有目共睹的客观趋势。例如，19世纪末期以后，公法就已开始干预私人经济关系，以前私法自治、契约自由等已经受到某种程度的限制了。同时，私法手段也可以用来调整公法关系了。现在不少法律里通常既有公法又有私法规范。例如我国的证券法、期货法、保险法等就是如此。

在经济全球化的今天，这些变化在国际经济法领域也表现得十分明显。以前，国际公法是不介入私人经济关系的，但现在国际公法也广泛介入私人经济关系的调整了。例如，在跨国商事交易的私法领域中，原本属于意思自治领域的许多问题都开始有国家权力的介入，国家之间甚至还针对这些问题进行法律合作。譬如，传统的海上货物运输法律规则是典型的任意性规则，当事人可以自由减损其效力而加以利用，但现今的海上货物运输规则趋向于确立承运人的最低责任标准从而达到保护托运人利益的目的。联合国国际贸易法委员会等国际组织制定的有关国际货物买卖、国际支付与信贷、仲裁、海上运输领域中的国际公约、示范法与商事惯例，在调整私人国际商事交易关系中发挥着重要作用。联合国《国际货物销售合同公约》作为国际公约，是专门调整私人国际货物买卖关系的，私人当事人可以通过合意适用该公约。随着经济全球化的发展，调整私人国际经济交易的法律规范需要逐步协调和统一，因此这类条约也会越来越多。另一方面，传统的公法关系现在也借助于私法手段来调整。最为典型的例子，是国际投资条约中关于投资者与东道国的投资争端仲裁机制。现在国际上许多双边投资条约以及自由贸易协定中的投资规则大多规定了国际仲裁机制，以解决投资者与东道国的投资争端。投资条约是国际公法性质，但它采取仲裁这种常见的私法方式解决国家与他国私人投资者的争端，并赋予私人投资者根据条约提起国际仲裁的权利，因此投资条约仲裁机制可以说是个兼有公法和私法性质的机制。

可见，公法与私法的划分有其必要性与合理性，但公法与私法的划分是相对的，不能作为将其作为法的部门划分的僵化的标准。

三、国际法与国内法的关系及其变化

关于国际法与国内法的关系，理论上一直存在着一元论和二元论之争，有关国家在实践上也采取不同态度。

从理论上看，二元论的观点的学者所持的依据主要在于：国际法与国内法是两个不同的法律体系，这是因为：（1）它们规范的社会关系不同，国内法规范的是国内个人之间、国家与个人之间的关系，而国际法是规范国家之间的关系；（2）主体不同，国内法的主体主要是个人，而国际法的主体是国家；（3）法律渊源不同。这样，国际法是不调整个人关系的，不赋予个人权利和义务。这种观点后来受到一元论中主张国际法优越的学者的批评。不少学者认为个人也是国际法的主体，因此国际法也调整与个人有关的关系。一元论的代表人物规范法学派的凯尔森认为，法律是个统一体，二者在本质上没有什么不同，因为它们的主体都是个人。另有不少学者不同意一元论和二元论的说法，认为国际法和国内法都是法律，但二者既有区别，也互相紧密联系，具有同等重要意义，因而可以说是一种修正的二元论观点。① 这种修正的二元论观点也是我国国际法学界的主流观点。

随着经济全球化的发展，从 20 世纪 90 年代以后的国际实践看，国际法与国内法的密切联系和融合在国际经济关系方面更是显而易见的了。一方面，经济全球化要求保护私人的贸易、投资的自由与权利，限制政府的管理权力；另一方面，在经济全球化的今天，单个主权国家已经不能有效地管理其私人主体、特别是跨国公司在境内外的行为了。国际经济交往的发展需要各国的协调与合作，需要各国遵循共同承认的规则。姚梅镇先生早就注意到了国际经济关系中国际法与国内法间的密切联系，但这种联系在姚先生去世后的 20 年的国际实践中更为强化了，尤其是 WTO 体制诞生以后，国际法与国内法在调整跨国经济关系中的地位与作用已经和正在发生着重要变化。

首先，从主体的角度看，传统的国际法认为个人不是国际法主体，但随着国际人权法、国际刑法的发展，许多学者都认为，个人可以成为特殊的国际法主体。在国际投资领域，许多国际投资条约也已经赋予私人投资者依据条约通过国际仲裁索赔的权利。从全球治理的角度看，自 20 世纪 90 年代后期以来，私人主体，包括非政府组织（NGO）、跨国公司等商业组织，在国际经济社会事务中发挥着日益重要的作用。其次，调整国际经济关系的国际法规范不仅数量剧增，而且涉及领域宽广，包括贸易、投资、金融、服务等交易领域。例如，WTO 不仅调整传统的货物贸易，而且还涉及服务贸易（包括金融服务）、知识产权保护、与贸易有关的投资措施等。WTO 规则已经广泛介入成员方的国内经济事项，一些传统上属于国内法调整的经济事项现在已纳入 WTO 规制范围之内。这在很大程度上改变了传统国际法不介入私人经济关系的实践。正如美国杰克逊教授所言，现在不能将国际经济法与国际公法分离开来。②

再次，调整国际经济关系中的国际法规范的强制力也增强了。在世贸组织产生以前，调整国际经济关系中的一些国际法规范大多是所谓的“软法”，缺乏有效的

① 参见王铁崖：《国际法引论》，北京大学出版社 1998 年版，第 181~184 页。

② See John H. Jackson, *International Economic Law: Reflection on the "Boilerroom" of International Relations*, 10 Am. U. J. Int'l L. & Pol'y 595 (1995).

强制执行机制。WTO 诞生以后，为了保证 WTO 规则能为各国所遵守，WTO 要求其成员方的措施与 WTO 的规则保持一致，如果成员方的措施违反了 WTO 协议，就必须予以修改，否则就会受到制裁。WTO 争端解决机制具有强制的效力，若其裁决得不到实施就会受到成员方报复，这就使得该机制“长了牙齿”，从而可以保证 WTO 有关协议与规则的实施。而制裁措施的强化，在很大程度上改变了以前关于经济的国际法规范是“软法”的现象。可以说，WTO 的实践顺应了经济全球化发展的潮流和实际需要，在 WTO 所涉事项范围内反映了国际法优先说的观点。

可见，国际法与国内法一道，在调整国际经济关系中发挥着日益重要的作用。在此情况下，坚持传统的二元论观点，人为地将调整同一国际经济关系的国际法规范与国内法规范割裂开来，是不科学的。

四、国际经济法是一个综合性的独立的法学部门

在姚先生看来，国际经济法之所以是一个综合私法与公法、国际法与国内法而形成的一个独立法学部门，最重要的还是从其调整的对象（国际经济关系）以及调整方法这两个方面来理解。这一见解无疑也是十分正确的。

（一）国际经济关系是以私人跨国经济交易为基础的

国际经济关系有广义与狭义之分，广义的国际经济关系包含私人间的跨国经济交易关系和国家以及国际组织对经济活动进行的管理、规制以及协调关系。国际经济法所调整的是这种广义的国际经济关系。

人们为了满足其物质生活的需要，就必须进行物质资料的生产、交换和消费活动。随着生产力的发展和生活需要的提升，人们从事的生产、交换、消费活动就会跨越国境，跨国经济交易就逐步得到发展。时至今日，国际货物、服务、资本交易活动主要是私人进行的，政府虽然也可以直接参与某些商务活动，但相对而言，国际经济交易主要是私人之间进行的。私人国际经济交易关系是国际经济关系的基础。①

私人进行的跨国交易活动通常是通过市场来调节的，生产者和消费者通过市场

① 姚梅镇先生早就注意到，现代国际经济发展的一个特点是，“国际经济交往，除政府间或国家与国际组织相互间的交往外，大量出现的是各国民间交往或私人与政府间交往。这些个人、法人，特别是跨国公司的跨国活动，诸如投资、外贸、信贷等所带来的日益复杂的法律问题，就非传统的国际法或国内法某一法律分科所能单独解决”。参见姚梅镇：《国际经济法是一个独立的法学部门》，载《中国国际法年刊》1983 年卷，第 373~385 页。

了解价格、出售或者购买不同的货物、服务，降低成本或取得收益，达到资源的优化配置。然而，当资本主义进入垄断阶段以后，社会矛盾的激化与经济危机的周期性爆发，导致市场机制“失灵”。市场“失灵”会导致资源配置的“无效率”或“不公正”。为了矫正“市场失灵”，政府就会采取必要的手段进行干预。例如，政府可能在市场准入和管理方面采取某些干预措施，这些措施有的是为维护公平合理的市场秩序所必要的，有的则可能是出于保护主义目的给外国私人交易者制造不必要的障碍。一国根据本国情况采取的经济干预措施会对其他国家产生影响，引起国家间的矛盾与冲突，于是，为了化解矛盾与冲突，协调相互间利益，国家间又会达成相应的条约或协议，以便促进国际经济交往的发展。

可见，私人国际经济交往关系是国际经济关系的基础，私人的跨国经济交易离不开市场，而在经济全球化的今天，国内市场与国际市场密切联系，并受国家管制和国家间合作关系的制约。这样，私人国际经济交易关系与国家以及国际组织对经济活动进行的管理、规制以及协调关系就必然存在密切的内在联系，私人间的国际经济交易关系是国家、国际组织间经济关系的基础和前提，国家对经济活动进行管理以及国家间对经济进行协调，在很大程度上，也是为了保障私人间的正常国际经济交易。

（二）调整跨国经济交易关系需要不同的法律规范相互配合

姚先生认为，由于国际经济关系的上述特殊性及其主体的多层次性，调整国际经济关系的法律规范也就包括三个层次：调整私人国际商事交易关系的私法性规范，管理涉外经济交易活动的国内公法规范，以及协调国际经济关系的国际法规范。这三个层次的法律规范相互配合、相互补充，共同调整着一定的国际经济关系。姚先生还举证说，一项简单的国际货物买卖交易的法律调整，不仅涉及有关国内法上的私法规范（如合同法、买卖法等）以及有关的国际贸易惯例，而且涉及到国内公法（包括关税法、进出口管理法、外汇法等），以及关于国际贸易的国际法规范。一项私人国际投资活动，不仅涉及合同法、公司法等私法规范，而且也要受东道国外资法的支配和制约，而私人投资者在东道国的投资权利与安全能否实现并得到有效的保护，还要借助于国家间的投资条约的规定。这样，国内的外资法与国际投资条约相互配合，共同调整着私人国际投资关系。

在对跨国公司与国际投资的法律问题进行研究时，我也深刻认识到，规制与调整跨国公司与国际投资关系，需要私法与公法、国际法和国内法的相互配合。在经济全球化的背景下，跨国公司的经营活动也全球化了，单个国家已经无法对跨国公司及其活动进行有效的管理和保护了。这就需要国家间的协调与合作，除国内法的规制外，还需要借助于国际法规则，一方面对跨国公司及其投资提供充分的保护，另一方面对跨国公司的活动进行有效的管理。这些国内法和国际法规范相互配合、相互补充，共同调整着跨国公司与国际投资产生的各种关系，以规范国家与跨国公司等经济行为主体的行为，妥善解决国际经贸争端，促进国际经济交往，实现法律的整体功能。

此次美国次贷引发的全球性金融危机也表明，应对和防范金融危机，就必须对次贷等金融交易加强规制与监管。美国2010年的华尔街金融改革法就是在这种背景下出台的。而在金融全球化的背景下，金融危机具有很强的传导性，各国以及国际金融机构也有必要采取相应的金融审慎监管措施，因此国际条约也开始对金融监管与国际合作做出相应规定。显然，规制私人国际金融交易，需要国内金融监管法与国际条约的配合，金融交易法与金融监管法以及国际金融监管合作条约密切联系，不可分割。

此外，实践发展也表明，调整国际经济关系的国内法规范与国际法规范也呈现相互交融、协调一致的趋势。在关于经济"规制性"或"协调性"的公法领域，随着市场经济和自由竞争的观念逐步为世界各国所接受，越来越多的国家开始采取相似的立法规则对国内经济进行调节，这使得相关国际规则在制定过程中更容易获得大多数国家的认同，从而在某些领域呈现出立法趋同化的趋势。在国际层面上，已如前述，WTO要求成员方的立法与WTO的规则保持一致；各种区域性合作协定也在协调区域内的相关经济立法和政策，尤其是正在向经济一体化迈进的欧盟，其共同体的规则对成员国具有约束力。这就表明，调整相关国际经济关系的国内法规范与国际法规范在客观上也在趋向协调一致，相互交融，不可割裂。

由上可见，传统的法学分科虽有其合理性，但已不能适应国际经济关系客观发展的实际需要了，因而应打破传统法学分科的僵化的观点，将调整国际经济关系的那些具有内在联系的国际法规范和国内法规范、私法规范和公法规范综合成为一个新兴的法律部门。这一观点现在已被越来越多的学者接受。例如，德国学者赫德根教授也认为，"根据国际法和国内法或者私法和公法来划分法律关系会割裂事务的客观联系，并妨碍人们对当下国家共同体的经济生活的综合认识。这体现了将法律规范分裂开来的划分思想的缺陷，至今德国法学远比英美法更深受其害"。① 这也表明，姚梅镇先生早在三十多年前提出的打破传统法学分科，联系国际法与国内法、公法与私法研究国际经济法的观点多么富有远见，其意义与影响深远。

① ［德］马迪亚斯·赫德根：《国际经济法》，汪清云等译，上海人民出版社2007年版，第4页。

姚梅镇先生与中国国际经济法学的创立

□ 左海聪*

在新旧世纪之交，国际经济法学已经成为中国法学园地中的一门显学。饮水思源，回顾历史，我们无法忘记姚梅镇先生等老一辈学者的开创之功。一门新学科的创立，不是一件容易的事，通常需要开创者敏锐的学术直觉和认真的求证精神。而一旦得到国内同行的多数认同，则会产生深远的学术价值。本文就姚先生在国际经济法学开创上的敏锐性、谨慎性和开创之功的深远性展开若干分析。

一、敏锐前瞻，提出国际经济法独立部门说

自资本主义进入帝国主义阶段，企业的跨国商事活动和政府的相应管制行为日渐频繁，相应的国际国内立法也逐渐增多。“二战”前后更是产生了布雷顿森林协定和关贸总协定这样的多边国际经济条约。西方发达国家的国际法学者从 20 世纪 40 年代开始，相继使用“国际经济法”、“国际贸易法”和“国际商事交易法”等表达，并逐渐在法学院开设相应的课程，传统的国际法分科——即分为国际公法和国际私法——需要进行调整。美国、欧陆、英国和日本学者对如何对待这些新的国际法和国内法规范意见分歧较大，形成了“国际经济法特殊分支说”、“广义国际经济法说”和“跨国法”等学说和概念。到了党的十一届三中全会，中国决定改革开放，相应的讨论在中国大学也出现了。

从《中国国际法年刊》1983 年卷的四篇文章来看，中国学者是将是否应该引入一个新的国际法学科这一问题作为一个重要的学术问题来看待的。上述四篇文章的作者中，史久镛先生和汪瑄教授认为，以布雷顿森林协定和关贸总协定为核心的国际经济法是国际公法的一个特殊分支，不构成一个独立的新的法学部门。王名扬教授和姚先生认为国际经济法是一个独立的法学部门。王教授的论证较为简明，他认为如果国际经济法只是国际公法，则不能调整国家与跨国公司之间的以及跨国公司之间的经济关系，国际经济法的作用就会大大减少；国际公法的渊源主要为条约

* 南开大学法学院教授、博士生导师、法学博士。

和习惯，对跨国公司不能进行有效的调整，而国内法对跨国公司的调整更加重要；国际公法的主要争端解决方法为协商和国际法院判决，国际经济法常用的争端解决方法主要为协商和仲裁；国际法和国内法联系密切，不包括国内法，国际经济法就不可能解决实际问题。因此，国际经济法是一个综合国际法和国内法、私法和公法的独立的法学部门。

姚先生的论文首先讨论国际经济法的产生背景和概念，认为国际经济法是国际社会中关于经济关系和经济组织的法律规范的总和，即关于国际经济交往中商品生产、流通、结算、信贷、投资、税收等关系及国际经济组织的法规和法制的总称，其范围包括国际贸易法、国际投资法、国际货币金融法、国际税法及国际经济组织法。其次简要分析了国际经济法特殊分支说和广义国际经济法说的学说内涵和理论分歧，并初步得出结论，后一种研究方法实属可取。第三部分详尽分析国际经济法作为独立法律部门的主体、法律关系和渊源。其理论的核心是，随着跨越国境的经济活动日益频繁，国际贸易、投资、金融和税收等国际经济关系既包括国家间的经济关系，也包括私人与国家间和私人之间的经济关系，这些关系日益复杂且密不可分，而调整这些关系的国际法和国内法、公法和私法也密不可分，形成了一个整体，因此，需要对传统的法学分科进行反思和偏离，将调整各类国际经济关系的国际法和国内法视为一个整体，视为一个新的法学部门。这一研究方法的出发点是，不要问“法是什么”，“法从何而出”，而要问“问题是什么”。国际经济法之所以成为一个独立的法学分科，正是国际经济错综复杂结构的客观反映。由于引文丰富，概括全面，论证严密，该文具有很强的说服力，成为国际经济法学上的经典论文。

二、旁征博引，严谨论述国际经济法学的基本问题

姚先生的这篇影响深远的论文并非偶然，而是数年潜心研究国际经济法基础问题的结晶。自1980年到1983年，姚先生发表了关于国际经济法基本理论问题的系列论文和译文，包括《国际经济法的研究方法》(上)、《国际经济法的研究方法》(下)、《国际经济法的产生》，《国际经济法的结构》、《国际经济法的意义》，《美国〈国际经济法〉丛书评介》和《关于国际经济法概念的几个问题》。

在《美国〈国际经济法〉丛书评介》中，姚先生系统评价了纽约大学法学院罗文菲尔德教授主编的一套《国际经济法》丛书（1976年至1978年出版），该丛书共分六卷，分别为《国际私人贸易》、《国际私人投资》、《基于政治目的的贸易管制》、《国际货币制度》、《国际交易中的税法问题》和《国际贸易中的政府管制》。这一套丛书命名为“国际经济法”，涵盖国际贸易、投资、货币和税收，既

讨论国际法也讨论国内法，既包括私法也包括公法，是一套以问题为中心的丛书。这一事例具有很强的说服力。在《关于国际经济法概念的几个问题》中，姚先生也讨论了杰克逊教授的《国际经济关系的法律问题》这一后来的国际经济法经典教材。该书也是以问题为导向，兼及国际法和国内法。此外，姚先生还论述了杰塞普的“跨国法”学说、卡兹和布鲁斯特的《国际交易关系法》，这些著作虽然没有使用“国际经济法”的表达，但都是以跨国经济关系为研究对象，都对国际法和国内法进行综合研究。上述著作均出自美国著名法学院教授之手，内容丰富艰深，能够在那么短的时间内收集和消化这些鸿篇巨制并作出综合评论，只有勤勉、专注和功力深厚的法学大家才能完成。可以认为，先生在主张国际经济法成为独立法学部门的研讨中起到了领军的作用，而且凭其深入和全面的研究成果说服了大多数国际法学界的学者。

不仅如此，先生还深入研究了日本的国际经济法学说，尤其是金泽良雄和樱井雅夫的著述。先生将金泽良雄《国际经济法序论》的第一、二、三章翻译成中文发表在《国外法学》上，即《国际经济法的产生》、《国际经济法的意义》和《国际经济法的结构》。金泽良雄虽然是日本学者中主张国际经济法是关于国际经济活动和关系的国际法的代表性人物，但是他对国际经济法的基本问题作了详尽的研究。关于国际经济法的产生，金泽良雄认为，国际经济法的产生与经济法的产生，具有共同的基础，是为了解决资本主义高度发展的矛盾，从国际经济整体的角度形成的国际法秩序，其产生和发展过程包括第一次世界大战前、第一次世界大战后和第二次世界大战后三个时期；国际经济法是“对国际社会中的经济活动加以规定的国际法（条约的总和）”；国际经济法包括双边条约（通商航海条约、贸易协定、支付协定、经济援助和共同防卫援助协定）和多边条约（布雷顿森林协定、国际贸易组织宪章、关贸总协定、欧洲煤钢联营条约、欧洲共同市场条约和多边清算协定），国际经济法具有复合结构和统一结构。樱井雅夫在《国际经济法研究——以海外投资为中心》一书的第一章对国际经济法的研究方法进行了论述，先生翻译后以《国际经济法的研究方法（上、下）》收入武汉大学法律系编《法学研究资料》1980 年第 1 期。樱井雅夫对欧美和日本的国际经济法研究方法作了总结，并提出自己的看法。他认为，欧美学说中，有美国卡茨和布鲁斯特的实证和综合的方法、英国施瓦曾伯格的纯理念的方法和德国艾尔勒的折中方法；日本有金泽良雄和横川新的狭义说以及小原喜雄的国际经济行政法说；仅从研究方法的角度看，以“跨国”经济的法律作为研究对象的“国际经济的法律研究”，应不局限于国内法和国际法的区分以及公法和私法的区分，而应采用综合和实证的研究方法。日本学者的法学研究以细致和深入见长，姚先生对上述著述吸取其精华，批判其不足，展现出娴熟的日文功底和法学大家风范。

三、精心筹划，构建中国国际经济法学科体系和机构

1984年5、6月间，武汉大学等7所大学和研究机构在庐山举办国际经济法讲习班，参加讲习班的全国53个单位、90多名代表倡议筹建全国性的国际经济法学术团体。经协商讨论通过中国国际经济法研究会章程，成立理事会。与会代表一致推选姚先生为会长。

1984年9月，《中国大百科全书·法学》出版，国际经济法学被列为14个法学分支学科之一，其词条撰写由姚先生担任主编，姚壮教授、刘丁教授担任副主编。

1987年在国家教委的直接支持下，全国国际经济法教学研讨会在武汉大学召开，有40多所大学、研究机构和实际部门的专家学者参加。会议决定正式成立中国国际经济法研究会，由姚先生担任会长。

1989年，姚先生主编的高等学校文科教材《国际经济法概论》出版，该书是我国最早一批的国际经济法教材之一。该书就国际经济交往中的主要法律问题即国际经济法各分支部门中的核心问题，按分支部门法的体系，分章进行论述，含绪论、跨国公司、国际货物买卖、国际技术转让、进出口贸易管理与控制、国际经济立法和反托拉斯法、国际货物运输和保险、国际投资、国际工程承包、国际支付、国际信贷与国际债券、国际税法、国际经济组织、国际经济交往中的争议及其解决14章。在该书绪论中，先生对国际经济法的学说、产生和发展、概念和特征、渊源和体系、基本原则都作了全面论述，初步构建起国际经济法学的学科体系。姚先生认为，国际经济法与国内经济法，有其产生的共同基础，都是资本主义发展到垄断阶段的必然产物；国际经济法的特征体现在其主体不仅包括国家和国际组织也包括个人和法人，其调整的法律关系既包括政府间或国家与国际组织间的经济关系也包括私人间的跨国经济关系，其规范包括国际法和国内法、公法和私法；国际经济法的国际法渊源包括国际条约和国际惯例，国内法渊源主要是国内涉外经济法；国际经济法包括国际贸易法、国际投资法、国际货币金融法、国际税法、国际经济组织法5个主要分支；国际经济法的基本原则包括经济主权和国家对自然资源永久主权原则、平等互利原则和国际经济合作与发展原则。

该书的体系涵括全面，具有较强的科学性。这一学科体系对以后的国际经济法教材影响深刻，例如，目前余劲松教授主编的教育部马工程重点教材《国际经济法》在较大程度上参考了该书的体系。

该书作者阵容强大，除先生领衔外，还包括刘丰名、余劲松、王传丽、许前飞、周成新和吴保宁。该书内容前沿，既广泛参照了国外著名教材和专著，又紧密

联系我国对外开放实践，为中国国际经济法学确立了较高的学术标准。

四、下自成蹊，开出中国法学的蓬勃分支

先生通过对日本金泽良雄等狭义国际经济法理念的批评和借鉴，参照美国杰克逊和洛温菲尔德的理念和体系，通过自己的系统深入思考，对国际经济法是不是一个独立的法学部门、国际经济法的沿革、主体、渊源和体系作出了自己的解答。由于其理论上的严谨性和实务上的迫切需要，大多数国际法学者都支持先生的学说，国家教委也在1982年将国际经济法学列为独立的法律二级学科，一个崭新的法学学科得以创立。

三十余年过去了，中国国际经济法学在三个国际法学科中颇具活力已经成为不争的事实，中国国际经济法学界人才辈出也是中国法学界有目共睹的事。可以说，中国国际经济法学已经成为一门显学，成为法学园地的一个蓬勃分支。先生开创国际经济法学的业绩福泽中国国际法学人和学子，也极大地支持了我国的对外开放事业。

三十余年来，随着WTO的成立和WTO法的迅速发展，世界范围内国际经济法都已经成为一个独立的法学部门，但即便在欧美，国际经济法通常也没有获得主干课或必修课的地位，也没有中国这样庞大的专业研究队伍。可以说，中国国际经济法学不但与欧美鼎足而立，而且走出了中国特色。这样可喜的局面与姚先生等老一辈学者的敏锐和严谨创新是分不开的。

三十年来，国际经济法实践有了很大的变化，WTO法成为国际经济法的核心内容，国际投资法有了显著的变化，国际金融货币法正经历着变革。与此同时，调整跨国商事关系的统一实体法也渐成体系，发展迅速。国际法学界对于国际经济法学的认识也日益深化。但姚先生关于国际经济法基本问题的主要观点经受住了时间的考验：第一，国际经济法作为一个独立的学科，不仅是实践的需要，也是学科发展的要求，而且具有丰富的内容和明确的体系。第二，国际经济法学研究应该综合国际法和国内法进行研究，因为它们都是调整国际经济关系的法律整体，而且相互之间关系密切，相互为用。第三，尽管对国际经济法的概念、范围和性质的争论仍然在进行，一些新的观点不断被提出来，丰富着这一领域的争鸣，广义国际经济法说仍然是代表性学说之一，而且还是主流学说。介评世界各国关于国际经济法的学说，系统提出国际经济法应该成为一个独立的法学部门，只是姚先生经典的研究实例之一。事实上，姚先生关于国际投资法的体系和内容、关于投资待遇、国有化和特许协议的论述，都是观点明确、引证丰富、论证严密的研究成果，直到今天仍然具有很高的参考价值。

姚梅镇与中国国际经济法

□ 王传丽*

今年，中国国际经济法学界的同仁集聚一堂，纪念姚老百年诞辰。其实，这件事本身就是值得纪念的。因为在中国提起姚老必然要提国际经济法，就像论及国际经济法，不能不提姚老一样。姚老是中国国际经济法学的开拓者和奠基人。中国国际经济法学学会创会会长。① 1984 年 5 月初，由姚老主持在庐山一招开办了第一个中国国际经济法讲习班，汇集了当时国内著名学者对近 200 名主要是在高校从事国际经济法教学或准备从事国际经济法教学的教师，进行了历时约一个月的培训。这也是我自 1982 年，从吉林大学法律系（现在的法学院）国际法专业硕士毕业来到武汉大学法律系（现在的法学院），师从姚老从事国际贸易法教学以来，第一次有机会系统聆听姚老和诸位前辈的亲自授课。翻开保存的听课笔记，当年听课的情景如在眼前。② 姚老的讲课分两部分，第一部分是国际经济法的基本理论，第二部分是国际投资法。为阐明和比喻国际经济法学发展的多学科、多种研究方法相互交

---

* 中国政法大学国际法学院教授，博士生导师。

① 2005 年姚先生的弟子们为武汉大学百年名典系列收录了先生的作品，出版了《姚梅镇文集》。姚老的开门弟子余劲松博士，现中国人民大学博士生导师余劲松教授为文集撰写了《中国国际经济法学的奠基人——姚梅镇》一文，全面、准确地概括和总结了姚老的生平和学术思想。武汉大学国际法研究所张庆麟教授为文集撰写了前言，介绍了姚老的学术思想。参见《姚梅镇文集》，武汉大学出版社 2010 年版。

② 姚老的课从 5 月 20 日上午开始，到 27 日下午结束。中间插有 20 日下午上海社科院法学所卢绳祖老师的国际商事仲裁、5 月 23 日下午安徽大学法学院朱学山老师的国际经济援助法。于姚老之前、后讲课的有盛瑜研究员讲授国际金融法、上海复旦大学董自忠教授讲授国际商品贸易法律制度，南开大学法学院高尔森教授讲授国际税法，江西大学法学院王国良讲授产品责任法，上海社科院法学所周子亚研究员讲授国际技术转让法，安徽大学法学院朱学山教授讲授国际技术转让的国内立法，上海社科院法学所研究员卢绳祖研究员教授国际商事仲裁。

叉、融合时所画的那棵大树，令人耳目一新，至今难以忘怀①。

提起中国国际经济法又不得不提跨国法，为什么要提跨国法呢？有两个原因：第一，姚老在阐述国际经济法时借用了美国杰塞普教授的“跨国法”概念，② 用来表述国际经济法“是国际社会中调整经济活动，经济关系和经济组织的法律规范的总称。国际经济法的特点，反映了商品和资本跨越国境而流动的国际性，是一个包括国际法规范与国内法规范在内的新兴的独立的法学部门”。③ 但他并不赞成杰塞普的“跨国法”概念。认为“跨国法”这一观点，在法理上难以承认，也不能成立。④ 第二，杰塞普的“跨国法”曾在中国国际法学界引起过一场不小的波澜。20 世纪 90 年代在北京外交学院举办的由王铁崖先生主持的一次全国性的关于国际法教学与研究的研讨会上，一些人除了提出当时在国内兴起的国际经济法学热纯属炒作并批评国际经济法学是拼凑、其研究浮躁之外，攻击姚老的国际经济法学是鼓吹杰塞普的“跨国法”，主张世界政府，并声称已经组织起一系列文章即将对杰塞普的跨国法展开批判。会场一瞬间充满火药味、气氛紧张。

自中国改革开放，实行社会主义市场经济以来，中国的法制建设、法学教育与法学研究的发展，得益于引进了许多国外著名法学家、学者的著作，引进了他们的一些关于法的概念与学术观点。可贵的是，姚老从来没有盲从、照搬。姚老创建中国国际经济法学虽然受到了杰塞普跨国法概念的启发，进而首次提出了完整的中国国际经济法学及国际投资法学的基本理论与框架结构⑤，这个理论体系和框架至今

---

① 应讲习班学员的要求，并根据新成立的国际经济法研究会理事会的决议，1984 年 10 月，由国际经济法研究会编，江西大学法律系印制《国际经济法专题讲座》（上、下册）这次授课的内容被收入上册中。就笔者所知，当时在大学开设国际经济法课程的还有人民大学的刘丁教授、北京大学史久镛教授、北京外贸学院（现对外经贸大学）的沈大明、冯大同教授讲授国际商法等。

② Philip C. Jessup, *Transnational Law*, New Haven, Yale University Press, 1956. 法学界对谁最先使用跨国法这一概念存有争议。但公认最经常被引用的经典跨国法概念出自杰塞普的著作《跨国法》。其内容是杰塞普在耶鲁大学法学院的 3 次讲演内容的汇编，1956 年以《跨国法》为标题由耶鲁大学法学院出版。半个世纪以来，中外学者们围绕跨国法概念的含义、性质、范围展开的讨论，使跨国法的概念不断被演绎和发展。本文所指的跨国法仅限于姚老师引用的杰塞普《跨国法》一书中的论述。

③ 姚梅镇：《国际投资法》，武汉大学出版社 1986 年版，第 2 页。

④ 姚梅镇：《国际经济法概论》，武汉大学出版社 1989 年版，第 16 页。但姚老对此未展开论述。

⑤ 姚老首创的中国国际投资法理论体系和法律框架，填补了中国国际经济法研究的空白，由其主编与撰写的《国际投资法》与《比较外资法》至今是学习研究国际投资法不可或缺的重要参考资料与教材。

没有改变。但如果就此以为姚老创建的国际经济法就是杰塞普的跨国法或其跨国法的翻版，显然是一种误解。①

1. 在杰塞普看来，跨国法的出现主要基于战后国际社会出现了一个“相互联系的世界共同体（interrelated world community）”。在其讲演的第一部分论述“关于人类问题的普遍性”问题时，杰塞普认为，法律适用于复杂的相互联系的世界共同体，开始是个人，以后适用于所谓“国际大家庭（family of nations）”或“国际社会（society of states）”。

2. 杰塞普认为，自封建时代结束，人类社会的发展集中于民族国家，还没有到达世界政府（a world state）阶段。但国家不管以什么样的形式出现，都不再是人们关注的唯一团体，人们需要考虑的许多问题很大程度上是所谓“国际的”（international）。但“国际”一词常常引起误解，因为它总是指国家与国家之间的关系［the relations of one nation（or state）to other nations（or states）］。

3. 杰塞普分析了 George Scelle 的 droit de gens 一词，以及哥本哈根大学 Alf Ross 教授用“interlegal law”取代“Private International Law”的做法，认为很难找到一个恰当的词来表述上述世界共同体及其适用的法律规则。虽然他同意 Scelle 关于国家不是国际法的唯一主体的观点，但他不同意 Scelle 的另一个极端即认为只有个人才是国际法的主体。杰塞普主张采用“跨国法”的概念，其中跨越国境的主体包括，公司、不管是政治的或非政治的公司实体（corporate bodies）、个人、国家、官方的国际组织或其他团体。

4. 杰塞普的“跨国法”，包括所有规范跨越国境的行为和事件的法律（the term“transnational law”to include all law which regulates actions or events that transcend national frontiers），国际公法的和国际私法的以及“以这种分类标准不能涵盖的其他规则”（both public and private international law and other rules which do not wholly fit into such standard categories）。

5. 杰塞普分析了个人、公司、国家、政府组织与非政府组织跨越国境的活动，指出在处理上述活动中所适用的规则或法律可能发生冲突，涉及法律的选择和适用以及管辖及其程序问题，司法的或非司法的方法。出于对秩序的本能，人类开始无穷尽地建立和讨论其分类和定义以推演其理论上的正当性。他指出，我们越拘泥于某一分类或定义，我们的思想就会冻结。在任何需要新方法去解决新老问题的时候，这种僵化会阻碍我们的进步。

---

① 本文回顾这一段历史，一方面为澄清姚老国际经济法与杰塞普跨国法的区别，另一方面是想说明，作为一种新的学术思想，国际经济法作为一个独立的法律体系的建立是在学问的相互比较与辨析中，在学术的争鸣中，经过实践的检验确立与发展起来的。

6. 杰塞普进一步分析了国内法与国际法的关系，指出由于国内事件可以转化为国际事件；跨国公司与主权国家之间的特许协定以及跨国公司之间的协定不是国际协定，而是跨国协定。具有合同与国际协定的双重性质，决定了在传统国际法适用的领域与其不能适用的领域之间存在着微妙的差别（delicate shading）。采用跨国法概念可以提供一个可兹利用的更大的规则库（a larger storehouse of rules），而且在处理具体案件中不必担心适用的是公法还是私法了。采用跨国法概念，可以很好地解决法律冲突和法律适用问题。

7. 在这个关于跨国法的讲演中，杰塞普以三场独幕剧的形式分别以三个国内法实例，按照拟制理论，将其移至用来描述国家之间关系中的法律问题。杰塞普认为，随着少数人群、人权等独立意识的觉醒，近年来，发展中国家对国内经济发展的要求是跨国问题而不仅仅是国际问题，因为它不仅涉及发达国家与发展中国家之间的关系，还涉及与发达国家中跨国公司的关系以及与国际组织的关系等。

8. 讲演的第二部分是关于“解决问题的权力”，杰塞普比较了国内民事与刑事诉讼管辖权与程序的区别；分析了管辖权的属地主义、属人主义、普遍管辖权与效果学说或保护主义的演进以及从管辖的方便与有效性出发，认为如果采用跨国法的观点，在确定管辖权时就不必考虑是民事案件抑或刑事案件；用跨国法处理管辖权问题，可以不从主权与权力出发，而变成由主权国家之间通过友好协商进行安排的程序问题。

9. 讲演的第三部分“法律的选择”，杰塞普比较了国内法院与国际法院在处理具有跨国因素的案件时（如对特许协议、港口的外国船舶的内部管理问题、跨国公司的内部管理问题、国际组织的内部管理问题），管辖权冲突、法律选择与法律适用方面的不同，认为如果采用“跨国法”概念，在适用法律上就不用考虑是适用国内法还是国际法了。

杰塞普的跨国法包括的范围很广，包括民事和刑事领域，国际公法与国际私法以及国内公法与私法。他认为，没有理由不允许一个国际法院或国内法院从上述法律中选择最符合理性和正义的规则来解决争议。这种选择不必基于属地、属人、国籍、居所、管辖、主权或任何标签作出决定，除非这种标签可以合理地反映出法律和法庭的绝对或相对便利的选择。杰塞普主张的跨国法其范围如此之广，涵盖了我们所理解的所有涉外的法律问题。

姚老创建的国际经济法理论的创新在于：

1. 姚老从分析“二战”后蓬勃兴起的跨国公司及其跨越国境的经济活动的现象出发，分析其在跨越国境的贸易、投资、金融等经济活动中提出的法律冲突及法律适用问题，从分析中国对外改革开放、建设社会主义市场经济的现实与面临的法律问题出发，从中国视角敏锐地发现了杰塞普关于跨国法的分析问题与解决问题方法的可取之处。在其《关于国际经济法概念的几个问题》一文中，姚老指出，美国法学界关于“跨国法”的设想及其研究方法的特点是，不局限于追求怎样去构成国际交易关系的法的抽象概念，而是针对具体的问题，通过对国际经济关系中各种复杂的法律规范的现象，进行综合的研究，以达到实用的目的。故，跨国法的设想与研究方法，较能反映国际经济关系的复杂结构及跨国活动的实况。①

2. 姚老没有沿着杰塞普跨国法概念的内涵与外延，建立自己的中国国际经济法的体系与内容，而是将跨国法首先作为一种观察问题与分析问题的方法，发现了国际经济法与跨国法在观察其主体从事跨境活动这一现象中两者的相通之处。在与传统国际公法、国际私法、国内法（涉外经济法）的分析、比较中，发现了传统概念与法律分科在满足跨境活动中法律选择与适用中遭遇的困难。

3. 姚老并没有像杰塞普的后来者那样在杰塞普跨国法概念的基础上构建跨国法的理论框架与知识体系，② 而是借用跨国法的分析方法，以跨国公司跨越国境的经济活动为核心，创建了中国的国际经济法学理论框架与知识体系。强调其是调整跨越国境的经济关系的法律规范。其主体包括个人、法人、国际组织与国家。从分析跨越国境这一现象出发，将跨国公司跨越国境的经济活动中产生的法律问题作为研究对象，通过比较国内法（主要是涉外部分）、传统国际公法与国际私法的基础上创建了中国国际经济法学。他认为，“在国际经济法统一体系的各个分支中，主要有国际贸易法、国际投资法、国际货币金融法、国际税法、国际经济组织法、从广义上还可包括海商法、国际发展法、甚至国际环境法等”。③

4. 姚老分析了战后关于国际经济法学研究的两大派别，指出“坚持固定概念、坚守传统法学分科（国际法与国内法；公法与私法）的界限，不能如实反映当前复杂多样的国际经济关系中跨国状况的现实，也难以解决多种形式和内容的跨国法律问题”。④ “从国际经济发展的趋向来看，一部包括国际法规范和国内法规范，反映国际经济新秩序要求的国际经济法，正在逐步成长并形成一个内容庞大的新兴的法律部门。可见，国际经济法的产生及其发展，是世界范围内经济发展的客观需要”。⑤ 姚老关于国际经济法学是一个独立的法律学科⑥的分析和论断，很好地回

① 姚梅镇：《关于国际经济法概念的几个问题》，载《姚梅镇文集》，武汉大学出版社 2010 年版，第 28 页。

② 如斯蒂纳与瓦茨。参见 Henry J. Steiner, Detlev F. Vagts, Harold Hongju Kon, *Transnational Legal Problems—Materials and Text*, the Foundation Press, 1968, 1976, 1986, 1994.

③ 姚梅镇：《国际经济法概论》，武汉大学出版社 1989 年版，第 29 页。

④ 姚梅镇：《国际经济法概论》，武汉大学出版社 1989 年版，第 15~16 页。

⑤ 姚梅镇：《国际经济法概论》，武汉大学出版社 1989 年版，第 22 页。

⑥ 姚梅镇：《国际经济法概论》，武汉大学出版社 1989 年版，第 16 页。

应了国内外关于国际经济法学是否存在、或是否有必要存在以及国内关于中国的国际经济法学是否属人为炒作的质疑。

5. 除了否定国际经济法是经济的国际法观点，建立国际经济法是独立的法律学科外，姚老还从战后两大阵营出现以及大量第三世界发展中国家取得民族独立，进而要求经济上摆脱帝国主义与殖民主义剥削与压迫的现实出发，高屋建瓴地将国际经济法学与广大发展中国家要求建立国际经济新秩序的长远目标结合起来。① 姚老将建立国际经济新秩序与国际经济法相联系，建立了中国的国际经济法理论体系。姚老提出的国际经济法的基本原则，即国家经济主权和国家对自然资源永久主权原则、平等互利原则、经济合作与发展原则，反映了中国国际经济法学理论体系的特点，也代表了发展中国家建立国际经济法理论体系的诉求。

6. 姚老指出，"研究国际经济法，不仅要摆脱传统法学分科论的拘束，还必须对某些传统的国际法原则、某些传统的法理再认识，再评价，用科学方法进行分析批判，提出有理有据的论证。这不只是有利于解释和解决面临的现实法律问题，而更重要的是通过不断突破，在理论上开拓创新，有利于促进反映国际经济新秩序的国际经济法体系的建立和这一门新兴法律学科的发展"。

7. 姚老一方面肯定了杰塞普跨国法研究方法的创新。"作为一种新的研究方法，以及把国际经济法作为一个独立的法学部门来研究，代表了一种新的趋向，实属可取，对发展这一新的学科，无疑将起着一定的催化作用。"② 另一方面指出杰塞普跨国法"在理论上尚存在问题"③，"其在法理上难于承认，也不能成立"④。

8. 理论联系实际，关注解决现实问题，特别是中国改革开放面临的现实问题，是姚老一贯的作风。他认为，"研究国际经济法，必须避免就法论法，或流于纯法理的探讨，要面对现实，从实际出发，并联系国内外立法、司法实践，特别是应立足本国，联系我国对外经济实践中存在的问题，进行有针对性的探讨，使研究工作为我国对外开放政策，参加国际经济大循环及社会主义建设服务"。⑤ 在他一生的研究过程中始终一贯地保持着这个作风。他欣赏杰塞普的跨国法也首先是看中了他的关注客观现实"问题是什么"的研究方法，认为"针对跨国法律问题的复杂性采取综合国际法和国内法规范进行研究的方法，完全符合国际经济关系的内在联系

---

① 姚梅镇：《国际投资法》，武汉大学出版社 1986 年版，第 22~26 页。

② 姚梅镇：《国际投资法》，武汉大学出版社 1986 年版，第 9~10 页。

③ 姚梅镇：《国际投资法》，武汉大学出版社 1986 年版，第 9 页。

④ 姚梅镇：《国际经济法概论》，武汉大学出版社 1989 年版，第 16 页。但对杰塞普"跨国法"存在的理论缺陷并未展开论述。

⑤ 姚梅镇：《国际投资法》，武汉大学出版社 1986 年版，第 18 页。

和客观规律”。①

得益于姚老创建的国际经济法学的理论框架、研究方法和知识体系，在国际贸易、国际投资、国际知识产权、国际金融、国际税收、国际争端解决等方面，人们开始熟悉大量的双边、多边国际条约、国际商业惯例并引进中国，为改革开放的中国培养了大批理论联系实际，处理涉外法律问题的人才。由姚老奠基的中国国际经济法学、冲破来自种种传统观念的束缚，最终牢牢扎根于改革开放的中国。姚老对中国国际经济法学的理论建设与他倡导的实践，为促进我国对外经济交往与中国市场经济法治建设，在理论与实践上作出了历史的贡献。吸收、借鉴与创新，是姚老给我们留下的最宝贵的财富。先生一生淡泊名利、潜心学问；他心胸豁达、为人正直；温和儒雅，成为所有学习、研究、实践于国际经济法的后来人的楷模。

每个人的思想、观念都是时代的产物。杰塞普的《跨国法》著作出版于 1956 年。作为政治家、外交家、法官与律师、教授与学者，杰塞普在他那个时代，看到了战后人权问题、执行外国裁决、公海与空间的法律与条约、双重征税、外国继承人的遗产继承、保护版权与商标等大量跨国法律问题的出现，提出了适用跨国法作为解决这些问题的方法。20 世纪 80 年代，距离杰塞普的“跨国法”过了 30 年。这 30 年里，世界特别是中国发生了巨大变化。由姚老创建的、生逢其时的中国国际经济法学为中国改革开放以来、各种经济实体进行跨境经济交往，特别是在贸易、投资、知识产权、金融、税收等领域应对大量的法律问题，提供了强有力的法律支持。姚老与杰塞普都未预见到：今天的人们遇到了因全球化、气候变化带来的更多的跨境法律问题，如电子商务与网络空间、生物技术与基因工程、金融危机与恐怖主义、气候变化与环境污染、外层空间与极地、公海水域与海底资源的开发和利用等，还有许多传统法律未曾涉及的领域，仍旧需要我们运用新的思维、新的方法、新的法律框架来解决这些新问题。理论是灰色的，而生命之树长青。问渠哪得清如许，为有源头活水来。中国的改革开放与中华民族的复兴之梦就是中国国际经济法发展的源头活水，中国国际经济法学这棵年轻的大树必将在其滋润下茁壮成长。

① 姚梅镇：《国际投资法》，武汉大学出版社 1986 年版，第 16 页。

姚梅镇先生学术观点之今见

——纪念姚先生诞辰100周年之文

□ 孔庆江 *

未有机会与姚先生谋面，故而仅能通过文字与学问了解先生。而今先生诞辰100周年将至，缅怀先生之最佳方式亦是通过文字。

既为国际经济法专业之学生，姚先生之名自是如雷贯耳。本科时初读国际经济法书籍，便知先生系最早系统提出国际经济法是门独立法律学科理论之学者，概论之中追溯我国国际经济法学历史时也不免提及姚先生。后来成为国际经济法专业之博士研究生，导师乃姚先生生前的大弟子，实乃幸事，便更觉先生形象已是亲近了许多。

姚先生对国际经济法学之贡献早已广为人知，除去专业学术能力，先生年轻之时便已熟练掌握英、日、法三种语言，如此语言能力对国际经济法之学者而言甚为重要，以语言为基础方可接触第一手材料，第一手材料愈多愈能作出颇为不同之学问。由此而言，先生学术之道自是值得吾等后辈学生借鉴。若论起先生当年之情形，精通多国语言亦有助于先生成为我国最早系统研究国际经济（投资）法之人并继而成为国际经济（投资）法学科之创建人。

研读姚先生之学术观点后发觉，若非当初先生之观点，恐难料国际经济法如今之现状。先生有言，国际经济法非国际公法之分支，而是“国际社会中关于经济关系和经济最早的法律规范的总合”①，其反映商品与资本超越国境而流动之国际性，“是一个包括国际法规范与国内法规范在内的新兴的独立的法律体系”②。由此，先生对国际经济法作出如下之定义：国际经济法是关于国际社会中经济关系与经济组织的国际法规范和国内法规范的总称，是调整国际经济交往中关于商品生

---

* 法学博士、教授，中国政法大学国际法学院院长。

① 姚梅镇：《国际经济法是一门独立的法律学科》，载《中国国际法年刊》1983年卷，第373页。

② 姚梅镇：《国际经济法是一门独立的法律学科》，载《中国国际法年刊》1983年卷，第373页。

产、流通、资本和技术移动、信贷、结算、税收等法律关系与国际经济组织的法规和法制的总和。①

若仅读姚先生对国际经济法之定义，只觉如今之国际经济法定义或许取自先生观点，却殊不知先生对“国际经济法”之定义亦奠定了如今主流国际经济法教材之体系。以中国政法大学出版社之《国际经济法》一书为例，紧随概论章节之后便是国际货物买卖法/国际贸易法，与先生概念中商品生产与流通相对应，而资本之移动便是下一章国际投资法之内容，技术之移动为随后的国际知识产权贸易法之内容，信贷与结算随国际经济之不断发展而演化为如今之国际金融法，而后的税收则对应国际税法，最末之国际经济组织法被狭义于对当今国际经贸往来最有影响之世界贸易组织上，即为教材中世界贸易组织体制及规则。如此不难发觉，后世教材之章节与先生之概念不仅一一对应，甚至顺序都可谓完全相符，此时更深感先生影响之深与贡献之大，亦解决了初学国际经济法时不知概念来源之惑。

除解释国际经济法之内涵并划定其外延外，姚先生更独创了国际经济法学之研究方法。先生率先倡导打破传统法学分科，因国际经济法调整的法律关系之特点决定了其领域内之问题非传统国际法所能解决，其主体之多样性、行为方式之复杂性与国际性，都无法被传统国际法或已有的任一法域所完全覆盖。鉴于此，先生力主国际经济法为独立学科，采取比较、综合之研究方法，分析国际经济法调整的主体、行为与法律关系。国际经济交往中因法律行为之主体不同，法律关系之性质不同，在适用法律问题上，既包含国内法规范亦包含国际法规范，此为跨国经济活动多样性、复杂性之客观反映，无从改变。先生却提出联系国际法与国内法而研究国际经济法，这一当时大胆创新之方法已渐获学界广泛认可，更延续至今。当时这一研究的方法推而广之则导致国际经济法学科之创立。鉴于历史之因，国内之国际经济法学科于 1978 年党的十一届三中全会确定改革开放政策后才应运而生。此时姚先生为武汉大学经济学系教授，并成为首批研究国际经济法之国内学者，而国际经济法之学科亦自此得以创立。

虽曾暂为经济学系教授，姚先生却驳斥了国际经济法是“经济的国际法”之观点，明确国际经济法于现代国际经济秩序中之作用，以其丰富历史知识及宏观视角发觉国际经济法与国内经济法相似之处，二者均为资本主义发展至垄断阶段之产物，于垄断资本主义之时萌芽、经历“一战”直至“二战”后因国际经济交往深入发展，国家、国际组织、个人及企业间各类国际、跨国之活动与日俱增，国际经

① 姚梅镇：《国际经济法是一门独立的法律学科》，载《中国国际法年刊》1983 年卷，第 373 页。

济法方得真正形成与发展起来。① 事实证明，先生之上述观点已然经受住时间之考验，延续至今，如今吾辈学习时铭记于心，无从质疑，怎料多年前先生创立此观点之艰辛。

如今回顾，姚先生当年所用之方法奠定了国际经济法学科分析思考之角度。宏观言之，任何一种国际经济交往活动均与三个方面的法律有紧密联系，一是交易活动自身之"私法"，二是交易相关国家政府对贸易进行管制调整之法规，三是国际经济组织之法规。② 此三个角度不仅涵盖国际经济法中国家、国际组织、个人、法人四个主体，亦包含了国际经济交往中涉及之横向经贸关系及纵向管理关系，可见国际经济法是包含横向与纵向两种关系之学科，这一横纵相容之观点在初学之日已牢记。而这一观点则来自先生综合之思维，凭借综合之思维方能冲破传统学科公法、私法之桎梏，对属于不同范围、不同国家与不同主体间之关系进行界定，对国际经济法进行深刻认知。

从定义到研究方法与思考角度，姚先生对国际经济法之贡献显而易见。此外对国际经济法分支的国际投资法，先生更是因著作等身而为国际投资法学科之创建人。先生于1985年出版共计35万字的我国第一部《国际投资法》专著，填补了我国国际投资法研究领域之空白，该书亦创立了国际投资法学科之体系，而后的《比较外资法》更是国内外资法研究之标志性成果，加之先生的《国际投资法成案研究》与大量国际投资法方面的论文与译文，先生在改革开放初期给中国国际投资法研究之贡献无人可及。

从学习法律到被迫放弃法律，再到重拾法学教育，回顾那些个人与国家息息相关的岁月，姚先生一生之学术轨迹确实受到时代大背景颇深的影响，而到改革开放之新时期，先生随国家之政策，再度成为当时国际经济法学术之领军人物。

当国家已然意识到吸引外资促进发展之重大意义，则需学者们在国际投资法领域进行深入研究，姚先生更是早已认识到研究国际投资法之重要意义，于是当代中国国际投资法之研究始于此时。

姚先生认为，国家之投资包括两方面，对资本输出国尤其是发达国家而言，国家投资是剩余资本谋求出路，获取海外利润之问题；对资本输入国尤其是发展中国家而言，国家投资即是吸收并利用外资，解决国内困难并引进国外先进之技术与管

① 姚梅镇：《关于国际经济法概念的几个问题》，载原武汉大学法律系、武大国际法研究所编：《法学研究资料》1981年第6期。

② 姚梅镇：《关于国际经济法概念的几个问题》，载原武汉大学法律系、武大国际法研究所编：《法学研究资料》1981年第6期。

理知识，可谓发展国内经济的重要渠道之一。① 于上述观点中，先生已将国际投资区分为资本输出国与资本输入国，此两类国家在国际投资领域之法律规定、制度建设等因其投资活动之内容不同而有所区别，如此分类研究之方法，依然为今之国际投资法学者所采纳。

姚先生在分析国际投资之法律保护形态时，认为其可大致分为四种：一是资本输入国国内法所提供之保护，此为最直接与最广泛的法律保护；二是资本输出国国内法所提供之保护，此种保护主要是针对本国海外投资在国外可能遭受之政治风险，资本输出国所提供之保险；三是两国政府间双边投资保护协定，即资本输出国与资本输入国间缔结的关于鼓励与保护投资之协定；四是多国间签订的关于保护国际投资之公约，此为国际范围内为保护国际投资所确立的统一法律制度。② 概括而言，前两种为国内法制度，后两者为国际法制度，如此实现国内法保护与国际法保护相辅相成，紧密配合。

也因此，联系到前文先生联系国内法与国际法而研究国际经济法，顺理而得出先生认为国际投资法为国际经济法一个分支之观点，其定义为调整国际间私人直接投资关系的国内法规范与国际法规范之总合。

姚先生便是如此创建了国际投资法学科，而在建设学科体系时，先生运用综合比较研究之方法，并结合国内外判例与学说，将国际投资法明确地区分为资本输入国国内法制，资本输出国国内法制与双边、多边条约的国际法制三个方面。这三方面的体系划分，时至今日也依然如此。以当今主流的法律出版社出版之《国际投资法》教材为例，概述后介绍国际投资法之主体，对主体中较为重要的企业单独一章详细介绍，之后是国家投资行为即国际合作与开发建设，在主体与行为后便是资本输入国外国投资法，资本输出国海外投资法制，国际投资之国际法制这三方面了，最后一章为国际投资之争议解决。如此看来，多年后的主流教材之体例编排仍遵循了先生的理论，可见姚先生所创立的国际投资法之学科体系。

姚先生学术思想与贡献远不止于此，上述内容仅是笔者作为国际经济法之后学感受最为深刻之部分，而先生其人与学问同样值得吾等后辈学习，不过未曾目睹先生之风采，只能凭此文凭吊矣。于先生 100 周年诞辰之际，略谈后辈学生对先生学术观点之见解，班门弄斧，只为纪念先生而已。

(本文在写作过程中得到学生于天琪的帮助，深以为谢。)

---

① 参见姚梅镇：《国际投资的法律保护》，载《中国国际法年刊》1982 年卷，第 115~144 页。

② 参见姚梅镇：《国际投资的法律保护》，载《中国国际法年刊》1982 年卷，第 115~144 页。

姚梅镇先生的法学思想与当前国际经济法的热点问题

□ 石静霞*

一、写作缘起

我于1992年考取武汉大学法学院国际经济法专业硕士研究生。但因保留学籍，在广州工作一年后于1993年秋季入学，错过了聆听景仰的姚先生教诲的机会，终身为憾。虽与姚先生素未谋面，但在考取研究生的过程中，我精读了姚先生的著作，在学术上受益终生。

在武汉大学法学院攻读国际经济法专业硕士和博士学位期间，师从姚先生培养的第一位博士余劲松教授。根据余教授写作的一篇回忆姚先生事迹的文章，我在国际经济法领域学术生涯的开端与姚先生不无关系。余教授写道："研究生招生考试是决定考生命运的关键环节。按各校的通行做法，研究生招考的专业试卷，均由导师命题和阅卷，而这两个环节能否把握得好，直接关系到招生质量和招生公正。姚先生对考试命题十分认真，其命题的一个重要特点是，考题往往不是仅限于书本上的知识，更着眼于考察考生理论联系实际分析问题和综合问题的能力，因此，考生答卷时，仅靠死记硬背书本知识是不够的，必须对有关问题的理论、学说、实践及其发展有较全面的了解才能答得好。"①

我参加了1992年的研究生入学考试，从武汉大学图书情报学院档案学专业考入国际经济法专业。在当年参加该专业考试的70多名考生中总分第一。记得当时除政治、英语、法学基础外，考了国际公法和国际经济法两门国际法科目。这两门我均得了最高分。可以说，我之所以能考入武大国际经济法专业，也是受益于武汉大学国际法研究所和姚先生等老师在招生考试方面坚持的公平公正原则与注重综合能力的考核方法的。

---

* 现任对外经济贸易大学法学院院长、教授、博士生导师。

① 余劲松：《姚梅镇：国际经济法的奠基人》，载《中国审判》2008年第9期。

余劲松教授继承并发扬了姚先生精深的学术思想，令晚辈学生在之后二十余年的学术道路上一直间接受益于姚先生的启发，在国际经济法领域继续从事先生所开拓和奠基的研究方向，并深深感受到先生多年前的学术理论和思想对理解当下国际经济法领域的热点问题有深刻的指导意义和价值。今适逢纪念姚先生百年诞辰之际，心有所感，聊作小文，感念姚先生对发展中国国际经济法理论和实践所做的伟大努力和贡献，并求教于各位国际法学者。

二、姚先生关于国际经济法学科的理论对当今实践的价值

姚梅镇先生早年从事民法和外国法制史研究。① 在中国改革开放后，为适应国家建设对国际经贸法律人才的需要，姚先生转而从事国际经济法的教学和研究，是我国国际经济法学的奠基人之一。② 作为奠基人和开拓者，姚先生在我国国际经济法学科体系的确立以及国际投资法研究领域作出了重要贡献。姚先生的代表性论著包括：《国际经济法是一个独立的法学部门》③、《国际投资法》④、《国际经济法概论》⑤、《比较外资法》⑥ 等。

在国际经济法的基础理论，尤其是在该学科体系的确立方面，姚先生功不可没。他在认真研读美国、欧洲和日本学者关于国际经济法的著作后，在我国率先倡导打破传统的法学分科，从实际出发，采取比较和综合的研究方法，联系国际法和国内法的实际状况，研究国际经济法。他敏锐地指出，现代国际经济关系具有跨国性的特点，远非传统法学分科中某一部门所能概括或单独予以解释和解决的。国际经济法既不属于国际公法，也不属于国际私法，而是以研究国际经济交往和关系中的法律问题为对象的一门独立的、综合的法律学科。要打破传统的法学分科界限，

---

① 1940 年曾著《无过失损害赔偿责任论》60 万字（未出版，大部分手稿在“文革”查抄中损失），并翻译美国人孟罗·史密斯的名著《欧陆法律发达史》。

② 中国国际经济法研究会 1984 年初创及 1987 年正式成立时，姚梅镇教授均被推举为首任会长。鉴于其学术地位，中国大百科全书总编委会特聘他为《中国大百科全书（法学卷）》编委兼国际经济法分科主编，并为中国大百科全书《世界经济百科全书》撰写国际投资法方面的词条。1991 年姚梅镇教授荣获国务院关于“为发展高等教育事业做出突出贡献”的表彰，享受“政府特殊津贴”。

③ 《中国国际法年刊》1983 年卷，第 374 页。

④ 武汉大学出版社 1985 年版。

⑤ 武汉大学出版社 1989 年版。

⑥ 武汉大学出版社 1993 年版。

这种观点提出之初，即在法学界引起强烈反响，国际法学界曾对此展开过多次大讨论。① 经过多年的学术争鸣，姚梅镇先生的观点已为学界所普遍接受和采用。他关于国际经济法学科体系的学说和所倡导的研究方法，具有科学性和中国特色，成为国际经济法领域中具有代表性的学说，对我国国际经济法学的发展具有重要的指导性作用和深远的影响。20 世纪 90 年代初，国际经济法学被教育部列入法学专业 14 门核心课程之一，即是对姚先生学术贡献的承认。

姚先生提出的以综合比较的方法研究国际经济法领域的法律问题，时至今日仍具有非常重要的指导作用。运用比较法方法去研究法学，由来已久，是法学研究中一个极为重要的方法。国际经济法是一门综合科学，广泛涉及国际法和国内法很多方面，而国际法与国内法之间，既有不可分割的联系，相互作用，又在一定程度上有矛盾，相互排斥。

姚先生以其深厚的理论功底、开阔的学术视野所提出的上述论断，对于我们观察和思考时下的国际经济发展和区域法律一体化具有清晰的指导意义。2008 年全球金融危机后，新一轮区域经济一体化的浪潮风起云涌。自由贸易协定的发展成为近年来世界经济和法律发展的相关热点问题。其中，美国主导的跨太平洋战略经济伙伴关系协定（Trans-Pacific Partnership Agreement，以下简称 TPP），以及美国和欧盟正在共建的跨大西洋贸易与投资伙伴协议（Transatlantic Trade and Investment Partnership，以下简称 TTIP）最受关注。它们也是对世界和中国经济潜在影响最大的两个区域一体化安排。TPP 和 TTIP 的定位是开放的高水平、高标准的自由贸易区安排，议题包含商品和服务的各个方面，主要有知识产权保护、劳工标准、环境标准、促进中小企业发展、金融监管、竞争政策和经济立法等。TPP 和 TTIP 体现了美国“一体两翼”的自由贸易战略，一旦建成，囊括主要的发达国家和亚太经济体，对于世界及中国经济和法律的影响深远而重大。

姚先生早已指出，国际经济法所包含的法律规范，并不局限于某一特定范畴。在国际经济交往中，往往因其法律行为的主体不同，法律关系的性质也不同，在适用法律上，既包括国际法规范，也包括国内法规范。这要求我们对问题的分析要基于动态的发展观，把握问题的实质，不停留于表面现象及单纯概念的探求。在经济全球化和区域一体化所带来各种纷繁复杂法律问题的今天，这种观点客观地反映了国际经济法的现实特征，更显其科学性。

根据姚先生的主张，如要把握当前的区域经济一体化现象，需要透过现象看问题的本质。世界贸易组织（WTO）主导下的多哈回合谈判进展缓慢，与此同时，

① 姚梅镇：《国际经济法是一个独立的法学部门》，载《中国国际法年刊》1983 年卷，第 374 页。

中国等新兴经济体的经济地位不断上升，中国加入 WTO 后依靠出口成为了世界第二大经济体，在全球化中受益颇多。在多边贸易体制谈判的僵持下，美国意欲在双边和区域贸易自由化上另辟蹊径，抢先制定新一代贸易规则，从而掌握世界贸易规则制定的主导权。同时，美国经济的金融化导致其实体经济竞争力下降。美国一方面需要构建新的贸易体系为其产品和服务打开通路，为自己赢得产业调整的时间和机会，另一方面需要通过建立新的标准维护其技术和金融优势，为美国企业创造更自由的贸易环境，因此新的高标准成了 TPP 和 TTIP 的标志性主张。美国“重返亚太”战略实施之初的重点放在外交和安全政策的调整方面，缺乏与中国在亚太地区实现经济再平衡的抓手。与此同时，美国也担心亚太地区国家在美国政治利益和中国经济利益之间产生摇摆。为增加美国在亚太地区的经济凝聚力，需要建立一个经济共同体确立美国在亚太地区的政治、军事和经济的优势地位。

美国在推动 TPP 的过程中，与以中国主导的中日韩自贸协定逐渐形成抗衡姿态，而东盟推动中国积极参与的“区域全面经济伙伴关系（RCEP）”也对美国主导的 TPP 形成挑战。此外，另外一大经济体欧盟也在积极推动自己的自由贸易安排，一方面这些自由贸易协定（FTA）安排与美国形成了竞争，也为中国等 TPP 之外的国家提供了与美国抗衡的空间和筹码，促使美国重新实施跨大西洋的合作方案，与欧盟一起，试图对中国形成合围之势。

根据姚先生的学术理论，国际形势的变化在国际经济领域形成了复杂的结构。随着国际经济交往的发展，新情况带来了种种新的日益复杂的法律问题，这并不是单纯的国际法或国内法所能解决的。面对目前的复杂形势，客观地看，随着经济全球化的发展，贸易自由化将不断深化，结果导致各国市场的开放程度不断加大。美国是世界上最大的发达国家，也是市场开放度最高的国家，在自贸区谈判中的地位是主动和强势的。但美国作为成熟经济体，劳动力成本高、增长空间小、产业空心化严重，很难通过自贸区来根本改变自身经济发展模式和增长前景，也不可能根本改变全球化格局和潮流。同时还应看到，任何具有全球影响的贸易安排，如果将中国排除在外是非常不明智的做法。

对于中国而言，在这种复杂的合围情况下要实现新的经济增长和发展预期，一方面须以更大勇气迎接贸易自由化的挑战，更主动积极地参与制定新一轮国际经济特别是贸易投资规则，另一方面则应加速国内改革开放的进程，从双边、多边两个方面加快构建中国版本的自贸区网络，在经济全球化进程中占据更主动的位置。这与姚先生所主张的关注国际法同时妥善运用国内法手段解决复杂的法律问题是高度吻合的。在当前形势下，尤其是需要关注重要的区域一体化进展所产生的法律规则的变化。这样才能既有利于妥善解决现实的法律问题，又有利于国内立法和司法实践，同时对国际经济法学的发展起到新的促进作用。

三、姚先生的国际投资法理论与当前的中美中欧双边投资协定谈判

姚梅镇先生在中国率先致力于国际投资法的研究，其代表作《国际投资法》首次从资本输入国法制、资本输出国法制和双边、多边条约的国际法制三个方面，结合国际和国内判例、学说，对比国内立法和国际立法，对国际投资的法律关系和法律问题，加以全面地、系统地综合分析和研究，创建了具有中国特色的国际投资法学体系，在国内外学术界产生了重要影响。时至今日，我国国家级规划教材《国际投资法》仍然沿用其体系。同时，他还对国际投资法的许多重大问题，提出了自己的独到见解。这方面特别包括：关于各主权国家应依本国法制确定外国人的待遇标准的观点、关于特许协议是国内法契约而不是国际契约的观点、关于国有化的合法性及基于平等互利原则给予适当补偿的观点等，并对中国的国际经贸立法提出了许多有价值的建议。

姚先生创建的国际投资法理论，三十年来展现出旺盛的生命力，并不断得以发展和丰富。他明确指出，国际投资是国际资金流动的一种重要形式，也是国际经济合作的重要内容。私人资本的国际流动以有利的投资环境为前提。① 国际投资法是国际经济法的一个重要分支，是不同国家和地区身份、利益、观念和权力综合作用和动态演化的产物。国家利益、价值观念和权力分配等因素决定国家在国际投资法上的立场定位。例如，如果一个国家是或主要是资本输入国或资本输出国，那么，这个国家就会主要考虑资本输入国或资本输出国单方面的利益。如果一个国家同时同时具有资本输入国和资本输出国双重混合身份，则该国会审慎权衡资本输入国和资本输出国双方的利益。

金融危机后，世界经济治理机制进入变革期，美国谋求在新一轮经济全球化中主导全球贸易和投资规则的制定。在国际投资法领域值得关注的一个重要现象是国际投资法体制正在经历重大变革，从片面强调投资者保护转向合理兼顾东道国主权。与此同时，20 世纪 90 年代中期以来，中国逐步明确了“走出去”战略，并于 21 世纪以来逐步加快实施“走出去”战略，从而大大地促进和推动了中国企业的境外投资。在此背景下，中国在国际投资法上的身份正在发生重大转换，从资本输入大国发展成为资本输入和资本输出双重大国。中国在国际投资法上的身份混合了发达国家和发展中国家的双重因素，这就决定了中国在国际投资法上的独特立场定位。

---

① 参见姚梅镇：《国际投资法》，武汉大学出版社 1985 年版。

积极推动中美、中欧双边投资协定谈判，是中国适应从国际贸易大国转向国际投资大国的变化，主动参与国际投资规则制定的战略选择，也可以创造新的开放和改革红利。随着 2013 年 7 月中国宣布在中美 BIT（Bilateral Investment Treaty，以下简称“BIT”）谈判中首次以“准入前国民待遇”和“负面清单”形式保留的不符措施与美国进行 BIT 谈判，BIT 中的国民待遇问题再次受到学者们的关注。

关于投资者和投资的待遇标准问题，姚梅镇先生认为，国民待遇标准不仅符合国家主权原则，公平合理，而且直接联系一套明确而详尽的国内法规则，在具体问题上有确切的标准可循，因而主张对外资的国民待遇标准。姚先生关于待遇标准的研究为后来的研究者奠定了基础，并对当前中美中欧双边投资协定谈判中的“准入前国民待遇”提供了基础性的思考。随着国际投资条约实践的发展及对新时期中国利益的动态考察，中国开始接受“准入前国民待遇”的概念和做法不难理解。在中美双边投资协定谈判中，双方就关键问题“准入前国民待遇+负面清单”达成一致后，中国将面对公平竞争原则、投资权益保护、利益交换等许多分歧，因此需要抓紧列举“负面清单”内容，保障公平竞争，提高国际投资保护待遇标准，依法制定保护公共利益的政策，加快国内改革外资管理体制投资审批制度。这再一次充分证明了姚先生国际投资法体系中国际法与国内法的互动和相互促进作用。

同时也应注意到，随着中国在国际投资法上的身份转换，中国在国际投资法上的国家利益亦随之发生变化。如上所述，中国在国际投资法上的立场定位也在发生重要变化。这就要求中国相应改变 20 世纪 90 年代以前片面强调东道国主权、拒绝接受国际最低待遇标准、过分限制投资者与国家间争端解决管辖范围的传统缔约模式等。在对待投资协定的态度上，中国应积极对外谈判签订新的投资协定（包括自由贸易协定中的“投资”章节），或谈判更新现有的投资协定，达到既促进和保护外商来中国直接投资，也促进和保护中国在海外直接投资的双重目的。

在具体实践中，中国在国际投资法上的立场体现为双边投资协定的老问题、新议题和新发展的政策应对。例如，在对待投资协定的内容上，中国已经不再坚持以前的较低标准保护投资的实体待遇条款和争端管辖条款，也放弃采取 20 世纪 90 年代盛行的片面高标准保护投资的协定模式，而逐步采用 21 世纪以来不断更新的高标准，以平衡保护外国投资者、东道国主权及社会公共利益的协定模式。在投资协定实体待遇条款方面，中国目前的投资条约实践除规定传统上采纳的投资与投资者定义、最惠国待遇、公平公正待遇、汇兑与转移自由、征收与补偿条款、战乱补偿、代位求偿权、投资促进与投资便利、保护伞条款等促进和保护投资者利益的条款外，进一步规定了国民待遇、基于习惯国际法理解的公平公正待遇、透明度等更高水平保护投资者的条款。

我们理解目前纷繁复杂的国际投资法问题，仍离不开对姚先生提出的国际投资法体系及几大方面问题的基本认识。当然，近年来世界经济和投资新发展趋势为姚先生创立的国际投资法理论及体系及时注入了新的内容和生命力，使其理论之树能够长盛不衰。这种理论体系对中国当前正在谈判的中美和中欧双边投资协定不无宝贵的借鉴价值。

总之，姚先生毕其一生精力，从事国际经济法学的研究，他引进国外先进的研究方法和理念，开创了中国国际经济法学研究的新纪元，是当之无愧的该学科奠基人和开拓者。同时，他也在国际投资法研究领域作出了重大贡献，创建了具有中国特色的国际投资法学体系。时至今日，无论国际经济形势如何演变，国际投资问题如何层出不穷，姚先生创立的国际经济法和投资法理论和体系总能对我们理解相关新问题提供独特的视角和方法，令后辈晚学在学术道路上受益无穷。

二、专　论

论我国国际商事仲裁规则的新发展

□ 肖永平* □ 邹晓乔**

内容摘要：近两年来，我国国际商事仲裁机构出台了9部《仲裁规则》。以当前国际主流仲裁机构《仲裁规则》为鉴，上述9部《仲裁规则》从不同侧面体现了我国国际商事仲裁规则的新发展，包括规则适用理念的现代化、仲裁庭自裁管辖权、尽量使仲裁协议有效、平衡推进仲裁程序、增加临时性保全措施的种类和发布主体、设立紧急仲裁庭制度、区别对待追加仲裁当事人和案外人、重视合并仲裁案件的关联性和先后顺序、建立友好仲裁制度、设立案件受理后仲裁庭组成前的调解制度、仲裁规则结构安排、仲裁语言选择等方面。这些仲裁规则的制度创新成果已引起仲裁实务、司法界的积极回应，亟待我国仲裁立法的终极回应。

关键词：商事仲裁　仲裁规则　仲裁制度

目　次

* 肖永平，武汉大学国际法研究所教授，武汉大学法学院院长。

** 邹晓乔，武汉大学国际法研究所博士研究生。

2014年4月8日，上海国际经济贸易仲裁委员会（上海国际仲裁中心）（以下简称上海国仲）在上海举行了《中国（上海）自由贸易试验区仲裁规则》（以下简称《自贸区2014年仲裁规则》）颁布及施行发布会，我国首部自由贸易试验区（以下简称自贸区）仲裁规则面世，于2014年5月1日起施行。《自贸区2014年仲裁规则》专门适用于涉及上海自贸区的案件，由中国（上海）自由贸易试验区仲裁院具体实施，该院于2013年10月22日成立，具体负责为自贸区内当事人提供咨询、立案、开庭审理等仲裁服务。为配合《自贸区2014年仲裁规则》的实施，上海国仲对2013年5月1日起施行的《上海国仲仲裁规则》（以下简称上海国仲2013年《仲裁规则》）进行了修订，形成了2014年版《上海国仲仲裁规则》（以下简称上海国仲2014年《仲裁规则》)，于2014年5月1日起施行。①2014年8月28日，上海国仲在上海自贸区设立了上海国际航空仲裁院，与该院有关的案件适用《中国(上海)自由贸易试验区仲裁规则》。为此，上海国仲对其2014年《仲裁规则》与《自贸区2014年仲裁规则》进行了修订，形成了2015年《仲裁规则》及《自贸区2015年仲裁规则》，从2015年1月1日起施行。②2014年11月18日，贸仲委在其官方网站上发布了《关于修订贸仲委〈仲裁规则〉的说明》，宣布已完成对2012年《仲裁规则》的修订，新修订的《仲裁规则》(以下简称贸仲委2015年《仲裁规则》)定于2015年1月1日正式实施。③以中国国际经济贸易仲裁委员会(以下简称贸仲委)于2012年5月1日起启用2012年版《仲裁规则》④(以下简称贸仲委2012年《仲裁规则》)统一适用于贸仲委及其分会为标志，⑤在2年多的时间内，因贸仲委上海分会、华南分会脱离贸仲委而成为独立的国际商事仲裁机构，国家级新区广州南沙新区和中国(上海)自由贸易试验区(以下简称上海自贸区)分别于2012年9月6日、2013年8月22日批准设立，以及上海国仲于2014年8月28日在上海自贸区设立上海国际航空仲裁院，贸仲委、华南国际经济贸易仲裁委员会(深圳国际仲裁院)(以下简称华南国仲)⑥、上海国仲、南沙

① 上海国仲:《〈上海国际经济贸易仲裁委员会(上海国际仲裁中心)仲裁规则〉(2014年版)及其修订说明》，资料来源于 http://www.cietac-sh.org/Announcement.aspx? nid=642，2014年5月2日访问。

② 上海国仲:《〈上海国际经济贸易仲裁委员会(上海国际仲裁中心)仲裁规则〉(2015年版)及〈中国(上海)自由贸易试验区仲裁规则〉(2015版)的发布公告》，资料来源于 http://www.cietac-sh.org/ResourcesDetail.aspx? tid=39&aid=832&zt=3，2015年1月27日访问；钱擘:《上海国际航空仲裁院成立》，载《中国民航报》2014年9月2日，第1版。

③ 于健龙:《关于修订贸仲委〈仲裁规则〉的说明》，资料来源于 http://cn.cietac.org/NewsFiles/NewsDetail.asp? NewsID=1405，2015年1月27日访问。

④ 贸仲委:《2012年仲裁规则》，资料来源于 http://cn.cietac.org/Rules/index2.asp，2014年5月2日访问。

⑤ 贸仲委:《中国国际经济贸易仲裁委员会公告》，资料来源于 http://cn.cietac.org/notes/notes085.shtml，2014年5月2日访问。

⑥ 2012年11月30日，中国国际经济贸易仲裁委员会华南分会在其官方网站上发布《更名通知》，自2012年10月22日起，将中国国际经济贸易仲裁委员会华南分会更名为"华南国际经济贸易仲裁委员会"，并同时使用"深圳国际仲裁院"的名称，并自2012年12月1日起启用新版《仲裁规则》和《仲裁员名册》。参见华南国仲:《更名通知》，资料来源于 http://www.sccietac.org/main/zxfw/xwtt/notice/T115243.shtml，2014年5月2日访问。

国际仲裁中心①等我国国际商事仲裁机构新近出台了9部《仲裁规则》，分别为贸仲委2012、2015年《仲裁规则》②、华南国仲于2012年12月1日起启用的新版《仲裁规则》③、上海国仲于2013年5月1日启用的2013年《仲裁规则》④、南沙国际仲裁中心于2013年7月11日起施行的《南沙仲裁通则》⑤、上海国仲于2014年5月1日起施行的《自贸区2014年仲裁规则》⑥ 和2014年版《仲裁规则》⑦、上海国仲于2015年1月1日起施行的2015年《仲裁规则》、《自贸区2015年仲裁规则》。这些仲裁规则从不同侧面借鉴、吸收了联合国国际贸易法委员会以及国际主流仲裁机构现行仲裁规则的成功做法，从制度设计和仲裁实务上大大推进了我国仲裁规则在以下几个方面的新发展，势必推进我国仲裁立法完善，形成支持仲裁的良好态势。

一、仲裁理念的现代化

适应市场经济发展的要求，我国的仲裁业急需树立现代化的仲裁理念，这就是：仲裁应该具有更大的灵活性、快捷性、兼容性、和谐性，不能拘泥于传统的类

---

① 南沙国际仲裁中心（Nansha international arbitration centre）是由广州仲裁委员会、香港仲裁司学会、澳门世界贸易中心仲裁中心，以及粤港澳法律、经济贸易专家等发起设立的非营利性国际商事仲裁平台，由广州南沙开发区管委会与广州仲裁委、香港国际仲裁中心、澳门世界贸易中心仲裁中心于2011年12月19日在广州签约共同设立，于2012年10月23日挂牌成立。参见百度百科：《南沙国际仲裁中心》，资料来源于 http：//baike. baidu. com/view/12122494. htm，2014年5月2日访问。

② 贸仲委：《2015仲裁规则》，资料来源于 http：//cn. cietac. org/Rules/index. asp，2015年1月27日访问。

③ 华南国仲：《华南国际经济贸易仲裁委员会仲裁规则》，资料来源于 http：//www. sccietac. org/main/sszyjj/zo/zogz/XXGZ/index. shtml#Menu=ChildMenu2，2014年5月2日访问。

④ 上海国仲：《仲裁规则（2013）》，资料来源于 http：//www. shiac. org/Guide. aspx？tid=12&nid=612，2014年5月2日访问。

⑤ 南沙国际仲裁中心：《南沙仲裁通则》，资料来源于 http：//nsiac. org. cn/cn/mediation. php？id=6，2014年5月2日访问。

⑥ 上海国仲：《中国（上海）自由贸易试验区仲裁规则》，资料来源于 http：//www. shiac. org/Guide. aspx？tid =12&nid=613，2014年5月2日访问。

⑦ 上海国仲：《仲裁规则（2014）》，资料来源于 http：//www. shiac. org/Guide. aspx？tid=12&nid=645，2014年5月2日访问。

似诉讼的对抗模式。①因此，现代化的仲裁理念应当体现对当事人的人文关怀，是一种人文仲裁，一种和谐仲裁。②这方面突出体现在：

（一）规则适用开放灵活

一是实现了当事人意思自治和程序推进高效便捷的有机结合。基于商事仲裁的性质和特点，当事人确定仲裁规则的权利得到了绝大多数国家及地区商事仲裁法律制度的认可。③与《美国仲裁协会2009年国际仲裁规则》（以下简称《美国2009年仲裁规则》④）、《联合国国际贸易法委员会仲裁规则》（2010年修订）（以下简称《贸委会2010年仲裁规则》）、《斯德哥尔摩商会仲裁院仲裁规则》（2010年）（以下简称《斯德哥尔摩现行仲裁规则》）、《国际商会仲裁规则》（2012年）（以下简称《国际商会现行仲裁规则》）⑤、《香港国际仲裁中心机构仲裁规则》（2013年）（以下简称《香港2013年仲裁规则》⑥）、《新加坡国际仲裁中心2013年仲裁规则》（第5版，2013年4月1日生效，以下简称《新加坡2013年仲裁规则》⑦）

---

① 杨军、刘淑华：《树立正确的仲裁理念》，载《湘潭大学社会科学学报（研究生论丛）》（第27卷），2003年5月，第131页；参见汪祖兴：《中国仲裁制度的境遇及改革要略》，法律出版社2010年版，第11页。

② 李凤琴：《现代化的仲裁理念探析——兼论我国商事制度的改革》，载《法治研究》2010年第11期，第83页。

③ 谢石松：《商事仲裁法学》，高等教育出版社2003年版，第81页。

④ 贸仲委：《美国仲裁协会国际仲裁规则》，资料来源于 http：//cn. cietac. org/information/read. asp？hangye=13&ptype=5&ptitle=%D6%D9%B2%C3%B9%E6%D4%F2&stitle=%C3%C0%B9%FA%D6%D9%B2%C3%D0%AD%BB%E1%B9%FA%BC%CA%D6%D9%B2%C3%B9%E6%D4%F2，2014年5月2日访问。

⑤ 上海国仲：《联合国国际贸易法委员会仲裁规则（2010）》，《瑞典斯德哥尔摩商会仲裁院仲裁规则（2010）》，《国际商会仲裁规则（2012）》，资料来源于 http：//www. cietac-sh. org/Resources. aspx？zt=2&tid=36&page=1，2014年5月2日访问。

⑥ 香港国际仲裁中心：《香港国际仲裁中心机构仲裁规则2013》，资料来源于 http：//www. hkiac. org/sc/arbitration/arbitration-rules-guidelines/hkiac-administered-arbitration-rules-2013，2014年5月2日访问。

⑦ 新加坡国际仲裁中心：《新加坡国际仲裁中心2013年仲裁规则》，资料来源于 http：//www. siac. org. sg/our-rules/rules/siac-rules-2013，2014年5月2日访问。

的有关规定①相比，除《自贸区 2014 年仲裁规则》以外，前述《仲裁规则》中另 8 部《仲裁规则》的具体规定则更为开放灵活。关于规则适用，《自贸区 2014 年仲裁规则》规定，当事人约定在上海国仲仲裁，但争议涉及上海自贸区的，或当事人约定（或推定其约定）适用本规则的，适用本规则，但当事人对仲裁规则另有约定的除外；②《自贸区 2015 年仲裁规则》进一步规定，当事人可以约定对本规则有关内容进行变更，但其约定无法实施或与仲裁地强制性法律规定相抵触者除外；③《南沙仲裁通则》还规定，当事人经协商一致，可以对本通则及其补充仲裁规则的规定作出修改，可以共同选择直接适用中国内地其他仲裁机构或国外仲裁机构的仲裁规则作为本通则的补充。④ 但上述两个《自贸区仲裁规则》均没有明确规定当事人可以约定适用其他仲裁规则，《南沙仲裁通则》允许当事人共同选择直

① 《美国 2009 年仲裁规则》第 1 条第 1、2 款规定：（1）如当事人书面同意按照本《国际仲裁规则》仲裁解决争议，或者约定由国际争议解决中心（ICDR）或美国仲裁协会（AAA）进行国际争议的仲裁，但未指定特定规则，则仲裁程序应按照仲裁开始之日有效的本规则进行，并遵从当事人以书面做出的任何修改。（2）仲裁程序应受本规则管辖，但是本规则的任何规定与仲裁程序所适用的任何法律条款相抵触、且当事人不得规避该法律条款时，则以该法律条款为准。《贸委会 2010 年仲裁规则》第 1 条第 1 款规定：凡各方当事人同意，一项确定的法律关系不论是合同性还是非合同性的，彼此之间与此有关的争议应根据《联合国国际贸易法委员会仲裁规则》提交仲裁的，此类争议均应按照本规则进行解决，但须服从各方当事人可能协议对本规则作出的修改。《斯德哥尔摩现行仲裁规则》第 19 条"仲裁程序的进行"规定：（1）在遵守本规则规定以及当事人约定的前提下，仲裁庭可以其认为适当的方式进行仲裁程序。（2）无论如何，仲裁庭应当公正、实际而快捷地进行仲裁程序，给予各方当事人平等、合理的机会陈述案件。《国际商会现行仲裁规则》第 19 条规定：仲裁庭审理案件的程序受本仲裁规则管辖：本仲裁规则没有规定的，受当事人约定的或当事人没有约定时仲裁庭确定的规则管辖，不论是否因此而援引适用于该仲裁的某一国内法的程序规则。《香港 2013 年仲裁规则》第 1 条第 1、2 款规定：本规则适用以下仲裁协议（无论是在争议发生之前或之后签订）：（a）规定适用本规则的仲裁协议；（b）以下述第 1.2 和 1.3 款为前提，规定"由香港国际仲裁中心管理的"或有含义相似的表述的仲裁协议。特此明确，本规则不适用于选择按照其他规则（包括香港国际仲裁中心不时采纳的其他规则）仲裁的仲裁协议。《新加坡 2013 年仲裁规则》第 1 条第 1 款规定：当事人同意将其争议提交新加坡国际仲裁中心仲裁的，视为当事人同意按本规则进行仲裁。如本规则的任何规定与仲裁所适用法律的强制性规定相抵触，且当事人不得减损该强制性法律规定时，则以该强制性法律规定为准。

② 参见《自贸区 2014 年仲裁规则》第 3 条第 1、2、3、4 款。

③ 参见《自贸区 2015 年仲裁规则》第 3 条第 2 款。

④ 参见《南沙仲裁通则》第 4 条第 2 款，第 5 条第 3 款。

接适用的内地其他仲裁机构或国外仲裁机构的仲裁规则，也只是作为本通则的补充。尤其是贸仲委 2012、2015 年《仲裁规则》，华南国仲 2012 年新版《仲裁规则》，上海国仲 2013、2014、2015 年《仲裁规则》的有关规定①相比前述 6 部国际主流《仲裁规则》则更为开放，当事人既可以约定适用其他仲裁规则，也可以约定适用本规则，还可以约定对本规则有关内容进行变更，但当当事人上述约定无法实施或与仲裁程序适用法律（或仲裁地法）的强制性规定相抵触者时，为推进仲裁程序的顺利进行，则直接适用本规则进行仲裁。二是特殊规则优先适用。贸仲委 2012、2015 年《仲裁规则》，华南国仲新版《仲裁规则》均规定了行业（或专业）仲裁规则优先适用，②这符合国际商事仲裁规则趋同化和专业化并行发展的趋势，《美国 2009 年仲裁规则》、《贸委会 2010 年仲裁规则》、《斯德哥尔摩现行仲裁规则》、《国际商会现行仲裁规则》、《香港 2013 年仲裁规则》、《新加坡 2013 年仲裁规则》则还没有相应规定。三是规则间的补充适用。《南沙仲裁通则》第 4 条第 1 款规定："本通则为本中心仲裁总则。除本通则规定外，其他规定由《广州仲裁委员会仲裁规则》、《香港国际仲裁中心国际仲裁管理程序》、《澳门世界贸易中心仲裁中心内部规章》等可作为补充规则。"《南沙仲裁通则》第 4 条第 3 款规定："补充规则与通则规定不一致的，以本通则为准。"《南沙仲裁通则》第 5 条第 3 款还规定："当事人可以共同选择直接适用中国内地其他仲裁机构或国外仲裁机构的仲裁规则作为本通则的补充；如果选择国外仲裁机构的仲裁规则，不得违反中华人民共和国法律的规定。"

（二）强制性规则例外的表述更精准

贸仲委 2012 年、2015 年《仲裁规则》、华南国仲新版《仲裁规则》、《南沙仲裁通则》有关强制性规则例外的表述更符合国际商事仲裁的发展趋势，均规定"与仲裁程序适用法律的强制性规定相抵触者除外"，③ 与《美国 2009 年仲裁规则》、

---

① 贸仲委 2012、2015 年《仲裁规则》第 4 条第 2、3 款；华南国仲 2012 年新版《仲裁规则》第 3 条第 1、2、3 款；上海国仲 2013 年版《仲裁规则》第 4 条第 1、2、3 款，2014 年版《仲裁规则》第 3 条第 1、2、3 款。

② 参见贸仲委 2012 年、2015 年《仲裁规则》第 4 条第 5 款、华南国仲新版《仲裁规则》第 3 条第 4 款。

③ 贸仲委 2012、2015 年《仲裁规则》第 4 条第 3 款、华南国仲新版《仲裁规则》第 3 条第 3 款、《南沙仲裁通则》第 4 条第 2 款。

《贸委会 2010 年仲裁规则》、《新加坡 2013 年仲裁规则》的相关规定类似。① 但上海国仲 2013 年《仲裁规则》第 4 条第 2 款、2015 年《仲裁规则》第 3 条第 2 款均作了以下类似规定："当事人约定将争议提交本会仲裁但适用其他仲裁规则，或约定对本规则有关内容进行变更的，从其约定，但其约定无法实施或与仲裁地强制性法律规定相抵触者除外。"上海国仲《自贸区 2015 年仲裁规则》第 3 条第 2 款也规定："……当事人约定对本规则有关内容进行变更的，从其约定，但其约定无法实施或与仲裁地强制性法律规定相抵触者除外。"两相比较，"仲裁程序适用法律的强制性规定"比"仲裁地强制性法律规定"的表述更为精准，也更符合国际商事网上仲裁等发展需求。

（三）体现最密切联系原则

如《自贸区 2015 年仲裁规则》第 3 条第 1 款、上海国仲 2015 年《仲裁规则》第 3 条第 4 款均规定："凡当事人约定将争议提交仲裁委员会仲裁，争议的当事人、标的物或民商事关系产生、变更、消灭的法律事实涉及中国（上海）自由贸易试验区的，适用本规则进行仲裁，但当事人对仲裁规则另有约定的除外。"这无疑是上海国仲的一个创新。

二、尽量使仲裁协议有效

仲裁庭自裁管辖权原则，通常有两个效果：一个是积极的，即当一方质疑仲裁庭的管辖权时，由仲裁庭来裁决这一问题，而不是由法院来决定；另一个是消极的，当存在仲裁协议时，法院不仅无权处理仲裁协议项下的纠纷，而且还无权确定

---

① 《美国 2009 年仲裁规则》第 1 条第 2 款规定：仲裁程序应受本规则管辖，但是本规则的任何规定与仲裁程序所适用的任何法律条款相抵触、且当事人不得规避该法律条款时，则以该法律条款为准；《贸委会 2010 年仲裁规则》第 1 条 3 款规定：仲裁应按照本规则进行，但本规则任一条款与仲裁所适用的某项法律规定相抵触，且各方当事人又不得背离该法律规定的，以该法律规定为准；《新加坡 2013 年仲裁规则》第 1 条 1 款规定：当事人同意将争议提交新加坡国际仲裁中心仲裁的，视为已同意按照本规则进行仲裁和管理。仲裁规则条款与仲裁适用法律的强制性规定相抵触的，从其规定。

仲裁协议的效力。可见，决定仲裁协议效力的优先权在仲裁庭这边。①《国际商会现行仲裁规则》第 6 条第 4 款、《香港 2013 年仲裁规则》第 19 条第 4 款均体现了尽量使仲裁协议有效的发展趋势。②《美国 2009 年仲裁规则》第 15 条第 1 款、《贸委会 2010 年仲裁规则》第 23 条第 1 款、《国际商会现行仲裁规则》第 6 条第 3 款、《香港 2013 年仲裁规则》第 19 条第 1 款也充分体现出了仲裁庭自裁管辖权原则。③在仲裁协议效力问题上，我国国际商事仲裁制度的新发展主要表现为：

（一）突出仲裁庭的决定权

华南国仲新版《仲裁规则》更加突出了仲裁庭对仲裁协议效力的决定权，主要表现在：一是仲裁庭可以重新作出与原决定不一致的管辖权决定，④ 尽管原决定是由仲裁委员会根据表面证据而作出的，这是前述《贸委会 2010 年仲裁规则》等 6 部国际《仲裁规则》所没有明确规定的；而贸仲委 2012、2015 年《仲裁规则》、上海国仲 2013、2014、2015 年《仲裁规则》和《自贸区 2014、2015 年仲裁规则》中的仲裁庭在得到仲裁委员会授权时，也可就仲裁协议效力或仲裁案件的管辖权问题做出决定，在仲裁委员会依表面证据作出管辖权决定后，根据仲裁庭在审理过程

---

① Yves Derains, *International Commercial Arbitration Practice in Europe*, in Grigera Naon, Mason, International Commercial Arbitration Practice: 21st Century Perspectives 98 (Matthew Bender & Company, Inc. 2014), availble at http://er.szlib.org.cn: 8881/rwt/340/http/P75YPLUMMW6GT65PMW6GT63PMNYXN/ap/auth/default.asp? customer=SZLib, visited on 2 May 2014.

② 《国际商会现行仲裁规则》第 6 条第 4 款规定：……如果仲裁院基于表面所见，认为一个仲裁规则要求的仲裁协议可能存在，则仲裁应继续进行……《香港 2013 年仲裁规则》第 19 条第 4 款规定：……如香港国际仲裁中心根据表面证据认为本规则下的仲裁协议可能存在，仲裁程序应在此程度上继续……

③ 《美国 2009 年仲裁规则》第 15 条第 1 款规定：仲裁庭有权就其管辖权，包括对仲裁协议的存在、范围或效力提出的任何异议，作出裁定。《贸委会 2010 年仲裁规则》第 23 条第 1 款规定：仲裁庭有权力对其自身管辖权作出裁定，包括对与仲裁协议的存在或效力有关的任何异议作出裁定……《国际商会现行仲裁规则》第 6 条第 3 款规定：……对于任何管辖权问题，或各项请求是否可以在该次仲裁中作出共同裁定的问题，则由仲裁庭直接决定，除非秘书长按照第 6 条第 4 款的规定，将有关事项提交仲裁院决定；第 6 条第 5 款规定：仲裁院根据第 6 条第 4 款决定的所有事项中，对于仲裁庭管辖权的问题，除仲裁院决定有关当事人或仲裁请求不能进行仲裁外，均应由仲裁庭裁定。《香港 2013 年仲裁规则》第 19 条第 1 款规定：仲裁庭有权决定其自身在本规则下的管辖权，包括就一个或多个仲裁协议的存在、效力或范围提出的任何抗辩。

④ 参见华南国仲新版《仲裁规则》第 11 条第 3 款。

中发现与表面证据不一致的事实及/或证据，可以授权仲裁庭重新作出管辖权决定。① 二是贸仲委 2012、2015 年《仲裁规则》、上海国仲 2013、2014、2015 年《仲裁规则》和《自贸区 2014、2015 年仲裁规则》均规定，本会有权对仲裁协议的存在、效力以及仲裁案件的管辖权作出决定。如有必要，本会也可以授权仲裁庭作出管辖权决定，但是华南国仲新版《仲裁规则》则去掉了“如有必要”的字眼，②规定可由仲裁委员会或者由仲裁委员会授权仲裁庭作出决定。三是华南国仲新版《仲裁规则》第 12 条还规定，除上条规定外（即对仲裁协议效力的异议），其他有关管辖权异议的决定，由仲裁庭以中间裁决的形式或在终局裁决中作出。整体而言，当前国际主流仲裁机构《仲裁规则》均确立了仲裁庭自裁管辖权原则，而前述 9 部《仲裁规则》均规定，由仲裁委员会或者仲裁委员会授权的仲裁庭来决定仲裁协议效力或管辖权异议问题，仍有待进一步提升，明确规定仲裁庭自裁管辖权原则。

（二）扩展仲裁协议书面形式

这主要表现在：一是规定了“视为存在书面仲裁协议”的情形，即“在仲裁申请书和仲裁答辩书的交换中，一方当事人声称有仲裁协议而另一方当事人不做否认表示的，视为存在书面仲裁协议”。③ 二是华南国仲还确立了一种新的“视为达成仲裁协议”的情况。④前述“视为存在书面仲裁协议”、“视为达成仲裁协议”的情形正是联合国贸易法委员会《国际商事仲裁示范法》（2006 年修订）（以下简称《示范法》（2006 年修订）第 7 条第 5 款⑤的具体化。三是贸仲委 2012、2015 年《仲裁规则》，上海国仲 2013、2014、2015 年《仲裁规则》和《自贸区 2014、2015

① 贸仲委 2012、2015 年《仲裁规则》第 6 条第 1、2 款、上海国仲 2013、2014、2015 年《仲裁规则》、《自贸区 2014、2015 年仲裁规则》第 6 条第 1、2 款。

② 华南国仲则新版《仲裁规则》第 11 条第 2 款。

③ 华南国仲则新版《仲裁规则》第 9 条第 2 款，上海国仲 2013、2014、2015 年《仲裁规则》、《自贸区 2014、2015 年仲裁规则》第 5 条第 3 款。

④ 华南国仲则新版《仲裁规则》第 9 条第 3 款规定：“一方作出愿意将争议提交仲裁委员会仲裁的书面承诺，另一方向仲裁委员会申请仲裁的，视为达成仲裁协议。”

⑤ 《示范法》（2006 年修订）第 7 条第 5 款规定：另外，仲裁协议如载于相互往来的索赔声明和抗辩声明中，且一方当事人声称有协议而另一方当事人不予否认的，即为书面形式。参见联合国贸易法委员会：《〈示范法〉文本（2006 年修订）》，资料来源于 http://www.uncitral.org/uncitral/zh/uncitral_texts/arbitration/1985Model_arbitration.html，2014 年 5 月 2 日访问。

年仲裁规则》均作了类似规定,①即仲裁协议所适用的法律对仲裁协议的形式及效力另有规定的，从其规定。这既可以适应各国国内法的要求，也可为以非书面形式的仲裁协议的存在及其有效性的认定或对仲裁协议的书面形式进行扩大解释提供了可能,② 与《示范法》(2006 年修订）第 7 条第（3）款③一脉相承，无疑顺应了国际商事仲裁的发展潮流。

三、仲裁庭的程序管理权和当事人的程序自主权的平衡

当事人意思自治是仲裁的基石。实践中，多数情况下，尽管当事人都订有仲裁协议，但双方无法就仲裁的进行达成协议，甚至有一方还借故拖延。这就需要对仲裁程序勾勒出一个框架，即使一方当事人不配合，仲裁也能顺利进行。同时，为防止一方当事人恶意或消极行为阻碍仲裁优势的发挥，赋予仲裁庭充分的自由裁量权必不可少。④

(一）赋予仲裁庭更多的程序管理权

《美国 2009 年仲裁规则》、《贸委会 2010 年仲裁规则》、《斯德哥尔摩商会仲裁院仲裁规则》等均规定⑤，仲裁庭可以按照其认为适当的任何方式进行仲裁。在此方面，我国前述 9 部《仲裁规则》的发展具体表现在：一是对案件受理通知和仲裁通知的发出时限进行限定。贸仲委 2012、2015 年《仲裁规则》和华南国仲新版

① 参见贸仲委 2012、2015 年《仲裁规则》第 5 条第 3 款、上海国仲 2013、2014、2015 年《仲裁规则》、《自贸区 2014、2015 仲裁规则》第 5 条第 4 款。

② 相关讨论可参见何其生：《论电子仲裁协议的要件》，载《法学评论》2003 年第 4 期；何其生：《〈国际合同使用电子通信公约〉评析——兼与〈联合国国际货物销售合同公约〉和〈电子商务示范法〉比较》，载《暨南学报（哲学社会科学版）》2007 年第 1 期。

③ 《示范法》(2006 年修订）第 7 条第 3 款规定：仲裁协议的内容以任何形式记录下来的，即为书面形式，无论该仲裁协议或合同是以口头方式、行为方式还是其他方式订立的。

④ 参见宋连斌：《理念走向规则：仲裁法修订应注意的几个问题》，载《北京仲裁》2004 年总第 52 辑，第 4 页。

⑤ 《美国 2009 年仲裁规则》第 16 条第 1 款规定：在本规则规定下，仲裁庭可以按照其认为适当的任何方式进行仲裁……《贸委会 2010 年仲裁规则》第 17 条第 1 款规定：在不违反本规则的情况下，仲裁庭可以其认为适当的方式进行仲裁……《斯德哥尔摩现行仲裁规则》第 19 条第 1 款规定：在遵守本规则规定以及当事人约定的前提下，仲裁庭可以其认为适当的方式进行仲裁程序。

《仲裁规则》的相关规定比较接近，除贸仲委 2012、2015 年《仲裁规则》对国内仲裁的特别规定外，①对申请仲裁手续完备的，没有明确秘书局（或秘书处）发出案件受理通知和仲裁通知的时限，②上海国仲 2013、2014、2015 年《仲裁规则》、《自贸区 2014、2015 年仲裁规则》则进一步明确秘书处应在 5 日内向申请人发出受理案件通知和在发出受理案件的通知后 5 日内向被申请人发送仲裁通知的时限规定，③这种对仲裁委员会秘书机构的时限要求维护了当事人权益，有利于仲裁机构加强内部管理，提高仲裁效率，不失为上海国仲的一项创新之举。通过比较国内外仲裁机构《仲裁规则》，不难发现，相关规则一般均规定，仲裁程序自仲裁机构收到仲裁通知（或申请）之日起开始计算④，但《贸委会 2010 年仲裁规则》第 3 条第 2 款明确规定："仲裁程序应视为自被申请人收到仲裁通知之日起开始。"两相比较，后者似乎更有利于平等保护双方当事人的权利，值得我国仲裁机构学习借鉴。同时，贸仲委 2012、2015 年《仲裁规则》第 13 条第 4 款，上海国仲 2013、2014、2015 年《仲裁规则》、《自贸区 2014、2015 年仲裁规则》第 12 条第 3 款均规定，本会受理案件后，应指定 1 至 2 名案件秘书（或秘书处的人员）协助仲裁庭负责仲裁案件的程序管理工作。《美国 2009 年仲裁规则》等上述域外国际商事仲裁机构《仲裁规则》还没有仲裁机构为仲裁庭指定案件秘书服务人员的规定，《香港 2013 年仲裁规则》第 13 条第 4 款则规定，经与当事人商议，仲裁庭可以指定 1 名秘书。与《香港 2013 年仲裁规则》相比较，贸仲委、上海国仲相关《仲裁规则》规定可能更利于案件秘书尽早介入仲裁程序，以推进仲裁顺利进行。

二是缩短了国际商事仲裁案件的答辩和反请求期限。关于适用简易程序案件的答辩和反请求期限，贸仲委 2012、2015 年《仲裁规则》，华南国仲新版《仲裁规则》，上海国仲 2013、2014、2015 年《仲裁规则》，《自贸区 2014、2015 年仲裁规

---

① 贸仲委 2012 年《仲裁规则》第 64 条第 1 款、贸仲委 2015 年《仲裁规则》第 66 条第 1 款。

② 参见贸仲委 2012、2015 年《仲裁规则》第 13 条；华南国仲新版《仲裁规则》第 17 条。

③ 上海国仲 2013、2014、2015 年《仲裁规则》、《自贸区 2014、2015 年仲裁规则》第 12 条第 2 款。

④ 参见《美国 2009 年仲裁规则》第 2 条第 2 款，《斯德哥尔摩现行仲裁规则》第 4 条，《国际商会现行仲裁规则》第 4 条第 2 款，《新加坡 2013 年仲裁规则》第 3 条第 3 款，贸仲委 2012 年《仲裁规则》第 11 条，华南国仲新版《仲裁规则》第 14 条，上海国仲 2013、2014、2015 年《仲裁规则》、《自贸区 2014、2015 年仲裁规则》第 10 条。

则》的相关规定①比较接近，均规定被申请人应在收到仲裁通知之日起20天内提交答辩书和反请求书（如有反请求，以下同）；对国内争议案件，贸仲委2012、2015年《仲裁规则》，上海国仲2013、2014、2015年《仲裁规则》，《自贸区2014、2015年仲裁规则》也作了20天内提交答辩书和反请求书的相同规定；②对不适用简易程序的涉外案件，涉港、澳、台案件，贸仲委2012、2015年《仲裁规则》，上海国仲2013、2014、2015年《仲裁规则》，《自贸区2014、2015年仲裁规则》均要求被申请人应在收到仲裁通知之日起45天内提交答辩书和反请求书。③与此相比，华南国仲新版《仲裁规则》确立的答辩和反请求的期限更短、更有特点：除适用简易程序案件外，不管是国内仲裁还是涉外案件及涉港、澳、台案件，均要求被申请人应在收到仲裁通知之日起30天内提交答辩书和反请求书，④这种答辩和反请求时效的缩短顺应了当前网络信息技术的应用发展和国际商事仲裁的发展趋势，如《美国2009年仲裁规则》、《贸委会2010年仲裁规则》、《国际商会现行仲裁规则》规定的期限相同，⑤ 有利于进一步提高仲裁效率。

三是对仲裁庭不同意变更仲裁请求、答辩或反请求的理由进行了扩充。与贸仲委2012、2015年《仲裁规则》，上海国仲2013、2014、2015年《仲裁规则》，《自贸区2014、2015年仲裁规则》相比，华南国仲新版《仲裁规则》的相关规定扩充了仲裁庭不同意当事人申请变更的具体理由，除仲裁庭认为当事人申请变更仲裁请求、答辩或反请求会造成迟延外，仲裁庭如认为同意上述变更会对另一方不公平或

① 贸仲委2012年《仲裁规则》第57条第1款、第2款，贸仲委2015年《仲裁规则》第59条第1款、第2款，华南国仲新版《仲裁规则》第59条第1款、第2款，上海国仲2013、2014、2015年《仲裁规则》第54条第1款、第2款、《自贸区2014、2015年仲裁规则》第65条第1款、第2款。

② 贸仲委2012年《仲裁规则》第66条第1款、第2款，贸仲委2015年《仲裁规则》第68条第1款、第2款，上海国仲2013、2014、2015年《仲裁规则》、《自贸区2014、2015年仲裁规则》第13条第1款、第14条第1款。

③ 贸仲委2012年《仲裁规则》第14条、第15条，贸仲委2015年《仲裁规则》第15条、第16条，上海国仲2013、2014、2015年《仲裁规则》，《自贸区2014、2015年仲裁规则》第13条第1款、第14条第1款。

④ 华南国仲新版《仲裁规则》第18条第1款、第19条第1款。

⑤《美国2009年仲裁规则》第3条、《贸委会2010年仲裁规则》第4条第1款、《国际商会现行仲裁规则》第5条。

导致任何其他情况而不宜变更的，仲裁庭可不予同意变更，① 与《美国 2009 年仲裁规则》、《贸委会 2010 年仲裁规则》、《斯德哥尔摩现行仲裁规则》等国际主流仲裁机构的相关规定类似。②上述扩充增加了仲裁庭对程序事项的有效控制。

四是对当事人在仲裁委员会仲裁员名册外选定或推荐仲裁员（包括首席仲裁员）依法进行限制。国际主流仲裁机构一般不设仲裁员名册，没有驻会仲裁员，对当事人提名或约定的候任仲裁员，一般要经过仲裁机构确认，确认时主要考量候任仲裁员的中立性、独立性以及国籍、处理案件的时间、住所等因素。③华南国仲新版《仲裁规则》第 28 条第 3 款规定："当事人可以约定在仲裁委员会仲裁员名册之外指定仲裁员。当事人根据约定在仲裁委员会仲裁员名册之外指定的仲裁员人选，符合法律规定的仲裁员条件④的，经仲裁委员会主任确认后，可以担任该案仲裁员。"贸仲委 2012 年《仲裁规则》第 24 条第 2 款、2015 年《仲裁规则》第 26 条第 2 款，上海国仲 2013、2014、2015 年《仲裁规则》第 21 条第 2 款，《自贸区

① 参见华南国仲新版《仲裁规则》第 20 条，贸仲委 2012 年《仲裁规则》第 16 条，贸仲委 2015 年《仲裁规则》第 17 条，上海国仲 2013、2014、2015 年《仲裁规则》、《自贸区 2014、2015 年仲裁规则》第 15 条。

② 《美国 2009 年仲裁规则》第 4 条规定：在仲裁程序中，任何一方当事人均可变更或补充其请求、反请求或答辩，除非因该当事人迟延进行上述变更或补充、损害其他当事人的权利、或存在任何其他情况，仲裁庭认为允许这种变更或补充是不适当的。对其请求或反请求的变更或补充超出仲裁协议范围的，当事人不得进行变更或补充。《贸委会 2010 年仲裁规则》第 22 条规定：在仲裁程序进行过程中，当事人可更改或补充其仲裁请求或答辩，包括更改或补充反请求或为抵消目的而提出的请求，除非仲裁庭考虑到所提出的更改或补充过迟或对其他当事人造成损害，或者考虑到其他任何情况而认为不宜允许此种更改或补充。但是，对仲裁请求或答辩提出更改或补充，包括对反请求或为抵消目的而提出的请求提出更改或补充，不得使更改后或补充后的仲裁请求或答辩超出仲裁庭的管辖权。《斯德哥尔摩现行仲裁规则》第 25 条规定：在仲裁程序根据第 34 条终结之前的任何时候，当事人一方均可以对其请求、反请求、答辩或者抵消请求进行修改或者予以补充，只要经修改或补充之后的案件仍受仲裁协议所约束，除非仲裁庭在考虑到修改或补充过于迟延、对他方当事人造成的损害或者其他情形后认为准许这种修改或者补充并不适当。

③ 参见《国际商会现行仲裁规则》第 13 条第 1 款、《新加坡 2013 年仲裁规则》第 11 条、《贸委会 2010 年仲裁规则》第 11 条、《美国 2009 年仲裁规则》第 7 条、《斯德哥尔摩现行仲裁规则》第 14 条。

④ 《中华人民共和国仲裁法》第 13 条规定：仲裁委员会应当从公道正派的人员中聘任仲裁员。仲裁员应当符合下列条件之一：（1）从事仲裁工作满八年的；（2）从事律师工作满八年的；（3）曾任审判员满八年的；（4）从事法律研究、教学工作并具有高级职称的；（5）具有法律知识、从事经济贸易等专业工作并具有高级职称或者具有同等专业水平的。仲裁委员会按照不同专业设仲裁员名册。

2014、2015 年仲裁规则》第 28 条第 2、5 款也作了类似规定。①与上述国际主流仲裁机构对仲裁员的要求相比，我国《仲裁法》对仲裁员资历条件要求过高，对仲裁员的诚信情况要求过于笼统，同时也脱离了仲裁员处理案件的实际便利需要，我国学者也针对这一情况提出了很好的建议②，亟待《仲裁法》修订时予以改进。值得指出的是，根据贸仲委 2015 年《仲裁规则》第六章香港仲裁的特别规定，贸仲委香港仲裁中心对涉及本中心的案件，将以香港为仲裁地，以香港仲裁法为程序适用法，裁决也被视为香港裁决；关于仲裁员的选定或指定问题，贸仲委香港仲裁中心将在管理的案件中推荐使用现行仲裁员名册，当事人可在贸仲委仲裁员名册外选定仲裁员，被选定的仲裁员由仲裁委员会主任依据香港仲裁法确认。③

五是缩小了仲裁员回避请求的范围。据贸仲委 2012、2015 年《仲裁规则》，上海国仲 2013、2014、2015 年《仲裁规则》，《自贸区 2014、2015 年仲裁规则》的相关规定，④ 当事人可以仲裁员披露的实事或情况为由，或对被选定或被指定的仲裁员的公正性和独立性产生具有正当理由的怀疑时，可以书面申请该仲裁员回避。但华南国仲新版《仲裁规则》第 32 条第 2 款则开创性地缩小了仲裁员回避请求的范围，只规定当事人对“被指定的”仲裁员的公正性和独立性产生具有正当理由的怀疑时，可以书面提出回避请求。该规定可以引导当事人在选定仲裁员时应慎重考虑其公正性和独立性，一旦选定则禁止反言，较好地实现了公平和效率兼顾

① 贸仲委 2012 年《仲裁规则》第 24 条第 2 款规定：当事人约定在仲裁委员会仲裁员名册之外选定仲裁员的，当事人选定的或根据当事人之间的协议指定的人士经仲裁委员会主任依法确认后可以担任仲裁员。上海国仲 2013、2014、2015 年《仲裁规则》第 21 条第 2 款规定：当事人约定在本会仲裁员名册之外选定仲裁员的，当事人选定的或根据当事人之间的协议指定的人士经本会主任依法确认后可以担任该案件的仲裁员、首席仲裁员或独任仲裁员。《自贸区 2014、2015 年仲裁规则》第 28 条第 2 款规定：当事人……也可以各自推荐一名仲裁员名册外的人士担任仲裁员。当事人推荐仲裁员名册外的人士担任仲裁员的，应在本条第（1）款规定的期限内将该名人士的信息提交至秘书处。经仲裁委员会主任依法确认后同意的，该名人士可以担任案件的仲裁员……双方当事人可以约定共同推荐一名仲裁委员会仲裁员名册外的人士担任首席仲裁员，并应在本条第（3）款规定的期限内将共同推荐的该名人士信息提交至秘书处。经仲裁委员会主任依法确认后同意的，该名人士可以担任案件的首席仲裁员……

② 参见宋连斌：《理念走向规则：仲裁法修订应注意的几个问题》，载《北京仲裁》2004 年总第 52 辑，第 11 页。

③ 贸仲委 2015《仲裁规则》第 73~76 条。

④ 参见贸仲委 2012 年《仲裁规则》第 30 条第 1 款、第 2 款，贸仲委 2015 年《仲裁规则》第 32 条第 1 款、第 2 款，华南国仲新版《仲裁规则》第 32 条第 1 款、第 2 款，上海国仲 2013、2014、2015 年《仲裁规则》第 26 条第 1 款、第 2 款，《自贸区 2014、2015 年仲裁规则》第 32 条第 1 款、第 2 款。

的仲裁价值取向。与上述国际主流仲裁机构《仲裁规则》相比，在仲裁员回避、选定及责任问题上，现行商事仲裁机构《仲裁规则》仍存在以下不足：(1) 没有规定当事人一方只能基于在仲裁员得以指定后所知道的理由对其所指定的仲裁员或者其所参与指定的仲裁员提出异议。① (2) 没有确定当事人（或其代理人）与仲裁员（或候任仲裁员）不得进行单方面联系原则及其例外情形。② (3) 在当事人国籍不同的情况下，没有规定首席仲裁员（或独任仲裁员）的国籍回避问题。③ (4) 没有建立仲裁机构及其工作人员、仲裁庭及相关仲裁员、仲裁庭指定的相关人员等的免责及例外条款以及相关作证义务的免除等规定。④ 六是华南国仲新版《仲裁规则》第 34 条第 1 款明确规定："除非当事人另有约定，仲裁庭有权决定程序事项。"这与《斯德哥尔摩现行仲裁规则》、《国际商会现行仲裁规则》的相关规定⑤是一致的。七是规定仲裁庭可以按照其认为适当的方式审理案件，可在其认为适当的地点以其认为适当的方式进行合议，给予了仲裁庭充分的案审自主权，如《美国 2009 年仲裁规则》，《斯德哥尔摩现行仲裁规则》，《贸委会 2010 年仲裁规则》，贸仲委 2012、2015 年《仲裁规则》，上海国仲 2013、2014、2015 年《仲裁规则》，《自贸区 2014、2015 年仲裁规则》等均作了以上规定。⑥

（二）赋予当事人充分的程序自主权

一是当事人申请变更的范围更广。如华南国仲新版《仲裁规则》第 20 条规

① 参见《斯德哥尔摩现行仲裁规则》第 15 条第 1 款，《贸委会 2010 年仲裁规则》第 12 条第 2 款，《国际商会现行仲裁规则》第 14 条第 2 款，《新加坡 2013 年仲裁规则》第 11 条第 2 款。

② 参见《美国 2009 年仲裁规则》第 7 条第 2 款，《新加坡 2013 年仲裁规则》第 10 条第 7 款。

③ 参见《美国 2009 年仲裁规则》第 6 条第 4 款、《斯德哥尔摩现行仲裁规则》第 13 条第 5 款、《国际商会现行仲裁规则》第 13 条第 5 款。

④ 参见《美国 2009 年仲裁规则》第 35 条、《贸委会 2010 年仲裁规则》第 16 条、《斯德哥尔摩现行仲裁规则》第 48 条、《国际商会现行仲裁规则》第 40 条、《新加坡 2013 年仲裁规则》第 34 条。

⑤ 参见《斯德哥尔摩现行仲裁规则》第 19 条第 1 款、《国际商会现行仲裁规则》第 22 条第 2 款。

⑥ 参见《美国 2009 年仲裁规则》第 16 条第 1 款、《斯德哥尔摩现行仲裁规则》第 20 条第 2 款、《贸委会 2010 年仲裁规则》第 18 条第 2 款、贸仲委 2012 年《仲裁规则》第 33 条第 1 款、第 4 款，贸仲委 2015 年《仲裁规则》第 35 条第 1 款、第 4 款，上海国仲 2013、2014、2015 年《仲裁规则》第 29 条第 1 款、第 3 款，《自贸区 2014、2015 年仲裁规则》第 35 条第 1 款、第 3 款。

定：“在仲裁程序中，任何一方当事人均可书面申请变更其请求、答辩或反请求……”与贸仲委2012年《仲裁规则》第16条、2015年《仲裁规则》第17条，上海国仲2013、2014、2015年《仲裁规则》，《自贸区2014、2015年仲裁规则》第15条规定相比，申请变更的范围更广，除申请变更仲裁请求或反请求外，当事人还可以对其答辩申请变更。《美国2009年仲裁规则》第4条、《贸委会2010年仲裁规则》第22条、《斯德哥尔摩现行仲裁规则》第25条、《香港2013年仲裁规则》第18条等也作了类似的规定。二是当事人可以约定仲裁员的产生方式。如华南国仲新版《仲裁规则》第28条第2款创新性地规定：“当事人可以约定仲裁员的产生方式，但其约定无法实施或与仲裁程序适用法律的强制性规定相抵触者除外。”《美国2009年仲裁规则》、《斯德哥尔摩现行仲裁规则》也作了类似规定。①三是增加了首席仲裁员产生的新方式：（1）当事人可以约定共同推荐一名仲裁委员会仲裁员名册外的人士担任首席仲裁员。按照《自贸区2014、2015年仲裁规则》第28条第5款规定，双方当事人可以约定共同推荐仲裁委员会仲裁员名册外的人士担任首席仲裁员，并应在期限内将共同推荐的该名人士信息提交至秘书处。经仲裁委员会主任依法确认后同意的，该名人士可以担任案件的首席仲裁员。（2）与贸仲委2012、2015年《仲裁规则》，上海国仲2013、2014、2015年《仲裁规则》，《自贸区2014、2015年仲裁规则》的相关规定相比，华南国仲新版《仲裁规则》增加了首席仲裁员产生的新方式：第一，当事人可以约定首席仲裁员由已确定的两名仲裁员共同指定，② 与《贸委会2010年仲裁规则》、《香港2013年仲裁规则》的规定类似，③ 而首席仲裁员一般由双方当事人共同选定或共同委托仲裁委员会主任指定；④第二，经当事人同意，仲裁委员会主任可以就首席仲裁员的人选推荐若干名候选人名单，供当事人选择。贸仲委2012、2015年《仲裁规则》，上海国仲2013、2014、2015年《仲裁规则》，《自贸区2014、2015年仲裁规则》则进

① 《美国2009年仲裁规则》第6条第1款规定：当事人可共同约定指定仲裁员的程序，并应将约定的程序通知仲裁管理人；《斯德哥尔摩现行仲裁规则》第13条第1款规定：当事人可以约定不同于本规则所规定的仲裁庭的指定程序……

② 参见华南国仲新版《仲裁规则》第29条第3款。

③ 《贸委会2010年仲裁规则》第9条第1款规定：指定三名仲裁员的，每一方当事人应各指定一名仲裁员。第三名仲裁员应由已被指定的两名仲裁员选定，担任仲裁员首席仲裁员。《香港2013年仲裁规则》第8条第1款规定：按上述方式产生的两位仲裁员应提名第三位仲裁员出任仲裁庭的首席仲裁员。

④ 贸仲委2012年《仲裁规则》第25条，贸仲委2015年《仲裁规则》第27条，上海国仲2013、2014、2015年《仲裁规则》第22条，华南国仲新版《仲裁规则》第29条，《自贸区2014、2015年仲裁规则》第28条。

行反方向运作，规定双方当事人可以各自推荐首席仲裁员人选，只有在推荐名单中没有相同人选时，则由仲裁委员会主任在推荐名单之外指定首席仲裁员。①同时，上海国仲 2013、2014、2015 年《仲裁规则》，《自贸区 2014、2015 年仲裁规则》还对当事人选定仲裁员的时限予以权利救济，规定申请人和被申请人可在各自收到受理案件通知/仲裁通知之日起 15 日内书面向仲裁委员会请求延长选定仲裁员期限，是否延期，由本会秘书处决定。②四是明确规定当事人可以约定开庭审理的具体方式。华南国仲新版《仲裁规则》第 34 条第 2 款规定："当事人可以约定采用询问式、辩论式或其他方式开庭审理案件"，充分体现了当事人的意思自治。五是在仲裁语言适用上，尊重当事人选择，体现了平等适用内外国语言原则③及其发展：（1）尊重当事人选择。贸仲委 2012、2015 年《仲裁规则》，华南国仲新版《仲裁规则》，上海国仲 2013、2014、2015 年《仲裁规则》，《南沙仲裁通则》，《贸委会 2010 年仲裁规则》，《国际商会现行仲裁规则》，《香港 2013 年仲裁规则》在仲裁语言的选择上均体现了当事人意思自治原则。（2）体现了最密切联系原则。但在当事人没有选择仲裁语言时，华南国仲新版《仲裁规则》第 6 条第 1 款规定：

---

① 贸仲委 2012 年《仲裁规则》第 25 条第 3 款，贸仲委 2015 年《仲裁规则》第 27 条第 3 款，上海国仲 2013、2014、2015 年《仲裁规则》第 22 条第 3 款，《自贸区 2014、2015 年仲裁规则》第 28 条第 4 款。

② 上海国仲 2013、2014、2015 年《仲裁规则》第 22 条第 1 款，《自贸区 2014、2015 年仲裁规则》第 28 条第 1 款。

③《美国 2009 年仲裁规则》第 14 条规定：如果当事人未另行约定，仲裁程序的语言应为含有仲裁协议的文件所使用的语言，但仲裁庭有权根据当事人的意见和案件的情况另行作出决定。仲裁庭可要求就提交的其他语言文件附具仲裁程序语言的译本。《斯德哥尔摩现行仲裁规则》第 21 条规定：（1）除非当事人已有约定，仲裁庭应当决定仲裁程序所应当使用的语言。在做决定时，仲裁庭应当充分考虑到所有相关情形，并给予当事人提交意见的机会。（2）仲裁庭可以裁定，要求非以仲裁程序应当使用的语言所提交的文件均应当附具仲裁程序所应当使用语言的翻译件。《贸委会 2010 年仲裁规则》第 19 条第 1 款规定：在不违反各方当事人约定的情况下，仲裁庭应在其被指定后迅速确定仲裁程序中所使用的一种或数种语言。此决定应适用于仲裁申请书、答辩书和任何进一步书面陈述；进行开庭审理的，亦适用于开庭审理中将使用的一种或数种语言。《国际商会现行仲裁规则》第 20 条规定：当事人没有约定仲裁语言的，仲裁庭应当在适当考虑包括合同所用语言在内的所有情况后决定使用一种或数种语言进行仲裁。《香港 2013 年仲裁规则》第 15 条第 1 款规定：除非当事人另有约定，仲裁庭应在其组成后迅速决定一种或几种仲裁语言。此决定适用于仲裁申请书、答辩书、任何进一步书面陈述和任何仲裁裁决；如需开庭审理，同样适用于开庭审理使用的语言。《新加坡 2013 年仲裁规则》第 19 条第 1 款规定：在审理程序中使用的语言（一种或者多种兼用）应当由仲裁庭决定，但当事人另有约定的除外。

"……当事人没有约定的，仲裁庭应在适当考虑仲裁协议或争议所涉合同使用的语言，以及案件的其他具体情形后，决定一种或数种仲裁语言"，《南沙仲裁通则》第12条第2款也规定："当事人对仲裁语言没有约定的，由本中心主席根据案件情况决定仲裁语言的使用。"上述规定均体现了平等对待中外文的原则，体现了仲裁语言选择上的开放性、国际性。(3) 个别规则体现了中文优先适用倾向。贸仲委2012、2015年《仲裁规则》、上海国仲新版《仲裁规则》相关规定则体现了中文优先适用的原则。①另外，《南沙仲裁通则》第12条第1款还规定："当事人可以约定仲裁语言，双方均为粤、港、澳地区的当事人也可以选择粤语进行仲裁"，进一步突显了高效和当事人意思自治的仲裁核心价值追求。

四、完善临时性保全措施与紧急仲裁庭制度

国际商事仲裁实践正日益依赖于临时性保全措施，仲裁的有效性常常取决于临时性保全措施的强制执行，因此，仲裁当事方能否便捷地获得临时性保全措施，临时性保全措施能否获得法院的强制执行，尤其是一国法院对域外仲裁庭发布的临时措施是否予以执行，已成为一国国际商事仲裁制度吸引力的重要标志之一。临时性保全措施的种类可谓包罗万象。我国仲裁、民事诉讼等相关立法一般称临时性保全措施为财产保全②、证据保全③、行为保全④，在海事诉讼、仲裁中，则分别称为海事请求保全⑤、海事证据保全⑥和海事强制令⑦，且均由法院专属发布。基本上在仲裁裁决作出前，一切指令的用意在于便利仲裁程序顺利进行、保障仲裁裁决有效执行以及保护当事双方，使争议能够公正解决，都可视为临时性保全措施。⑧ 我国国际商事仲裁机构《仲裁规则》在这方面的制度创新主要表现在：

---

① 贸仲委2012年《仲裁规则》第71条第1款、2015年《仲裁规则》第81条第1款，上海国仲2013、2014、2015年《仲裁规则》第60条第1款、《自贸区2014、2015年仲裁规则》第79条第1款。

② 《中华人民共和国仲裁法》(自1995年9月1日起施行) 第28条、《中华人民共和国民事诉讼法》(自2013年1月1日起施行) 第100条。

③ 《中华人民共和国仲裁法》第46条、《中华人民共和国民事诉讼法》第81条。

④ 《中华人民共和国民事诉讼法》第100条。

⑤ 《中华人民共和国海事诉讼特别程序法》(自2000年7月1日起施行) 第三章。

⑥ 《中华人民共和国海事诉讼特别程序法》第五章。

⑦ 《中华人民共和国海事诉讼特别程序法》第四章。

⑧ 任明艳：《国际商事仲裁中临时性保全措施研究》，上海交通大学出版社2010年版，第19页。

（一）增加临时性保全措施的种类

如上海国仲 2013、2014、2015 年《仲裁规则》规定的临时性保全措施的范围较窄，只包括财产保全和证据保全措施，① 华南国仲新版《仲裁规则》除财产保全、证据保全外，还增加了行为保全和其他临时措施，②《自贸区 2014、2015 年仲裁规则》第 18 条也规定："当事人可以根据临时措施执行地所在国家/地区的法律向仲裁委员会及/或具有管辖权的法院提出如下一种或数种临时措施的申请：（1）财产保全；（2）证据保全；（3）要求一方作出一定行为及/或禁止其作出一定行为；（4）法律规定的其他措施。"贸仲委 2012 年《仲裁规则》、《美国 2009 年仲裁规则》、《贸委会 2010 年仲裁规则》、《国际商会现行仲裁规则》、《香港 2013 年仲裁规则》也做了类似的规定。③

（二）增加临时性保全措施的发布主体

一是除法院外，赋予了仲裁庭除保全外的其他临时措施的发布权。上海国仲 2013、2014、2015 年《仲裁规则》规定的临时措施的决定主体范围较窄，只包括被申请财产保全的当事人住所地或其财产所在地有管辖权的法院、证据所在地有管辖权的法院。除有管辖权的法院对保全措施（包括财产、证据和行为保全）的发布权外，贸仲委 2012 年《仲裁规则》第 21 条第（2）款、华南国仲新版《仲裁规则》第 25 条还赋予了仲裁庭除保全措施以外的其他临时措施的发布权。华南国仲新版《仲裁规则》第 25 条的规定可谓独树一帜，给予了仲裁庭较大的自主权，不管当事人是否申请，如仲裁庭认为必要，仲裁庭就可以决定采取其他适当的临时措施。二是赋予了紧急仲裁庭（或紧急仲裁员，以下同）对各种临时措施的发布权。《自贸区 2014、2015 年仲裁规则》、贸仲委 2015 年《仲裁规则》（附件三：紧急仲裁员程序）则进一步扩充了临时措施（包括财产、证据、行为保全和法律规定的其他临时措施）的发布主体范围，不仅包括有管辖权的法院、仲裁庭，而且还包括紧急仲裁庭。④

---

① 上海国仲 2013、2014、2015 年《仲裁规则》第 18 条。

② 华南国仲新版《仲裁规则》第 24、25、45 条。

③ 参见贸仲委 2012 年《仲裁规则》第 21 条，《美国 2009 年仲裁规则》第 21 条第 1、2 款、《贸委会 2010 年仲裁规则》第 26 条第 2 款，《国际商会现行仲裁规则》第 28 条第 1、2 款，《香港 2013 年仲裁规则》第 23 条第 2 款。

④《自贸区 2014、2015 年仲裁规则》第 18~28 条、贸仲委 2015 年《仲裁规则》（附件三：紧急仲裁员程序）。

（三）设立紧急仲裁庭制度

《自贸区 2014、2015 年仲裁规则》第 21 条第（1）规定："当事人需在仲裁案件受理后至仲裁庭组成前提出临时措施申请的，可以根据执行地国家/地区有关法律的规定向仲裁委员会提交组成紧急仲裁庭的书面申请。当事人提交组成紧急仲裁庭的书面申请，应当说明理由；是否同意组成紧急仲裁庭，由仲裁委员会决定。"《自贸区 2014 年仲裁规则》认真吸取了国际主流仲裁机构的紧急仲裁员程序的有关做法，① 在国内首开先河，率先构建了紧急仲裁庭制度：第一，当事人可以提出书面申请要求成立紧急仲裁庭，申请必须附具理由。第二，决定是否成立紧急仲裁庭的机构是仲裁委员会，由仲裁委员会主任指定一名仲裁员成立紧急仲裁庭。第三，担任紧急仲裁庭的仲裁员应承担披露义务和遵守回避制度。第四，紧急仲裁庭在仲裁庭组成之日解散，并应向仲裁庭移交全部案卷材料。紧急仲裁员不能担任该仲裁案件的仲裁员，除非当事人另有约定。第五，紧急仲裁庭程序不影响仲裁程序的进行。② 与《自贸区 2014、2015 年仲裁规则》率先建立的紧急仲裁庭制度相比，贸仲委 2015 年《仲裁规则》的紧急仲裁员程序对前者的改进主要体现在后者确定的相关时效更短，更容易实现这一制度的目的：如前者要求，申请组成紧急仲裁庭手续完备的，仲裁委员会主任可在 3 日内指定一名仲裁员处理临时措施申请，后者则规定，应在收到申请书及申请人预付的紧急仲裁员程序费用后 1 日内指定紧急仲裁员，与《美国 2009 年仲裁规则》、《新加坡 2013 年仲裁规则》规定的 1 日期限

---

① 《美国 2009 年仲裁规则》第 37 条第 5 款规定：应急仲裁员应有权裁定采取其认为必要的临时性或保护性措施，包括禁令和财产保护或保全措施。可以通过临时裁决或决定的形式作出。无论何种形式，应急仲裁员应附具理由。应急仲裁员可以根据适当理由修改或取消其作出的临时裁决或决定。《斯德哥尔摩现行仲裁规则》附件 2（应急仲裁员）：共 10 条，包括应急仲裁员、应急仲裁员指定申请、通知、应急仲裁员的指定、应急程序所在地、案件移交应急仲裁员、应急程序的进行、临时措施的应急决定、应急决定的约束效力、应急程序费用。《国际商会现行仲裁规则》附件 5（紧急仲裁员规则）：共 8 条，包括紧急措施的申请、紧急仲裁员的任命及案卷的移交、紧急仲裁员的回避、紧急仲裁员程序进行所在地、程序、裁令、紧急仲裁员程序的费用、一般规则。《香港 2013 年仲裁规则》第 23 条第 1 款规定：在仲裁庭组成前，当事人可按附录 4 规定的程序（"紧急仲裁员程序"）申请紧急临时或保全性救济（"紧急救济"）。《新加坡 2013 年仲裁规则》第 26 条第 2 款规定：在仲裁庭组成前，当事人可按附件 1 规定的紧急仲裁员程序申请紧急临时救济措施。

② 上海国际仲裁中心、国际商事仲裁研究中心、华东政法大学、中国自贸区法律研究院：《中国（上海）自由贸易试验区仲裁规则解读》，资料来源于 http：//www.cietac-sh.org/ResourcesDetail.aspx？tid = 39&aid = 649&zt = 3，2014 年 5 月 2 日访问。

相同，但《国际商会现行仲裁规则》规定的相应期限为2日；① 前者规定，当事人申请组成紧急仲裁庭的仲裁员回避的，应在收到仲裁员书面披露之日起5日内提出，后者则要求2日内提出，《美国2009年仲裁规则》、《新加坡2013年仲裁规则》则要求1日内提出，《国际商会现行仲裁规则》规定的相应期限为3日；② 前者要求，紧急仲裁庭应在组成之日起20日内作出临时措施决定，当事人按规定提供担保的，应在当事人提供担保之日起10日内作出，后者则统一规定，紧急仲裁员决定应在紧急仲裁员接受指定后15日内作出，与《国际商会现行仲裁规则》、《香港2013年仲裁规则》规定的期限相同；③ 同时，后者还列举了紧急仲裁员的决定不再具有效力的6种情况④，吸收了《国际商会现行仲裁规则》、《香港2013年仲裁规则》的相关规定。⑤遗憾的是，上述谈论范围内的国内外国际商事仲裁机构《仲裁规则》均对《示范法》(2006年修订）有关单边临时措施（及初步命令）制度⑥不置可否，仍有待仲裁实践的检验。

五、区别对待追加当事人和案外人

目前我国理论界对国际商事仲裁第三人概念的主张，可谓百花齐放，百家争

① 《美国2009年仲裁规则》第37条第3款、《新加坡2013年仲裁规则》(附件1：紧急仲裁员）第2条，《国际商会现行仲裁规则》（附件5：紧急仲裁员规则）第2条第1款、《香港2013年仲裁规则》(附录4：紧急仲裁员程序）第5条。

② 《美国2009年仲裁规则》第37条第3款、《新加坡2013年仲裁规则》(附件1：紧急仲裁员）第3条，《国际商会现行仲裁规则》(附件5：紧急仲裁员规则）第3条第1款。

③ 参见《国际商会现行仲裁规则》（附件5：紧急仲裁员规则）第6条第4款、《香港2013年仲裁规则》(附录4：紧急仲裁员程序）第12条。

④ 紧急仲裁员的决定在下列情况下不再具有效力：(1）紧急仲裁员或仲裁庭终止紧急仲裁员决定的；(2）仲裁委员会仲裁院院长作出紧急仲裁员应予回避决定的；(3）仲裁庭作出最终裁决，除非仲裁庭认为紧急仲裁员的决定继续有效；(4）在作出裁决书之前申请人撤回全部仲裁请求的；(5）仲裁庭未能在紧急仲裁员决定作出后90日内组成的。该期限可以由当事人协议延长，仲裁委员会仲裁院也可以在其认为适当的情形下，延长该期限；(6）仲裁庭组成后，仲裁程序中止持续60日的。

⑤ 参见《自贸区2014、2015年仲裁规则》第21条、第22条、第31条、第32条，贸仲委2015年《仲裁规则》(附件三：紧急仲裁员程序）第2~6条、《国际商会现行仲裁规则》(附件5：紧急仲裁员规则）第6条、《香港2013年仲裁规则》（附录4：紧急仲裁员程序）第19条。

⑥ 参见《示范法》(2006修订）第17B条、第17C条。

鸣，学者们从各自的立场和角度出发，阐述着或大同小异或迥然有别的观点。①这里仅从国际商事仲裁实务角度，以仲裁协议为中心来界定第三人类别问题，即追加在同一仲裁协议项下的其他当事人为仲裁当事人的，为追加当事人，而追加仲裁协议外的其他当事人为仲裁当事人的，为追加案外人。具体情况如下：

（一）关于追加当事人

《国际商会现行仲裁规则》要求，任何当事人希望追加当事人，应向秘书处提交申请追加在同一仲裁协议项下的其他当事人作为仲裁当事人，是否同意，由仲裁院决定。但在当事人确认或任命任何仲裁员之后，不得再追加仲裁第三人，除非包括追加第三人在内的全体当事人另行同意。② 华南国仲新版《仲裁规则》第 35 条 1 款规定，在仲裁程序开始之后，当事人可书面申请追加在同一仲裁协议项下的其他当事人作为仲裁当事人。是否同意，由仲裁庭作出决定；仲裁庭尚未组成的，由仲裁委员会秘书长作出决定。对同一仲裁协议的其他协议方加入仲裁协议，《自贸区 2014、2015 年仲裁规则》结合当事人追加的时间节点不同以及对仲裁程序的后续影响，进一步规定：（1）在仲裁庭组成前，申请人或被申请人书面请求增加同一仲裁协议下其他协议方为申请人或被申请人，秘书处作出同意决定的，多方申请人及/或多方被申请人不能共同选定该方仲裁员的，则该案仲裁员全部由仲裁委员会主任指定，即使当事人之前已选定仲裁员。《香港 2013 年仲裁规则》则规定，若仲裁所依据的本规则下的仲裁协议表面上看同时约束新增当事人，仲裁庭有权允许在仲裁中追加新增当事人；在仲裁庭组成前追加当事人的，所有当事人应视为已放弃提名仲裁员的权利，且香港国际仲裁中心可撤销对任何已获提名或确认的仲裁员的指定。在此情况下，仲裁庭应由香港国际仲裁中心指定。③ （2）仲裁庭已组成的，申请人及/或被申请人请求增加同一仲裁协议下其他协议方为被申请人，且该协议方放弃重新选定仲裁员并认可已进行的仲裁程序的，仲裁庭可以决定是否同意。④ 贸仲委 2015 年《仲裁规则》第 18 条有关追加当事人的规定比较全面：在仲裁程序中，一方当事人依据表面上约束被追加当事人的案涉仲裁协议可以向仲裁委员会申请追加当事人；在仲裁庭组成后申请追加当事人的，如果仲裁庭认为确有必要，应在征求包括被追加当事人在内的各方当事人的意见后，由仲裁委员会作出决

---

① 石育斌：《国际商事仲裁第三人制度比较研究——兼论中国〈仲裁法〉修改中的第三人问题》，华东政法大学 2007 年博士学位论文，第 16 页。

② 《国际商会现行仲裁规则》第 6 条第 4 款第 1 项、第 7 条第 1 款。

③ 《香港 2013 年仲裁规则》第 27 条第 1 款、第 11 款。

④ 《自贸区 2014、2015 年仲裁规则》第 37 条。

定；在仲裁庭组成之前追加当事人的，本规则有关选定或指定仲裁员的规定适用于被追加当事人；在仲裁庭组成后决定追加当事人的，仲裁庭应就已经进行的包括仲裁庭组成在内的仲裁程序征求被追加当事人的意见，被追加当事人要求选定或委托指定仲裁员的，双方当事人应重新选定或委托指定仲裁员；案涉仲裁协议表面上不能约束被追加当事人或存在其他任何不宜追加当事人的情形的，仲裁委员会有权决定不予追加。《新加坡 2013 年仲裁规则》第 24 条第 2 款规定："如果第三方是仲裁协议的一方，且该第三方书面同意，则根据一方当事人的申请，仲裁庭有权允许一个或多个第三方加入仲裁，并作出有关各方的一个最终裁决或几个分别的裁决。"

（二）关于追加案外人

华南国仲新版《仲裁规则》，上海国仲 2013、2014、2015 年《仲裁规则》，《自贸区 2014、2015 年仲裁规则》均作了类似规定，经双方当事人与第三人书面同意，仲裁庭有权增加第三人作为仲裁当事人（或申请人、被申请人）加入仲裁。仲裁庭尚未组成的，由仲裁委员会秘书长（或秘书处）作出决定。①贸仲委 2012 年《仲裁规则》没有对仲裁第三人问题作出规定。

（三）关于多份合同仲裁

《国际商会现行仲裁规则》规定，任何当事人可向秘书处申请追加多项仲裁协议项下（包括多项仲裁协议项下因多份合同引起的或与多份合同有关的仲裁请求，可在单次仲裁中一并提出）的其他当事人作为仲裁当事人，只要仲裁请求所依据的多项仲裁协议可以彼此相容，且所有仲裁当事人可能已约定这些请求可以在单次仲裁中共同作出裁定，是否同意，由仲裁院决定。② 贸仲委 2015 年《仲裁规则》在国内率先创立了多份合同仲裁制度，该规则第 14 条规定，申请人就多份合同项下的争议可在同一仲裁案件中合并提出仲裁申请，但应同时符合下列条件：（1）多份合同系主从合同关系；或多份合同所涉当事人相同且法律关系性质相同；（2）争议源于同一交易或同一系列交易；（3）多份合同中的仲裁协议内容相同或相容。与《香港 2013 年仲裁规则》第 29 条第 1 款的规定基本一致。③

---

① 参见华南国仲新版《仲裁规则》第 35 条第 2 款、上海国仲 2013、2014、2015 年《仲裁规则》第 31 条、《自贸区 2014、2015 仲裁规则》第 38 条。

② 参见《国际商会现行仲裁规则》第 6 条第 4 款第 2 项、第 7 条第 1 款、第 9 条。

③ 《香港 2013 年仲裁规则》第 29 条第 1 款规定：源于或涉及多于一份的合同的请求可在单个仲裁中提出，但须满足以下条件：（a）导致仲裁的各仲裁协议分别约束仲裁所有当事人；（b）导致仲裁的各仲裁协议涉及共同的法律或事实问题；（c）请求救济的权利均涉及或源于同一交易或同一系列交易；且（d）请求所依据的仲裁协议彼此兼容。

六、重视合并仲裁案件间的关联性和先后顺序

合并仲裁，是指将多个分别订有仲裁协议的、在本质上相互关联但在形式上相互独立的争议合并在一起，在一个仲裁程序中一并解决的过程。合并仲裁的适用有两个基本的前提，其一是发生争议的案件必须具有关联性，其二是各争议都订立有仲裁协议并提交同一仲裁机构进行审理。①我国国际商事仲裁机构在合并仲裁的制度安排上，突出体现在：

（一）强调合并仲裁案件间的客观事实基础

华南国仲新版《仲裁规则》强调仲裁委员会决定合并仲裁时，应考虑相关仲裁案件之间的关联性。②贸仲委 2012 年《仲裁规则》则对相关仲裁案件之间应考虑的关联性内容进行了具体限定，包括不同仲裁案件的请求是否依据同一仲裁协议提出，不同仲裁案件的当事人是否相同，以及不同案件的仲裁员的选定或指定情况；③贸仲委 2015 年《仲裁规则》则进一步指出，符合下列条件之一的，经一方当事人请求，仲裁委员会可以决定合并仲裁：（1）各案仲裁请求依据同一个仲裁协议提出；（2）各案仲裁请求依据多份仲裁协议提出，该多份仲裁协议内容相同或相容，且各案当事人相同、各争议所涉及的法律关系性质相同；（3）各案仲裁请求依据多份仲裁协议提出，该多份仲裁协议内容相同或相容，且涉及的多份合同为主从合同关系；（4）所有案件的当事人均同意合并仲裁。④这与《国际商会现行仲裁规则》、《香港 2013 年仲裁规则》的规定基本一致。⑤ 上海国仲 2013、2014、

---

① 参见郑盈：《论海事仲裁中的合并仲裁》，中国政法大学 2011 年法学硕士论文，第 5 页。

② 参见华南国仲新版《仲裁规则》第 36 条第 2 款。

③ 参见贸仲委 2012 年《仲裁规则》第 17 条第 2 款。

④ 参见贸仲委 2015 年《仲裁规则》第 19 条。

⑤ 《国际商会现行仲裁规则》第 10 条：经一方当事人要求，并符合下列条件之一，仲裁院可将仲裁规则项下未决的两项或多项仲裁案合并为单个仲裁案：（1）当事人已经同意进行该合并：或（2）各仲裁案的所有仲裁请求依据同一份仲裁协议提出：或（3）若各仲裁案的所有仲裁请求是依据多份仲裁协议提出的，各仲裁案当事人相同且各争议所涉及的法律关系相同，且仲裁院认为各仲裁协议彼此相容……《香港 2013 年仲裁规则》第 28 条规定：经当事人申请（“合并申请”），并经与当事人和已被确认的仲裁员商议，香港国际仲裁中心有权在以下条件满足时，决定将依本规则正在进行的两个或多个仲裁合并：（1）当事各方同意合并；或（2）各仲裁中的所有请求均依据同一仲裁协议提出；或（3）请求依据多于一个仲裁协议提出，而两个或所有仲裁中存在相同的法律或事实问题，请求救济的权利均涉及或源于同一交易或同一系列交易，且香港国际仲裁中心认定各仲裁协议彼此兼容。

2015 年《仲裁规则》、《自贸区 2014、2015 年仲裁规则》对合并仲裁案件的考量依据不仅包括案件间的关联性，还包括仲裁标的为同一种类的案件。①《斯德哥尔摩现行仲裁规则》则强调案件的同一法律关系。

（二）倾向于向前合并

对合并仲裁的案件倾向于向前合并，② 体现了仲裁制度的程序效益和争议的公正、彻底解决两方面的优点。③华南国仲、贸仲委 2012、2015 年《仲裁规则》，上海国仲 2014、2015 年《仲裁规则》，《自贸区 2014、2015 年仲裁规则》，《斯德哥尔摩现行仲裁规则》，《国际商会现行仲裁规则》，《香港 2013 年仲裁规则》均强调，除非当事人另有约定，合并的仲裁案件应合并于最先开始仲裁程序的仲裁案件④。贸仲委 2012、2015 年《仲裁规则》，华南国仲新版《仲裁规则》，《斯德哥尔摩现行仲裁规则》均强调，合并仲裁前的仲裁案件均适用的是本仲裁委员会的仲裁规则，上海国仲 2013、2014、2015 年《仲裁规则》，《自贸区 2014、2015 年仲裁规则》等则没有规定合并仲裁前后案件的规则适用问题。

（三）平衡对当事人意思自治和仲裁庭的程序管理权

（1）合并仲裁需经各方当事人同意⑤。上海国仲 2013、2014、2015 年《仲裁规则》，《自贸区 2014、2015 年仲裁规则》均规定，经一方当事人申请并征得其他当事人同意，仲裁庭可以决定合并审理，合并仲裁的发起方为一方当事人。⑥ 贸仲委 2015 年《仲裁规则》第 19 条则规定，经一方当事人请求，仲裁委员会根据条件并应考虑各方当事人的意见及相关仲裁案件之间的关联性等因素，可以决定是否

---

① 参见上海国仲 2013、2014、2015 年《仲裁规则》第 30 条第 1、2 款、《自贸区 2014、2015 年仲裁规则》第 36 条第 1 款。

② 《国际商会现行仲裁规则》第 10 条第 3 款规定：合并仲裁的，除非全体当事人另行约定，否则，各仲裁案并入最先提起的仲裁案。《香港 2013 年仲裁规则》第 28 条第 4 款规定：香港国际仲裁中心决定合并两个或多个仲裁的，各仲裁应合并于最先开始的仲裁，除非所有当事人另有约定或香港国际仲裁中心参酌案件情况后另有决定。

③ 刘晓红：《国际商事仲裁专题研究》，法律出版社 2009 年版，第 236 页。

④ 参见贸仲委 2012 年《仲裁规则》第 17 条第 3 款、2015 年《仲裁规则》第 19 条第 3 款、华南国仲新版《仲裁规则》第 36 条第 3 款、上海国仲 2014、2015 年《仲裁规则》第 30 条第 2 款、《自贸区 2014、2015 年仲裁规则》第 36 条第 2 款、《斯德哥尔摩现行仲裁规则》第 11 条、《国际商会现行仲裁规则》第 10 条第 3 款、《香港 2013 年仲裁规则》第 28 条第 4 款。

⑤ 参见《斯德哥尔摩现行仲裁规则》第 11 条、《香港 2013 年仲裁规则》第 28 条第 1 款。

⑥ 参见上海国仲 2013、2014、2015 年《仲裁规则》第 30 条第 1 款、《自贸区 2014、2015 年仲裁规则》第 36 条第 1 款。

合并仲裁，并不以当事人同意为必要条件，这与《国际商会现行仲裁规则》第10条的规定是一致的。华南国仲新版《仲裁规则》规定的发起方是仲裁委员会，即经当事人书面同意，仲裁委员会可以决定将根据本规则进行的两个或两个以上的仲裁案件合并为一个仲裁案件，由同一仲裁庭进行审理。①贸仲委2012年《仲裁规则》规定的发起方既包括一方当事人，也包括仲裁委员会。②（2）赋予仲裁机构合并仲裁的决定权。《斯德哥尔摩现行仲裁规则》、《国际商会现行仲裁规则》、《香港2013年仲裁规则》分别赋予了理事会、国际商会仲裁院、香港国际仲裁中心合并仲裁的决定权。③ 华南国仲新版《仲裁规则》，贸仲委2012、2015年《仲裁规则》均赋予了仲裁委员会合并仲裁的决定权，④ 上海国仲2013、2014、2015年《仲裁规则》，《自贸区2014、2015年仲裁规则》则赋予了仲裁庭合并仲裁的决定权，同时还规定，对仲裁庭组成人员不同的案件，不适用合并仲裁，⑤两相比较，到底是由仲裁庭还是仲裁机构来行使合并仲裁的决定权，可谓各有利弊，但由仲裁庭来行使合并仲裁的决定权可能更符合当事人意思自治原则，毕竟当事人是通过选定或指定仲裁员来裁决纠纷的。

七、建立友好仲裁制度

所谓“友好仲裁”是指在仲裁当事人的授权下，仲裁庭不依据具体国家的法律和惯例，而是依据公平合理原则对仲裁案件进行裁断。⑥ 我国国际商事仲裁机构在友好制度的发展主要表现在：

1. 依法仲裁包含友好仲裁的合理因子。华南国仲新版《仲裁规则》，贸仲委2012、2015年《仲裁规则》，上海仲裁2013、2014、2015年《仲裁规则》，《南沙仲裁通则》虽然均要求依法仲裁，但同时均要求遵循公平合理原则，或要求公平

---

① 参见华南国仲新版《仲裁规则》第36条第1款。

② 参见贸仲委2012年《仲裁规则》第17条第1款。

③ 参见《斯德哥尔摩现行仲裁规则》第11条、《国际商会现行仲裁规则》第10条第1款、《香港2013年仲裁规则》第28条第1款。

④ 参见华南国仲新版《仲裁规则》第36条，贸仲委2012年《仲裁规则》第17条、2015年《仲裁规则》第19条。

⑤ 参见上海国仲2013、2014、2015年《仲裁规则》第30条第1、2款，《自贸区2014、2015仲裁规则》第36条第1款。

⑥ 石育斌：《国际商事仲裁研究总论篇》，华东理工大学出版社2004年版，第69页。

合理地作出裁决，或要求选择适用的法律不得违背国际法公认的社会公序良俗，① 在排斥适用友好仲裁制度时也包含了该制度的合理因子。《贸委会 2010 年仲裁规则》、《香港 2013 年仲裁规则》、《新加坡 2013 年仲裁规则》也强调，在任何情况下，仲裁庭均应按相关合同条款裁决争议，并可考虑交易所适用的商业惯例。②

2. 对友好仲裁进行适度限制。《美国 2009 年仲裁规则》、《贸委会 2010 年仲裁规则》、《斯德哥尔摩现行仲裁规则》、《国际商会现行仲裁规则》、《香港 2013 年仲裁规则》、《新加坡 2013 年仲裁规则》均规定了友好仲裁制度，均作了"只有在当事各方明确授权时，仲裁庭才能以友好公断人身份或依公允善良原则裁决争议"的类似规定，③ 国际商会为此还专门出台了《友好争议解决规则》（2012 年修订）。同时，《贸委会 2010 年仲裁规则》、《香港 2013 年仲裁规则》、《新加坡 2013 年仲裁规则》还通过合同条款约定和交易所适用的商业惯例对友好仲裁进行限制。④《自贸区 2014、2015 年仲裁规则》也引入了友好仲裁制度：（1）当事人书面同意。当事人在仲裁协议中约定，或在仲裁程序中经协商一致书面提出请求的，仲裁庭可以进行友好仲裁。（2）仲裁庭裁决的唯一依据为公允善良原则。（3）仲裁庭适用公允善良原则不得违反法律的强制性规定和社会公共利益。⑤

八、设立案件调解制度

仲裁中调解被西方誉为"东方经验"，是指当事人为解决争议，先启动仲裁程序，在仲裁程序进行过程中，由仲裁员进行调解，调解不成后再恢复进行仲裁程

---

① 参见华南国仲新版《仲裁规则》第 51 条第 1 款、贸仲委 2012 年《仲裁规则》第 47 条第 1 款、2015 年《仲裁规则》第 49 条第 1 款，上海国仲 2013、2014、2015 年《仲裁规则》第 45 条第 1 款、《南沙仲裁通则》第 6 条第 4 款。

② 参见《贸委会 2010 年仲裁规则》第 35 条第 3 款、《香港 2013 年仲裁规则》第 35 条第 3 款、《新加坡 2013 年仲裁规则》第 27 条第 3 款。

③ 参见《美国 2009 年仲裁规则》第 28 条第 3 款、《贸委会 2010 年仲裁规则》第 35 条第 2 款、《斯德哥尔摩现行仲裁规则》第 22 条第 3 款、《国际商会现行仲裁规则》第 21 条第 3 款、《香港 2013 年仲裁规则》第 35 条第 2 款、《新加坡 2013 年仲裁规则》第 27 条第 2 款。

④ 参见《贸委会 2010 年仲裁规则》第 35 条第 3 款、《香港 2013 年仲裁规则》第 35 条第 3 款、《新加坡 2013 年仲裁规则》第 27 条第 3 款。

⑤《自贸区 2014、2015 年仲裁规则》第 56 条。

序。① 但仲裁实践也推动了仲裁与调解的进一步结合与发展，如仲裁前的当事人自行和解和调解员主持调解、机构外和解等。关于仲裁与调解相结合的制度发展，现行国际商事仲裁机构的相关规则具体表现在：

1. 是否调解由当事人决定，如华南国仲新版《仲裁规则》，贸仲委 2012、2015 年《仲裁规则》，上海国仲 2013、2014、2015 年《仲裁规则》，《自贸区 2014、2015 年仲裁规则》均作了类似规定。②华南国仲新版《仲裁规则》第 48 条第 1 款还创新性地规定，当事人同意由仲裁庭调解的，应就如调解不成功，参与调解的仲裁员在其后的仲裁程序中是否回避达成一致。

2. 调解方式由仲裁庭决定。华南国仲新版《仲裁规则》，上海国仲 2013、2014、2015 年《仲裁规则》，《自贸区 2014、2015 年仲裁规则》均规定，仲裁庭可以按照其认为适当的方式进行调解，③贸仲委 2012 年《仲裁规则》第 45 条第 2 款、2015 年《仲裁规则》第 47 条第 2 款则规定，仲裁庭在征得双方当事人同意后可以按照其认为适当的方式进行调解。

3. 实现了当事人自行和解与调解制度的有效衔接。对于仲裁前当事人自行达成和解（机构外和解）的，可以依据由仲裁委员会仲裁的仲裁协议及其和解协议，请求仲裁委员会组成仲裁庭，按照和解协议的内容作出仲裁裁决。④ 在调解过程中当事人自行达成和解的，华南国仲新版《仲裁规则》，贸仲委 2012、2015 年《仲裁规则》规定，当事人可以撤回仲裁请求或反请求，也可以请求仲裁庭根据当事人和解协议的内容作出裁决书或制作调解书，⑤ 上海国仲 2013、2014、2015 年《仲裁规则》、《自贸区 2014、2015 年仲裁规则》还规定，在仲裁庭进行调解的过程中，双方当事人在仲裁庭之外达成和解的，应当视为是在仲裁庭调解下达成

---

① 参见储永昌：《论仲裁中调解制度》，华东政法学院 2007 年硕士学位论文，第 9 页。

② 参见华南国仲新版《仲裁规则》第 48 条第 1 款，贸仲委 2012 年《仲裁规则》第 45 条第 1 款、2015 年《仲裁规则》第 47 条第 1 款，上海国仲 2013、2014、2015 年《仲裁规则》第 41 条第 2 款，《自贸区 2014、2015 仲裁规则》第 51 条第 1 款。

③ 参见华南国仲新版《仲裁规则》第 48 条第 2 款，上海国仲 2013、2014、2015 年《仲裁规则》第 41 条第 3 款，《自贸区 2014、2015 年仲裁规则》第 51 条第 2 款。

④ 参见华南国仲新版《仲裁规则》第 49 条第 2 款，贸仲委 2012 年《仲裁规则》第 45 条第 10 款、2015 年《仲裁规则》第 47 条第 10 款，上海国仲 2013、2014、2015 年《仲裁规则》第 41 条第 1 款，《自贸区 2014、2015 仲裁规则》第 52 条。

⑤ 参见华南国仲新版《仲裁规则》第 49 条第 1 款、第 2 款，贸仲委 2012 年《仲裁规则》第 45 条第 4 款、第 5 款、2015 年《仲裁规则》第 47 条第 5 款。

的和解。①

4. 创新设立了案件受理后仲裁庭组成前的调解制度。针对仲裁案件受理后至仲裁庭组成前当事人对调解的实际需求，上海国仲设立了与《自贸区 2014、2015 年仲裁规则》相配套的调解员名册，并开创性地设立了仲裁前的调解员调解制度：(1) 一方当事人在仲裁案件受理后至仲裁庭组成前，提出书面调解申请的，仲裁委员会主任应在收到另一方当事人书面同意之日起 3 日内，在调解员名册中指定一名调解员对争议进行调解。(2) 调解员的调解不影响仲裁庭组成前的仲裁程序进行。(3) 当事人经调解员调解达成和解协议的，申请人可以撤回仲裁申请，或请求此后组成的仲裁庭按照和解协议内容作出仲裁裁决。(4) 除非当事人书面同意，接受指定的调解员不再担任本案仲裁员。②关于仲裁与调解相结合的问题，《美国 2009 年仲裁规则》、《贸委会 2010 年仲裁规则》、《斯德哥尔摩商会仲裁院仲裁规则》、《国际商会仲裁规则》、《香港 2013 年仲裁规则》等的相关规定比较简单，一般规定，在仲裁裁决作出之前，各方当事人就争议达成和解协议的，仲裁庭应下令终止仲裁程序，或经各方当事人请求并经仲裁庭接受，应记录此项和解协议并按照和解协议条款作出仲裁裁决。③

结　语

自贸仲委 2012 年 5 月 1 日启用 2012 年版《仲裁规则》以来，我国国际商事仲裁机构的设立及改革可谓风起云涌，仲裁规则的演进更是亮点纷呈，这种宏大的变革力量，势必推进我国仲裁立法、司法支持仲裁的终极、有效回应。

(一) 我国国际商事仲裁界的革命性变革

在不到 3 年时间内，贸仲委、华南国仲、上海国仲、南沙国际仲裁中心等我国国际商事仲裁机构出台了 9 部《仲裁规则》，其中仅上海国仲一家就出台了 5 部，以一种时不我待的改革勇气和日新月异的变革步伐，演绎着一个又一个化茧成蝶的故事，推动着我国国际商事仲裁机构仲裁规则的国际化浪潮向前涌进，创造了一批

---

① 上海国仲 2013、2014、2015 年《仲裁规则》第 41 条第 5 款、《自贸区 2014、2015 仲裁规则》第 51 条第 4 款。

② 《自贸区 2014、2015 年仲裁规则》第 50 条。

③ 参见《美国 2009 年仲裁规则》第 29 条第 1 款、《贸委会 2010 年仲裁规则》第 36 条第 1 款、《斯德哥尔摩现行仲裁规则》第 39 条第 1 款、《国际商会现行仲裁规则》第 32 条、《香港 2013 年仲裁规则》第 36 条第 1 款。

与国际接轨、国内领先的仲裁规则的制度化成果，堪称规则演进的“哥白尼革命”：

一是在仲裁规则适用上，贸仲委、华南国仲、上海国仲相关《仲裁规则》比国际主流仲裁机构《仲裁规则》更为开放，贸仲委2012、2015年《仲裁规则》，华南国仲新版《仲裁规则》还创立了行业（或专业）仲裁规则优先适用原则，《自贸区仲裁规则》还创立了最密切联系原则。

二是在仲裁协议效力上，贸仲委2012、2015年《仲裁规则》、上海国仲新版《仲裁规则》和《自贸区仲裁规则》均创新规定，仲裁协议所适用的法律对仲裁协议的形式及效力另有规定的，从其规定。华南国仲新版《仲裁规则》创立了“视为达成仲裁协议”的规定，华南国仲新版《仲裁规则》，上海国仲2013、2014、2015年《仲裁规则》，《自贸区仲裁规则》还创立了“视为存在书面仲裁协议”的规定，与《示范法》（2006年修订）的相关规定一脉相承。

三是在仲裁庭程序管理权方面，贸仲委2015年《仲裁规则》创立了“香港仲裁的特别规定”专章，对涉及贸仲委香港仲裁中心的案件，适用香港仲裁法在香港仲裁，开创了我国仲裁的新局面。贸仲委2012、2015年《仲裁规则》，上海国仲2013、2014、2015年《仲裁规则》，《自贸区仲裁规则》均要求，本会受理案件后，应指定一至两名案件秘书人员协助仲裁庭开展程序管理工作。上海国仲2013、2014、2015年《仲裁规则》，《自贸区仲裁规则》要求对案件受理通知和仲裁通知的发出时限进行限定。华南国仲新版《仲裁规则》增加了仲裁庭不同意变更仲裁请求、答辩或反请求的情况，开创性地缩小了仲裁员回避请求的范围（只适用“被指定”的仲裁员），仲裁庭可以重新作出与原决定不一致的管辖权决定，除适用简易程序案件外，均要求被申请人应在收到仲裁通知之日起30天内提交答辩书和反请求书。

四是在当事人程序自主权上，华南国仲新版《仲裁规则》增加了首席仲裁员产生的新方式，规定当事人可以约定采用询问式、辩论式或其他方式开庭审理案件，规定任何一方当事人均可书面申请变更其请求、答辩或反请求。上海国仲2013、2014、2015年《仲裁规则》，《自贸区2014、2015年仲裁规则》还对当事人选定仲裁员的时限予以权利救济；《自贸区2014、2015年仲裁规则》规定，当事人可以约定共同推荐一名本会仲裁员名册外的人士担任首席仲裁员。在仲裁语言适用上，尊重当事人选择，均体现了平等适用内外国语言原则，华南国仲新版《仲裁规则》、《南沙仲裁通则》创立了最密切联系原则，《南沙仲裁通则》还有选择粤语进行仲裁的规定。

五是在临时性保全措施制度建设上，华南国仲新版《仲裁规则》、《自贸区仲裁规则》增加了临时性保全措施的种类，《自贸区2014、2015年仲裁规则》，贸仲委2015年《仲裁规则》，华南国仲新版《仲裁规则》还增加了临时性保全措施的发布主体,《自贸区 2014、2015 年仲裁规则》,贸仲委 2015 年《仲裁规则》还设立了紧急仲裁庭(员)制度。

六是在仲裁第三人制度设计上,《自贸区 2014、2015 年仲裁规则》,贸仲委 2015 年《仲裁规则》建立了比较完善的追加当事人制度。华南国仲新版《仲裁规则》,上海国仲 2013、2014、2015 年《仲裁规则》,《自贸区 2014、2015 年仲裁规则》创新建立了追加案外人制度,贸仲委 2015 年《仲裁规则》则创立了多份合同仲裁制度。

七是在合并仲裁制度安排上,华南国仲新版《仲裁规则》强调应考虑相关仲裁案件之间的关联性,贸仲委 2012 年《仲裁规则》则对关联性内容进行了具体限定,贸仲委 2015 年《仲裁规则》则创立了比较完善的合并仲裁制度,上海国仲 2013、2014、2015 年《仲裁规则》,《自贸区 2014、2015 年仲裁规则》还创新性地赋予了仲裁庭合并仲裁的决定权。

八是在友好仲裁制度上,华南国仲新版《仲裁规则》,贸仲委 2012、2015 年《仲裁规则》,上海仲裁 2013、2014、2015 年《仲裁规则》,《南沙仲裁通则》在规定依法仲裁时,均包含了友好仲裁的合理因子,《自贸区 2014、2015 年仲裁规则》引入了友好仲裁制度,并通过法律的强制性规定和社会公共利益①对其进行适度限制。

九是在仲裁与调解相结合的制度安排上,相关《仲裁规则》均规定,是否调解由当事人决定,调解方式由仲裁庭决定,实现了当事人自行和解与调解制度的有效衔接,上海国仲还设立了与《自贸区 2014、2015 年仲裁规则》相配套的调解员名册,并开创性地设立了仲裁前的调解员调解制度。

十是在《仲裁规则》的结构安排上,华南国仲新版《仲裁规则》②、上海国仲《自贸区 2014、2015 年仲裁规则》③ 以仲裁程序的开展与推进为主线,将仲裁程序

---

① 相关讨论可参见何其生:《国际商事仲裁司法审查中的公共政策》,载《中国社会科学》2014 年第 7 期。

② 华南国仲新版《仲裁规则》除总则、裁决、简易程序和附则等 4 章外,将仲裁程序部分细分为 6 章,即仲裁协议和管辖权(第 2 章)、仲裁申请、答辩与反请求(第 3 章)、临时措施(第 4 章)、仲裁庭(第 5 章)、审理程序(第 6 章)、调解与和解(第 7 章),在整体 10 章的结构安排上占据核心地位。

③《自贸区 2014、2015 年仲裁规则》将通常在"仲裁程序"下的关于"仲裁申请及反请求"、"仲裁庭"、"审理"、"裁决"这四部分重要内容分别独立成章;为强调"临时措施"、"仲裁与调解相结合"等内容,也将两者分别独立成章;由于设置了"简易程序"及"小额争议程序",为区别于一般程序,也将两者分别独立成章;在仲裁规则的首尾设有"总则"和"附则"两章。

进行细分，并独立成章，取消了仲裁程序章下节的设置，这种以仲裁程序为中心、章条布局的结构安排体现了当前我国国际商事仲裁规则结构安排的新趋向，是对国际商事仲裁机构仲裁规则结构安排的突破和发展。①

（二）司法支持仲裁原则得到加强

一是最高人民法院成功化解了贸仲委与华南国仲、上海国仲间的仲裁机构名称和案件管辖权的争议。最高人民法院于 2013 年 9 月 4 日向全国各高级人民法院下发《最高人民法院关于正确审理仲裁司法审查案件有关问题的通知》（法〔2013〕194 号），要求对于当事人以贸仲委、上海国仲、华南国仲受理仲裁案件的管辖权等问题为由申请确认仲裁协议效力的案件以及申请撤销或者不予执行三家机构仲裁裁决的案件，人民法院在作出裁定之前，须经审判委员会讨论提出意见后，逐级上报至最高人民法院，待最高人民法院答复后，方可作出裁定。作为此通知下发后的第一份裁定，上海市第二中级人民法院于2014 年 12 月 31 日作出的《民事裁定书》[(2012）沪二中民认（仲协）字第 5 号]，该裁决书以最高人民法院批复为依据，第一，明确了“中国国际经济贸易仲裁委员会上海分会”（现已更名为上海国际经济贸易仲裁委员会）的机构独立性以及更名前后的延续性和承继性，即明确该会是依法设立的独立仲裁机构，并对其依法更名的情况作了进一步确认。第二，明确了“贸仲分会条款”的管辖权，即当事人约定仲裁机构为中国国际经济贸易仲裁委员会上海分会的仲裁条款，是有效的仲裁协议，该类纠纷应当由也只能由仲裁协议明确约定的上海国际经济贸易仲裁委员会受理。② 2015 年 1 月 6 日，深圳市中级人民法院作出民事裁定书[(2013）深中法涉外仲字第 133 号]。该民事裁定书查明并认定：（1）中国国际经济贸易仲裁委员会华南分会系依法设立的仲裁机构，该机构现已依法更名为华南国际经济贸易仲裁委员会（深圳国际仲裁院）。（2）华南

---

① 贸仲委 2012 年《仲裁规则》共 6 章：总则、仲裁程序、裁决、简易程序、国内仲裁的特别规定、附则（2015 年《仲裁规则》则增加 1 章为第六章：香港仲裁的特别规定，共 7 章）；上海国仲 2013、2014 年版《仲裁规则》共 5 章：总则、仲裁程序、裁决、简易程序、附则；《联合国国际贸易法委员会仲裁规则》（2010 年修订本）共 4 章：绪则、仲裁庭的组成、仲裁程序、裁决；《斯德哥尔摩现行仲裁规则》共 7 部分：斯德哥尔摩商会仲裁院、程序的开始、仲裁庭的组成、由仲裁庭进行的程序、裁决与决定、仲裁费、总则；《国际商会现行仲裁规则》共 8 部分：导言、仲裁程序的开始、多方当事人、多项合同以及合并、仲裁庭、仲裁程序、裁决、费用、其他。

② 参见闻万里：《司法裁定一锤定音 贸仲之争尘埃落》，资料来源于 http：//www. cietac-sh. org/NewsDetails. aspx？ tid=7&nid=852，2015 年 1 月 7 日访问。

国际经济贸易仲裁委员会（深圳国际仲裁院）有权根据当事人签订的仲裁协议受理约定由“中国国际经济贸易仲裁委员会华南分会”仲裁的案件并作出裁决。①至此，贸仲委与华南国仲、上海国仲间的仲裁机构名称和案件管辖权之争也有了一个事实上的法律结果，这无疑为三家仲裁机构的后续改革和发展注入了正能量。二是《自贸区仲裁规则》的实施得到了辖区法院的大力支持。几乎与《自贸区仲裁规则》生效日期同步，上海市第二中级人民法院（以下简称上海二中院）随即分别于2014年5月4日、7月17日颁布了《关于适用〈中国（上海）自由贸易试验区仲裁规则〉仲裁案件司法审查和执行的若干意见》和该《〈若干意见〉解读》，对《自贸区2014年仲裁规则》的创新性规则予以认可，详细规定了上海二中院对适用《自贸区2014年仲裁规则》仲裁案件的司法审查和执行细则，成立了专项审判组织，优化内部流程管理，完善执行工作机制，为《自贸区2014年仲裁规则》提供司法保障。② 2014年8月28日，在国际航空运输协会、中国航空运输协会与上海国仲的合作推动下，上海国仲在自贸区挂牌成立了上海国际航空仲裁院，成为全球首家专门服务于民航业的国际仲裁机构，与该院有关的案件适用《自贸区仲裁规则》。③可以说，以《自贸区仲裁规则》为代表的我国国际商事仲裁机构仲裁规则的制度创新已经产生了“溢出效应”，我们期待着更多法院支持仲裁的制度化成果。

（三）亟待我国仲裁立法的积极回应

当前，我国国际商事仲裁机构《仲裁规则》的制度创新成果亟待我国仲裁立法的终极确认和积极回应，这是由仲裁程序适用的法律（通常是仲裁地法）在一国仲裁制度建设中的关键作用所决定的。全球化意味着竞争的加剧，仲裁领域也不

---

① 参见华南国仲：《人民法院裁定“中国国际经济贸易仲裁委员会华南分会”案件由华南国仲（深圳国际仲裁院）受理》，资料来源于 http://www.cietac-sh.org/ResourcesDetail.aspx?tid=39&aid=851&zt=3，2015年1月7日访问。

② 参见陈鲁明、崔文辉、毕似恩：《上海二中院相继颁布〈若干意见〉和〈解读〉为〈自贸区仲裁规则〉提供司法保障》，资料来源于 http://www.cietac-sh.org/ResourcesDetail.aspx?tid=39&aid=710&zt=3，2015年1月7日访问。

③ 姚丽萍：《首部自贸区仲裁规则能量有多大》，载《新民晚报》2014年10月9日，A5版。

例外。我国在全面修订《仲裁法》时，应以提升国际认同度为目标①，以《示范法》（2006 年修订）为范本，积极回应我国国际商事仲裁机构仲裁规则的制度创新成果，如临时性保全措施、仲裁第三人、多份合同、合并仲裁、友好仲裁、紧急仲裁员、仲裁庭组成前的调解、仲裁员开放名册等制度，为支持仲裁理念的实现奠定坚实的基石。希望我国《仲裁法》修订的春天早日来到！

On New Developments of International Commercial Arbitration System in China

Abstract: In recent two years, China's institutions of international commercial arbitration have formulated 9 arbitration rules. Taking the current arbitration rules of the international mainstream arbitration institutions as a mirror, the above 9 arbitration rules embody the new trend of development about China's international commercial arbitration system from different sides as follows: to modernize arbitral idea, to realize the doctrine of competence-competence, to try to make arbitration agreement valid, to promote arbitration proceedings in balance, to increase the types and issuing body of interim measures of protection, to set up an emergency tribunal system, to distinguish the parties form the outsiders in adding arbitral persons, to pay attention to the relevance and the order of the consolidated arbitration cases, to set up amiable composition system, to set up pre-tribunal mediation system, to arrange the structure of the arbitration rules, to select the languages of the arbitration, etc. These institutional innovation achievements in China

① 专家总结的选择仲裁地应考量的各种基本因素，可说明这些问题：（1）该地是 1958 年《纽约公约》的缔约方；（2）该地已采纳《联合国国际商事仲裁示范法》，或其立法系以示范法为基础；（3）该地法官支持仲裁，并认识到其作用主要是给予仲裁程序以支持；（4）该地有仲裁中心，能以合理的价格提供仲裁所必需的设施，能为仲裁程序提供管理服务；（5）该地有必要的基础设施（如便利通信、旅行、住宿等）；（6）入境制度适于国际仲裁（如仲裁员、代理人和证人进出境而无不必要的行政障碍、费用和延迟）；（7）开放的法律代理体制，亦即外国律师与非律师在国际仲裁中代理其当事人，而免予当地的阻碍或其他限制。See Neil Kaplan, Roundtable on Arbitration and Conciliation Concerning China: HKIAC's perspective, 17th. ICCA conference 16-18 may 2004. 转引自宋连斌：《理念走向规则：仲裁法修订应注意的几个问题》，载《北京仲裁》2004 年总第 52 辑，第 7 页。

have caused a positive response from arbitral practitioners and the judiciary, and urgently need to be the ultimate response of arbitration legislation.

Key words: commercial arbitration; arbitration rules; arbitration system

中国《外国投资法草案》若干问题探析[*]

□ 漆彤[**] □ 李建坤[***]

内容摘要：随着我国改革开放步伐的深入，制定统一的《外国投资法》以取代原有三资企业法的呼声日益高涨。2015年1月19日，商务部公布了由其起草的《外国投资法草案征求意见稿》，标志着该项立法工作已正式启动。该项立法将对我国的外国投资产生重大影响，是我国外资法制完善过程中的一项重要里程碑。《草案》指导思想明确、内容充实，符合改革开放的总体方向和时代需要，值得肯定。不过，该草案文本也存在一些明显的不足和缺陷，在正式定稿乃至最终出台之前仍需反复修改完善。下一步的修改工作，应坚定贯彻统一立法思路，明确指导思想与立法体例，在立法中确立适当的权力监督与制衡机制并妥善处理好法律衔接问题。

关键词：《外国投资法》（草案） 统一立法 立法体例 权力制衡 法律衔接

目 次

---

* 本文系国家社科基金项目“国际投资仲裁视角下的海外中资利益保护研究”（项目批准号14BFX191）、教育部人文社会科学重点研究基地重大项目“多元平衡视野下的当代国际投资法转型与中国实践”（项目批准号13JJD820007）的阶段性成果。

** 武汉大学国际法研究所教授、博士生导师。

*** 武汉大学法学院国际经济法专业硕士研究生。

六、结语

一、序言

改革开放以来，我国逐渐形成以《中外合资经营企业法》(1979年)、《外商投资企业法》(1986年)、《中外合作经营企业法》(2000年)及其实施条例或细则（以下统称“外资三法”）为主体的外资管理法律体系。以外资三法为核心的外资法律体系，奠定了我国利用外资的法律基础，在《公司法》尚不完备（甚至没有出台）的时期内，我国建立了一套以“逐事审批，层级管理”为主要特征的外资准入管理制度，在过去三十多年间为积极有效地利用外资、推动国民经济发展发挥了举足轻重的作用，也为推动我国改革开放伟大历史进程作出了重大贡献。

但是，随着中国经济的发展和国内外形势的重大变化，现行外资三法已经难以适应全面深化改革和进一步扩大开放的需要：一是外资三法确立的逐案审批制管理模式已不能适应构建开放型经济新体制的需要，不利于激发市场活力和转变政府职能；二是外资三法中关于企业组织形式、经营活动等规定和《公司法》等有关法律存在重复甚至冲突；三是外资并购、国家安全审查等重要制度需要纳入外国投资的基础性法律并进一步完善。① 就国际环境而言，伴随中国企业境外投资的强劲增长，中国已开始由资本净流入国向资本净输出国转变，中国境内外投资监管的视野和格局随之发生巨变。2014年，中国首次成为资本净输出国。中国资本走出去、进入其他国家的欲望更加强烈，中国与美国、欧盟等主要经济体的双边投资协定谈判工作正在紧锣密鼓地进行，改善现行的外资管理体制是谈判交涉的内容之一。因此，如何实现国际投资协定与国内立法的内外统一也已刻不容缓。

党的十八届三中全会提出“构建开放型经济新体制”，“统一内外资法律法规，保持外资政策稳定、透明、可预期”，“改革涉外投资审批体制”，“探索对外商投资实行准入前国民待遇加负面清单的管理模式”；党的十八届四中全会要求“适应对外开放不断深化，完善涉外法律法规体系，促进构建开放型经济新体制”。这为我们开展外资三法修改工作指明了方向。本届政府自执政伊始努力推进行政体制的改革，国家发改委、商务部等部门已多次修改部门规章，或者改核准制为备案制，或者将权力下放至省级政府部门，力求简化外商投资的审批程序。上海自贸区更是作为试点在外资准入管理制度革新方面走在全国的前列。

在上述背景下，2015年1月19日，中华人民共和国商务部公布了《外国投资法草案征求意见稿》（以下简称《草案》）和相关起草说明。该征求意见稿的公

---

① 参见商务部“关于《中华人民共和国外国投资法（草案征求意见稿）》的说明”。

布，标志着商务部就《中外合资经营企业法》、《外资企业法》、《中外合作经营企业法》（以下简称“外资三法”）的修改工作正式启动，预示着早已积弊丛生的中国外资管理方式终于要迎来根本性的变革。

由商务部所拟订的《外国投资法草案征求意见稿》，旨在建立一个更能适应构建开放型经济新体制需要的新外资法律体系，其总体指导思想明确、结构合理、内容充实，符合改革开放的总体方向和时代需要，值得肯定。尽管现有《草案》与最终出台文本可能会有较大区别，但仍能反映中国大幅放松外资监管的整体趋势。《草案》所体现的诸多重大变化，如“外资三法”合一以消除内外资法律冲突、变外商投资逐案审批制管理模式为准入前国民待遇加负面清单的管理模式等，均充分体现了中国进一步深化改革、扩大开放的决心。《草案》一旦通过，将结束三资企业法分散立法的模式，实现一个更能适应构建开放型经济新体制需要的新外资法律体系。新法所包含的各项制度革新必将对未来外国投资实践产生深远影响，并成为我国外资法制完善过程中的一项重要里程碑。

根据2013年10月30日第十二届全国人大公布的五年立法规划，三资企业法的修改被列为第二类项目（即需要抓紧工作、条件成熟时提请审议）。就立法进程而言，目前《草案》仍处于广泛征收意见阶段，其中一些重大问题仍旧悬而未决，缺乏一致意见，离最终定稿和出台尚需时日。本文认为，在现有《草案》基础上，下一步的修改完善工作应着重把握以下四大原则：（1）坚定贯彻统一立法思路；（2）明确指导思想与立法体例；（3）妥善处理好法律衔接问题；（4）构建合理的权力监督与制衡机制。

二、统一立法问题

良法是善治的前提，提高立法质量的根本途径在于推进科学立法。从各国立法模式上来看，主要有统一立法与分散立法之分。为了从根本上解决我国目前虽然拥有与外资相关的“三资”法律规范，但缺乏总纲性的外国投资法规范对其加以统筹，外资管理法律杂乱无章、体系混乱、过度分散的问题，新的外资立法应当实行统一立法的思路已经成为各界的共识。因此，统一立法不仅是外部的客观需要，也是外资新法拟定过程中应遵循的一项重要原则。

《草案》第5条“外资管理制度”规定：“国家实行统一的外国投资管理制度。”该条清晰表明了新法试图统一外资立法的努力。这种统一不仅体现为内外双轨和外资三法的合一，也是迫于目前外资多头管理、政出多门积弊的改良需要。在我国，行政部门在法律制定和实施过程中有着相当大的影响。行政部门主导立法权，虽有一定的现实合理性，但也存在不少弊端。比如，行政部门起草法律，不可避免会将部门利益法律化，忽视公民权利保护，也易导致实际执法中部门之间相互“扯皮”、“打架”。如果不能在立法中合理界定权力界限，将不可避免地再次出现类似问题。如何通过法律的绳索束紧权力的笼子，让权力不再任性，是新法需要解决的重要问题之一。作为外资管理方面的一般法，如果新法中仍然权责不明，无法统一、各自为政，它们在立法地位上就不可能发挥其一般法的功能，将难以实现上述的立法目标。

但是，《草案》中的部分规定未能充分体现这一精神。例如，第5条作为《草案》总则部分的统领性条款，其所蕴含的统一立法精神，对于第四章外资安审制度亦具有重要指导意义，并具体体现于《草案》第48条“国家建立统一的外国投资国家安全审查制度”之规定。然而，从具体设计来看，《草案》未完全做到外资安全审查制度的统一。《草案》第74条规定：“外国投资者投资金融领域的国家安全审查制度，由国务院另行规定。”金融领域诚然具有一定的特殊性，然而外资安全审查所涉及的其他行业或领域往往也涉及特殊管制问题，如交通、通信、卫生、能源等。如果将金融行业的外国投资视为例外，就需要另外设置一套相应的安全审查机制，因此，该例外的存在无疑将破坏新法下外资安审制度的统一性。事实上，作为安审机构的联席会议通常由牵头机构召集不同行业的主管部门所组成，这表明安审机制本身就已经考虑到各行各业可能具有的特殊性和专业性。《草案》作出这种规定实际上是沿袭此前的做法：2011年国务院发布的《关于建立外国投资者并购境内企业安全审查制度的通知》（国办发〔2011〕6号）就已规定：“外国投资者并购境内金融机构的安全审查另行规定。”经过多年的改革，目前我国银行、证券、保险、信托等主要金融机构都已经公司化，成为真正意义上的“企业”，金融领域的并购比实体经济层面的并购活跃得多，所暴露的问题甚至更复杂，新法有必要改变这一历史遗留问题，不应再让金融业外国投资继续游离于安审联席会议机制之外。

就统一外资安全审查制度而言，《草案》第49条还至少存在两处较为明显的问题：（1）由发改委和外国投资主管部门共同作为召集单位的规定，有违新法所强调的建立统一外资国家安全审查制度的精神。众所周知，双头模式易于导致权责不清和相互推诿，宜直接规定由长期作为外国投资主管部门的商务部负责较为妥当。（2）“会同外国投资所涉及的相关部门具体实施”的规定，过于含糊，不利于安全审查责任的落实，最终会影响国家安全审查的实施。关于后一点，似可学习美国2007年《外国投资和国家安全法》（*The Foreign Investment and National Security Act*, 2007, FINSA）的做法，采取列举加兜底的方式，直接将密切关联的重要部门列为联席会议成员，并规定可视投资所涉及的行业和领域由联席会议主席或召集单位指派或邀请其他部门参与联席会议。

就谁有权决定启动外资安审程序而言，《草案》规定也颇有模糊之处。例如，《草案》规定了安全审查程序的三种发起方式，即投资者主动申报、第三方建议发起，联席会议"依职权启动安审"。《草案》第55条"依职权启动安审"规定："联席会议可依职权决定对危害或可能危害国家安全的外国投资进行国家安全审查。有关部门、行业协会、同业企业、上下游企业及外国投资者以外的其他当事人认为某一外国投资需要进行国家安全审查的，可向国务院外国投资主管部门提出进行国家安全审查的建议。联席会议认为确有必要进行国家安全审查的，可以决定进行审查。联席会议作出启动国家安全审查决定的，国务院外国投资主管部门应书面告知外国投资者。"从这一规定来看，启动国家安全审查的决定权，应掌握在联席会议手中，国务院外国投资主管部门仅负有建议权和通知投资者的义务。然而，《草案》第53条"确定是否需要进行安审"却规定："国务院外国投资主管部门应在收到第51条【安审申请材料】规定的申请材料后15个工作日内告知申请人有关外国投资事项是否需要进行国家安全审查。需要进行国家安全审查的，国务院外国投资主管部门在告知申请人后5个工作日内提请联席会议进行审查"。该条用语似乎又授权了国务院外国投资主管部门有权"确定是否需要进行安审"并"提请联席会议进行审查"。显然，《草案》应修改第53条中容易引起人们误解的表述，明确国务院外国投资主管部门仅负有通知的义务，不具有是否进行安全审查的决定权，有关权力应移交联席会议统一行使。

在强调公平竞争的市场经济环境下，外资企业与内资企业分别立法、区别对待，这是旧的三资企业法为人诟病的主要问题之一。为解决这一问题，近年来我国逐步调整外资立法中的差别待遇，实行包括准入前阶段在内的国民待遇更是《草案》的重要亮点之一。《草案》第6条规定："外国投资者在中国境内投资享有国民待遇，但根据本法第23条【目录制定程序】所制定的外国投资特别管理措施目录（以下简称特别管理措施目录）另有规定的除外。"该条表明，除负面清单列明措施以外，我国将推行全面的国民待遇。不过，《草案》对于外国投资的某些特殊性安排，未能充分体现国民待遇精神，在某种程度上又回到了内外双轨制的老路上。例如，第八章"投诉协调处理"似无列入必要，可适用与内资相同的行政复议及行政诉讼程序；第九章"监督检查"内容过于繁琐，外资主管部门应为《外资法》的执法机关，只需就该法所涵盖的准入、安全这类特殊事项的检查作出安排即可，不宜浓墨重彩。

三、立法体例问题

立法体例，是指一部法律或者一项法律制度的表现形式和结构安排。一部法律的立法体例，通常是由该法的理念和定位所决定的。立法体例的选择，不仅是一种法律传统、法律文化的偏好，往往也涉及立法技巧、立法规则的运用。立法体例的正确选择，可避免法律因某些领域在立法条件不成熟和认识程度不统一的情况下陷入久拖未决的状态，正如1986年我国《民法通则》的出台。① 外资法的拟定，应从立法理念、定位等方面入手，科学合理地设定新法的立法体例，即应考虑如下问题：哪些内容应当纳入外资法，哪些内容不宜纳入外资法；哪些应当由全国人大立法，哪些应当由行政法律法规或部门规章另行进行规范；哪些应当纳入上位法，哪些应当纳入下位法进行细化或具体实施；哪些内容立法条件已经成熟，哪些问题目前各界认识仍不统一。

法的创制，需要深刻的核心理念，立法理念是法的精髓和灵魂，主导着法的形成、发展，奠定了法的基本制度和体系。正如《征求意见稿说明》所指出：《外国投资法》应当是一部深化体制改革的法，扩大对外开放的法，促进外商投资的法，规范外资管理的法。上述四点核心理念已在《草案》中得到了颇为充分的反映。例如，在扩大对外开放、促进外商投资方面，新法将实现创新外资管理模式，取消现行对外商投资的逐案审批体制，采取准入前国民待遇和负面清单的外资管理方式，大幅减少外资限制性措施，放宽外资准入；在规范深化体制改革、规范外资管理方面，新法从重视事前审批向提供公共服务和加强事中事后监管转变，在大幅取消行政审批、切实转变政府职能的同时，纳入国家安全审查，加强投资促进与保护、监督检查和信息报告。

任何一部立法都应当考虑其在整个法律体系中的定位，亦即与其他法律的关系问题。《征求意见稿说明》指出："《外国投资法》定位于统一的管理和促进外国投资的基础性法律，将不再以企业的组织形式作为规范对象。" 这一定位有两层含义：首先，新法将集中反映我国对待外国投资的有关政策，原有三资企业法中的组织法内容则统一纳入公司法和合伙企业法中。这将从根本上改变内外双轨制、以企业组织法为轴心、管理法与组织法交织不清的外资法体系。其次，新法将突出其统一外资立法的基础性地位和作用。我国现行的国家和地方外资立法总量已经达到了1000余件，这种现象和我国长期奉行的"针对性立法"原则相关，即针对外商投资活动中出现的新现象、新问题制定专项法律、法规，秉持"成熟一个，制定一

① 外资法中的某些问题，如VIE结构、新法生效前的存量外企如何规范，目前各方分歧较大，《草案》并未给出定论。如暂时无法寻求统一意见并妥善解决，亦可考虑仅作原则性规定，辅之以具体实施规范并在今后视情形作出灵活调整。

个”的立法态度。① 由于外资立法机构众多，国务院各个部门及各地方均可以在其职权范围内，根据需要制定有关规章，这更加剧了我国外资立法零散无序的状态。作为管理外资的基础性法律，今后所有涉及外国投资的部门或地方性法律法规均应以新的外资法为依据，遵循新外资法的理念和规定，不得有所抵触。

从上述有关新外资法的理念和定位出发，本文认为现有《草案》的某些内容仍有值得商榷之处。

例如，从调整对象和适用范围上来看，外资法所规范的“外国投资”如何界定十分关键，国际社会对于投资定义应作宽泛抑或限缩解释亦存争议，但普遍共识是应该有所边界。② 新法在注意涵盖各种外资利用形式之外，也应注意区分非经营性目的的外国投资与经营性目的的投资。一般来说，外资法应当仅适用于经营性目的的投资。非经营性目的的投资，比如外国居民在中国购买房产用于居住，则不宜纳入外资法调整范围。《草案》第 15 条第 5 款未区分经营性目的的投资和私人居住目的的投资，将“取得境内土地使用权、房屋所有权等不动产权利”一概视为外国投资的类型之一，并在第 16 条中要求此类投资除“适用有关法律法规的规定，同时还应遵守本法第四章‘国家安全审查’、第五章‘信息报告’的规定”，似有调整范围过大之嫌。此外，《草案》第 17 条还将非营利组织也纳入新法的调整范围，也与新法的定位有所不符。③ 非经营性目的的投资或组织，即便涉及安全问题，也有其他法律调整，不应纳入投资法范畴。同时，将这类投资或组织纳入新外资法，在现实操作中也会面临客观困境，最终难以实施，反而有损新法的权威性。

从新法的基础性法律定位来看，《草案》的某些章节似有详略不当之嫌，如第五章“信息报告”、第九章“监督检查”可考虑作适当精简，立法仅对各方相关权力、义务作出明确，技术性细节留待今后以实施细则形式作出规定，否则既显得过于累赘，亦不利于今后视实施情况作灵活调整。

以第五章“信息报告”为例，该章包括一般规定、事项报告、事项变更报告、定期报告、外国投资统计 5 节在内一共 24 条，作为一种探索外资监管方式创新的

---

① 朱崇实主编：《中国外资法研究：在 WTO 背景下的思考》，厦门大学出版社 2005 年版，第 287 页。

② 参见季烨：《国际投资条约中投资定义的扩张及其限度》，载《北大法律评论》2011 年第 1 期，第 85~108 页。

③ 第 16 条“不动产权利”外国投资者取得中国境内土地使用权、房屋所有权等不动产权利的，适用有关法律法规的规定，同时还应遵守本法第四章“国家安全审查”、第五章“信息报告”的规定。第 17 条“非营利组织”外国投资者在中国境内设立非营利组织或取得非营利组织权益的，适用有关法律法规的规定，同时还应遵守本法第四章“国家安全审查”、第五章“信息报告”的规定。

有益尝试，信息报告制度的引入和加强本身无可非议，但这种监管方式却并未经受实践的检验，其有效与否仍有待观察，在这种情况下《草案》如规定的过细过死，将不利于今后在实践中加以调整完善，毕竟新外资法一旦颁布短期内不会频繁进行修订。此外，《草案》共分为 11 章 170 条，在其他章均未设节的情况下，信息报告制度却含有 5 节之多，从立法技术上考虑也颇有不妥之处。

《草案》第五章信息报告主要就外国投资者、外国投资企业的信息报告义务进行规定，同时也规定了外国投资主管部门在信息服务、统计分析方面的职责。从主体和性质上来看，这两者是有着明显区别的，但是该章却有将二者混为一谈之嫌。例如，《草案》第 78 条明确规定外国投资者、外国投资企业作为信息报告主体“应当依据本法履行信息报告义务”，因此该章应主要围绕外国投资者如何履行信息报告义务而展开，然而，有关外国投资主管部门编写和发布外国投资分析报告以及提供统计报告和信息服务等方面内容却散见于该章各处，两种不同层面的“信息报告”交织在一起，破坏了章节内容的单一性和完整性。《草案》将外国投资主管部门提供“外国投资分析报告”放在第一节“一般规定”之中，而将提供“统计报告”和“信息服务”放在第五节“外国投资统计”，也令人难以理解。

新的《立法法》第 6 条明确规定：“法律规范应当明确、具体，具有针对性和可执行性。”①《草案》某些条款在立法语言上也存在瑕疵。例如，第 96 条“外国投资统计”规定：“国务院外国投资主管部门依据《统计法》和国家有关规定，建立健全外国投资统计调查制度和统计标准，组织、协调和管理全国范围内的外国投资统计调查工作，结合外国投资者、外国投资企业信息报告内容，开展统计分析，发布统计数据，并做好档案管理、数据信息共享和对外交流工作。”该条的表述更像是一种工作计划报告，而不是典型的立法语言，不具有针对性和可执行性，需要改进。

四、权力制衡问题

《草案》反映了商务部作为“外国投资主管部门”将更加积极地介入外商投资管理的倾向，这既表现为商务部在此次《草案》出台中所发挥的主导型作用，也充分反映于《草案》有关主管机构设置方面的诸多改革创新之处。《草案》中“外国投资主管部门”一词共出现 110 次之多，从一个侧面表明了商务部在未来的统一外资管理体系中占据了核心地位。在现行的多头管理体制下，商务部作为外国投

① 参见《全国人民代表大会关于修改〈中华人民共和国立法法〉的决定》，2015 年 3 月 15 日第十二届全国人民代表大会第三次会议通过。

资主管部门，更多的是消极参与外商投资活动，以外商投资审批为主。而按照新法的设计，其他部门的审批权力基本被取消，而商务部的职责则面临转化和扩大。这一趋势无疑符合统一外资管理制度的需要，不过，现有那些有外商投资管理权的部委是否以及如何放权，商务部如何履行统一管理职能，仍有待进一步观察草案未来的修改方向。

在新法下，商务部将从事前监管走向事中、事后监管，这意味着其在未来的外资管理体系中将拥有较大的权力。权力越大，责任也越大，这不仅需要商务部在未来的工作中投入更多的人力、物力来履行职责，也同时暴露出《草案》所存在的另一个较为明显的问题，即《草案》所构建的整个外资管理体系缺乏对行政权力的必要、有效监督机制。

例如，《草案》第十章“法律责任”第152条是唯一涉及行政机关的责任条款，但该条仅规定了“管理部门工作人员的法律责任”，而未就行政机关决定作出救济性规定。《草案》第八章“投诉协调处理”也许是新法唯一涉及行政救济的规定，但依该条所设立的“国际投资促进机构”及“外国投资投诉协调处理中心”应受国务院外国投资主管部门指导并向其报告，同样也未就投资者是否可就中心决定提出行政复议和行政诉讼进行规定，而中心作为下级单位显然也无法对上级决定作出有效监督，因此其解决投诉的有效性存在疑问。此外，众所周知，有效的投资争议解决程序对于监督主管机关依法行政、维护投资者合法利益至关重要，然而，《草案》在这方面的安排存在明显不足：一方面，如前所述，创设外国投资投诉协调处理机制有重回内外双轨制之嫌；另一方面，该章却并未对是否排他管辖、是否诉诸其他救济途径之必经前置程序、是否可就中心决定提出行政复议和行政诉讼、投诉协调处理与国际投资仲裁之间的关系等诸多关键点作出安排。

在国家安全审查机制方面，《草案》第73条明确规定，“对于依据本章作出的国家安全审查决定，不得提起行政复议和行政诉讼”，这就更加凸显了《草案》在监督机制方面的缺失。没有监督的权力是危险的。从权力运行规律来看，各国国家安全审查程序中一般都配置有制约权力，或是由国会予以监督（如美国），或是可由行政法院予以全面司法审查（如法国）。外部监督机制不仅有助于敦促主管机关依法行政，从某种意义上来说，也可以为本国的外资安全审查决定留下更多的制度空间，正如中海油收购优尼科受制于美国国会影响、中石油收购斯拉夫油田受阻于俄罗斯国家杜马一样。①

以美国为例，其国家安全审查立法发展的一个特点就是不断加强对国家安全审

① 参见漆彤：《美国外资审查制度的最新发展及其借鉴》，载《河南省政法管理干部管理学院学报》2009年第2期，第152~158页。

查的监督，如 FINSA 的颁布将过去国会对 CFIUS 的不定期监督变为了定期监督，同时加强了 CFIUS 对国会的信息披露。FINSA 要求 CFIUS 应在案件审查和调查程序结束后向国会提供书面报告，报告中应提供所审查和调查交易的详细内容，并书面保证该交易不会对国家安全构成威胁，或者保证缓冲协议已经解决了所有疑点；此外，CFIUS 还应向国会提交详尽的年度报告，汇报之前 12 个月内已审查或调查的交易的相关信息，包括对有关外国直接投资、核心技术以及来自特定国家的投资的分析；国会议员可以对相关交易或缓冲协议的实施情况进行质询。

一项制度的有序推行需要监督制约。《草案》只规定了主管机关的审查权力，但未表明何种机关有监督制约的权力，也并未向外国投资者提供充分有效的救济途径，这很难避免外界对于审查机关权力行使不公平、甚至滥用审查权的质疑，不利于外资新法的有效实施。《草案》应从加强外部监督和提供救济途径两个方面对此加以完善。一方面，应通过立法明确全国人大常委会在外资国家安全审查乃至整个外资管理方面的监督地位以及相应职责，包括接受通报、质询报告的权力，甚至进一步考虑是否赋予其对特定案件的最终否决权。事实上，《草案》第 69 条已就“国务院外国投资主管部门应编制和公布外国投资国家安全审查年度报告” 作出规定，但缺少报告提供对象以及接受何者监督的关键内容。另一方面，新法应就外国投资者不服行政决定的情况作出救济安排，比如可在第十章增加如下条款：“当事人对外国投资主管部门及其他相关管理部门的处罚决定不服的，可以依法申请行政复议，或者依法直接向人民法院提起诉讼。”同时，应充分考虑并合理设计国内救济与国际救济程序之间的衔接，避免政府在被动的情况下卷入更多的国际投资仲裁纠纷。

五、法律衔接问题

相对于现行的“三资企业法”，《草案》确立了放宽外资准入、促进市场在资源配置中起决定性作用的根本立法目标，将过去的注重企业组织形式转为注重投资行为，为外国投资者在中国开展投资提供了更为清晰的路径和空间，可以说是即将实现中国外资法的颠覆性变革。此次立法不是一个孤立的活动，将关系到国民经济各行各业的未来发展，可能改变诸多行政部门之间的权力分配关系，牵涉到不同层级法律之间的协调处理，因此，《草案》尤其需要在与国际条约的衔接、与其他部门法的衔接、与旧法的衔接等几个层次上作出细致、周密的考虑和安排，从而解决好变革与稳定之间的关系。

(一) 与国际条约的衔接

《草案》的诞生，很大程度上得益于中国国际投资条约谈判及缔结活动的推动，晚近投资法的发展也表明各国外资立法需充分考虑与国际投资条约的衔接。《草案》中先后三次提及“国际条约”（第10条“投资条约”、第23条“目录制订程序”、第32条“审查因素”第5款），有关投资促进、保护的规定在将多、双边国际条约义务转化为国内法方面也痕迹明显。不过，《草案》似仍存在颇多不足。

例如，《草案》第10条规定：“国家根据平等互利的原则，促进和发展同其他国家和地区的投资，缔结多双边、区域投资条约、公约、协定。”该条似有偏离《草案》立法宗旨之嫌，盖因该法“定位于统一的管理和促进外国投资的基础性法律”，作为总则条款，重点不应落在如何缔结条约这一程序性问题上，更应传达东道国愿遵守条约义务管理、保护外资之意，因此，建议改为“国家根据平等互利的原则，促进和发展同其他国家和地区的投资关系，缔结并遵守多双边、区域投资条约、公约、协定。”

晚近，投资争议解决和国际仲裁成为焦点，中国政府作为被告的仲裁案件迄今也已发生两起。鉴于中国是目前世界上对外签署双边投资协定（Bilateral Investment Treaty, BIT）数量最多的国家之一，且大多BIT都包含对投资者与东道国争议的仲裁条款，《草案》需要对此未雨绸缪。考察《草案》现有条款，在内容上缺乏用尽当地救济、岔路口条款等重要机制安排，有关争议解决之规定亦语焉不详。如《草案》第118条“争议解决”规定：“外国投资者在中国境内投资和经营活动中产生纠纷的，可依照相关法律法规通过协商、调解、投诉、复议、仲裁或者诉讼等方式解决。”《草案》还专设了第八章“投诉协调处理”就外国投资者“与行政机关之间投资争议协调和处理”单独设立了一套流程。显然，第118条过于笼统，“仲裁或诉讼”是否仅限于国内，而不包括诉诸国际仲裁庭或外国法院甚或国际司法机构，易引发歧义。第八章看似着墨颇多，但诸多关键点，如是否排他管辖、是否诉诸其他救济途径之必经前置程序？与国际仲裁之间的关系？这些内容却付之阙如！假设一外国投资者与本国行政机关发生争议，欲根据BIT同意仲裁条款直接诉诸国际仲裁庭，此时该章所规定的“投诉协调处理机制”可能无法发挥既定作用。

(二) 与其他部门法的衔接

新法中的许多内容与其他部门法存在交叉，亦有可能产生法律冲突问题。例如，《草案》引入的“控制”概念，似兼采了公司法、反垄断法、证券法等各家之长，但又颇有区别。《草案》关于外资诚信信息的公开，似参考了《信息公开条例》的有关规定，① 但又有所不足，比如第142条仅规定主管机关不得披露商业秘密及个人隐私信息之义务，却未规定基于公共利益需要进行例外披露的权力，显然，如能增加这一例外，对于处理某些特殊公众事件（诸如外企食品安全）可能具有潜在重要作用。

（三）与旧法的衔接

鉴于新法对中国外资管理体制即将产生的颠覆性变革，除需依序对原有三资企业法下为数众多的实施法规、条例、规章、细则以及地方性法规、规范性文件进行清理之外，一个重要问题是如何妥善处理新法生效前大量依法存续的外国投资企业向新法的过渡。

《草案》附则部分用了5条的篇幅（第153~157条）对此予以专门规定，但似乎问题依然突出。例如，鉴于三资法与《公司法》体系之间在治理结构等方面所存在的客观差异，3年过渡期的安排势必会导致一定数量的原有外企趋于解散或终止，而这并非我们所乐见。如外国投资企业因新法规定而被迫解散并导致损失，投资人极有可能为此而寻求国内及国际救济途径，如因此发生大量被诉案件显然亦非我们所乐见。

处理新法生效前存续企业，不仅十分复杂，而且非常敏感，关系到中国对待外资的整体态度和形象问题。《草案》虽有5条规定，但仍显得十分粗糙，不足以处理潜在的一系列特殊复杂问题。根据“法不溯及既往”的精神，兼及国际投资中稳定条款的习惯法作用，从立法思路上来看，建议《草案》对此问题不设过渡期、不作硬性变更要求为宜。可保留《草案》第155条“本法生效前依法存续的外国投资企业，可在原批准的经营范围、期限和其他条件下继续经营”，同时以“原三资企业法没有规定的，应适用本法”作为补充。这样既可让外资企业吃下定心丸，又可将新法调整后的管理模式统一适用于所有新旧投资。至于原第154条、156、157条有关变更、经营期限之类的规定，没有列入必要，这些属于企业自主经营的范围，不需新法干涉，新法至多规定“新法生效后老外企可以（在自愿的基础上）依《公司法》办理变更手续”。至于具体如何办理，可另行在实施细则中加以规定。

---

① 《中华人民共和国政府信息公开条例》于2007年1月17日国务院第165次常务会通过，于2008年5月1日起施行。

六、结　语

根据一般的立法流程，商务部完成征求公众意见后将对《外国投资法》作出修改，之后提交国务院审议，再由国务院报全国人大常委会，经过三读程序后表决通过。由于《外国投资法》属于新的立法，而非现行法律的修改，从目前征求意见阶段到正式公布施行阶段预计仍需较长时间。外国投资牵涉利益复杂、涉及部门广泛，某些重大问题仍存有争议（如 VIE 架构的处理等），最终法律文件必然会与目前的征求意见稿存在不同，但像准入许可、国家安全审查、信息报告等重大制度应该不会有根本性的调整。在修订完善过程中，我们应当坚定贯彻统一立法思路，明确指导思想与立法体例，妥善处理好法律衔接问题并在立法中确立合理的权力监督与制衡机制，在确保国家安全和国家利益的前提下，力争为内外资创造一个自由、公平、合理、规范的良好投资环境。

Research on Several Aspects of China's Draft Foreign Investment Law

Abstract: On Jan. 19, 2015, the Ministry of Commerce of China ("MOFCOM") released a draft of Foreign Investment Law ("draft") for public comment. The draft, once finalized, is a significant reform to the existing foreign investment regulatory environment. It proposes a "pre-establishment national treatment" for foreign investment, abolishes the general requirement for MOFCOM approval and establishes a negative list principle. However, there are still some open questions related to the draft, which hopefully will be clarified in the final version. This paper mainly concentrated its discussion on several basic problems which might affect the purpose and effectiveness of China's new legislation. The author argues that, in the revision of China's Draft Foreign Investment Law, the legislator must: (1) adhere to the principle of uniform legislation; (2) carry out the idea of open policy in the whole text; (3) balance the power and obligation of authorities; (4) properly handle the legal conflict between different legislations.

Key words: Draft Foreign Investment Law; uniform Legislation; Legislation Style; Checks and Balances; Legal Conflict and Cohesion

“保护的责任”的动态平衡结构
——多重责任与支柱战略的定位及其内涵调整*

□ 赵 洲**

内容摘要：在基本人权保护的全球治理中，“保护的责任”包含着预防、反应和重建这三种相互联系和依存的多重责任与三大支柱战略。在理论策略与政策主张上必须坚持明确和强调“作出反应”的责任、第三支柱战略对预防、重建方面的责任与战略的紧密相关性与高度依赖性。对于“保护的责任”中的多重责任、支柱战略的具体实施，应当在制度和实践中形成以“回应解决问题”为核心的动态的平衡结构。同时，需要始终坚持将预防方面的责任与支柱战略作为“保护的责任”最为核心与重要的部分。为进一步加强“根源预防”在理论与制度上的塑造与运用，应当突出和强调对深层次根源问题的系统深入的预防治理。

关键词：“保护的责任”　支柱战略　多重责任　基本人权　全球治理

目　次

---

* 本文为2010年国家社科基金年度一般项目“我国政府参与全球性治理若干法律问题研究”（项目号：10BFX098）的阶段性成果之一。

** 南京审计学院法学院教授。武汉大学法学博士。

（二）以发展为内容的"能力建设和国际援助"

结语

2001年，"干预与国家主权国际委员会"系统地研究提出了"保护的责任"的国际观念和原则。按照"干预与国家主权国际委员会"的构想，每个主权国家对保护其国内人民免遭严重的人权侵害承担首要的责任，国际社会则承担辅助、补充的保护责任。"保护的责任"有三个不可分割的重要部分，即不仅是对实际的或担忧的人类灾难作出反应的责任，而且是预防灾难发生的责任和事后重建的责任。① 国际社会围绕着预防、反应和重建这三方面责任的具体构架和实施展开了广泛深入的讨论。2009年1月，联合国秘书长潘基文在其《履行保护责任》的专题报告中就落实"保护的责任"的多重责任提出了三大支柱战略。第一支柱是国家始终有责任保护其居民，无论是否其国民，防止居民遭受灭绝种族、战争罪、族裔清洗和危害人类罪之害。第二支柱是国际社会承诺协助各国履行其义务。这是为了利用会员国、区域组织和次区域组织、民间社会和私营部门的合作，同时发挥联合国系统的体制力量和比较优势。第三支柱是，在一国显然未能提供这种保护时，会员国有责任及时、果断地作出集体反应。这包括《宪章》第六章规定的和平措施、第七章规定的强制性措施和第八章规定的与区域和次区域安排的协作。第七章所述的措施必须得到安全理事会授权。② 为进一步落实和推进"保护的责任"的多重责任与三大支柱战略，截至2014年，联合国秘书长潘基文提出了五份年度专题报告，即2010年《预警、评估及保护责任》报告，③ 2011年《区域和次区域安排对履行保护责任的作用》报告，④ 2012年《保护责任：及时果断的反应》

---

① 干预和国家主权国际委员会报告：《保护的责任》（中文），2001年12月，第12~13页。

② Report of the Secretary-General, Implementing the responsibility to protect, A/63/677, 12 January 2009, pp. 8-10, available at http: //documents-dds-ny. un. org/doc/UNDOC/GEN/N09/206/10/pdf/N0920610. pdf? OpenElement, visited on 12 March 2014.

③ Report of the Secretary-General, Early warning, assessment and the responsibility to protect, A/64/864, 14 July 2010, available at http: //documents-dds-ny. un. org/doc/UNDOC/GEN/N10/450/20/pdf/N1045020. pdf? OpenElement, visited on 12 March 2014.

④ Report of the Secretary-General, The role of regional and subregional arrangements in implementing the responsibility to protect, A/65/877-S/2011/393, 28 June 2011, available at http: //documents-dds-ny. un. org/doc/UNDOC/GEN/N11/391/43/pdf/N1139143. pdf? OpenElement, visited on 12 March 2014.

报告,[①] 2013 年《保护责任问题：国家责任与预防》报告,[②] 2014 年《履行我们的集体责任：国际援助与保护责任》报告。[③] 总体而言，“保护的责任”所包含的多重责任与支柱战略基本上得到了国际社会的认同。然而，对于多重责任之间以及三大支柱战略之间究竟具有怎样的逻辑联系，在理论、政策和实际操作层面应当如如何予以理解和运用，国际社会至今仍然没有形成广泛的共识。这严重影响着“保护的责任”所包含的多重责任与支柱战略的具体构架和实施，以及能否切实有效地实施“保护的责任”所承诺的根本目标。为此，有必要深入分析研究多重责任之间以及三大支柱战略之间在理论逻辑和操作层面上的结构关系，确保“保护的责任”中的各种责任与各个支柱战略具有实际意义和作用，从而成为保护人民免遭严重人权侵害的一种有效的全球治理机制与方法。

一、多重责任与支柱战略的“回应性”平衡结构

（一）相互关系问题上的分歧与一般均衡要求

在干预和国家主权国际委员会的最初构想中，为了与传统的人道主义干预相区别，系统深入地而不是临时应急性地保护国内人民免遭严重的人权侵害，“保护的责任”已经不再是那种在紧迫情势下实施强制干预的单一责任安排，相反，“保护的责任”被明确地界定为多个层面上的责任，包括预防的责任、作出反应的责任和重建的责任。加雷斯·埃文斯认为，“保护的责任”是一个综合的概念（an umbrella concept），其中所包括的预防和重建的责任是传统的人道主义干预所严重忽略的。[④]“干预和国家主权国际委员会的贡献在于，它把‘保护的责任’扩展到

① Report of the Secretary-General, Responsibility to protect: timely and decisive response, A/66/874-S/2012/578, 25 July 2012, available at http://documents-dds-ny. un. org/doc/UNDOC/GEN/N12/438/79/pdf/N1243879. pdf? OpenElement, visited on 15 March 2014.

② Report of the Secretary-General, Responsibility to protect: State responsibility and prevention, A/67/929-S/2013/399, 9 July 2013, available at http://documents-dds-ny. un. org/doc/UNDOC/GEN/N13/386/93/pdf/N1338693. pdf? OpenElement, visited on 15 March 2014.

③ Report of the Secretary-General, Fulfilling our collective responsibility: international assistance and the responsibility to protect, A/68/947-S/2014/449, 11 July 2014, available at http://documents-dds-ny. un. org/doc/UNDOC/GEN/N14/463/79/pdf/N1446379. pdf? OpenElement, visited on 8 January 2015.

④ Gareth Evans, *The Responsibility to Protect: Rethinking Humanitarian Intervention*, 98 American Society of International Law Proceedings 83-84 (2004).

一个连续的义务、责任整体，即预防、反应和重建的责任。"① 美国乔治敦大学的Christopher C. Joyner 教授认为，"保护的责任"是多维的，因为它不仅只是反应的责任，而且也是预防和重建的责任。预防的责任意味着采取行动削减国内的不满和危及人民的暴力根源。这需要利用各种方法，包括政治、外交、法律方法和经济策略以及必要时的军事手段"。② 正是由于全面包含了预防、反应、重建的责任以及三大支柱战略，"保护的责任"才能够与传统的人道主义干预有所区别，作为基本人权保护全球治理的新战略和方法。其核心内涵与价值才能得到国际社会的基本认同。然而，对于多重责任之间以及三大支柱战略之间究竟具有怎样的逻辑联系，在理论、政策和实际操作层面应当如如何予以理解和运用，国际社会存在不同的认识、主张以及相关的实际行动。

根据"干预与国家主权国际委员会"对"保护的责任"最初总体构想，"保护的责任"所包含的多重责任的地位和作用并不是完全均等的。应优先考虑的事项是，预防责任是"保护的责任"中最重要的方面。在策划干预之前始终应该先用尽各种可供选择的预防方案，并且务必提供更多承诺的资源。在行使预防和反应责任时始终应该考虑尽量少用侵入性的和强制性的措施。③ 优先考虑和着重突出预防、重建方面的责任与支柱战略已经成为新兴国家以及广大的发展中国家的主流意见。这些国家支持和欢迎各种非强制性的和平介入的方法与根源治理上的国际援助，对强制干预尤其是武力干预则持高度谨慎、保留态度。在63届联大关于履行"保护的责任"的讨论会上，巴基斯坦认为，加雷思·埃文斯拼凑的概念和秘书长报告中的第三支柱实际就是干预权。为此，巴基斯坦指出，第一支柱和第二支柱中应当明确规定强制性标准，即不可直接实施第三支柱。首先必须实施第一支柱和第二支柱，并通过这些努力，慢慢赢得合法介入的权利。④ 巴西学者 Oliver Stuenkel 认为，根据金砖国家对联合国安理会有关援引"保护的责任"的决议的讨论意见与投票行为，以及这些国家在应对解决各种国内冲突方面的积极参与和实际贡献，金砖国家无疑是积极支持"保护的责任"中的第一和第二支柱战略的。与西方国家所不同的是，金砖国家侧重和强调有关灭绝种族等人权罪行的根源问题治理，如贫穷、不平等问题，主张通过发展合作、协商对话等方式来实施"保护的责任"。

① Gareth Evans, *From Humanitarian Intervention to the Responsibility to Protect*, 24 Wisconsin International Law Journal 709 (2006).

② Christopher C. Joyner, *The Responsibility to Protect: Humanitarian Concern and the Lawfulness of Armed Intervention*, 47 Virginia Journal of International Law 708-709 (2007).

③ 干预和国家主权国际委员会：《保护的责任》(中文)，2001年12月，第IX页。

④ 联大第六十三届会议第九十八次全体会议正式记录，A/63/PV. 98，第3页。

金砖国家反对将武力干预作为“保护的责任”的主要内容和战略，尤其反对西方国家利用“保护的责任”实施政权更迭。①

与新兴国家以及广大的发展中国家所不同的是，对于“保护的责任”中的多重责任以及三大支柱战略，西方社会在理论和实际运用层面尤其注重和强调反应的责任以及第三支柱战略，特别是其中所包含的强制干预方面的内容，有意或无意地忽略、淡化预防、重建方面的责任与支柱战略。澳大利亚昆士兰大学的 Alex J. Bellamy 教授分析认为，2005 年世界首脑峰会成果文件没有接受武力干预的参数条件、触发标准，以及对安理会否决权的限制要求，而是强调武力干预必须获得安理会授权，根据个案酌情考虑与应对人道主义紧急情势。这使得有能力实施干预的国家缺乏强制性的干预责任、义务。世界首脑峰会成果文件所表述的“保护的责任”对预防类似卢旺达、科索沃这样的人道主义悲剧再次发生几乎没有多少促进。更令人担忧的是，为了在世界首脑峰会上达成共识，“保护的责任”的倡导者放弃了这一概念中的许多核心原则（central tenets），严重减损了“保护的责任”的可能进展。② 英国威斯敏斯特大学（University of Westminster）的 David Chandler 教授认为，“干预与国家主权国际委员会”之所以提出“保护的责任”这一新的国际观念与协调方法，是旨在解决外部的直接干预问题，以及时有效地应对灭绝种族等紧迫情势。但是，经过 2005 年的世界首脑会议和 2009 年秘书长报告的后续发展，“保护的责任”远离了“干预与国家主权国际委员会”最初所关注的目标，转而着眼于和强调“预防”问题和国内治理能力的建设与外部援助。由此在应对灭绝种族等人权暴行方面形成了一种间接的概念与制度框架，而不是直接的强制干预模式。在此情况下，西方国家的直接干预责任被回避或弱化。这是“保护的责任”原则自相矛盾的核心所在。③ 英国牛津大学（University of Oxford）的 Jennifer M. Welsh 教授认为，过多地强调所谓第一支柱和第二支柱战略存在着一种风险，秘书长的报告将使“保护的责任”陷入、纠缠于已经建立的能力建设与冲突预防的议程，并且遮蔽了这个概念的真正新颖之处，即在国家当局未能保护其人民时，形成和履行

① Oliver Stuenkel, *The BRICS and the Future of R2P*, 6 Global Responsibility to Protect 3-28 (2014).

② Alex J. Bellamy, *Whither the Responsibility to Protect? Humanitarian Intervention and the 2005 World Summit*, 20 (2) Ethics & International Affairs 143-169 (2006).

③ David Chandler, *Unravelling the Paradox of The Responsibility to Protect*, 20 (1) Irish Studies in International Affairs 27-39 (2009). David Chandler, *The Paradox of the 'Responsibility to Protect'*, 45 (1) Cooperation and Conflict 128-134 (2010).

那种及时应对大规模暴行（to respond to mass atrocities）的国际责任。① 显然，这些观点依然局限于传统的人道主义干预的思维模式，有意无意地忽略或淡化了“保护的责任”中多重责任、支柱战略的重要价值和意义，尤其是预防、重建方面的责任、支柱战略在基本人权保护全球治理中的基础功能与作用。“预防战争全球行动”的 Robert Zuber 等认为，遗憾的是，近来的一些有关“保护的责任”的解释存在着缺陷与误导，它们致力于过多地关注军事干预问题，而没有充分地强调“保护的责任”中的预防要素、成分。② 笔者认为，“保护的责任”确实缘于人道主义干涉的现实困境，就军事干预这一最初的动因问题而言，国际社会确实没有就如何解决启动、实施军事干预的障碍等问题形成进一步的共识和方案，但这并不代表着面对紧迫情势国际社会将放弃自己的责任。相反，“保护的责任”的价值与作用并不局限于为人道主义直接干涉提供解决方案。“保护的责任”所构想的多重责任、支柱战略，尤其是预防战略和根源治理为应对灭绝种族等人权暴行提供了新的路径和方法，这是人权保护迈向深层次应对和综合全面战略的重要转折，也是全球治理的总体趋势与需要使然。

实际上，在理论层面尤其是实践中过多地关注和强调“作出反应”的责任与第三支柱战略反而会产生相当大的负面效果，这往往使“作出反应”的责任、第三支柱战略与其他方面的责任与支柱战略相脱离，使其获得优先考虑和选择适用的地位，从而极容易使“保护的责任”中的多重责任、支柱战略失去其应有的重要价值与实际作用。事实上，西方国家近年来的政策与实践已经产生了这样的不良后果。有意见分析指出，利比亚和叙利亚危机发生后，“保护的责任”逐渐出现了价值偏离的倾向。在利比亚和叙利亚危机中，“保护的责任”变得与军事干预直接相关。但是，除军事干预外，“保护的责任”同样包含着危机前的预防及危机后的重建责任，这两方面在利比亚和叙利亚问题中却几乎没有被触及。军事干预本应是“保护的责任”的“最后的手段”，现在却几乎成了第一、甚至是唯一的手段。因此，应当强调“保护的责任”中的“预防的责任”，要求国际社会在动荡发生之前就对经济落后、缺乏发展、易陷入种族冲突、民族分离主义和政治极端主义的国家加以重视与援助。③

① Jennifer M. Welsh, *Turning Words into Deeds? The Implementation of the 'Responsibility to Protect'*, 2 (1-2) Global Responsibility to Protect, 151 (2010).

② Robert Zuber & Ana Carolina Barry Laso, *Trust but Verify: Building Cultures of Support for the Responsibility to Protect Norm*, 3 (3) Global Responsibility to Protect 292 (2011).

③ 舒梦：《价值的偏离与回归——对利比亚战争后“保护的责任”的若干思考》，载《国际关系研究》2014 年第 4 期，第 135～145 页。

综上，联合国秘书长的《履行保护责任》的报告以及后续的多份专题报告一直认为并强调，“保护的责任”中的多重责任之间、支柱战略之间在总体框架和实施战略上具有同等重要性，没有先后次序之分，应保持它们之间的相互平衡。在理论层面尤其是实践中过多地关注、强调和运用“作出反应”的责任与第三支柱战略尤其是武力干预将减损甚至破坏预防、重建方面的责任与支柱战略，因为它将使国际社会不再高度关注、依赖和强化预防、重建方面的责任与支柱战略，而这些方面的责任与支柱战略正是“保护的责任”中最具有积极价值和作用的独特核心内涵。减损甚至破坏预防、重建方面的责任与支柱战略势必使“保护的责任”成为传统的人道主义干预的简单“翻版”，不能成为基本人权保护全球治理上的新的方法和战略。另一方面，就“作出反应”的责任与第三支柱战略在多重责任、支柱战略中的实际地位和功能来看，它只是一种最后保障措施。其中，武力干预只是迫不得已时而采取的最后手段。因此，“作出反应”的责任与第三支柱战略即便没有获得明显的推进，也不会对“保护的责任”中的其他方面的责任与支柱战略构成重大的影响，相反，它将促使国际社会更加深入全面地实施预防、重建方面的责任与支柱战略，从而最终避免动用强制措施与武力干预。这恰恰是“保护的责任”中的多重责任、支柱战略所希望达到的理想目标。综上，为避免“作出反应”的责任与第三支柱战略成为优先考虑和选择适用的方案，减损甚至破坏预防、重建方面的责任与支柱战略，防止“保护的责任”成为传统的人道主义干预的简单“翻版”，必须坚持明确和强调“作出反应”的责任与第三支柱战略对预防、重建方面的责任与战略的紧密相关性与高度依赖性，确立和维护“保护的责任”所包含的多重责任之间、支柱战略之间的同等重要与相互平衡的结构关系。

（二）以“回应解决问题”为核心的平衡结构

在总体框架和实施战略上明确和强调多重责任、支柱战略的同等重要性与相互平衡是完全正确和必要的，但是，需要进一步明确的是，应当怎样具体理解和运用同等重要与相互平衡这样的结构关系。实际上，多重责任、支柱战略的同等重要性与相互平衡并不是一种僵化的教条。为适应不同的区域环境、特性和特定国家的自身特殊情况与需要等因素，“保护的责任”中的多重责任、支柱战略需要根据各种具体状况作出调整安排。而且，就各种具体的国内情势而言，实现“保护的责任”的目的所要应对解决的问题将是多方面的，这些问题往往错综复杂，相互联系交织在一起，应对解决这些问题所需要的策略、方法不尽相同但又存在着密切的牵连相关性，如国际刑事法院的介入将可能影响、损害和平进程的启动与实施。为此，在具体实施多重责任、支柱战略及其所包含的各种策略与措施时，需要作出综合权衡而有所侧重和选择。① 因此，片面强调表面上的同等重要性与相互平衡往往反而造成了实际上的差别对待与不均衡性。2009年联合国秘书长《履行保护责任》的专题报告指出，从“保护的责任”角度来看，最需要的是要让援助方案有针对性地在社会中建设特定能力，减少社会走上与在“保护的责任”有关的犯罪道路的可能性。需要进行更多的实地研究，充分了解哪些措施能奏效，在何处奏效，原因何在。联合国及其会员国应鼓励和支持地域广泛的研究网络，力求更好地逐个了解为何有些国家采取一种方式，其他国家采取另外方式。② 在追究和惩治人权暴行犯罪方面，“起诉受指控的暴行犯罪者应当平衡考虑实现和平的前景与进程，冲突后的和解的需要，以及国际与国内机构的脆弱性”。③ 因此，在承认多重责任、支柱战略在总体框架和实施战略上具有同等重要性与相互平衡性的基础上，有必要在“保护的责任”的多重责任、支柱战略的具体构架和实施方面形成“回应性”的动态的平衡结构，确保多重责任、支柱战略能够真正有效地应对解决各种具体情势下的人权保护问题。

“保护的责任”的根本目的与作用在于，确保国内人民免遭灭绝种族、战争罪、族裔清洗和危害人类罪之害。它不仅要求在紧迫情势下作出及时果断的反应，更要求实现长远的可持续的预防与保护。也就是说，“保护的责任”不是一种临时的应急性的方案，而是要形成基本人权保护上的可持续的全球治理，以充分、彻底地保护人民免遭严重的人权侵害。实现这一宏大目标绝非仅仅只是依赖国内人权保护机制的建立和完善以及外部的强制干预，它将涉及各种广泛的因素与相关问题的治理，这既包括浅表层次的问题，也包括深层次的根源问题。这些因素与问题复杂多样，相互牵连交织在一起，它们如果不能得到切实有效的治理解决，“保护的责任”的根本目标将难以实现，“保护的责任”也势必将成为传统的人道主义干预的简单“翻版”，难以成为基本人权保护全球治理上的有效方法和全新战略。事实上，正是由于在实践中“保护的责任”只是表现为强制干预尤其是武力干预，缺乏对人权保护上所面临的主要症结问题给予高度关注与回应解决，2005年世界首脑峰会后许多国家对“保护的责任”提出质疑甚至否定。为此，必须确保“保护的责任”的范围与限度，使之不至于被理解为过去的帝国主义、殖民主义。同时，

① 赵洲：《国际保护责任机制的建构与实施——苏丹达尔富尔问题的实证分析》，载《法商研究》2008年第3期，第14~21页。

② Report of the Secretary-General, Implementing the responsibility to protect, A/63/677, 12 January 2009, p. 20, available at http: //documents-dds-ny. un. org/doc/UNDOC/GEN/N09/206/10/pdf/N0920610. pdf? OpenElement, visited on 12 March 2014.

③ Ramesh Thakur & Thomas G; Weiss, *R2P: From Idea to Norm-and Action*?, 1 (1) Global Responsibility to Protect 42 (2009).

在实际能力和政治意愿方面做好准备，以预防和应对种族灭绝等暴行。[①] 挪威国际事务协会（Norsk Utenrikspolitisk Institutt）负责"R2P"项目研究的 Eli Stamnes 认为，"保护的责任"的地位已经受到影响，一些原先签署 2005 年世界首脑会议成果文件的国家现在已经出现了后悔的征兆。一些国家甚至进一步主张，"保护的责任"的原则实际上在 2005 年世界首脑峰会上是遭到反对的。因此，为重新复活曾经达成的共识，强调"保护的责任"的非强制性的内涵被认为是最好的战略。进而言之，从长远来看，"保护的责任"的预防与重建战略的运用将提高必要的军事干预的政治合法性。此外，优先考虑适用"保护的责任"的预防方面具有现实必要性，因为在所有的情况下迅速获得安理会指令的可能性是十分有限的，所以最好的方法就是确保从一开始就避免这种情况的发生。[②] 因此，对于"保护的责任"中的多重责任、支柱战略所应具有的同等重要性与相互平衡，不应追求和满足于形式上的均衡，而应当以是否能够真正有效地回应解决人权保护上所面临的主要症结问题为根本取向，在制度和实践中形成以"回应解决问题"为核心的动态的平衡结构。这就意味着，在紧迫情势下，为制止即将发生正在发生的人权暴行，国际社会需要依据"作出反应"的责任与第三支柱战略采取强有力的集体行动，但在不太紧迫或存在潜在风险的情势下，以及更为广泛的情势下，国际社会需要更加侧重预防、重建方面的责任和战略，着力解决引发人权暴行的深层次的根源问题，从根本上预防人权暴行的发生以及强制干预后的再次发生。

2012 年 7 月，联合国秘书长潘基文提出了《保护责任：及时果断的反应》报告，报告指出，有人可能认为预防和回应是截然不同的两个对立面。然而，在实践中，两者常常出现重叠。例如，预防性外交基本上是对具体的一系列事件或令人关注的问题所作的回应，而国际上在早期阶段对严重罪行作出回应，是要防止其升级，并加快其终止。可以这样说，实施战略的头两项支柱涉及预防，而第三项则涉及回应。不过，实践中并不是区分得很清楚。在第一支柱下，行使国家责任可能会涉及回应的要素，如：抑制针对少数群体的蛊惑性言论，或拦截可能用于实施灭绝种族、战争罪、族裔清洗和危害人类罪的武器装运。国家有责任尽一切可能防止在其领土上或在其管辖范围内实施此类犯罪和侵犯行为，并在发生此类犯罪和侵犯行为时予以阻止。同样，第二支柱——承诺在危机和冲突爆发前帮助各国建立起保护本国人民的能力并协助处于紧张状态者——也可以包含预防和回应的要素，有时甚

---

① Gareth Evans, *The Responsibility to Protect: An Idea Whose Time Has Come And Gone?*, 22 (3) International Relations 288-289 (2008).

② Eli Stamnes, *Speaking R2P and the Prevention of Mass Atrocities*, 1 (1) Global Responsibility to Protect 73 (2009).

至是同时并举。在第二支柱下，由国际调查委员会开展实况调查、以查明涉及保护责任的犯罪和侵犯行为实施者——以此形式提供国际援助，也可算作是第三支柱行动，因为它构成了及时果断的回应。同时，派遣一个国际调查委员会，以及该委员会在有关国家的存在本身，即可有助于防止进一步的犯罪和侵犯行为，从而成为第二支柱下的预防措施。设立调查2009年9月28日几内亚大屠杀的调查委员会就是这方面的例子。因此，可能并不总能清楚地确定某一活动是否纯属三大支柱中的一个或另一个范畴。没有必要作此区分。在大会审议保护责任时，一些国家就三大支柱间关系的性质以及它们是否按次序排列提出疑问。三大支柱不按次序排列。因此，问题绝不在于保护责任什么情况下适用。这错误地暗示有些情况下国家不负保护其人民免遭灭绝种族、战争罪、族裔清洗和危害人类罪的责任。很明显，保护责任乃是每个国家固有的职责。我们面临的问题在于如何在不同情况下最好地实现保护责任之目标。① 显然，根据秘书长的报告，“保护的责任”中的多重责任、支柱战略的同等重要性与相互平衡不在于形式上的严格区分与递进适用，重要的是，如何依据和运用多重责任、支柱战略切实有效地应对解决所面临的问题和挑战。这就意味着，对于“保护的责任”中的多重责任、支柱战略所应具有的同等重要性与相互平衡，应当在制度和实践中形成和实施“回应性”的动态的平衡结构关系。

综上分析，“回应性”的动态的平衡结构意味着，“保护的责任”中的多重责任、支柱战略所构成的是多样性的组合战略与工具箱。面对不同的情势和危机根源，“回应性”的动态的平衡结构可以也应该作出不同的调整适应，而不必教条地局限于多重责任、支柱战略的某一方面，当然也不随意地废弃某一方面。“回应性”的动态的平衡结构的核心与关键在于，以是否真正有效地回应解决人权保护上所面临的主要症结问题为根本取向，具体构建和实施“保护的责任”中的多重责任、支柱战略。

二、“预防”责任与战略中的多层结构

为系统深入地而不是临时应急性地保护国内人民免遭严重的人权侵害，在以“回应解决问题”为核心的动态的平衡结构中，预防方面的责任与支柱战略将是“保护的责任”最为核心与重要的部分。干预和国家主权国际委员会认为，对国际

---

① Report of the Secretary-General, Responsibility to protect: timely and decisive response, A/66/874-S/2012/578, 25 July 2012, p. 4, available at http://documents-dds-ny.un.org/doc/UNDOC/GEN/N12/438/79/pdf/N1243879.pdf? OpenElement, visited on 15 March 2014.

社会来说有必要将其基本思维方式从“反应文化”转向“预防文化”① 与“作出反应”的责任与第三支柱战略所不同的是，预防方面的责任与支柱战略所涉及的任务和要求更为复杂和繁重，它实际上是一种系统而深入的治理方法和持续进程。在这方面，国际社会虽然已经形成了一定的共识，并取得了一些进展，但在许多方面仍然存在着较大的模糊与分歧，缺乏明确一致、协调统一的行动安排与实践。为此，有必要进一步探求预防方面的责任与支柱战略的具体内涵与落实问题。在“干预与国家主权国际委员会”对“保护的责任”最初总体构想中，预防方面的责任与支柱战略被界定为相互联系但有区别的两个层面，即“直接预防”（direct prevention）和“根源预防”（root cause prevention），其涉及的方法包括政治、经济、法律、军事等。② 笔者认为，为进一步讨论和明确预防方面的责任与支柱战略的具体内涵要求与实施问题，预防的责任与支柱战略应区分为三个层面的内容，即“直接预防”或“操作性预防”、“结构性预防”与“根源预防”这三个层面的责任与战略。所谓“直接预防”或“操作性预防”是指那些直接应对危险情势的预防措施，如预防外交、制裁、强制维和等。所谓“结构性预防”主要是指国内政治、民主、法律制度等预防治理机制的确立、完善以及相应实际能力的建设，其目的是将易于发生人权侵害的社会结构、制度等环境变成不易于发生人权侵害的社会结构、制度等环境。所谓“根源预防”是指那些触及引发人权暴行的深层次根源问题的预防措施和方法，如应对解决国内社会的长期的贫穷落后、经济资源匮乏、缺乏有效的社会发展战略等问题的预防措施和方法。之所以要作出这样的结构分层，是为了防止“根源预防”的实质内涵被忽略或淡化，从而减损或削弱对那些引发人权暴行的深层次根源问题的高度关注与系统深入的预防治理。

（一）“直接预防”的责任与战略

“直接预防”或“操作性预防”的责任与战略往往更多地涉及国际层面的预防干预和介入。在这方面，国际社会已经形成了一些具体措施和方法。例如，对发生人权暴行风险及相关情势的调查、监测、分析评估等各种措施与方法，政治、外交、经济制裁等非武力干预措施和迫不得已时的武力干预。此外，国际社会还可以依赖其他的一些方法来实现“直接预防”或“操作性预防”的责任与战略。其中，“预防性外交”日益成为国际社会实施“直接预防”或“操作性预防”的重要措施与方法。2012 年 7 月，联合国秘书长潘基文提出的《保护责任：及时果断的反

① 干预和国家主权国际委员会：《保护的责任》（中文），2001 年 12 月，第 19 页。

② International Commission on Intervention and State Sovereignty, The Responsibility to Protect: Report of the International Commission on Intervention and State Sovereignty, pp. 19-27.

应》报告分析指出，国际社会非常重视调解和预防性外交在预防和回应危机方面的重要性。人们往往把2008年非洲联盟在肯尼亚的调解和2010年联合国中亚预防性外交区域中心在处理吉尔吉斯斯坦族裔间暴力方面的作用，称为运用第六章工具、防止涉及"保护的责任"的犯罪和侵犯行为的例子。为开展调解和预防性外交，也曾任命知名人士或特使来启动对话，并为地方、区域或联合国的调解或促和努力作出准备。经验表明，不同的组织携手协力、用一个声音说话，并发挥其相对优势、互补互助，这样，调解和预防性外交才能发挥最大效力。这些安排已用于促进与各方进行的对话，目的是制止暴力、防止复发、促进人权、打击有罪不罚现象、支持民族和解和经济重建，并就具体的保护问题（如人道主义准入和安全）同各方保持接触。①

2008年，肯尼亚的选举争议引发了种族暴力冲突，导致超过1500人被杀害，300000人流离失所。国际社会将其与卢旺达种族屠杀与津巴布韦危机进行了比较分析，非洲联盟迅速授权由非洲名人包括联合国前秘书长安南进行的外交协调行动。联合国秘书长潘基文及其预防种族灭绝特别顾问弗朗西斯·邓提醒肯尼亚领导人注意其所承担的保护平民的责任，并且警告他们如果不能履行责任的后果。联合国安理会也发表了主席声明，提醒肯尼亚领导人在充分地寻求政治解决方案并采取行动立即终止暴力方面所承担的责任。② 在劝说肯尼亚政府与反对派达成权力分享协议并终止暴力方面，这种非强制性的方法和努力取得了成功。更进一步的是，双方达成的协议包含了应对冲突根源的长期措施，包括种族隔离、不公平的财富、土地的分配等问题。③然而，这样的调解和预防性外交之所以成功并非简单地依赖"保护的责任"概念而提出的警告与提醒，它取决于各种策略、方法以及细致深入的协调工作。为此，有必要详细回顾、考察一下有关针对肯尼亚的调解和预防性外交的具体过程。2007年12月，肯尼亚举行总统选举，但大选逐渐演变为严重的国内动乱。一些知名的非洲国家领导人来到肯尼亚，试图平息动乱，但没有取得多大成功。非洲联盟邀请科菲·安南出面组织调停谈判。在国际社会广泛支持的基础上，科菲·安南通过一系列务实有效的政治、法律方法最终使一场种族冲突和屠杀

---

① Report of the Secretary-General, Responsibility to protect: timely and decisive response, A/66/874-S/2012/578, 25 July 2012, p. 7, available at http://documents-dds-ny.un.org/doc/UNDOC/GEN/N12/438/79/pdf/N1243879.pdf? OpenElement, visited on 15 March 2014.

② Alex J. Bellamy, *Global Politics and the Responsibility to Protect: From Words to Deeds 54-55*, Routledge 2011.

③ Donald Steinberg, *Responsibility to Protect: Coming of Age?*, 1 (4) Global Responsibility to Protect 435-436 (2009).

得以幸免。① 纵观针对肯尼亚的调解和预防性外交的具体过程，它之所以能够取得成功并非简单地依赖“保护的责任”方面的说教与警告，也不是依赖西方国家一贯使用的指责与施压措施，相反，它所依靠的是，准确、客观地关注、分析所存在的具体矛盾与问题以及各方的利益诉求，以“回应解决问题”的策略和方法实现“直接预防”或“操作性预防”的目的。

（二）“结构性预防”的责任与战略

对于如何在国家层面具体落实“结构性预防”的责任与战略，各国需要在国内确立和不断完善预防治理机制与实际能力。美国犹希乌大学（Yeshiva University）本杰明·N. 卡多佐法学院（Benjamin N. Cardozo School of Law）的Sheri P. Rosenberg 教授认为，预防这一要素和支柱战略是“保护的责任”的最重要的内容。根据“保护的责任”中的预防要素和支柱战略，国家应当对其境内的可能发生的人权暴行承担和履行积极的预防义务。这在已有的国际人权法等国际法规范中有着坚实的基础。国内的人权暴行不仅可能来自于政府部门等国家行为体，也可能来自于各种非国家行为体。虽然国际人权法在传统上主要着眼于国家行为，但是，目前普遍接受的是，国家不仅要防止政府部门等国家行为体的人权暴行，而且要采取一切的必要的合理措施预防各种非国家行为体的人权暴行，包括防止、惩罚、调查和矫正违反人权的行为。这种预防人权暴行的积极义务是一种谨慎注意（due diligence）的义务，它要求国家积极实施在类似情况下通常应采取的合理的预防措施。这是一种行为义务而不是结果义务。② 新南非建立以后，为了医治种族隔离制度造成的社会创伤，在国家政权机关中设立一些专门机构和组织，以切实贯彻落实新宪法赋予公民的基本人权、平等权、自由权和语言、文化等权利。③ 总之，在国家层面具体落实“结构性预防”的责任与战略将涉及广泛的国内制度与预防能力建设问题。

2013 年联合国秘书长提出了《保护责任问题：国家责任与预防》报告。该报告详细分析建议了有助于减少暴行罪风险的结构性和行动性措施。

第一，建设国家复原力（building national resilience）。具体包括：（1）宪法保

---

① ［美］弗雷德里克·艾克哈德：《安南传》，徐莹、王金鹤译，中国人民大学出版社 2010 年版，第 326~333 页。

② Sheri P. Rosenberg, *Responsibility to Protect: A Framework for Prevention*, 1 (4) Global Responsibility to Protect 442-477 (2009).

③ 贾仲益：《南非共和国民族政策与实践的初步考察》，载《广西大学学报（哲学社会科学版）》2013 年第 2 期，第 69~75 页。

护。宪法安排可成为应对各种国家关切问题的工具，并可保证对基本人权进行保护。宪法可承认国家的多样性并对不同人群给予明确保护，包括文化、种族或宗教少数群体。宪法还可确保通过下放权力来实现对多样性的政治认可。尽管没有完美的多样性管理模式，宪法安排可以成为消除政治紧张局势的手段，包括那些涉及领土或身份问题的紧张状况。（2）确保各阶层人民都有机会通过包容和公平的选举进程参与公共生活。鼓励部族间开展政治合作的选举制度有助于预防紧张关系升级为暴行罪。（3）权力的扩散和分享可建立政治多元化，从而促进不同利益群体的和平共处。为培养抵御暴行罪的能力，各政党可调节其言论和政治方案内容、鼓励宽容并尊重多样性、促进使用正面言论并避免采用歧视性语言。（4）各国应当将灭绝种族等暴行罪纳入国家立法，并采取切实调查和起诉这些罪行。批准、采用和执行相关国际法律文书，建立和加强国家问责机制。（5）在经历了暴行罪的社会，公平和包容性的过渡司法进程可防止重陷进一步的暴力行为。（6）有效的安全部门改革进程有助于控制实施暴行罪所需资源，并对不当行为或虐待事件构成威慑，从而减轻暴行罪的风险。（7）可采取一系列政治、经济及社会措施，提高各群体间资源、资产、收入及机会分配方面的实际或感知公平性，并促进总体经济发展和繁荣。①

第二，促进和保护人权。主要包括：（1）以国际人权法的法律框架为基础，建立各种促进和保护人权的国家基础设施。国内人权保护机构可以与联合国各条约机构、人权机制和人权理事会普遍定期审议进程以及国际和区域机制合作。（2）确保一个活跃、多样且强有力的民间社会得以自由、公开地运作，而不必担心遭受迫害或报复，应鼓励媒体的独立性和多元化，包括少数民族、少数种族以及宗教和族裔少数群体拥有自己媒体的权利。各国还可创建一种法律和社会环境，这种环境将支持新闻领域的专业标准和道德标准，尊重并鼓励新闻出版自由。②

第三，采取有针对性的措施防止暴行罪。这些措施包括指定防止暴行或"保护的责任"协调中心或机构间机制，从而促进建立适合具体国情的国家防止暴行行动计划。一些国家已经采取上述步骤。2010 年，丹麦和加纳发起了"保护的责任"协调人倡议。目前，来自各区域的 28 个国家任命了"保护的责任"国家协调

① Report of the Secretary-General, Responsibility to protect: State responsibility and prevention, A/67/929-S/2013/399, 9 July 2013, pp. 8-11, available at http://documents-dds-ny.un.org/doc/UNDOC/GEN/N13/386/93/pdf/N1338693.pdf? OpenElement, visited on 15 March 2014.

② Report of the Secretary-General, Responsibility to protect: State responsibility and prevention, A/67/929-S/2013/399, 9 July 2013, pp. 12-13, available at http://documents-dds-ny.un.org/doc/UNDOC/GEN/N13/386/93/pdf/N1338693.pdf? OpenElement, visited on 15 March 2014.

人。阿根廷、柬埔寨、瑞士和坦桑尼亚设立了防止灭绝种族协调中心网络，促进了经验教训的交流。美国于 2012 年设立了机构间预防暴行委员会，并在此之前对现有的能力和差距进行了彻底审查，提出了一系列目前正在执行的建议。有具体的预防暴行重点、与政策制定挂钩的有效的预警机制有助于查明、评估和应对紧张局势的根源和危险点，或查明弱势民众。各国还可以考虑制定支持早日化解紧张局势的机制。有效的国家机制将定期评估风险因素和紧张局势的根源，确定如何在紧张局势升级前予以解决。教育可促进宽容，使人们更了解多样性的价值。有助于建立能应对暴行罪的社会。有关过去暴行罪的纪念活动和纪念仪式也是预防行动的重要环节。柬埔寨、德国、伊拉克、巴拉圭、波兰、卢旺达及其他国家已将有关过去暴行罪的纪念活动制度化。①

纵观联合国秘书长的《保护责任问题：国家责任与预防》报告，对于在国内确立和不断完善预防治理机制与实际能力，其提出的有关预防责任、战略方面的各项具体措施建议与要求具有重要的指导意义和作用，但是，它们仍然主要属于“结构性预防”的责任与战略的范畴。这些措施和方法绝大部分着眼于国内政治、社会制度的建设与完善方面的问题，包括宪法制度，多元化的民主政治、选举制度，族群融合的多元化社会，各种国内人权保护机制、司法机制的建立和完善，民间社会的发展与广泛参与等。这些措施和方法虽然不是那种直接应对危险情势的预防措施，但它们依然没有触及引发人权暴行的深层次根源问题，如国内社会的长期的贫穷落后、经济资源匮乏、缺乏有效的社会发展战略等，因而并不能成为真正的“根源预防”措施，依然主要属于“结构性预防”的责任与战略。同时，值得注意的是，秘书长报告所提出的这些措施和方法具有较为明显的“西方模板”色彩，如较多地参考、借鉴西方民主政治、选举制度与社会治理模式，没有充分考虑各国的具体国情以及经济、社会发展问题。因此，这些“治标不治本”的措施和方法只能属于“结构性预防”的责任与战略的范畴。国际社会不能仅仅追求这种层面上的“结构性预防”的责任与战略，忽略或淡化对那些引发人权暴行的深层次根源问题的预防治理。当然，在“结构性预防”的责任与战略层面，各国依然可以参考秘书长报告所提出的各项具体措施建议与要求，并结合本国的具体国情与实际需要建立和不断完善国内“结构性预防”的治理机制与实际能力。

---

① Report of the Secretary-General, Responsibility to protect: State responsibility and prevention, A/67/929-S/2013/399, 9 July 2013, pp. 13-15, available at http: //documents-dds-ny. un. org/doc/UNDOC/GEN/N13/386/93/pdf/N1338693. pdf? OpenElement, visited on 15 March 2014.

（三）"根源预防"的责任与战略

"干预与国家主权国际委员会"认为，"根源预防"涉及方方面面，它可能涉及政治、经济、发展援助、改善贸易条件等问题；可能还意味着加强法律保护和体制等。① 保护责任的最终目标应是尽量鼓励经济增长，市场的重建和可持续发展。② 显然，"干预与国家主权国际委员会"已经揭示了"根源预防"不同于"直接预防"的更为广泛的特殊内涵与要求。为了将"根源预防"与"结构性预防"的责任与战略适当区别开来，防止"根源预防"及其所要应对解决的深层次根源问题被"结构性预防"所掩盖或淡化，"根源预防"必须始终保持对那些引发人权暴行的深层次根源问题的高度关注，突出和强调对深层次根源问题的系统深入的预防治理，如应对解决国内社会的长期的贫穷落后、经济资源匮乏、缺乏有效的社会发展战略等深层次问题。

对深层次根源问题的系统深入的预防治理将涉及极为广泛的各种国内社会问题，其中，经济、社会发展问题往往是最为关键和重要的深层次根源问题，任何真正持久、有效的预防治理都不能缺少经济、社会发展方面的"根源预防"。然而，"根源预防"所涉及的深层次问题与人权暴行一般没有直接的因果关联性，而且国际社会对于这些深层次问题一般都已经形成了各自的治理原则和政策、行动议程，如发展援助和国际合作方面的目标原则、政策、行动议程、国际经济治理方面的原则和政策等。这就产生了一个问题，即针对各种深层次问题，以"保护的责任"这一概念、原则为依据的"根源预防"是否具有足够的可能性或必要性。也就是说，对经济、社会发展等深层次根源问题的系统深入治理确实有助于在根本上预防甚至消除人权暴行的发生，但在已有的针对深层次根源问题的治理原则和政策、行动议程之外，"保护的责任"这一概念、原则指导下的"根源预防"是否具有新的特殊价值与作用，否则，在建构和实施"保护的责任"的多重责任与支柱战略中，突出和强调着眼于深层次问题的"根源预防"将丧失实际价值与作用。

挪威国际事务协会（Norsk Utenrikspolitisk Institutt）负责"R2P"项目研究的 Eli Stamnes 认为，就"根源预防"而言，不太可能证明，因为没有采取根源预防措施就必然会导致大规模暴行的发生，例如，没有应对不公正的资源和机遇分配，没有加强公正和负责任的执法，种族灭绝是否就必然会发生。因此，"根源预防"应当以更为系统和可持续的方法，而不是以对风险警告的反应的方式予以实施。另一方面，"保护的责任"的基础在于对受到现实威胁的个人安全的关注，"直接预

---

① 干预和国家主权国际委员会：《保护的责任》（中文），2001 年 12 月，第 17 页。

② 干预和国家主权国际委员会：《保护的责任》（中文），2001 年 12 月，第 30 页。

防”所涉及的是现实、紧迫的威胁，其与“直接预防”所采取的紧急措施是密切相关的，由于情况的紧急性，超出常规的决策程序而给予特殊的注意与处理是合理的。而对于“根源预防”而言，鉴于“根源预防”所涉及措施的广泛性等问题，确定其与现实威胁的联系是困难的，因此，“根源预防”依然应当遵从常规的决策程序。总之，预防战略中的“直接预防”和“根源预防”不应都求助于“保护的责任”概念及其所蕴含的优先、特殊处理的政治效用。援引“保护的责任”应当只适用于“直接预防”，“根源预防”的各种措施应当是在不求助“保护的责任”概念的情况下予以实施。这样，“保护的责任”的政治效用得以维护，与此同时，应对大规模暴行的预防战略的首要性也得到维持。① 显然，Eli Stamnes 不仅否定了着眼于深层次问题的“根源预防”，而且也否定了着眼于政治制度、人权保护的国内立法、执法等问题的“结构性预防”。

笔者认为，第一，“保护的责任”概念所蕴含的目标和价值并不完全在于确立和获得一种优先的、特殊处理的政治方法和效果，它所寻求的是基本人权保护全球治理的新的方法与战略，这是一种系统全面的方法与持续进程。正因为如此，“保护的责任”才能够区别于传统的人道主义干预。因此，“保护的责任”既需要超出常规的决策程序而对紧急情势给予特殊的注意与处理，也需要系统全面的常规方法与持续进程。“根源预防”上所要求的更为系统和可持续的方法并不妨碍其成为预防责任与战略的特殊组成部分。第二，在“保护的责任”的多重责任与支柱战略方面，确立和实施着眼于深层次问题的“根源预防”具有自身独特的价值与作用。“根源预防”不仅可以有效地支撑“直接预防”和“结构性预防”，使预防的责任与战略取得持久而深入的实际效果，而且，更为重要的是，着眼于深层次问题的“根源预防”责任与战略将规范、制约着国际强制干预的具体决策与实施，并对其是否具有正当合法性提供重要依据。在基本人权保护的全球治理战略中，如果长期缺乏对目标国的经济、社会发展等深层次根源问题的关注与治理，“保护的责任”中的国际强制干预等应对措施将难以获得正当合法性的认同与支持。同时，对于“保护的责任”中的“反应”和“重建”的责任、支柱战略的具体实施，“根源预防”的责任与战略的存在和实施将确保深层次的根源问题始终得到充分关注与解决。因此，在“保护的责任”中的预防责任与战略方面，确立和实施着眼于深层次问题的“根源预防”不仅是可行的而且是必需的。第三，对于那些正常国家而言，在毫无大规模暴行发生的迹象或可能性的情况下，以“保护的责任”这一概念、原则为指导来实施“根源预防”确实无从谈起，但对于保护那些初步出现或

① Eli Stamnes, *Speaking R2P and the Prevention of Mass Atrocities*, 1 (1) Global Responsibility to Protect 76-78 (2009).

已经深陷危机的国家的人民而言，以"保护的责任"这一概念、原则为指导来实施"根源预防"却具有明显的价值与作用。对于那些已经深陷危机的国家的预防治理而言，与那些应对解决深层次根源问题的常规的原则、政策、行动议程相比，依托和求助于"保护的责任"概念所蕴含的优先、特殊处理的政治效果，将使得针对那些深陷危机的国家的深层次根源预防治理获得更强与更为集中的国际关注、政治动力和有效推进。

尽管着眼于经济、社会发展等深层次问题的"根源预防"在预防的责任与战略以及在"保护的责任"的整体概念、原则中具有重要的价值与作用，但是，其在理论与制度上的塑造与运用依然相当薄弱，更多的是关注与运用"直接预防"与"结构性预防"。一般而言，国际机制的确立及其有效实施首先源于利益、实力等物质生活条件或要素所提供的基础和动力，但是，物质生活条件或要素并不是国际机制的确立及其有效实施的唯一的决定性因素，观念的塑造、整合与发展同样有着极为重要的作用。而且，在国际机制的确立及其有效实施方面，观念不是一种附带性的现象和成因，观念作为一种独立因素，与利益、实力等物质要素一样发挥着重要的作用。在特定的情形下，观念甚至可以对物质要素本身进行塑造、选择、诠释，从而深刻地影响、改变着国际机制的制度内涵、外延及其实施。作为基本人权保护全球治理中的一种战略与机制，"保护的责任"的确立、发展及其有效实施同样也是如此。观念可以具体地分为世界观、原则化信念和因果信念三种不同层次的存在和表现形式。原则化信念主要指人们的价值观以及处理问题的基本的原则观念，包括区分对与错、正义与非正义标准的规范性观念。原则化信念在世界观与特定的政策结论之间起着斡旋作用，它对人类行为的指导比世界观更加具体。世界观和原则化信念的变化对人类社会实践有着深远的影响。因果信念反映着人们对原因和结果之间关系的看法。因果信念蕴含着达到目标的战略。它是连接问题与行动的中间链条。例如，当国际社会认识到温室效应的一系列危害时，减少温室气体排放的国际合作便得以开展。① 因果信念比世界观、原则化信念更加具体，而且其变动更为频繁迅速。在"保护的责任"中的预防责任与战略的因果信念方面，"直接预防"与"结构性预防"已经在国际社会得到较为牢固的确立。因此，在预防的责任与战略方面，为进一步加强"根源预防"在理论与制度上的塑造与运用，国际社会需要充分讨论和明确"根源预防"在应对人权暴行方面的基础地位与作用，塑造形成一种突出和强调"根源预防"的因果共识观念。

① ［美］朱迪斯·戈尔茨坦、罗伯特·O. 基欧汉：《观念与外交政策：信念、制度与政治变迁》，刘东国、于军译，北京大学出版社 2005 年版，第 3~11 页。

三、能力建设与国际援助方面的责任与战略

（一）具体内涵的塑造及其局限性

根据“保护的责任”的要求，保护国内人民免遭灭绝种族、战争罪、族裔清洗和危害人类罪的危害是各国自身应承担和履行的重大责任，但是在许多情况下，由于各种原因，一国承担和履行这种责任的意愿和能力存在较大问题或严重缺陷，这就需要其他国家、区域和国际社会在相关方面提供国际协助与支持，而不仅仅只是在一国显然未能提供保护时，依据《联合国宪章》规定的和平措施或强制性措施实施外部干预。国际社会只有充分地明确和落实“能力建设和国际援助”方面的责任和战略，“保护的责任”才能成为人权保护全球治理中的一种完整、有效的原则和战略，从而有效地防止和从根源上治理灭绝种族等暴行罪，为各国人民提供稳定、持久的保护。正因为如此，联合国秘书长的报告才将“能力建设和国际援助”作为“保护的责任”的三大支柱战略之一。然而，目前的问题在于，尽管“能力建设和国际援助”已经被界定为“保护的责任”中的一个独立的支柱战略，但是其具体内容、方向与如何实施一直处于模糊、分散状态，与另外两个支柱战略相比，“能力建设和国际援助”这一支柱战略依然十分松散、薄弱。

2009年联合国秘书长《履行保护责任》的报告已经初步确定了第二支柱战略下的三大类援助，即鼓励、能力建设、保护援助。2014年联合国秘书长的《履行我们的集体责任：国际援助与保护责任》的报告就三类国际援助进一步提出了更为详细具体的分析建议。对于鼓励这类援助，《履行我们的集体责任：国际援助与保护责任》报告认为，鼓励包含两种形式。鼓励的第一种形式属于结构性预防的一部分，它包括传播人权和人道主义标准和准则，以及教育国家当局和广大公众认识暴行罪的性质和发展过程。这些国际努力能促进各国履行其第一支柱责任。同行审议和评估机制是一种特别有力的鼓励形式，并作为一种工具，提醒人们任何社会都不能幸免灭绝种族、战争罪、族裔清洗和危害人类罪的风险。人权理事会会议和普遍定期审查等程序的公开性质特别能促进各国履行其第一支柱责任。联合国人权事务高级专员办事处（人权高专办）也鼓励各国履行其保护责任，包括通过支持执行人权标准，发展国家人权机构，支持调查委员会调查可能构成暴行罪的行为。区域行为体和举措特别适合提供有针对性的鼓励。第二类鼓励是对话和预防外交，适用于特定的令人关切局势。对于能力建设这类援助，《履行我们的集体责任：国际援助与保护责任》报告认为，国际援助可通过帮助建设两套能力，产生重大的影响。第一套能力通常旨在建立有效、合法和具有包容性的治理，第二套能力专门

用来创造“抑制暴行罪”的手段。在开展这一形式的国际援助时，各行为体不仅需要考虑他们力求建设何种能力，而且需要考虑如何能够最好地建设这些能力。就建立有效、合法和具有包容性的治理而言，最常见的核心成分包含协助发展或加强参与式、负责任的政治机构、对法治的尊重以及公平、透明地管理经济资源和资产的机制。治理能力建设的另一个重要成分是协助国家当局促进和保护文化、族裔、民族、语言和宗教少数群体的权利。就协助建设“抑制暴行罪”的具体手段而言，其具体内容包括：(1) 国际行为体可通过提供材料、培训和建议，协助建设能够应对暴行罪威胁的专业和负责任的安全部门。(2) 建立监督政治过渡的公正机构，如建立公正和称职的选举委员会。(3) 建立独立的司法和人权机构，此类工作不应采用“一刀切”的做法，而应符合具体的实际情况，采用自下而上的战略，借助于业已存在的正式和非正式司法系统。(4) 建设评估风险、动员早期反应的能力。每个国家都将按照本国国情制定风险评估框架，同时，拥有预警机制的区域组织也可向各国说明与其境况相关的危险因素。在某些情况下，可以与发展伙伴合作执行或联合执行风险评估。(5) 帮助建设解决冲突的地方能力。例如，在开发计划署的援助下，圭亚那成立了族裔关系委员会，协助建立政府和民间社会的能力，以有效应对可能引发暴行罪的事件。(6) 协助、加强媒体抵消偏见和仇恨言论的能力。国际行为体可以支持媒体的积极作用，包括协助增进记者的研究调查能力，协助开展禁止煽动的立法工作，拟定记者的行为和道德标准规范，促进真实公正的报道。(7) 协助加强在过渡时期开展司法工作的能力。国际合作伙伴常与联合国密切合作，为过渡时期的混合型司法工作提供了重要的支持，包括柬埔寨法院特别法庭、塞拉利昂特别法院和波斯尼亚-黑塞哥维那法院战争罪分庭。对于保护援助这类援助，《履行我们的集体责任：国际援助与保护责任》报告认为，处于紧张状态或危机迫在眉睫的国家还可以请求临时国际援助，剥夺意欲犯下暴行罪者的犯罪手段，或是增进这些国家现有的保护能力。①

笔者认为，对于预防、惩治暴行罪，以及及时有效地保护国内人民，联合国秘书长2014年的《履行我们的集体责任：国际援助与保护责任》报告提供了全面、系统的极具建设性的分析建议。一方面，2014年的秘书长报告就实施第二支柱战略提出了总体性的指导原则，例如，国际援助应确保国家的自主权与不造成损害，将预防工作放在优先位置，保持灵活性。国际援助必须设计为既能应对具体情况，

① Report of the Secretary-General, Fulfilling our collective responsibility: international assistance and the responsibility to protect, A/68/947-S/2014/449, 11 July 2014, pp. 8-17, available at http://documents-dds-ny.un.org/doc/UNDOC/GEN/N14/463/79/pdf/N1446379.pdf? OpenElement, visited on 8 January 2015.

又能适应不断变化的需要。另一方面，2014年的秘书长报告对国际援助和能力建设的具体形式、内容和实践经验提供了详尽、深入的分析建议。这将在很大程度上帮助解决“能力建设和国际援助”这一支柱战略所存在的模糊、松散、薄弱等问题。然而，纵观2014年的秘书长报告可以发现，其主要的着眼点依然是解决操作层面上的问题，提供的是“直接预防”与“结构性预防”方面的“能力建设和国际援助”措施建议。对于针对深层次根源问题的“能力建设和国际援助”，如发展援助，2014年的秘书长报告未能给予特别的关注与分析。对于构建和实施一种完整、有效的人权保护全球治理的原则和战略来说，这显然是一个明显的缺陷。

（二）以发展为内容的“能力建设和国际援助”

在“能力建设和国际援助”这一支柱战略方面，充分地考虑和推进“直接预防”与“结构性预防”方面的内容和具体措施是完全必要的，但针对深层次根源问题的“能力建设和国际援助”也必须得到高度重视与有效推进。其中，作为最为关键和重要的深层次根源问题，经济、社会发展方面的“能力建设和国际援助”将是不可或缺的。

事实上，人权侵犯问题深深地根植于社会结构问题，诸如贫穷、剥夺以及社会不公正等。人权司法正义的实现不能取代社会深层根源问题的解决，伴随着对国内人权犯罪的追究机制的发展完善，需要在解决人权侵犯的根源问题上作出更多的努力。① 联合国的几十年的维和行动实践已经充分表明，经济、社会的恢复与发展是取得持久和平的关键所在。如果缺乏可持续性的谋生替代手段，战斗人员的复员与重新融入社会的努力很难成功。而流离失所的人民要想更加平稳地可持续性地重返家园，在社会经济的恢复发展中就必须考虑他们的特殊情况和需要。② 在经济全球化时代，国际、国内冲突往往与一些国家的欠发达问题有关，贫困与富裕问题正变得越来越重要。③ 泰国的Surakiart Sathirathai博士认为，陷入贫穷困境的社会将重新点燃种族冲突和政治极端主义的余烬。因此，除了给予债务减免外，发达国家还

---

① Ramesh Thakur & Peter Malcontent Edited, From sovereign impunity to international accountability: The search for justice in a world of states preface xv (United Nations University Press 2004).

② See United Nations Peacekeeping Operations Principles and Guidelines, March 2008, p. 29. http: //www. un. org/chinese/peace/peacekeeping/index. asp; available at http: //pbpu. unlb. org/pbps/Library/Capstone_Doctrine_ENG. pdf, visited on 26 May 2014.

③ 石斌：《秩序转型、国际分配正义与新兴大国的历史责任》，载《世界经济与政治》2010年第12期，第69~100页。

应为贫穷国家提供发展援助以使他们获得可持续的自我生存发展能力。① 美国印第安纳大学（Indiana University）的 J. J. Welling 博士通过分析引证哥伦比亚大学的杰弗里·萨奇等著名学者以及联合国千年发展目标等国际组织的报告，论证了经济发展与国内冲突的此消彼长的密切相关性，认同发展援助构成"保护的责任"中预防责任的重要内容。②

在实现"保护的责任"的根本目标方面，经济、社会发展的重要意义、作用在有关"保护的责任"的国际文件和讨论意见中得到了进一步说明和强调。干预和国家主权国际委员会认为，真正的和解是敌对双方携手合作重建生活和工作条件。③"保护的责任"的最终目标应是尽量鼓励经济增长，市场的重建和可持续发展。④ 威胁、挑战和改革问题高级别小组报告同样也认为，对于一个认真对待预防的集体安全体制来说，经济、社会发展是首要的必不可少的基础。发展具有多种功能。发展有助于战胜贫穷、传染病和环境退化，有助于国家能力的维护、提升。⑤ 秘书长的大自由报告详细分析建议了在各方面如何促进各国经济、社会的健康发展。⑥ 2005 年世界首脑会议重申了在经济、社会以及环境方面的可持续发展的重要。重申了在《千年宣言》、《蒙特雷共识》和《约翰内斯堡执行计划》作出的对建立促进发展的全球伙伴关系的承诺。首脑会议成果详细地分析发展问题和国际社会的应对举措。并特地强调了非洲在发展上的特殊需要和帮扶措施。⑦ 2009 年联合国秘书长《履行保护责任》的专题报告指出，大幅度逐步增加一般发展援助，很可能减少与"保护的责任"有关的犯罪和侵害行为，因为一些最严重的大规模国内暴力发生在非常贫穷的国家。⑧ 2009 年 9 月 9 日，第 63 届联大会议主席提交的《关于防止人民遭受灭绝种族、战争罪、族裔清洗和危害人类罪之害的保护责

---

① Surakiart Sathirathai, *Peace and Security: The Challenge and the Promise*, 41 (3) Texas International Law Journal 521 (2006).

② J. J. Welling, *Non-Governmental Organizations, Prevention, and Intervention in Internal Conflict: Through The Lens of DarFur*, 14 (1) Indiana Journal of Global Legal Studies 161-163 (2007).

③ 干预和国家主权国际委员会报告:《保护的责任》(中文), 2001 年 12 月, 第 28 页。

④ 干预和国家主权国际委员会报告:《保护的责任》(中文), 2001 年 12 月, 第 30 页。

⑤ 威胁、挑战和改革问题高级别小组报告;《一个更安全的世界: 我们的共同责任》, A/59/565, 第 14 页。

⑥ 秘书长的报告:《大自由: 实现人人共享的发展、安全和人权》, A/59/2005, 第 16~21 页。

⑦ 联大第六十届会议决议,《2005 年世界首脑会议成果》, A/RES/60/1, 第 2~18 页。

⑧ Report of the Secretary-General, Implementing the responsibility to protect, A/63/677, 12 January 2009, p. 19, available at http: //documents-dds-ny. un. org/doc/UNDOC/GEN/N09/206/10/pdf/N0920610. pdf? OpenElement, visited on 12 March 2014.

任的概念说明》指出，国际社会面对种族灭绝、族裔清洗、战争罪和危害人类罪时不能保持沉默。但是联合国的反应应该可预测、可持续、有成效，且不损害联合国根据《联合国宪章》既定的基本价值观念而享有的公信力。因此，保护责任的预防方面既重要又实际可行，但对此既需要有准确的理解，也需要有政治意愿。在有利的国际环境中开展真正的经济合作十分有助于防止出现需要履行“保护的责任”的局面。① 在第 63 届联大关于履行保护责任的讨论会议上，许多国家探讨了“能力建设和国际援助”这一支柱战略的内涵、地位和作用等。一些国家较为宽泛地说明了国内能力建设以及国际援助与合作的重要意义和作用。这些国家强调了预防以及能力建设的优先地位和根本作用。② 一些国家明确指出，社会、经济发展方面的严重落后与欠发达是造成危机的根源，认为应当着力加强应对这些危机根源。③而另一些国家则在不同程度上说明了发展及其国际援助的重要意义和作用。④ 中国、巴西、印度、南非等新兴国家在其各自提出的有关“保护的责任”的专门意见中一直突出和强调，经济、社会发展等深层次根源问题的国内治理与国际援助对于实现“保护的责任”的根本目标具有重要的基础地位和作用。这样的意见主张也明显地存在于非洲、亚洲、拉美等区域或亚区域层面。

经济、社会发展方面的“能力建设和国际援助”不仅是实现“保护的责任”根本目标的重要手段和方法，而且，经济、社会发展本身也是一种重要的人权。从 20 世纪 70 年代起，发展权作为一项人权以及促进人权的基本手段已逐渐得到国际社会的认可。日本学者认为，“不是将‘发展’看做狭义上的经济增长，而是从增进人的基本需求的意义上重新把握，并将发展作为人权来理解的倾向越来越强。”⑤ 目前，发展权作为一项基本人权正在继续得到不断确认、强调和讨论推进。近年来，联合国不断地形成和通过有关发展权问题的联大决议和工作报告，重申发展权

① Concept note on the responsibility to protect populations from genocide, war crimes, ethnic cleansing and crimes against humanity, A/63/958, 9 September 2009, p. 4, available at http://documents-dds-ny.un.org/doc/UNDOC/GEN/N09/506/00/pdf/N0950600.pdf? OpenElement, visited on 12 March 2014.

② A/63/PV. 97, p. 4. A/63/PV. 97, pp 6-7. A/63/PV. 97, p. 17. A/63/PV. 99, pp. 4-5. A/63/PV. 99, p. 6. A/63/PV. 99, p. 9.

③ A/63/PV. 97, p. 12. A/63/PV. 98, p. 3. A/63/PV. 98, p. 5. A/63/PV. 98, p. 24. A/63/PV. 99, p. 19.

④ A/63/PV. 97, p. 9. A/63/PV. 98, p. 14. A/63/PV. 99, p. 2. A/63/PV. 100, p. 11. A/63/PV. 100, p. 17. A/63/PV. 100, p. 18. A/63/PV. 100, p. 20.

⑤ ［日］松井芳郎、佐分晴夫、坂本茂樹等：《国际法》（第四版），辛崇阳译，中国政法大学出版社 2004 年版，第 151 页。

是一项普遍的、不可剥夺的权利，是基本人权的组成部分，发展权与其他人权是不可分割、相互关联、彼此依存和相辅相成的，并就如何落实和推进发展权提出分析建议和具体要求。① 因此，鉴于经济、社会发展对实现“保护的责任”根本目标所具有的手段和方法上的特殊价值和作用，同时，根据经济、社会发展本身的人权属性及其与其他人权之间的不可分割与相互依存，作为基本人权保护全球治理中的一种战略与方法，“保护的责任”所塑造和推进的“能力建设和国际援助”这一支柱战略完全适合而且尤其需要纳入经济、社会发展方面的内容。

尽管经济、社会发展对于实现“保护的责任”的根本目标具有极为重要的意义和作用，然而有关经济、社会发展方面的国际援助与合作在总体上依然进展迟缓、效果不佳。因此，在“保护的责任”所塑造和推进的“能力建设和国际援助”这一支柱战略方面，不仅要纳入经济、社会发展方面的内容，而且要大力推进这方面的实施力度与效果。这就需要国际社会对“发展援助与合作”方面的松散、薄弱的体制结构进行重大调整和加强。在这方面的一个重要进展是，2005 年 12 月 20 日，联合国大会和安理会同时通过决议，成立联合国建设和平委员会。② 联合国政治事务部官员 Musifiky Mwanasali 认为，首先，和平建设委员会的主要功能之一就是，确保那些从过渡性恢复迈向发展的国家受到持续的国际关注。其次，和平建设委员会可以在安理会与经社理事会之间充当协调人的角色。对于尚处于安理会议程

① The right to development, Resolution adopted by the General Assembly on 18 December 2009, A/RES/64/172, 24 March 2010. Economic and Social Council, Statement on the importance and relevance of the right to development, adopted on the occasion of the twenty-fifth anniversary of the Declaration on the Right to Development, E/C. 12/2011/2, 12 July 2011. Report of the Secretary-General, The right to development, A/66/216, 1 August 2011. Report of the Secretary-General and the United Nations High Commissioner for Human Rights, The right to development, A/HRC/19/45, 8 December 2011. Report of the Open-ended Working Group on the Right to Development on its twelfth session (Geneva, 14-18 November 2011), A/HRC/19/52, 19 December 2011. Report of the United Nations High Commissioner for Human Rights, Summary of the panel discussion of the Human Rights Council on the theme: “The way forward in the realization of the right to development: between policy and practice”, A/HRC/19/39, 25 November 2011. The right to development, Resolution adopted by the General Assembly on 19 December 2011, A/RES/66/155, 20 March 2012. Report of the Working Group on the Right to Development on its thirteenth session (Geneva, 7-11 May 2012), A/HRC/21/19, 26 June 2012. The right to development, Resolution adopted by the General Assembly on 20 December 2012, A/RES/67/171, 22 March 2013, available at http://documents.un.org/welcome.asp?language=E, visited on 18 October 2014.

② 参见 2005 年 12 月 20 日第六十届联大决议，A/RES/60/180，2005 年 12 月 20 日安全理事会第 5335 次会议第 1645（2005）号决议，S/RES/1645（2005）。

上的国家在何时应当转移到经社理事会，以便讨论其长期发展问题，经社理事会可以就一国的长期的社会经济恢复所面临的挑战与选项向安理会提供建议。当一国进入到冲突后重建阶段，安理会将确保原来用于维和的巨大资源逐渐转移到优先用于发展方面，以便使经社理事会获得社会经济发展所需要的可预期的、可靠的资金来源。正是在这方面，和平建设委员会将在安理会与经社理事会之间充当协调人的角色。① 在塑造和推进以发展为内容的"能力建设和国际援助"战略方面，除了要进一步明确和充分发挥建设和平委员会的职能与作用，国际社会需要进一步改善、加强"发展援助与合作"方面的机制和成效，如努力形成一个更有效的联合国经济及社会理事会，建设更有成效的发展筹资机制等。

对于塑造和推进以发展为内容的"能力建设和国际援助"战略，国际社会不仅需要调整和加强"发展援助与合作"方面的国际体制结构，而且还涉及对既有国际政治经济秩序与结构的变革、调整问题。从深层次上看，许多国家之所以在经济、社会发展方面停滞不前甚至失败，是因为受到国际社会的现有结构和秩序的制约或阻碍。曾任联合国国际法委员会委员的穆罕默德·贝贾维尖锐地指出，"在这个秩序中，少数国家的富庶是以多数国家的贫困为代价的。国际法一向忠实地反映这个秩序，从而巩固了它的基础。"② 英国普利茅斯大学国际研究中心主任迈克尔·皮尤认为，"维护和平与人道主义当前形式的局限性在于试图控制国家间资本主义不稳定体系所固有的内在矛盾。和平支持行动与人道主义干预在处理这种不稳定性时，在很大程度上显示出该体系未能有利于世界大多数地区。"③ 曾任联合国贸易与发展会议的总干事肯尼斯·达齐认为，发展有赖于外在的经济政策环境，这与外部发展援助截然不同。发展援助只能作为本身努力的一个补充。现在的核心问题在于，那些主要工业强国并不愿意在承认世界经济相互依存这一现实的同时，准备与发展中国家共同管理以世界贸易、货币、金融体系为代表的全球经济共同领域。④ 当代世界的一个突出事实是，发展程度不一的国家之间在资源、财富、能力

---

① Musifiky Mwanasali, *The African Union, the United Nations, and the Responsibility to Protect: Towards an African Intervention Doctrine*, 2 (4) Global Responsibility to Protect 406-410 (2010).

② ［阿尔及利亚］穆罕默德·贝贾维，《争取建立国际经济新秩序》，欣华、任达译，中国对外翻译出版公司 1982 年中文版，第 34 页。

③ ［英］迈克尔·皮尤：《维护和平与安全》，龙虎译，载［英］戴维·赫尔德、安东尼·麦克格鲁主编：《治理全球化：权力、权威与全球治理》，社会科学文献出版社 2004 年版，第 326 页。

④ ［加纳］肯尼斯·达齐：《联合国和经济发展问题》，载［英］亚当·罗伯茨、［新西兰］本尼迪克特·金斯伯里主编：《全球治理：分裂世界中的联合国》，吴志成等译，中央编译出版社 2010 年版，第 305~306 页。

等方面存在着广泛、深刻的不平等。对此，发达国家作为现有秩序的主要塑造者、受益者和维护者，对于国际秩序的实质性改良缺乏真正的内在动力，但出于战略和策略的考虑，也会适时作出一些局部的政策调整。① 因此，对于塑造和推进以发展为内容的"能力建设和国际援助"战略，国际社会不仅需要调整和加强"发展援助与合作"方面的国际体制结构，而且还要在既有国际政治经济秩序与结构方面作出必要的变革、调整，如改善不合理的国际金融体系，调整不利于发展中国家的国际贸易结构，遏制垄断资本掠夺性的经济活动等，使广大的发展中国家能够获得公正、平等的发展权利与机遇。当然，既有国际政治经济秩序与结构的变革、调整将是极为困难的，但是，要想使"保护的责任"成为基本人权保护上的一种有效战略和持续进程，其所塑造和推进的"能力建设和国际援助"战略就必须在国际政治经济秩序与结构的变革、调整方面作出努力和行动。

结　语

"保护的责任"包含着预防、反应和重建这三种相互联系和依存的多重责任，在有关"保护的责任"的专题报告中，联合国秘书长就落实"保护的责任"的多重责任提出了三大支柱战略。然而，对于多重责任之间以及三大支柱战略之间究竟具有怎样的逻辑联系，在理论、政策和实际操作层面应当如何予以理解和运用，国际社会存在着不同的认识、主张以及相关的实际行动。联合国秘书长的《履行保护责任》的报告以及后续的多份专题报告一直认为并强调，"保护的责任"中的多重责任之间、支柱战略之间在总体框架和实施战略上具有同等重要性，没有先后次序之分，应保持它们之间的相互平衡。为防止"保护的责任"成为传统的人道主义干预的简单"翻版"，在理论策略与政策主张上必须坚持明确和强调"作出反应"的责任、第三支柱战略对预防、重建方面的责任与战略的紧密相关性与高度依赖性，只有在充分履行和实施预防、重建方面的责任与战略的情况下，"作出反应"的责任、第三支柱战略才能具有正当合法性。对于"保护的责任"中的多重责任、支柱战略的具体实施，不应追求和满足于形式上的均衡，而应当以是否能够真正有效地回应解决人权保护上所面临的主要症结问题为根本取向，在制度和实践中形成以"回应解决问题"为核心的动态的平衡结构。中国应当将"保护的责任"中的多重责任、支柱战略作为多样性的组合战略与工具箱。根据不同的情势和危机根源作出灵活、务实的调整适用。为系统深入地而不是临时应急性地保护国内人民

---

① 石斌：《秩序转型、国际分配正义与新兴大国的历史责任》，载《世界经济与政治》2010 年第 12 期，第 69~100 页。

免遭严重的人权侵害，在以“回应解决问题”为核心的动态的平衡结构中，我们需要始终坚持将预防方面的责任与支柱战略作为“保护的责任”最为核心与重要的部分。预防的责任与支柱战略应区分为三个层面的内容，即“直接预防”或“操作性预防”、“结构性预防”与“根源预防”这三个层面的责任与战略。我们应当将“根源预防”与“结构性预防”的责任与战略适当地区别开来，防止“根源预防”及其所要应对解决的深层次根源问题被“结构性预防”所掩盖或淡化。为进一步加强“根源预防”在理论与制度上的塑造与运用，我们应当始终保持对那些引发人权暴行的深层次根源问题的高度关注，突出和强调对深层次根源问题的系统深入的预防治理，如应对解决国内社会的长期的贫穷落后、经济资源匮乏、缺乏有效的社会发展战略等深层次问题。对于“能力建设和国际援助”方面的责任和战略，我们应当根据一贯所主张和实施的发展援助，积极推进经济、社会发展方面的“能力建设和国际援助”，调整和加强国际社会在“发展援助与合作”方面的松散、薄弱的体制结构。

On Homeostasis Structure of “Responsibility to Protect”: Orientation and Connotation Adjustment of Multilayer Responsibility and Pillar Strategy

Abstract: In the global governance on the protection of basic human rights; “Responsibility to Protect” embrace interrelated and interdependent multilayer responsibilities and three main pillar strategies, namely, responsibility and pillar of prevent, react and rebuild. We should insist and emphasize that responsibility of react and the third pillar strategy tightly relate to and highly rely on responsibility and pillar strategy of prevent and rebuild in the theory and policy claim. For the implementation of multilayer responsibility and pillar strategy, the framework of “Responsibility to Protect” should become homeostasis structure which can properly response and resolve key issue in the system and practice. Meanwhile, we should insist that responsibility and pillar strategy of prevent constitute the most imperative and important element in the framework of “Responsibility to Protect”. To further enhance the construction and implementation of “root prevention” in the theory and system, comprehensive and deep governance for the root of the problem should be emphasized.

Key words: “Responsibility to Protect”; pillar strategy; multilayer responsibility; basic human rights; global governance

欧盟警务与刑事司法合作发展新动态及对我国的启示

——从欧洲检察官谈起

□ 肖　军*

内容摘要：《里斯本条约》将欧洲检察官办公室明文规定在与警务与刑事司法合作相关的篇章中。欧洲检察官职务的变迁是欧盟警务与刑事司法合作发展的一个缩影，欧洲检察官办公室的成立是此合作的阶段性成果。欧洲检察官办公室推动着欧盟司法领域的合作，欧盟司法领域的合作反过来又影响着欧洲检察官办公室的未来走向。从具体设计和发展来看，欧盟警务与刑事司法合作越来越趋向于超国家性质。欧洲检察官及欧盟警务与刑事司法合作给我国的启示是：为了使其走向法治、科学和统一，必须修订国内相关立法；在与其他国家及欧盟合作时，要在维护国家利益与合作之间取得平衡，完善合作模式，用一体化思维塑造区域性系统。

关键词：《里斯本条约》；欧盟警务与刑事司法合作；欧洲检察官；一体化

目　次

* 法学博士，西南政法大学刑事侦查学院教师、重庆高校物证技术工程研究中心研究人员。

一、欧盟警务与刑事司法合作、欧洲检察官概述

欧盟的警务与刑事司法合作实际上是一个事物的两个部分，即一个是警务合作，另一个是刑事（事务）司法合作，其法律依据是《里斯本条约》。① 欧盟的警务与刑事司法合作是欧洲一体化中重要的一环，而它的发展实际上见证了欧洲一体化的成长。但欧盟的警务与刑事司法合作始终无法像其经济合作那样开展得那么顺畅，其中的关键在于它们的运行机制不同，而要改革目前的运行机制尚需时日。不过，欧洲检察官这一新鲜事物的出现似乎让欧盟警务与刑事司法合作又向前迈出了一大步，让欧洲人看到了曙光。

欧盟警务与刑事司法的主要聚焦点在欧洲机构（如欧洲反欺诈犯罪办公室、欧洲司法网络、欧洲警察署和欧洲司法组织）的改革上。而欧洲检察官办公室这一新的机构出现，引发了欧盟委员会和学者们又一轮讨论。实际上，欧洲检察官并不是《里斯本条约》的原创，其前身可追溯到《刑事大法典》。在《刑事大法典》中，我们看到了学者们对欧洲检察官的初步设计。② 即，它是以法国起诉模式为范本建立起来并负责在欧盟成员国侦查和起诉欧盟欺诈犯罪的"新事物"。这些被指派的检察官具有双重身份（wear two hats）：在打击国内犯罪时适用国内法，在打击

---

① 即欧盟警务与刑事司法合作是《里斯本条约》中的新提法，而该条约的全称是《修改〈欧洲联盟条约〉以及〈欧洲共同体条约〉的里斯本条约》（Treaty of Lisbon Amending the Treaty on European Union and the Treaty Establishing the European Community）。《欧洲联盟条约》经修订后的名称未作改变，但《欧洲共同体条约》的名称改为《欧洲联盟运行条约》（Treaty on the Functioning of the European Union）。警务合作、刑事司法合作就分别规定在《欧洲联盟运行条约》第三部分"欧盟政策和内部行动"（Part Three-Union Policies and Internal Actions）第五篇"自由、安全与公正区域"（Title V-Area of Freedom, Security and Justice）第五章（87~89 条）和第四章（82~86 条）当中。

② Mireille Delmas-Marty, *Nécessité*, *Legitimité et Faisabilité du Corpus Juris*, 7（4）AGON, 5-9（1999）.

欧盟财政犯罪时适用欧盟实体和程序性的刑事法律规则。①

欧盟委员会提出欧洲检察官的概念是在2000年，其认为刑事法的部分协调一致十分有必要（尽管这一建议没有得到《尼斯条约》的认可）。2001年，委员会《关于共同体财政利益的刑事法保护和建立欧洲检察官的绿皮书》（*Green Paper on Criminal-law Protection of the Financial Interests of the Community and the Establishment of a European Prosecutor*，以下简称《绿皮书》）出版，其建议在当时的《欧盟条约》第280条后增加第280a条，规定欧洲检察官。2003年，有关报告就成员国对《绿皮书》要求建立欧洲检察官的态度进行了总结：比利时、希腊、荷兰、葡萄牙和西班牙偏向于成立欧洲检察官，但奥地利、丹麦、芬兰、法国、爱尔兰和英国都反对，而德国、意大利、卢森堡和瑞典则持怀疑态度。2004年的《欧盟宪法条约》包含了建立欧洲检察官的条款，但该条约并未生效。《里斯本条约》（被看做是《欧盟宪法条约》的替代品）为了在刑事司法领域加强欧盟（机构）的参与性，在《欧盟运行条约》第86条设置了欧洲检察官办公室：对违反欧盟财政利益的行为人及其同伙进行侦查、起诉、交付审判。该条被认为是保护欧盟财政利益15年来最大的成果，它创立了欧洲检察官办公室的总体性框架，同时将具体的实施方案留给规则决定。②

总体而言，对欧洲检察官虽有不同的表述，如“European Public Prosecutor”、“European Public Prosecutor Service”、“European Public Prosecutor's Office”等，但含义大同小异，即它是为打击欧盟欺诈犯罪而成立的拥有侦查权和起诉权的实体。自从1997年提出欧洲检察官最初的模式以来，欧洲刑事法有了长足的进步：欧盟现在建立了欧洲逮捕令制度和欧洲证据令制度，并在将来可能建立欧洲侦查令制度；《欧盟条约》开辟了专门的一章来论及欧盟基本权利，而欧盟也正在为加入《欧洲人权公约》而努力。由此看来，欧洲刑事法正在通过相互认可、协调一致等方式逐步进化。③

二、《里斯本条约》生效后对欧洲检察官的研究

正如上述，不少成员国起初反对设立欧洲检察官，它们认为这会损害国家在司

---

① Mireille Delmas-Marty, *Combatting Fraud-Necessity*, *Legitimacy and Feasibility of the Corpus Juris*, 37 (2) Common Market Law Review 247-256 (2000).

② EU, Treaty on the Functioning of the European Union, Art. 86.

③ Simone White & Nicholas Dorn, *Towards a Decentralised European Public Prosecutor's Office*, 89 (1) Amicus Curiae 1-8 (2012).

法事务方面的主权，且责任问题和确保被告能得到公正审判问题在建立欧洲检察官之后仍无法妥善解决。而即便是在《里斯本条约》生效后，争论亦未停止。只是迫于条约已有规定，讨论的重点才有所转移。两个颇具代表性的讨论——《模范规则》与“欧洲需要”值得研究。

（一）《模范规则》

从2010年2月到2012年3月，卡塔林·里盖蒂教授所带领的团队在欧盟委员会赫丘勒计划Ⅱ①和卢森堡大学的财政支持下对欧洲检察官进行了研究。欧盟刑事法专家们②收集了27个成员国③近3500页的国别报告，分析了欧盟成员国现行侦查、起诉系统，试图设计出欧洲检察官办公室的程序框架以建立欧洲统一规则。所收集的材料，除了用于规制欧洲检察官办公室的权力、程序性事项和证据标准体系外，还为未来欧盟刑事程序法的协调一致奠定基础。

研究分为三个阶段。第一阶段：讨论建立欧洲检察官办公室时所涉的一系列跨领域的关键性问题；第二、三阶段：讨论并出台“关于刑事侦查和起诉的欧盟模范规则”（EU model rules of criminal investigation and prosecution）和“关于证据和程序性保障的欧盟模范规则”（EU model rules of evidence and procedural safeguards），旨在为欧洲检察官办公室制定一系列欧盟层面的刑事程序法规则，研究成果即为《关于未来欧洲检察官办公室适用程序的欧洲模范规则》（*the European Model Rules for the Procedure of the future European Public Prosecutor's Office*，简称《模范规则》）。④

《模范规则》规定，欧洲检察官办公室是为欧洲的自由、安全和公正而设置的，所以它适用于整个区域（欧洲区域原则），其不仅致力于犯罪控制，还保护公民基本权利和国家刑事司法系统的双重安全。欧洲检察官办公室享有自主权（当然没有规定的权力则不得行使——权力法定原则），同时也依赖成员国侦查和起诉机构以及其他欧洲机构；欧洲检察官办公室的行为受司法控制，在适用特定侦查措施时需要成员国主管法院的事先授权（ex ante authorization）。《模范规则》并没有

---

① 欧共体设立赫丘勒计划是为了促进与其财政利益保护相关行动的实施。该计划由804/2004/EC决定建立，持续期间为2004年到2006年。但根据878/2007/EC决定，此项计划从2007年延期到2013年。而后者通常被称为“赫丘勒计划Ⅱ”（HerculeⅡ）。

② 专家名单详见：http://www.eppo-project.eu/index.php/Project-Participants.

③ 随着2013年7月1日克罗地亚加入欧盟，欧盟成员国扩展至28个。

④ See “Project description”, available at http://www.eppo-project.eu, visited on 26 Jan. 2015.

把欧洲检察官办公室的管辖范围限制得过于狭窄,① 它并不排除管辖所有严重的跨境犯罪。这是一个突破——这个突破将欧洲检察官办公室和欧盟警务与刑事司法更紧密地结合起来了。

具体而言,《模范规则》由三部分组成:(1)第一部分是一般条款,涉及欧洲检察官办公室的地位和功能以及适用于侦查和起诉的程序性保障等内容。该部分厘清了欧洲检察官办公室和成员国刑事司法系统的关系、《模范规则》和成员国刑事程序法的关系,同时也规定了欧洲检察官办公室程序适用的一般原则(如比例原则和程序法定原则等)。借鉴《欧洲人权公约》,《模范规则》规定了公平审判的程序性权利(如无罪推定和沉默权),以及信息保护权、帮助权、促进有效参与权等。(2)第二部分涉及侦查阶段,规定了欧洲检察官办公室启动侦查的适用规则、可能运用的侦查措施以及剥夺自由权的规则。关于侦查措施,《模范规则》规定了三种情形:①非强制性措施;②无须事先司法授权的强制性措施;③需要事先司法授权的强制性措施。由于逮捕和审前拘留并非传统意义上的侦查措施,故剥夺自由权的规则单列一节。(3)第三部分涉及起诉和交付审判阶段,规定了强制起诉原则和法院管辖的适用标准。②

(二)“欧洲需要”

欧洲到底是否需要检察官办公室?“欧洲需要”③ 或许已经给出了答案。“欧洲需要”(Euro NEEDs)研究亦在欧盟委员会赫丘勒计划的支持下进行。该研究主要采取了访谈的形式,访谈对象既包括132名检察人员(其中经济专家35名、研究跨国犯罪的专家64名),又包括30名跨国警务与刑事司法机构中的代表。一方面,受访的大部分专家支持建立欧洲检察官办公室,所以讨论的重点是具体的设置模式和如何与成员国检察官建立必要的合作机制等延伸问题;另一方面,警务与刑事司法机构中的代表普遍认为在欧盟层面开展警务与司法合作是一大难题:跨国的、涉及多层次的法律系统意味着与传统的、国家内部的案件处理方式不同,他们认为最核心的问题是执法者是否能意识到超国家性质以及能否全方位地把

---

① 即不像《欧盟运行条约》第86条那样规定欧洲检察官办公室权力仅限于打击影响欧盟财政利益的犯罪或者经过理事会一致决定同意扩展至的严重跨境犯罪(因为一些成员国仍对欧洲检察官办公室持保留意见,这样一来,很难想象短时间内能达成一致性决定)。

② See Katalin Ligeti, Introduction to the Model Rules.

③ Marianne Wade, Euro NEEDs-Evaluating the need for and the needs of a European Criminal Justice System, 12-14, adopted on 10 Jan. 2011, available at https://www.mpicc.de/files/pdf1/euroneeds_report_jan_2011.pdf, visited on 26 Jan. 2015.

握犯罪性质，而这急需专业人员识别这些案件以便能够发起侦查并确保起诉，还需获取更多的资源（欧洲警察署和欧洲司法组织中的受访者认为执法者目前所作的侦查、起诉等决定是建立在不全面的信息基础之上的，如果信息量更加充分的话，决定或许有所不同）和建立支撑机制来改进案件处理的方式，而此时欧洲检察官办公室就有了存在的理由，理应成为欧洲案件的“所有者”（ownership），即大部分的警务与刑事司法机构中代表亦认为应该设立检察官办公室来统一执法、调配资源、进行人员培训等。

由此观之，对“建立欧洲检察官办公室后是否比现在更能保护欧盟财政利益”这一问题，此项研究给出了肯定的答案：在欧盟领域内有关犯罪的问题用欧洲检察官办公室来解决似乎比国家检察机关更好，因为欧洲检察官办公室的运行不仅仅提高了效率，还保证了整个区域内的公平与公正。但是建立欧洲检察官办公室是“一场艰苦的战斗”（uphill battle），因为任何实施在超国家层面的政策都会带来一系列管理问题，如合法性问题和问责制问题，况且欧洲刑事司法系统要想进一步完善是一个复杂的工程。这些都需要被考虑在内。

综合两大研究来看，“欧洲需要”检察官办公室，需要建立《模范规则》。

三、欧洲检察官办公室成立后难题的初步解决及影响

2013年3月4日，法国司法部和德国司法部就欧洲检察官办公室相关问题发表了共同立场，其中涉及欧洲检察官办公室的权力（competence）；组织结构（structure）——包括委派的国家检察官的合议制、欧洲检察官办公室的领导者、地位与独立性、行政主管；功能（functioning）——包括信息管理、进行调查、跨境调查合作、向审判法庭提交裁判、与欧盟其他机构合作；适用法（applicable law）等。① 从中不难看出，欧洲检察官办公室是一种介于政府间主义与超国家主义的实体，因为一方面，其部分功能（向审判法庭提交裁判）仍侧重于各成员国；但另一方面，在权力和组织结构上却侧重于欧盟。而事实上，欧洲检察官办公室在运行过程中即遇到了一些难题。

（一）欧洲检察官办公室成立后的难题

1. 独立性问题

① See Common Position of Ministers of Justice of France and Germany on the European Public Prosecutor's Office (Current as of 4 March 2013).

就欧洲检察官办公室是否独立这一问题，我们首先结合法国司法部和德国司法部就欧洲检察官办公室表达的共同立场可以有个大致的了解：其独立性可能仅限于欧盟委员会、成员国和第三方（如成员国要受到合议决定的制约），而不独立于欧盟部长理事会和欧洲议会——“相对独立”。

在《里斯本条约》出台之前，即便是在某一犯罪对欧盟利益有实质性损害，或涉及对欧盟官员的侦查，抑或需要平等保护欧盟利益等情形下，包括欧洲司法组织在内的欧盟机构没有实质性的执法权进行干预。现阶段，虽然欧洲检察官办公室是在欧洲司法组织中设立（参见《欧盟运行条约》第 86 条），但仍有不少学者认为它是独立于欧洲司法组织的，因为至少它能“负责侦查、起诉和交付审判”（responsible for investigating, prosecuting and bringing to judgment）。独立完成侦查和起诉是其他欧盟机构的功能和职权所不能及的。①

支持欧洲检察官办公室独立的学者认为，只有独立才能更好地治理欧盟并使司法行政更加公平。反对者则认为，欧洲检察官办公室是一个起诉机构，而在欧盟的多数成员国起诉机构通常是受司法部领导的，故不可能独立。

2. 模式设计问题

从理论上讲，欧洲检察官办公室的设计模式有三种，分别代表了垂直合作的程度：最小程度——合议庭模式（College Model）、最大程度——集中化模式（Centralised Model）和中等程度——集成化模式（Integrated Model）。

具体见表 1：

表 1　**建立欧洲检察官办公室的模式**

模式	组成与人员权力	适用法律、证据、信息交流等	合作程度
合议庭模式	成员国指派检察官组成合议实体；合议庭成员的多数决定是否侦查和起诉，但合议庭本身无法实施侦查和起诉，可依靠指导有权限的国家机关进行侦查和起诉	适用有管辖权机关的国内刑事程序法；所收集证据交给合议庭和其他欧洲检察官办公室成员国，不同国家收集到的证据在合议庭上开示；不需要成员国国内程序法的协调一致，基于相互认可和证据的可采性	最小程度

① Lothar Kuhl & Sébastien Combeaud, From the Corpus Juris to the European Public Prosecutor, 5-7, adopted on 1 July 2004, available at http://www.cels.law.cam.ac.uk/File/publications/occasional%20papers/Paper_7.pdf, visited on 26 Jan. 2015.

续表

模式	组成与人员权力	适用法律、证据、信息交流等	合作程度
集成化模式	一名领导和成员国委派的检察官组成：前者有指挥权，后者有双重身份，决定由中央层面作出，侦查措施则由国家检察官实施	可能适用成员国法，也可能适用欧盟法；前提是国内法承认欧洲检察官办公室在国家的刑事司法系统里是一个起诉机构；可以在中央层面和国家层面交换信息	中等程度（代表：《刑事大法典》与《绿皮书》）
集中化模式	一名主检察官和几名专业副手组成：有自主的侦查和起诉权	需要设置欧洲刑事程序法和实体法，即适用欧盟法律；但可能无法享有成员国的资源	最大程度

模式反映出了不同的观点，直接导致欧洲检察官办公室运作方式的不同，这体现在模式与适用法律的关系上：偏重超国家性质、充分进行垂直合作的"集中化模式"主要适用欧盟法律；偏重国家性质、侧重水平合作的"合议庭模式"主要适用成员国法律。显然，欧洲检察官办公室的工作越是依靠国家刑事程序法进行，它变为国家法的"囚徒"之风险就越大。而包括《刑事大法典》、《绿皮书》在内的学者和官方的意见都倾向于将欧洲检察官办公室视为权力集成化的机构，除了有一名由委员会或议会委派的欧洲（总）检察长之外，其他成员（欧洲检察官或曰副检察官）都由成员国提议任命，即大部分资源建立在欧洲检察官或曰副检察官层面上，突出了以成员国为主的模式。而且为了使欧洲检察官运转有效，委员会不认为欧洲层面刑事法的法典化是必需的。① 也就是说，它们采取了较为中庸的方式来设计欧洲检察官办公室的组成。而令人遗憾的是，《模范规则》在此问题上只字未提。

3. 个人权利的保护问题

从欧盟律师协会对《模范规则》的质疑和评论来看，认为该规则始终有利于欧洲检察官，即认为《模范规则》在保障辩护方以及被害方的权利上存有不足，这集中表现为条文的不严谨和不周全。与此同时，欧盟律师协会指出了修订之处，如：（1）在不影响规则16等情形下，欧洲检察官办公室在侦查结束时应当向辩护方开示"所有"案件材料——加上"所有"二字；（2）应该"立即"通知被剥夺自由的人的逮捕或拘留的法律和事实理由——加上"立即"二字；（3）对严重犯罪，可采取诸如电信拦截、实时监控、非公共场所的监控、监控金融交易、秘密侦

① C. Fijnaut & M. S. Groenhuijsen, *A European Public Prosecution Service: Comments on the Green Paper*, 10 (4) European Journal of Crime, Criminal Law and Criminal Justice 321-336 (2002).

查等强制性措施——但严重犯罪（serious offence）的界定本身就很模糊，因为任何犯罪都可能被视为“严重”，所以建议适用这些措施的前提是——有合理理由怀疑一项严重犯罪发生时，基于侦查目的的绝对必要性，以及仅实施其他的和侵害程度较低的侦查措施无法满足侦查需要（即通常所说的必要性原则）。

因此，欧盟律师协会认为在成立一个超国家间的欧洲检察官办公室的同时，还应该考虑：（1）出台刑事程序中关于保护个人权利的欧盟立法文件；（2）建立欧盟机构收集和使用证据的规则；（3）完善相配套的有效的辩护系统。①

（二）难题的初步解决

后《里斯本条约》时代的欧洲检察官办公室到底该如何设置？难题需要如何解决？这恐怕要从建立模式、组织形式、适用程序等方面逐一着手进行。

在学者们讨论得难解难分之时，欧盟于2013年7月17日出台了《关于建立欧洲检察官办公室的理事会规则》（*A Council Regulation on the Establishment of the European Public Prosecutor's Office*），包含了欧洲检察官办公室的性质、结构、主要特征及适用法律等方面内容，② 应了《里斯本条约》中“将具体的实施方案留给规则决定”的方式，从而细化欧洲检察官办公室运转流程并回应了学者们的各方观点，起到了定纷止争之效。

从《关于建立欧洲检察官办公室的理事会规则》并结合上述分析来看，其采取的是类似“集成化结构”（a decentralised structure）之方式来设计欧洲检察官办公室——即权衡了三种方案，具体为：（1）一名欧洲检察官（the European Public Prosecutor）在四名副职（Deputies）的协助下领导该办公室，而侦查原则上由成员国委派的检察官（称做“委派检察官”，the Delegated Prosecutors）进行，他们是欧洲检察官办公室不可分割的一部分，但同时也会继续履行在成员国作为国家检察官的职能。不过，在效力于欧洲检察官办公室时，他们完全独立于国内的公诉机构。由此观之，欧盟官方意见是采取建立欧洲检察官办公室模式中的折中模式（由欧洲检察官及其副职、委派检察官组成，人员的构成与上面的“集成化结构”中的设计有些许不同，这也是说“类似”之原因），目的在于充分利用成员国的资

① CCBE, A European Public Prosecutor's Office (EPPO), 1-20, adopted on 7 Feb. 2013, available at http://www.ccbe.eu/fileadmin/user_upload/NTCdocument/EN_07022013_EPPOpdf1_1360678235.pdf, visited on 27 Jan. 2015.

② European Commission, European Public Prosecutor's Office, available at http://ec.europa.eu/justice/criminal/judicial-cooperation/public-prosecutor/index_en.htm, visited on 27 Jan. 2015.

源。当然，这些人员在侦查和起诉过程中，具有相对的独立性。（2）至于法律，在没有统一前，除了遵循欧盟现有法律（包括本规则规定的侦查权及其适用情形、可采性证据法则等）外，还必须依靠成员国国内法。诸如电话监听等侦查措施还需要成员国法院的批准方可实施（分为规则规定必须经法院批准方可实施和所涉成员国法律规定需要批准方可实施两类）。但是基本原则是：优先适用本规则，即便与国内法有冲突。（3）而证据的可采性法则是：即便是成员国国内法在证据的采集和展示上有不同的规则，但只要不影响《欧盟基本权利宪章》（*the Charter of Fundamental Rights of the European Union*）中第47条和第48条所规定的“程序公正性”和“辩护权”，证据在审判中都可用。（4）对嫌疑人和被告人等的权利保护也有所规定，典型的如沉默权和无罪推定。（5）办案所依赖信息的处理和保存十分重要，甚至还安排一名官员（a Data Protection Officer）专司保护职责，这是一个亮点。（6）处理好与欧洲司法组织、欧洲警察署等欧盟机构以及第三国、国际组织等各方的关系也是必须做到的，而“集成化结构”为其提供了便利。

《关于建立欧洲检察官办公室的理事会规则》在解决难题与争议的同时，也为欧洲检察官办公室未来走向作出了具体的设计。这样的设计对欧盟警务与刑事司法合作带来了一定的影响。

（三）难题的解决对欧盟警务与刑事司法合作之辐射效应

从上述对建立欧洲检察官办公室以及建立之后所要克服的难题不难看出，它们微观上反映的是组织形式、适用法律、证据可采性、程序性保障等一系列问题，而宏观上则体现的是合宪性、合法性等政治问题和主权问题。这些问题相互交织，纷繁复杂，问题的解决表现出超国家主义与国家间主义的博弈。正如有学者指出，在这种有限度的安全治理模式下，欧盟如何发挥保障内部安全的功能，是一项严峻的考验。①

而难题的解决反过来又为欧盟警务与刑事司法合作的下一步“进化”作出了应有的贡献。欧盟警务与刑事司法合作虽然从“第三根支柱”中解放出来，但这种解放并不完全，明显带有“第三根支柱”的痕迹，而这种“遗留”成为了欧洲一体化前进道路上的障碍。超国家主义与国家间主义在欧洲检察官办公室设立模式上的斗争或许为欧盟警务与刑事司法合作接下来的走向提供了一个动力和方向。

就动力而言，不同股力量之间的博弈本身就促成了欧盟警务与刑事司法合作向

---

① 张福昌：《欧盟司法与内政合作——反恐议题解析》，台湾“商务印书馆”2011年版，第496页。

前发展，其合力为欧洲一体化的逐步构建奠定了基石；就方向而言，欧洲检察官办公室设计的折中模式正是目前欧盟警务与刑事司法合作的真实表现——既有超国家因素、又有国家间因素，只有在这种模式下促进渐进式地合作，使欧洲检察官办公室难题的解决给警务与刑事司法合作带去辐射效应，才能真正地完成欧洲一体化的进程。而从《关于建立欧洲检察官办公室的理事会规则》来看，超国家因素表现得更为抢眼：第一，相比于之前的设计，除了委派检察官之外，欧洲检察官以及其副职亦可自行开展侦查和起诉，具有自主性——加大了欧盟机构的参与性；第二，该规则优先于国内法，即如果发生冲突，优先适用此规则，而国内法是其补充——突出了规则的直接适用性和优先性（效力）；第三，相比于欧洲检察官，委托检察官进入“案件管理系统”所涉范围有限；① 第四，即便法院所在地关于证据收集和展示有不同的规则，只要不违反《欧盟基本权利宪章》中“程序公正”（the fairness of the procedure）和“辩护权”（the rights of defence）之规定，取得证据必须可采用——彰显了规则的强制性。

也就是说，从对欧洲检察官办公室模式设定来看，欧盟警务与刑事司法合作的发展趋势必定是警务与刑事司法的超国家因素所占比重越来越大，从而实现区域性的一体化。而这体现了国家主权观和超国家治理两种理念发生冲突时后者占了上风，妥协的结果就是确立了辅助性和灵活性原则，“多速欧洲”得以体现。而对警务与刑事司法合作及一体化进程的讨论恐怕已经超出了纯粹学术讨论的范畴，而更多地进入到欧盟政治范畴。②

在自由、安全和公正的区域内，警务与刑事司法合作和政治倾向体现在机构的改革上（见表2）：③

① EU, Council Regulation on the establishment of the European Public Prosecutor's Office, Art. 24. Access to the Case Management System: European Delegated Prosecutors and their staff, in so far as they are connected to the Case Management System, may only have access to: a) the index, unless such access has been expressly denied; b) temporary work files opened by the European Public Prosecutor's Office related to investigations or prosecutions taking place in their Member State; c) temporary work files opened by the European Public Prosecutor's Office related to investigations or prosecutions taking place in another Member State in as far as they relate to investigations or prosecutions taking in their Member State.

② 王展鹏：《跨国民主及其限度——欧盟制宪进程研究》，人民出版社 2010 年版，第 206 页。

③ ［法］多米尼克·斯特劳斯-卡恩：《赞成！欧盟宪法的未来》，裴晓亮译，中信出版社 2005 年版，第 26~27 页。

表 2　**警务与刑事司法合作和欧盟机构现状与趋势**

现状（亟待解决的问题）	核心机构	未来趋势
决策除特殊情况外需一致通过	欧洲议会和委员会	有效多数成为规则，一致同意成为例外
权能有限	欧洲执法机构	设立欧洲检察院办公室并进行二级立法
不遵守决定得不到制裁	欧洲法院	扩大司法程序的适用范围

欧洲的一体化是政治基础上的一体化，亦是法治基础上的一体化。① 实现法治除了有良好的法律外，还要被很好地执行。就"良法"而言，欧盟不断在制定和修改法律，尤其是反复修改《欧盟条约》（名称有所不同）加入新鲜血液，目的就是使欧盟运行更加通畅、更具有活力；就执行而言，由于不同国家立场不尽相同，所以执行难免有所不力，而且会产生矛盾和冲突，但这反过来又影响到了后期的法律修改与制定。所以，在欧盟层面上，赢得与成员国之间的较量是推进警务与刑事司法合作、一体化乃至政治一体化所必需的前提。

而正是赋予欧洲检察官办公室实质性的权力来完成案件的侦查和起诉，才破除了以往包括欧洲警察署、欧洲司法组织等欧洲机构无真正意义上的刑事执法权之"魔咒"，才使得欧盟警务与刑事司法一体化变成了可能。因为没有权力就没有发言权，一体化的进程势必会受阻。以欧洲检察官办公室的权力为突破口，推进欧盟警务与刑事司法的一体化实乃明智之选。建立欧洲检察官办公室的价值还在于针对区域性的犯罪需要一个顺畅的机制以克服不成系统的刑事法障碍。②

四、欧盟警务与刑事司法合作对中国的启示

欧盟警务与刑事司法合作之出路在何方（Quo Vadis）？通过对欧洲检察官的全面梳理我们得知，欧盟警务与刑事司法合作应该建立在更好地运用现存机制、全面进行机构改革的基础上，塑造一个整体性的欧盟警务与刑事司法系统，使其

① 秦亚青：《观念、制度与政策——欧盟软权力研究》，世界知识出版社 2008 年版，第 155 页。

② Katalin Ligeti & Michele Simonato, *The European Public Prosecutor's Office：Towards a Truly European Prosecution Service*？4（1-2）New Journal of European Criminal Law 7-21（2013）.

具有协调性和包容性；赢得一场政治的较量，使超国家性质在欧盟机构中得以显现。而欧盟警务与刑事司法合作一系列的改革和发展趋势亦是我国司法体制改革的他山之石：全面梳理侦查（如侦查主体、侦查措施），审查起诉（如审查起诉主体、原则），审判（如司法审查、证据可采性、适用法律）等相关程序，并进行改革，使各程序成为诉讼系统的要素，推进程序系统有序地运行。还应该加强国内各区域以及与其他国家、欧盟等警务和刑事司法上的合作，争取国际上的话语权。

欧盟法域这一他山之石的做法值得进一步反思：欧盟成员国在警务与刑事司法领域存在如此大的差异都能相互接近与初步统一，作为一个主权国家又何尝不可呢？欧盟之经验为主权国家以及其他区域性国际组织提供了可资借鉴的范本，为解决我国司法不统一、地方保护主义盛行、尚未与国际法接轨等一系列问题开辟了新途径。

（一）用一体化思维塑造区域性的警务与刑事司法系统

欧洲一体化观念由来已久，现在已经从经济渗透到政治领域，并逐步细化到“自由、安全和公正”领域（the Area of Freedom, Security, and Justice, AFSJ）。① 随着欧洲一体化的进展，成员国的警务与刑事司法合作逐步被纳入到欧盟的运作框架中，② 这样一来，又为一体化提供了良好的外部环境。从观念的角度理解欧洲一体化，需要的不是由《里斯本条约》带来何种结果（两者的平衡到底是较多还是较少偏向于超国家主义）的问题，而是考虑政府和欧盟机构如何加强联系的问题，③ 如何做到互利互惠才是核心所在。

就欧盟区域而言，主权至上、体制迥异是警务与刑事司法发展的障碍，预防与打击共同的跨境犯罪则是动力。

针对我国中央和地方、地方和地方警务（警察）和刑事司法现存的“分散化”、“各自为战”以及机构设置和职权划分上不够科学等弊端，借鉴欧盟区域性的一体化思想方能解决。而近期上海、北京已在全国率先设立跨行政区划的人民法

---

① Ronald L. Holzhacker & Paul Luif, Freedom, Security and Justice in the European Union: Internal and External Dimensions of Increased Cooperation after the Lisbon Treaty, 1 (1st ed. Springer 2014).

② 马贺：《欧盟区域刑事合作进程研究》，上海人民出版社 2012 年版，第 267 页。

③ Adriaan Schout & Sarah Wolff, *The "Paradox of Lisbon": Supranationalism-Intergovernmentalism as an Administrative Concept*, in Finn Laursen, The EU's Lisbon Treaty: Institutional Choices and Implementation, 23 (1st. ed., Ashgate 2012)

院和人民检察院①是一个良好的开端和有益的探索；2014 年 11 月 8 日通过的《北京反腐败宣言》则旨在与亚太各国加大追逃追赃等合作，携手打击跨境腐败行为，也是一个初步的尝试。

从整体上而言，无论是我国还是欧盟区域内的警务与刑事司法合作，都可以被视为一个系统。系统的要素分为警务合作、刑事司法合作等，系统的结构就是合作中各主体间的关系，而围绕该系统的环境主要是国家的主权和政治意愿、经济一体化等。要使该系统发挥应有的功效，至少要从下几个方面入手：

第一，要素。要素是系统中最活跃的因素。具体到警务与刑事司法合作，必须新设立国家内部以及国家间的联络官员（如成员国的委派检察官），这对整个系统的优化无疑有着强大的推动和促进作用。第二，结构。结构是要素间的关系。在警务与刑事司法合作中，处理好要素的关系亦至关重要。不仅要处理好警察和司法（Polizei und Justiz）自身的紧张关系，还要协调好各主体（包括联络官员）的关系，亦涉及掌握好权力的监督和制约问题。② 第三，环境。善于利用围绕系统的环

① 上海市第三中级人民法院、上海知识产权法院和上海市人民检察院第三分院于 2014 年 12 月 28 日上午正式成立；北京市第四中级人民法院、北京市人民检察院第四分院于 2014 年 12 月 30 日揭牌成立，并从 30 日起开始履行法定职责。就新成立的两个检察院而言，上海市人民检察院第三分院依托上海铁路运输检察分院而设立，除管辖原有的涉铁路运输、轨道交通案件外，经市检察院指定管辖下列案件：一是市第三中级人民法院管辖的行政诉讼监督案件；二是市第三中级人民法院管辖的跨地区重大民商事监督案件；三是上海知识产权法院管辖的知识产权类诉讼监督案件；四是上海海事法院管辖的海事诉讼监督案件；五是上级人民检察院指定管辖的跨地区重大职务犯罪案件；六是跨地区的重大环境资源保护和重大食品药品安全刑事案件；七是民航、水运所属公安机关侦查的重大刑事案件、海关所属公安机关侦查的刑事案件；八是上级人民检察院指定管辖的其他重大案件。而北京市检四分院则管辖以下案件：一是北京市四中院管辖的行政诉讼监督案件；二是北京市四中院管辖的跨地区重大民商事监督案件；三是北京知识产权法院管辖的知识产权类诉讼监督案件；四是北京市人民检察院指定管辖的跨地区重大职务犯罪案件及关联案件；五是应由中级人民法院管辖的环境资源保护和食品药品安全刑事一审案件，以及北京市人民检察院指定管辖的其他跨地区重大环境资源保护和重大食品药品安全刑事一审案件；六是应由中级人民法院管辖的发生在民航、公交、水运领域并由其所属公安机关侦查的刑事一审案件；七是海关所属公安机关侦查的刑事一审案件；八是北京市人民检察院指定管辖的其他重大案件。由此观之，两者具有明显的跨行政区划性质，对刑事案件的管辖权也突破了地域的限制。参见卫建萍：《上海设立全国首个跨行政区划人民法院和人民检察院》，载《人民法院报》2014 年 12 月 29 日第 1 版；新华网：《北京市第四中级人民法院、北京市人民检察院第四分院成立》，资料来源于 http://news.xinhuanet.com/legal/2014-12/30/c_1113830090.htm，2014 年 12 月 30 日访问。

② Amnesty International, Polizei, Justiz und Menschenrechte, 8-14, adopted 25 Feb. 2007, available at http://www.grundrechte.ch/2007/Bericht_AI.pdf, visited on 27 Jan. 2015.

境，充分发挥经济一体化的影响，促进政治一体化、法律一体化、警务一体化、刑事司法一体化。

对比而言，专门的警务合作协调机构和情报信息交换系统的缺失、刑事司法制度的差异、区域刑事司法协议的缺位等因素桎梏了我国内地与香港、澳门、台湾地区的区际司法合作。而通过以上分析得知，用一体化思维重塑区际的刑事司法系统势在必行：运用现行广泛的经济合作促动警务与刑事司法合作是方向，需要下级机构向上级机构派驻联络员（这点类似“联络官”）负责具体事宜，协调与解决不同地区体制有别的问题；在内地与港澳台地区需要建立并完善规范化的区域间警务与刑事司法协调合作机制。① 这同样需要立法者和执法者转变观念，加强一体化的协作意识。当然，利用多方已缔结的国际条约来解决区域刑事司法协助也不失为一种捷径，② 适用的前提是要处理好国家利益和区域合作之间的关系。

（二）在维护国家利益与区域合作之间取得平衡

这些年来，“欧盟”有着“超国家”的含义，即欧洲一体化能使欧盟成为一个久远的政治联盟。1992年的《马斯特里赫特条约》和2007年的《里斯本条约》将“共同体”（community）替换为“联盟”（union）使欧盟更具有超国家性质。《里斯本条约》更加肯定地认为：欲使欧盟成为一个联系更加紧密的联盟，各成员国必须明确地同意分享权力（sharing powers）。③

一些实务工作者和学者们总是试图解决欧洲一体化理论的困惑，但最终发现：“政府间主义”部分包含着“超国家主义”，“超国家主义”亦部分包含着“政府间主义”，即虽然它们在某些方面确实是互不包容，但两者也在走向一种平衡（trade-off）。还有学者认为“政府间主义”和“超国家主义”的发生机理不同，不过它们互为条件（prerequisite）。对此，其他一些学者提出的看法似乎更有见地：与其说这两者在不断地权衡，不如说这两者更像是作为一种“观念”正在融合。换言之，将欧盟视为一个多层级的、政治性的——行政管理性的系统（a multilevel political-administrative system）意味着两种理念不可相互分离。尽管“政府间主义”

---

① 何家弘主编：《刑事司法大趋势——以欧盟刑事司法一体化为视角》，中国检察出版社2005年版，第504~505页。

② 李庆明：《一国两制下我国区际刑事司法协助研究的回顾与展望》，载《武大国际法评论》2009年第9卷，第288页。

③ Adriaan Schout & Sarah Wolff, *The "Paradox of Lisbon": Supranationalism-Intergovernmentalism as an Administrative Concept*, in Finn Laursen, The EU's Lisbon Treaty: Institutional Choices and Implementatio 21 (1st ed., Ashgate 2012).

和"超国家主义"（潜台词是：成员国和欧盟机构）有联系，但这种联系的本质需要具体化。正如放权（decentralization，下放权力）和集权（centralization，中央控权）通常被视为相反的事物一样，但实际上它们在某种程度上是相互依靠的（interdependent），即放权中涉及集权，反之亦然。因此可以不单独提及是放权还是集权，而是使用集权——分权（centralization-decentralization）这一个词表示这种现象。而正是这种类比，将"政府间主义"与"超国家主义"之间的关系本质化了。

就此而言，国家（主权）利益和区域协作是能够取得平衡的。但要想真正做到"你中有我、我中有你"的程度恐怕尚需时日。目前迫切的任务是，在我国与其他国家、欧盟、联合国等层面进行警务与刑事司法合作的同时，要维护好国家的利益。一方面，积极参与协作实际上也是在增强我国在国际上的影响力——参与区域一体化本身就是国家应对全球化的策略性选择，① 所以不需要担心合作便会损害主权，盲目进行抵制；另一方面，当然也要在主权得到充分体现（保护）的前提下积极进行协同创新，试图与其他国家（地区）、欧盟签署合作协议便于双方更紧密地联系，在刑事事项和引渡等方面取得突破性进展。当然，这需要双方互相尊重、互相谅解。而这往往是欧盟成员国之间进行合作的重要一环，也是一个普适真理。从各成员国政治与欧盟政治的交锋中，主权问题虽是关键，但解决问题的结果并不是谁赢谁输，而是应该实现政治的双赢（win-win）。

例如，在跨区域侦查过程中，对于欧盟及其成员国的联络官（警官、检察官）与我国主管机关之间的关系如何协调是程序能否得以顺利进行的重要标准。关系的处理是一门学问。只有关系处理得当，才能够分享各自的资源。分享资源的前提之一还在于各方法律较为完备，这就要求我国修订相关立法。

（三）适时修订我国国内警务与刑事司法领域的立法

无论从合作的广度（不仅仅是合作，还涉及法律的接近、协调与统一）还是深度（从经济领域渗透到政治领域）来看，欧盟警务与刑事司法合作都有一套属于自己的规则。这套规则的关键词就是"法律"与"主体"。欧盟性质的"主体"，即超国家的"主体"之设立有助于协调各种层次的合作，而"法律"既可以是"主体"设立之依据，又可成为"主体"行为之导向。用"法律"来规定"主体"，体现了法治理念，为建立健全法治化的合作体制打下了坚实的基础。

首先，不管是区际合作，还是国际合作，都需要依靠法律（可以是多边公约、双边条约等多种形式）来得以维系。没有法律的合作是不成立的，甚至是无法想

① 参见张海冰：《欧洲一体化制度研究》，上海社会科学院出版社 2005 年版，第 7 页。

象的。欧盟警务与刑事司法合作，包括联合侦查小组、欧洲警察署、欧洲司法组织、欧洲检察官办公室在内的主体所涉诸多事宜即是制定和颁布大量的法律文件付诸实施的。当然，这些或由各成员国共同签订的协定，或由欧盟通过的法律首先必须是良法。这即是体现了法治原则的贯彻和落实。

其次，法律应该被严格执行。法律的执行实际上是公正与效率、自由等诸多价值实现的途径，也是解决好权力与权力、权力与权利之间的关系以及协调好共同打击刑事犯罪时各参与主体关系的重要手段，而“主体”则是法律执行的主导者。任何合作都不是凭空产生的，都是在特定的权力结构、体制系统中运行的。显然，主体的建立、法律的统一是法治化的保障。只有使警务与刑事司法合作在法治化的状态下运行，欧洲一体化才有可能。

我国国内警务与刑事司法领域的立法显然不够完善，其问题包括法律不统一、效力不高、不细化甚至有的相互矛盾等。详言之，可以吸收、借鉴《里斯本条约》、《欧盟基本权利宪章》、《关于建立欧洲检察官办公室的理事会规则》等文件以及欧盟成员国国内法律，进一步规范和细化我国警务模式、侦查和起诉行为（权力）、司法审查方式（检察官还是法官审查）、程序保障（包括确立无罪推定原则和沉默权）及救济程序，乃至证据（数据）的收集、利用、保护等。

这里可以试举三例说明之。第一例：我国现行“以块为主”的双重警务领导模式已然不适应社会发展的需要，需要改为“以条为主”之模式。这点尤其体现在警察侦查体制以及“行业警察”的归属上。与此相适应，应该建立“大刑侦机构”，将现在承担侦查的各警察部门（包括“行业警察”）进行合并，将其与“行政警察”部分相分离，这至少符合了“行使侦查事务的警察比较适合实行垂直领导”这一规律。第二例：我国《刑事诉讼法》中并没有区分强制性措施和非强制性措施，这显然与“除逮捕外的其他强制性措施（包括强制措施）都由侦查机关自行决定是否采取”这一做法密切相关，也与欧盟多数成员国以及上述欧盟法律规定存有差异。而这种“自行侦查、自行审批”的方式易侵害犯罪嫌疑人的自由权、财产权，受到诟病。故当前亟须将《刑事诉讼法》中规定的拘留、监视居住、羁押、查封、扣押、技术侦查等措施视为强制性措施，其实施的决定权交由人民检察院，而在人民法院事先审查制度尚未建立的情况下，将其暂交给人民检察院决定是明智之选。此外，在人民检察院审查时，应注意只有满足“有合理理由怀疑一项严重犯罪已经或即将发生，基于侦查目的的绝对必要性，以及仅实施其他的和侵害程度较低的侦查措施无法满足侦查需要”这些条件时才予以批准实施。如此一来，能够合理地规制我国侦查权的行使，更好地顺应时代发展的潮流。第三例，针对我国目前在警务与刑事司法合作方面专门的法律少之又少、不成体系的情况，① 借鉴欧盟成员国及欧盟相关文件，如德国《刑事事项国际互助法》（Gesetz über die internationale Rechtshilfe in Strafsachen，IRG）、欧盟《欧盟成员国刑事互助公约》（la Convention relative à l'entraide Judiciaire en Matière Pénale），制定《中华人民共和国国际警务与刑事司法合作法》刻不容缓。其应该详细规定：合作的宗旨、原则、范围、主管机关、程序、方法以及冲突的解决等，当然警务和刑事司法事项可以分开进行规定。

立法的相互促进既能优化各自区域的立法，又能推动整体性的立法，这亦是法律趋同的必经之路。而具体如何修订我国国内警务与刑事司法领域的立法，以及进行警务与刑事司法合作的专门立法，修订（或制定）后又如何实施，可以在与欧盟警务与刑事司法协作的同时稳步推进，并同步探究合作之模式。

（四）完善我国与欧盟之间的区域化合作模式

完善我国与欧盟之间的区域化合作模式有两层含义：

第一层含义为宏观的方向——通过签订共同的合作协议、联合声明来加强我国与欧盟之间的警务与刑事司法合作。但就目前来看，尚缺乏这样的文件。现状是有我国与欧盟在其他领域（如经济领域）签署的各种备忘录以及我国与欧盟某一个或多个成员国之间签署的协议（如中国和法国签署的《中法刑事司法协助协定》等）。这说明双方合作的道路任重而道远。类似协议可以借鉴欧盟成员国之间的合作协议以及欧盟有关组织（如欧洲警察署、欧洲司法组织）与其他国家的合作协议来起草、完成，如欧盟成员国的刑事司法协助协议、引渡协议、移交判刑人协议以及欧洲警察署、欧洲司法组织与美国签署的协议②等。

第二层含义为微观的操作——相关的协议文件中必须设计好与警务合作、刑事司法合作相关的内容。为打击包括恐怖主义在内的严重跨国犯罪，需确立双方的主管机关（the competent authorities）——我国公安部与欧洲警察署对接、最高人民检察院与欧洲司法组织（欧洲检察官办公室）对接，且要设立多方的联络官（the liaison police and prosecutors），从法律、机构、制度各个层面来规制侦查、起诉国

① 例如，我国《刑事诉讼法》仅在第17条规定，根据中华人民共和国缔结或者参加的国际条约，或者按照互惠原则，我国司法机关和外国司法机关可以相互请求刑事司法协助。这种原则性规定，显然无法满足日益增长的国际警务与刑事司法合作之实践运转。

② See Agreement between the United States of America and the European Police Office (signature: 6 December 2001; entry into force: 6 December 2001; Agreement between the United States of America and Eurojust (signature: 6 November 2006; entry into force: 21 December 2006).

（区）际犯罪、信息交换的战略和技术性对策。当然，这些也为我国修改现有法律以及与欧盟成员国、其他国家、组织签订类似协议指明了方向。具体如下：

1. 刑事实体法设计：影响双方的恐怖主义、走私毒品与武器、贩卖人口、洗钱、诈骗、贪污腐败、网络犯罪等严重跨国（境）犯罪，需要共同打击。① 并对犯罪统一定义（犯罪构成），可以附件的形式加以确定。

2. 刑事程序法设计：遵循程序法定（非法定行为不得为之）、必要性（其他措施能达到目的不得实施强制措施）等原则。

（1）侦查程序上，详细规定侦查案件的来源、启动、紧急情况下的处理、实施等。在经请求并取得开展侦查行为的当事国（联络官等）同意的情形下，欧洲检察官或我国有权限的检察官、警官（在个案上设立联合侦查小组并在联络官的指挥和协调下开展工作）在当事国的检察官、警官的帮助下（或者由他们主要负责侦查）可采取诸如辨认和查找人员；提供、出借或者移交证据、物品或者文件；搜查和扣押；询问证人和鉴定人；传唤、讯问被指控犯罪的人；临时移送在押人员以便出庭作证；提供有关人员的犯罪记录；查找、冻结和没收犯罪所得和工具；截留通信；监控；卧底侦查等一系列行为。但必须区分哪些是强制性措施，便于在实施前取得当事国法院的批准——就这点而言，正如前述，我国需要与欧盟、国际接轨，暂由检察官批准待时机成熟后设立专门的“（自由）法官”负责此类批准事项。②

同时，充分保障犯罪嫌疑人在侦查阶段的基本权利，包括知悉控罪权、沉默权、律师辩护权、翻译权等。

（2）审查起诉程序上，如果犯罪证据确实充分、符合双方（公众）利益，经联络官审查后起诉到欧盟成员国法院或我国法院。如果犯罪证据不充分，需要退回补充侦查或者另行处理（包括行政处理等）。

（3）审判程序上，需要缔约国的法院发挥作用，确立选择法院的原则（犯罪行为发生地、嫌疑人经常居住地、证据所在地、直接被害人经常居住地），而针对检察官（联络官）起诉的案件需要法院事先审查，才决定是否进行审判。如果进行审判并有最终结果，缔约国都要相互承认司法判决。当然，在被证实有罪之前，任何嫌疑人都应该被推定为无罪。

---

① Council of the European Union, Draft Internal Security for the European Union: Towards a European Security Model, 5-6, adopted on 23 Feb. 2010, available at http://register.consilium.europa.eu/doc/srv? l=EN&f=ST%205842%202010%20REV%202, visited on 28 Jan. 2015.

② ［法］M. 戴尔玛斯·玛蒂，［荷］约翰·A. E. 佛菲勒主编：《欧盟刑事法：欧盟财政利益的刑事法保护》，贾宇等译，法律出版社2009年版，第225~226页。

3. 刑事证据法设计：基于证据可采性规则，只要满足“程序公正性”，无论是在何处取得的证据，在审判中都可用。当然还需要双方商定证据的种类。此外，对证明责任、非法证据的排除规则亦需要明确。

4. 信息管理制度设计：从欧盟成员国之间以及欧盟与其他国家签订的协议来看，信息的采集、处理、运用、保护无一例外地成为了一大主题。欧洲检察官办公室同样有其运转的信息系统——案件管理系统（the Case Management System）并有专门人员管理，便于对其管辖范围内的案件进行处理和研判。故，缔约国之间需要建立一个共同的情报（案件）信息交换系统以便形成执法机关的合作平台、跨区域追逃警务合作平台。只有双方共享信息系统，才能优化各自的信息交换机制。否则，双方信息沟通有障碍——不融入对方机制下无法共享信息和情报，这是合作最避讳的事情。而在具体执行时，缔约国（方）应该派员负责此项工作，确定专员负责制，对信息的收集、处理、利用、保护等一系列工作负责。同时，协议必须确定缔约国（方）信息交换、利用的范围与限度——如哪些信息可以利用、如何利用（只能用于警务与刑事司法合作）、利用过程中的数据修订与保密等。①

5. 其他事项设计：包括在协作过程中双方意见不一致该如何解决、协议与缔约国法（成员国法、欧盟法）关系——是否应该遵循协议优先原则等。对此，应当确定合作协议对缔约方的约束力以及违反之后果。② 此外，必要时进行定期统一的人员（联络员）培训，更新知识和实务操作方法等。

综上，在我国与欧盟乃至其他国家（区域）签署警务与刑事司法领域合作协议时，都必须对相关犯罪、刑罚、刑事责任等实体法规则以及调查、侦查、起诉等程序法规则上最低限度地统一，而法院（自由法官、羁押审查法院、审判法院）组织和审判规则，以及刑罚执行等规定仍可由国内法调整。③ 即，统一立法，至少是部分立法，无疑成为了我国与合作者达成协议的基础甚至是主要内容。

这样的设计使得启示的内容相互辉映：既充分考虑了国家的利益，又预计了合作的困难并加以突破。既能优化国内现行立法，又能提升我国在国际上的影响力，争取话语权。真正将一体化思维贯彻到区域性的警务与刑事司法合作当中去，从而迈向警务与刑事司法的未来——法治、科学与统一。

---

① See Agreement on Cooperation between Eurojust and the Republic of Moldova（signature：10 July 2014）.

② 叶必丰：《区域合作协议的法律效力》，载《法学家》2014年第6期，第1页。

③ Commission of the European Communities，Green Paper on criminal-law protection of the financial interests of the Community and the establishment of a European Prosecutor，75-76，adopted on 11 Dec. 2001，available athttp：//eur-lex. europa. eu/legal-content/EN/TXT/PDF/？ uri = CELEX：52001DC0715&from=EN，visited on 28 Jan. 2015.

（五）迈向警务与刑事司法的未来：法治、科学、统一

承接上述，无论是欧盟成员国之间，还是我国与欧盟或其他国家（区域）签署的关于警务与刑事司法事项的协议，目的都是为了使之具有法治、科学、统一的特性。而这三者也成了共同努力的目标。

1. 关于法治的特征（目标）。法律（协议）是警务与刑事司法得以运转的保障，也是不同国家之间协作的基石。法律（协议）是一国或多国迈向法治的钥匙，而被良好地执行更是不可或缺的。一国法律与多国协议可以在应然和实然状态下相互影响，相互促进。既有助于优化各缔约国的国内法，又有助于推动区域性（全球性）的国际法。而警务与刑事司法的未来走向之一便是"法治"，通过良法规范警务与刑事司法，才能限制权力被滥用、使权利得以保障。

2. 关于科学的特征（目标）。科学特征（目标）表现为两个方面——未来的警务与刑事司法符合自然科学和社会科学发展规律。在信息化飞速发展的当今社会以及未来社会，电子数据及证据的采集会成为永恒的话题，这当然也是信息（数据）管理在各类协议中占据重要地位之原因（信息管理之所以单独提出，是因为它既反映了能否使得"打击犯罪"与"保障人权"并重，同时还凸显了时代的鲜明特色——信息化，典型的便是 DNA 数据库的建设与运用）。而警务与刑事司法的发展又与这些密切相关，掌握了其中的精髓便能够为其未来的发展铺平道路。同样，社会科学中其他领域，如心理学、犯罪学、行为科学等也会为警务与刑事司法提供一定的帮助，有利于维护社会的稳定，能够成为警务与刑事司法长久发展的动力（如对犯罪学的研究有助于社区警务模式的选择）。警务与刑事司法发展过程中体现的科学性，既是其内在要求，又是其发展规律。

3. 关于统一的特征（目标）。前已述，警务与刑事司法不仅本身要统一——这要求刑事（实体法、程序法、证据法）一体化，还需要不同国家或区域间的警务与刑事司法立法最好也尽可能地统一（至少是部分统一）。这建立在不同国家虽有不同利益但有共同的目标——除了打击犯罪之外，还有相互借鉴和学习可取之处等基础之上，于是要求具备超越国家的精神和改善系统内外部的环境（国际大环境）的举措。

诚然，各国利益的差异和政策的分歧是合作发展缓慢的主要原因，所以《里斯本条约》通过鼓励一部分成员国率先采取相关措施建立共同意义上的试行机制，从而发挥带头作用。① 亦说明这一过程是循序渐进的，逐步使得合作法治化、机构

① 李若瀚：《论欧盟司法与内务合作改革中的"更紧密合作"机制》，载《大连海事大学学报》（社会科学版）2014 年第 2 期，第 53 页。

多元化、制度网格化、信息全球化，[①] 以期提升我国与其他国家、地区协作的广度和深度，从而使我国警务与刑事司法走向法治、科学与统一。

最后，关于这五点启示，我们可以进行一个总结性的分析，就合作而言，"用一体化思维塑造区域性的警务与刑事司法系统"是指导思想，"在维护国家主权利益与区域合作之间取得平衡"是方针原则，"适时修订我国国内警务与刑事司法领域的立法"和"完善我国与欧盟之间的区域化合作模式"是改革方向，"迈向警务与刑事司法的未来：法治、科学、统一"是最终目标。即，在一体化的思想和平衡多方利益的原则指引下，对我国警务与刑事司法国内立法、专门立法、区域模式进行改革与设计，最终达到法治、科学与统一之目的。

The New Dynamic of EU Police Cooperation and Judicial Cooperation in Criminal Matters and Its Implications for China

——on Angle of European Public Prosecution

Abstract: Treaty of Lisbon expressly provides for the European Public Prosecutor's Office (EPPO) in the related chapters of police cooperation and judicial cooperation in criminal matters. Changes in European Public Prosecution is a miniature of EU police cooperation and judicial cooperation in criminal matters, and the establishment of the EPPO is one of the initial results of the cooperation. EPPO promotes the EU judicial cooperation, which also affects the future direction of the EPPO in turn. EU police cooperation and judicial cooperation in criminal matters tends to be more supranational nature from the specific design and development. The enlightenment of EPPO, EU police cooperation and judicial cooperation in criminal matters is that: in order to make it be the rule of law, science and unity, domestic legislation must be amended; in cooperation with other countries and the European Union, the balance between protecting national interests and cooperation must be achieved so as to improve the coordination model, create a regional system with integrated thinking.

Key words: Treaty of Lisbon; EU police cooperation and judicial cooperation in criminal matters; European Public Prosecutor; integration; the rule of law and science

---

① 张福昌：《欧盟司法与内政合作——反恐议题解析》，台湾"商务印书馆"2011年版，第499页。

“稀土案”一般例外可适用性问题探究

□ 刘雪红 *

内容摘要：历经中国出版物案和原材料案之后，关于GATT“一般例外”对加入议定书义务可适用性问题之争，在中国稀土案中达到高潮。WTO的司法裁判者面对涉及加入议定书法律地位与性质的“立法沉默”问题，裁决策略从开始的司法经济转变到直面本源性问题，但解决方法上却最终选择了保守而狭隘的文义解释法。稀土案一方面反映了争执各方以法律解释为工具所展开的规则较量，另一方面则深刻地暴露了WTO体制重大缺陷下立法不明与司法克制、追寻真理与遵循先例的矛盾，以及贸易自由化进程中相生相伴的战略之争、权力较量等真实现状。

关键词：GATT一般例外　加入议定书　条约解释　WTO体制缺陷

目　　次

---

* 武汉大学法学院2011级博士生，西北政法大学国际法学院讲师。

一、问题与背景

GATT一般例外条款对加入议定书可适用性问题已成为困扰WTO争端解决机构的棘手法律问题。尤其美国、日本、欧盟诉中国的稀土案，不仅再次引发了WTO不同协定条款适用性问题的讨论，更是触及了与WTO体制合法性与正当性相关的诸多问题，而这些悬而未决的问题直接表现为包括WTO在内的各方在WTO争端解决舞台上的法律较量及背后的各种博弈。

早在2007年的美国诉中国特定出版物和视听娱乐产品案（简称中国出版物案）中，就第一次出现了关于GATT第20条对加入议定书义务的可适用性法律争议。中国主张有权援引GATT第20条中关于公共道德例外规定为其被诉措施进行抗辩，专家组和上诉机构裁定中国有权援引这一例外，但未能证明符合实质要件。随后，在2009年的美、欧、墨诉中国原材料案中，当中国再次以GATT第20条的例外条款为其违反《中国加入议定书》第11.3条的取消出口税义务进行抗辩时，专家组和上诉机构以这两个文本的条款之间不存在“客观联结”为由而裁定中国无权援引。在原材料案审结后的一个月，西方又紧锣密鼓地将中国对稀土产品的出口限制措施诉至WTO。“原材料案”是“稀土案”的翻版，不仅争议各方、涉案措施、法律争议点非常相似，结局更相似——对于稀土出口税措施，中国被裁定无权援引GATT一般例外为其违反性抗辩。可是，虽然结局没有超出各界的预言，但是诉讼过程的一波三折及各方激烈的较量，却是外界始料未及的。因为，GATT一般例外条款对加入议定书条款的可适用性问题，表面上是不同协定的条款适用问题，实质上直接涉及加入议定书在WTO法律体系中的法律地位和性质，而加入议定书难以正位的原因，却在于深藏于WTO体制合法性与正当性之下的立法漏洞和政治角力。

由此，稀土案引发了WTO争端解决舞台上出现了并不多见的热闹景象：经济上，贸易大国进行战略资源之争；法律上，各依目的不同而选用不同的条约解释方法；机制上，立法机构与司法机构相互“推诿”、刻意遵循先例而漏洞百出；政治上，权力较量与自由贸易相伴相生。本文主要以GATT一般例外对加入议定书条款的可适用之裁决进程为线索，着重探讨稀土案诉讼过程中的法律博弈及背后的制度较量和政治之争，从而为深刻反思稀土案中国的败诉提供另外一个有意义的视角。

二、法律因素：条约解释规则之争

GATT1994 第 20 条对《中国加入议定书》条款的可适用性问题首次出现在中国出版物案。该案的上诉机构在开始着手解决这一问题时就将其定性为"DSU 第 17.6 条中所指的法律解释问题"。① 由于这三个案子都涉及同一个法律问题，因此有必要将三个案子各方的思路和裁判思路发展做简要分析，以全面掌握稀土案中升级的法律博弈。

根据 WTO 协定附件 2《关于争端解决规则与程序的谅解》(简称 DSU) 第 3.2 条的规定，WTO 争端解决机构采用的法律解释方法是"解释国际公法的惯例"。而《维也纳法条约法公约》第 31 条和第 32 条正是对国际公法的解释惯例的编纂，因此 DSB 也应该遵循"依其用语按其上下文并参照条约之目的及宗旨所具有之通常意义，善意解释之"这一基本的解释方法。根据国际法委员会的解释，"条约解释程序是一个统一体，从而本条的各项规定组成一个单一的、互相紧密地连在一起的完整的规则"，也就是，"词语的通常意义不应抽象地予以决定，而应按照词的上下文并参考该条约的目的和宗旨予以决定，这是常识和善意的要求"。② 但是，中国出版物案、原材料案和稀土案三个案件面对 GATT 第 20 条的可适用性同一个问题，申请方坚持强调文本主义解释法以不变应万变，三个案件的裁判者虽然在裁决思路上有些微反复，但最终仍旧偏向了狭隘的文义解释法。各方在不同的法律解释方法与思路下展开了激烈的规则较量。

(一) 中国出版物案：文义解释法下的规则较量

从中国第一次作为被告的 2006 年汽车零部件案开始，与中国相关的 WTO 诉讼案件几乎都涉及是否违背《中国加入议定书》义务的问题。但从严格意义上看，汽车零部件案并没有真正涉及 GATT 第 20 条对加入议定书条款的可适用性问题，因为该案中不论是申请方、被申请方、专家组还是上诉机构，都没有完整地回应该问题。而真正在 DSB 中对其展开分析和论辩的是中国出版物案。该案的当事方都从文本文义的角度选择了对己方有利的措辞展开解释，而专家组很精明地用"假设成立法"将问题绕过，上诉机构在批评了专家组不负责任的"司法经济"后，

---

① Appellate Body Report of China—Publications and Audiovisual Product, WT/DS363/R, para. 215.

② 李浩培：《条约法概论》，法律出版社 2003 年版，第 352 页。

从文义解释法的角度选择了“就案说案”的“客观联结法”。

被申请方中国提出,《中国加入议定书》第 5.1 条引言“在不损害中国以与符合《WTO 协定》的方式管理贸易的权利的情况下”中的“《WTO 协定》”,指的是“《WTO 协定》及其附件”。因为中国第 5.1 条规定的是进出口货物的权利,那么在法律解释上就必须结合适用于货物贸易的 WTO 协定(包括 GATT1994 及其第 20 条)进行解释。据此,中国主张:有权依据第 5.1 条的规定对货物进出口实行限制措施,只要这些措施是与 GATT1994 第 20 条规定相符。① 而申请方美国却认为,既然第 5.1 条只罗列了允许国营贸易和可逐步取消贸易权限制的产品这种例外情况,而没有列出其他的例外情况,那么就不能再适用 GATT 第 20 条例外。② 可见,此处双方虽然使用的都是文本解释法,但在措辞的选择上都极具选择性和偏向性。本案的专家组采用“假设成立法”绕过该问题而直接分析“假设中国有权援引一般例外,其措施是否符合了实质要件”。上诉机构批评专家组的做法后,通过法律分析最后裁定支持中国的主张,理由主要有两点:第一,将第 5.1 条中的“在不损害中国以与《WTO 协定》相符的方式管理贸易的权利的情况下”中的《WTO 协定》,认定为具有整体性的《WTO 协定》,包括其附件,③ 但却没有展开论证分析;第二,中国寻求豁免的条款 GATT 第 20 条,与中国对相关产品的货物贸易管理有着清晰的、可辨的和客观的联结,即,对于贸易主体的限制和对于货物贸易的限制二者之间存在着紧密的关联。④

进言之,中国的贸易权承诺和所有 WTO 成员依据 GATT1994 第 3 条和第 11 条都得承担的义务是紧密相连的,既然 GATT 下的义务可以依第 20 条一般例外进行豁免,那么中国违背贸易权的承诺亦同样可依第 20 条主张豁免。无论是专家组的司法经济法还是上诉机构的客观联结法,最后的结果都是中国因不能满足第 20 条的实质要件而获得豁免,因此,当事方对客观联结法都未提出异议。有学者就此精辟地将上诉机构的逻辑概括为,“GATT 中心主义,即以 GATT 为中心的分析问题

① Panel Report of China—Publications and Audiovisual Product, WT/DS363/R, paras. 7.239-7.241, 7.244-7.245.

② Panel Report of China—Publications and Audiovisual Product, WT/DS363/R, paras. 7.242-7.243.

③ Appellate Body Report of China—Publications and Audiovisual Product, WT/DS363/AB/R, paras. 222-223.

④ Appellate Body Report of China—Publications and Audiovisual Product, WT/DS363/AB/R, para. 227.

方法。在该案当中，文本的重叠和内容的重叠是同时存在的"。① 上诉机构通过这种"客观联结"法，比较巧妙和稳妥地解决了本案中 GATT1994 一般例外对《中国加入议定书》第 5.1 条的可适用性问题，但这种方法却并非一劳永逸。因为，正如学者 Steve Charnovitz 所言，依赖于对"WTO 协定"这一具体援引来解决加入议定书条款与 WTO 协定的关系会给人留下这样的印象——具体援引是使加入议定书条款纳入到 WTO 协定中的唯一方式。② 万一出现加入议定书某些条款措辞中不存在所谓的"清晰的、可辨的和客观的联结"，找不到与 GATT 条款内容相重合的义务的情形时，怎么办？果然，这种治标不治本的办法，因为未能从根本上解决加入议定书法律地位问题及 WTO 各协定间关系的问题，使得 WTO 的裁判者在原材料案和稀土案中再次面临相似问题时陷入无法自圆其说的境地。

（二）中国原材料案——狭隘的文义解释法

在原材料案中，出现了 GATT1994 第 20 条对《中国加入议定书》第 11.3 条的可适用性问题。在本案中，专家组和上诉机构仍旧采用了文义解释法，但却是一种狭隘的文本主义，引发了不少批评。

专家组裁定中国无权对《中国加入议定书》第 11.3 条适用 GATT 一般例外条款，理由有三：一，根据中国出版物中的客观联结法，第 11.3 条的规定和第 5.1 条的规定相比在措辞上并不存在"客观、清晰和可辨的联结"，即第 11.3 条"并不包括对 GATT1994 第 20 条或广义上 GATT1994 的明确援引"；③ 第 11.3 条仅包括这样的例外——附件 6 和 GATT 第 8 条所涵盖的情形；二，第 11.3 条措辞中对 WTO 协定或 GATT1994 的缺省，表明 WTO 成员并无意将可援引的 GATT 第 20 条抗辩纳入到第 11.3 条中；④ 三，WTO 协定中并不存在普遍适用的例外规定，每个涵盖协定都规定有自己的一套"例外或灵活条款"；若想援用，可像 WTO 一些多边贸易协定一样通过交叉援引的方式纳入。

中国抓住了专家组推理的漏洞选择了两个反驳点进行上诉：第一，中国同时从

① 赵海乐：《"超 WTO 义务"的 GATT 例外适用权分析——以中国的应诉实践为例》，《国际商法论丛》(2014 年第 12 卷)，法律出版社 2014 年版，第 29~30 页。

② Matthew Kennedy, *The Integration of Accession Protocols into the WTO Agreement*, 47 (1) Journal of World Trade 56 (2013).

③ Panel Report of China-Measures Related To The Exportation Of Various Raw Materials, WT/DS394/R, WT/DS395/R, WT/DS398/R, para. 7. 124.

④ Panel Report of China-Measures Related To The Exportation Of Various Raw Materials, WT/DS394/R, WT/DS395/R, WT/DS398/R, paras. 7. 126-7. 129.

形式和内容着手，努力证明存在着“客观、清晰和可辨的联结”。① 第二，退一步说，即使真有“缺省”，但“缺省”也不代表排除适用。第 11.3 条中所列的例外规定并非穷尽性的。②

上诉机构并没有采纳中国的主张，而是坚持了原专家组的观点。第一，上诉机构采用了文义解释法，但却是以一种严格和狭隘的方式对第 11.3 条进行解读，③认为前半分句“取消所有（shall eliminate all taxes and charges）”体现的是绝对性排除的意思，而后半句表明前半句规定的义务存在这么一个例外——《中国入世议定书》附件 6 中规定的产品清单可除外。这种严格文本主义法直到稀土案仍旧被沿用，甚至发展到断章取义地引用权威字典里的释义。第二，从形式要件上看，并不存在对 GATT 或 GATT 第 20 条的“联结”迹象，对于“缺省”问题亦仍旧是采用了片面的推定；④ 为反驳中国抓住 GATT 第 8 条内容上存在着内容上的联结性这一主张，上诉机构也非常巧妙地回应，根据第 11.3 条的规定，违反 GATT 第 8 条可以适用第 20 条做抗辩但违反“取消所有的出口税”义务则不能适用其做抗辩，是因为 GATT 第 8 条仅针对的是“进出口规费和手续”而出口税并不属于其范围之内。第三，从目的解释的角度上看，纵使《WTO 协定》规定了多元的宗旨和目标，但这些目标与目标之间的平衡要求并未对 GATT 第 20 条的可适用性问题提供具体的指引。⑤

纵观本案的整个诉讼过程，当事各方可谓都使出浑身解数努力从各个角度和细

① 比如，《中国加入工作组报告》第 170 段从标题和内容上都表明，第 11.3 条和第 170 段中的主体事项是相同的，存在着“明显的文本指示”，而从第 170 段的措辞上看，这些措施则是与一般例外条款有联结性的；同时，第 11.3 条还同时要求出口税费措施须符合“GATT1994 第 8 条”，反之则会同时违反第 11.3 条和 GATT1994 第 8 条的规定，而违反 GATT 第 8 条当然是可以援引 GATT 第 20 条的抗辩的。

② 中国原材料案中国上诉陈述，第 219~222 段。

③ 《中国入世议定书》第 11.3 条规定：“中国应取消适用于出口产品的全部税费，除非本议定书附件 6 中有明确规定或按照 GATT1994 第 8 条的规定适用。”英文原文为“China shall eliminate *all* taxes and charges applied to exports *unless specifically* provided for in Annex 6 of this Protocol or applied in conformity with the provisions of Article VIII of the GATT 1994”。

④ 上诉机构称：“第 11.3 条有明示提及 GATT1994 第 8 条却没有提及 GATT 其他条款包括第 20 条就是有意的缺省；如果认为这种有意的缺省仍旧能适用 GATT 第 20 条，那么其他条文明文的纳入措辞就显得多余了。”WTO Appellate Body Report of China-Measures Related To The Exportation Of Various Raw Materials，WT/DS394/AB/R，WT/DS395/AB/R，WT/DS398/AB/R，para. 303.

⑤ Appellate Body Report of China-Measures Related To The Exportation Of Various Raw Materials，WT/DS394/AB/R，WT/DS395/AB/R，WT/DS398/AB/R，para. 306.

节为自己的主张展开论证，体现了 WTO 案件中激烈的法律较量。但中国之所以仍旧败诉，主要是专家组和上诉机构坚持采用了严格文本主义解释法，这种背离系统解释和目的解释的方法，必然会得出不能适用 GATT 一般例外的结论。因为它们解决问题的基础材料仅仅是《中国入世议定书》第 11.3 条的文字本身及有限的上下文；在选择上下文时，仅对与《中国入世议定书》第 11.3 条“物理距离”最近的第 11.1 条、第 11.2 条及相关的中国入世工作组报告书相关段落进行了解读，回避了加入议定书法律地位是什么这一实质性问题。另外，从形式与逻辑的角度看，上诉机构也仅是表面化地将不同条款作比较，将缺省的真实含义片面推定，这必然会导致各执一词、难以服众。而最为关键的，由于存在着“事实上的遵循先例”实践，本案的解释方法严重影响了后面的稀土案。

（三）中国稀土案的逻辑波动——本源性问题的回归和严格文义解释的固守

中国稀土案案情几乎与原材料案相同，但比较有意思的是，对于 GATT 一般例外可适用性问题的论争至此已呈现出众说纷纭的热闹景象，不仅参与的第三方各有说辞，专家组也非同寻常地出现了异议专家意见，而上诉机构更是鲜有地出现“语焉不详、啰唆重复”。

在面对重蹈覆辙的压力下，中国并非消极应对，而是调整抗辩思路，不再拘泥于对法律解释方法的纠缠，巧妙地将 WTO 的裁判者引向了一般例外可适用性问题的前置性难题，即：《中国加入议定书》第 11.3 条与《WTO 协定》尤其是 GATT 之间到底是什么样的关系？或者说，加入议定书作为 WTO 法律文件之一，其法律地位和性质是什么？对于专家组和上诉机构而言，澄清这一问题是其无法回避的本职工作。对于出版物案和原材料案所采用的文本解释法和构建联结法，中国直接针对这两种论证方法提出颠覆性理由：解决问题的正确解释方法应该是动态解释法而非严格的文本解释法；即使不存在所谓的“客观、表面联结”，但鉴于加入议定书的性质和它与 WTO 协定及所附的多边贸易协定之间的法律关系，《中国加入议定书》第 11.3 条亦属于 GATT1994 的组成部分。具体主张和理由如下。

第一，通过质疑 DSU 管辖权正当性问题，将问题转化为《中国加入议定书》并非“涵盖协定”但会归属于某一具体的涵盖协定的论断。首先，DSB 审理案件的管辖范围仅限于涵盖协定，而显然地，所有 1994 年之后的加入议定书（简称为“后 1994 加入议定书”）并非 DSU 附录一的涵盖协定范围。即使《中国加入议定书》有第 1.2 条的“并入条款”，① 也不能将其简单地推导为涵盖协定。以作为

① 《中国加入议定书》第 1.2 条规定：“本议定书，包括工作组报告书第 342 段所指的承诺，应成为《WTO 协定》的组成部分。”

WTO 协定附件三的《贸易政策审议机制》为例，根据《WTO 协定》第 2.2 条的规定，它同样是“组成部分”，但它却不是 DSU 附录 1 所规定的涵盖协定。其次，根据《WTO 协定》第 12.1 条的规定，加入议定书是申请加入 WTO 的依据，是“议定条件的集合”。换言之，“后 1994 加入议定书”具体规定的是，一个 WTO 成员如何承担《WTO 协定》及其所附的多边贸易协定的义务。它与 WTO 协定及所附多边贸易协定之间存在着贯穿性的内在联系。①《中国加入议定书》第 11.3 条是被添加于一个具体的涵盖协定（比如 GATT1994）之上的。中国在此处回答了为何后 1994 加入议定书不是涵盖协定而 DSB 仍旧具有管辖权的问题，相比于原材料案中专家组“各方都默认有管辖权”的理由②及后来稀土案上诉机构所称的“措辞具有强制性”③ 更为明确和有说服力。中国提出该问题的巧妙之处在于，表面上是在论证 DSB 对违反加入议定书条款案件的管辖权之合法性，实质是通过管辖权合法性问题引向《中国加入议定书》条款附属于某个涵盖协定这样的逻辑中。当然，专家组的回答更为巧妙，通过运用娴熟的文本解释法将《中国加入议定书》解读为《马拉喀什协定》（即《WTO 协定》）的组成部分。

第二，中国明确提出，《中国加入议定书》第 11.3 条是 GATT1994 的组成部分之一，法律依据是《中国加入议定书》第 1.2 条和《马拉喀什协定》第 12.1 条。④ 理由是，第 11.3 条中的出口税承诺与 GATT 的第 11.1 条普遍取消数量限制和 2.1（a）条减让表最惠国待遇这两个条款具有内在的联系；⑤ 因为 GATT1994 第

① China's Rebuttal Submission Regarding its Request for a Preliminary Ruling, paras. 13-28，转引自中国稀土案专家组报告附录中关于中国陈述概要，第 B-76 页。

② “所有争端方都同意议定书构成 WTO 协定的有机组成部分，所有争端方都同意 WTO 成员可以基于关于违反加入议定书的诉请提起 WTO 争端解决程序，所有争端方都同意被纳入加入议定书中的工作组报告书段落有约束力，并可通过 WTO 争端解决程序强制执行。” See Panel Report of China-Measures Related To The Exportation Of Various Raw Materials, WT/DS394/R, WT/DS395/R, WT/DS398/R, paras. 7.114-7.115.

③ Appellate Body Report of China-Measures Related To The Exportation Of Rare Earths, Tungsten, And Molybdenum, WT/DS431/AB/R, WT/DS432/AB/R, WT/DS433/AB/R, para. 5.19.

④ 《中国加入议定书》第 1.2 条规定：“中国所加入的《WTO 协定》应为经在加入之日前已生效的法律文件所更正、修正或修改的《WTO 协定》。本议定书，包括工作组报告书第 342 段所指的承诺，应成为《WTO 协定》的组成部分。”《马拉喀什建立世界贸易组织协定》第 12.1 条规定：“任何国家或在处理其对外贸易关系及本协定和多边贸易协定规定的其他事项方面拥有完全自主权的单独关税区，可按它与 WTO 议定的条件加入本协定。此加入适用于本协定及所附多边贸易协定。”

⑤ China's Rebuttal Submission Regarding its Request for a Preliminary Ruling, paras. 22-24，转引自中国稀土案专家组报告附录中关于中国陈述概要，第 B-76 页。

2.1.a 条所规定的减让表包含了进口税和出口税这两类约束，所以《中国加入议定书》第 11.3 条是在 GATT 这两条文基础上的扩张，涉及的是与货物贸易有关的义务。相应地,《中国加入议定书》第 11.3 条就应当被认定为是 GATT1994 的组成部分；那么，除非有明确的条约语言表示相反的意思，第 11.3 条就应当受 GATT 第 20 条一般例外的约束。

第三，正确的解释方法应该是动态性解释方法。中国认为应该运用动态性解释方法，将 WTO 协定的目标和宗旨考虑在内，在裁定 GATT 第 20 条是否可适用于违反《中国加入议定书》第 11.3 条的行为时，必须要考虑到 WTO 根本性目标的价值。无论是对于 1995 年 1 月生效的 GATT1994 还是后 1994 加入议定书中与 GATT 有内在联系的超 WTO 义务条款，若没有明示的语言表示相反的意思，都可以适用 GATT1994 的例外条款，从而保证成员不被剥夺有效实现 WTO 根本性目标的能力。①

面对中国有力的主张和论证，专家组颇有雄心地打算从制度层面将问题阐述清楚，于是计划从两个方面解决 GATT 一般例外对《中国加入议定书》第 11.3 条的可适用性问题:《中国加入议定书》与 WTO 协定之间的关系问题;《中国加入议定书》第 11.3 条和 GATT1994 之间的关系问题。但是，没想到"理越辩越明"，专家组对严格文义解释法的运用，一方面明确了《中国加入议定书》第 1.2 条中的"WTO 协定"是《马拉喀什协定》而非中国所认为的"《马拉喀什协定》及所附的多边贸易协定"，另一方面却比较意外地揭示 WTO 法律没有明确规定加入议定书的法律性质和地位这一立法漏洞。

专家组认为《中国加入议定书》第 11.3 条并不属于 GATT1994 的组成部分，因为 GATT 1994 第 1 条所规定的范围仅包括"《WTO 协定》生效之日前在 GATT 1947 项下已实施的与关税减让相关的议定书和核准书"，② 而不包括后 1994 加入议定书，即 GATT1994 是一个穷尽的、封闭的清单。也就是说，专家组在分析 GATT1994 所囊括的范围时选择了 GATT1994 而非加入议定书作为逻辑起点。相较于之前案子，仅是简单提及 GATT1994 第 20 条所指的"本协定"是指 GATT，本

---

① China's First Written Submission, paras. 445-458; China's Rebuttal Submission Regarding its Request for a Preliminary Ruling, paras. 43-55. 转引自中国稀土案专家组报告附录中关于中国陈述概要，第 B-77 页。

② GATT1994 第 1 条规定：

《1994 年关税与贸易总协定》（"GATT 1994"）包括：……

（b）《WTO 协定》生效之日前在 GATT 1947 项下已实施的以下所列法律文件的条款：

（i）与关税减让相关的议定书和核准书；

（ii）加入议定书［不包括（a）关于临时适用和撤销临时适用的规定及（b）规定应在与议定书订立之日已存在的立法不相抵触的最大限度内临时适用 GATT 1947 第二部分的条款］；……

案的专家组更善于从明确的条文中找依据。如此，那么后1994加入议定书的位置应该在哪呢？专家组或许并没有想到，它们在此点上的分析正好清晰地揭示了WTO立法对后1994加入议定书法律地位的立法空缺。WTO是1995年成立的，1995年之前的GATT1947缔约方自动成为WTO的初始成员，它们的加入议定书因为只涉及货物贸易，因此被纳入到GATT1994范围。而对于1994年之后申请加入WTO的成员所签订的加入议定书而言，一方面这些加入议定书属于“后生”的法律协定（即后1994加入议定书），另一方面在内容上涉及的领域不仅包括货物贸易还包括服务贸易、知识产权等领域，因此从逻辑上并不能像之前的加入议定书一样有“正位”。而1995年WTO成立时的法律文件却又没有对其地位做明确规定，从而导致了后1994加入议定书是WTO协定的组成部分，但又不明确其与其他同样构成“WTO协定组成部分”的多边贸易协定之间的关系。此外，专家组的逻辑选择还暴露了其与之前案件中的“客观联结法”的矛盾。中国出版物案和原材料案的裁决者一直都在“安抚”中国，如果有明确的援引文字，那么后1994加入议定书条款是可以被纳入到GATT1994文本中的。申请方之一的欧盟也称，“《中国加入议定书》和《中国加入工作组报告》是历经十五年的精心谈判而精构而成的，如果《中国加入议定书》想要将GATT第20条适用于第11.3段的话，他们应该会明述此意的”。① 既称GATT1994的范围是自定和封闭的，又称如果中国够聪明本可以利用明示援引的文字将后1994加入议定书条款纳入到GATT1994中，这两种说理在逻辑起点上难道不是完全相反吗？事实上，如果说GATT1994和后1994加入议定书属于两个不同的法律文本，而GATT1994是WTO规范货物贸易的一般规范，那么，从法理上看，后者能否成为前者的组成部分（即后者是否接受前者规定的权利和义务），从根本上取决于后者的自愿性规定而非前者的规定。而后1994加入议定书是如何规定的，这又重新回到了条约解释的问题上。

总之，专家组尝试着对加入议定书与WTO协定及GATTA1994的关系作一番梳理，但并不全面和深刻，最后通过借用《简明牛津英语词典》对第11.3条中的“除非”和“尤其地”的含义作了详细的分析，指出第11.3条所规定的取消出口税义务确实存在例外，但这个例外仅仅是《中国加入议定书》附件6中所列明的84种产品而非GATT第20条一般例外。

在各方都热切期待上诉机构能有所作为的时候，上诉机构的分析却让人失望。上诉机构在不长的篇幅里七次重复解决问题的方法，“要根据条约解释习惯规则和争议案件的具体情况，对相关条款的文本、上下文作全面的分析，要分析《中国加入议定书》、《中国加入工作组报告》、WTO整个的法律框架，尤其要考虑到作

① 中国原材料案专家组报告附录中欧盟的陈述摘要，第B-25页。

为一揽子接受的WTO这一整体性的结构”。可是，正所谓“知易行难”，在真正展开分析时，上诉机构却仅提到，《中国加入议定书》第1.2条的并入条款法律意义仅仅是起到桥梁的作用，即将“《中国加入议定》条款义务与作为整体的已有的WTO权利和义务架接起来”；而这“桥梁仅仅是起点，其本身并未解决加入议定书条款与其他WTO协定条款之间的关系问题”。① 上诉机构认为，专家组关于《中国加入议定书》是《建立世界贸易组织协定》而非GATT1994的组成部分的论断也不是关键性的，真正解决问题的方法仍旧是中国出版物案中上诉机构所提到的“客观联结法”，即看加入议定书条款是否明确提及其他的WTO协定（或条款），或者在规制事项上是否有重合。但问题在于，WTO成立之后的加入议定书里往往专门针对具有特殊性的国家（比如越南、中国、俄罗斯等）规定WTO协定里原来没有的义务（即超WTO义务），这时再用客观联结法探析两者的关系，岂不是“缘木求鱼”吗？显然，上诉机构回避了《中国加入议定书》是什么的问题，而是退回到“治标不治本”的严格文义解释法上来。

纵观三个案例可以看出，专家组和上诉机构一直在坚守文义解释法，但已经从中国出版物案的恰当的文义解释演变为狭隘的文义解释，这种片面的法律解释方法遭到各界的批评。比如，未能按照《WTO协定》序言明确规定的目的与宗旨来对《中国加入议定书》的相关条款进行解释，未能探求缔约国的真实意图，未能遵循“遇有疑义从轻解释”（dubio mitius）的法律解释惯例，违反了善意解释原则。为何专家组和上诉机构未能表现出以往的司法能动主义倾向，积极去填补立法漏洞反而是退回到更为保守的狭隘文义解释法呢？文义解释法和系统解释法较量的背后，其实存在着其他深层次的原因。正如《WTO的历史和未来》所言，“贸易争端的法律问题不能仅仅通过贸易法这一视角来审查”，② 稀土案的背后存在着更微妙的制度性因素和政治因素。

三、制度性因素：WTO立法与司法中的体制缺陷

（一）立法不明和司法克制主义间的尴尬

WTO体制下，根据反向一致原则，上诉机构报告相当于自动通过，这使得

① Appellate Body Report of China-Measures Related To The Exportation Of Rare Earths, Tungsten, And Molybdenum, WT/DS431/AB/R, WT/DS432/AB/R, WT/DS433/AB/R, para. 5. 50.

② Craig VanGrasstek, The History and Future of WTO, available at http: //www. wto. org/english/res_e/publications_e/historyandfuturewto_e. htm, visited on 20 December, 2014.

WTO 专家组和上诉机构相比较于 GATT 专家组有更多的司法能动主义空间；加上 WTO 面对的各种与贸易相关的环境、人权等新问题频增，导致 WTO 裁判者更容易产生司法能动主义倾向。但，为何在涉及 GATT 一般例外对加入议定书条款的可适用性问题上，上诉机构不仅没有表现出一点司法能动的举动，反而还退回到更为保守的严格文义解释法上呢？本文分析认为原因主要来自两大方面：

一方面，WTO 体制内存在立法低效与争端解决高效之间的矛盾。WTO“虚弱”的立法和强大的司法化争端解决机制间存在着严重的失衡。①上述三个案件出现“难以司法”的情形，主要原因都在于立法空白。GATT1994 只将 1994 年之前的加入议定书纳入其范围，而规范后 1994 加入议定书的只有《马拉喀什协定》第 12 条“按议定条件加入本协定”这一宽泛条款，后 1994 加入议定书的法律地位并不明确。同时 WTO 体制对立法缺陷进行补救的立法解释和条约修订都是非常迟钝和困难的。《马拉喀什协定》第 9.2 条规定，部长级会议和总理事有权对本协定和多边贸易协定作出解释，但需要经由 3/4 多数成员的批准；第 10 条规定，对于 GATT1994 第 1 条和第 2 条的修正，需要部长级会议协商一致且经所有成员接受方可生效。可见，无论是对 WTO 协定相关问题作出立法解释还是修正，都有着非常严格的程序要求。在 WTO 历史上，目前尚无依第 9.2 条进行的立法解释，依第 10 条对 WTO 多边贸易协定进行的唯一一次修订是 2005 年 12 月 6 日 WTO 总理事会所通过的《关于〈与贸易有关的知识产权协定〉修正案议定书》。

由此，要期待从立法方面给后 1994 加入议定书“正位”，这种预期将会是不确定的。而从 WTO 史上第一次出现因违反加入议定书义务而以加入议定书条款为法律依据提起的案件至今已经有 8 年，涉及的案件共有 16 件（依所涉主题事项而非案号的计算），② WTO 的权力机构对该立法漏洞问题不可能不知晓。而对于有着严格工作期限的 DSB 而言，一方面面临着立法机构对立法漏洞问题的“漠视”，另一方面又承受着“司法不宜”却仍不得不审的各种案件，再加上一直遭受“司法能动主义”的批判，各种因素权衡下，严格遵循文义的解释反倒成为裁判者背受“违职”风险最小的最佳选择。

另一方面，WTO 的裁判者即使可以发挥司法能动主义，但鉴于 GATT 一般例外的可适用性问题直接触及 WTO 正当性，因而选择严格的文本主义，实行“司法经济”则是一种更巧妙的解决方案。以往专家组或上诉机构不得已发挥司法能动性的案件，往往涉及非贸易价值的引入、程序性补缺等问题，而 GATT 一般例外对

① 程红星：《WTO 司法哲学的能动主义之维》，北京大学出版社 2006 年版，第 57 页。

② WTO 官网，资料来源于 http：//www. wto. org/english/tratop_e/dispu_e/dispu_agreements_index_e. htm？id=A30，2014 年 8 月 12 日访问。

加入议定书条款的可适用性问题除了涉及贸易自由化与环境保护目标的平衡外，还直接牵涉出"超 WTO 义务"（WTO-plus）问题。原材料案和稀土案中，中国被指违背了《中国加入议定书》中所规定的取消出口税的义务，而这一义务却是 WTO 初始成员不需要负担的、WTO 一般规则中也没有的。很少被关注的"入门费"在此处却直接暴露了谈判加入中的政治性与 WTO 运作中的法治性的矛盾。而在 WTO 中，规则或组织的正义性依然十分重要，是激励成员自觉遵守该组织决议最有有效的方式。①

因此，稀土案上诉机构在众望中放弃"可大有作为"的良机，② 而是退回至狭隘的文本主义，表面看似笨拙实质是高明，因为，"文本优先有利于维护上诉机构在成员中的声誉与可信赖度"。③ 相比于中国出版物案专家组接受美国建议采用体现司法经济的"假定成立法"（assumption arguendo）而言，它履行了裁案职能；相比于稀土案专家组的冒进却无法自圆其说而言，它被动地执行法律又体现了微妙的"避讼技巧（issue-avoidance technique）"。④

（二）遵循先例与歧见四起

DSU 规定了 WTO 争端解决机制有法律解释的职能而没有规定必须遵循先例，但"争端解决机构，尤其是上诉机构的报告，已经作为国际贸易的普通法而存在了"。⑤ 著名的萨瑟兰报告《WTO 的未来》中提到，"对于先例的依赖，虽然并不是决定性的，也并不绝对约束所有后来的案例，但它却提供了一个一致性的

---

① Yuka Fukunaga, *Civil Society and the Legitimacy of the WTO Dispute Settlement System*, 34 (1) Brooklyn Journal of the International Law 85 (2008).

② 稀土案专家组阶段参与的第三方就已达 16 个，各方的兴趣点从原来的第 20 条实体性条件的满足问题转向了 WTO 体系性问题。比如，秘鲁就在其陈述中明确表明加入第三方的原因是"出于专家组对 WTO 法律体系中各种权利义务的解释这种体制性关切，尤其是对出口限制规制较少的规范的解释及加入议定书和其他 WTO 法律之间的关系问题"；而柬埔寨则称，"对于《中国加入议定书》第 11.3 条能否援引 GATT 第 20 条，它并没有明确的立场；但它认为，专家组仅依据文本法（based solely on a textual approach）而裁定 GATT 第 20 条不能适用于加入议定书的条款，不具有说服力"。

③ See Georg Nolte, *Reports for the ILC Study Group on Treaties Over Time* (*Report* 2), in Georg Nolte, Treaties and Subsequent Practice, 216 (Oxford University Press 2013).

④ William J. Davey, *Has the WTO Dispute Settlement System Exceeded Its Authority*?, 4 (1) Journal of International Economic Law 96-109 (2001).

⑤ 赵维田、刘敬东主编：《WTO：解释条约的习惯规则》，湖南科学技术出版社 2006 年版，第 70 页。

标准，反过来又提高了整个体制可预见性”。① 即，WTO已发展出独特的事实上遵循先例制度和“先例解释法”。② 但是，为了维持与中国出版物案上诉机构所确立的“客观联结法”相一致，稀土案的裁判者所进行的法律分析却是非常艰难的。

欧盟充分利用了DSB运作中事实上遵循先例的规律，指出稀土案对于相同法律问题的裁决不应该背离原材料案的裁决，只有这样才能保证实现DSU第3.2条所规定的“安全性与可预见性”。③ 欧盟这点申诉意见为专家组施加了不小的压力。于是，专家组在展开具体的分析之前，就大篇幅的解释除非有“令人信服的理由”（cogent reasons），否则是不会推翻原有的裁判的。

首先，专家组举出墨西哥诉美国不锈钢案上诉机构的报告，“除非有令人信服的理由，一个裁判机构对于往后的案件应该以同样的方式解决同样的法律问题”。④

其次，专家组援引前南刑事法庭和ICSID仲裁机构中涉及国际裁判机构司法一致性的案例，指出“即使裁判机构不受以往判决的约束，但也必须要适当考虑先前的裁决。除非有强有力的、相反的理由（subject to compelling contrary grounds），否则就有义务采取以往一致案例中的解决方法”。⑤

再次，专家组为了加强说服力，还在脚注中引用了著名国际法学者劳特派特在《国际法中所谓的盎格鲁派和大陆法学派思源》中的名言：“如果法律其中一个主要的职能是为了维护安全性和稳定性，那么就必须遵守法律裁决。”⑥ 尽管并不确定其他国际裁判机构的实践做法及国际法学者的理论的参考意义，但从侧面可见，专家组为了保持与前面相似案例相同的裁决结果，下足了工夫进行铺垫夯实。但异议专家在本案中的出现，反而警示：必须有更充分的理由（cogent reasons）才能在一般例外可适用性问题上做到“遵循先例”。因为，WTO虽然并不反对专家组和上诉机构成员提出异议观点，但WTO的司法实践至今在裁决中出现异议观点仅是少

① WTO总干事顾问委员会著的“Future of the WTO：Addressing institutional challenges in the new millennium”中关于“the power of precedent”的论述。

② 黄东黎：《世界贸易组织补贴规则的条约解释》，法律出版社2010年版，第5页。

③ 中国原材料案专家组报告附录中欧盟的陈述摘要，第B-25页。

④ Panel Report of China-Measures Related To The Exportation Of Rare Earths, Tungsten, And Molybdenum, WT/DS431/R, WT/DS432/R, WT/DS433/R, para. 7. 55.

⑤ Panel Report of China-Measures Related To The Exportation Of Rare Earths, Tungsten, And Molybdenum, WT/DS431/R, WT/DS432/R, WT/DS433/R, footnote 117.

⑥ Panel Report of China-Measures Related To The Exportation Of Rare Earths, Tungsten, And Molybdenum, WT/DS431/R, WT/DS432/R, WT/DS433/R, footnote 117.

数现象。① 有学者指出，"如果 WTO 裁决机制运行良好，并且也采用了正确的解释方法，那么裁判者集体智慧的运用就意味着出现单独异议意见是极少见的"。②

到了稀土案上诉阶段，上诉机构又做到了"遵循先例"了吗？尽管它试图遵循原材料案上诉机构的"客观联结法"，还欲从全局和谐一致的角度维护专家组的诸多纰漏，但事实上却出现更多的矛盾。

就《中国加入议定书》中的"WTO 协定"的范围界定这一问题，中国出版物案上诉机构、稀土案专家组和上诉机构的解释出现明显的不一致。中国出版物案上诉机构将《中国加入议定书》第 5.1 条中的"在不损害中国以与《WTO 协定》相符的方式管理贸易的权利的情况下"中的《WTO 协定》，认定为具有整体性的《WTO 协定》，包括其附件。③ 稀土案的专家组则认为《中国加入议定书》第 1.2 条中的"WTO 协定"是指《马拉喀什协定》而非中国所认为的"《马拉喀什协定》及所附的多边贸易协定"，④ 理由是《中国加入议定书》的序言中已经明确了"《WTO 协定》是《马拉喀什协定》的简称"⑤ 稀土案的上诉机构基本支持了专家组的分析，认为《中国加入议定书》中所出现的'WTO 协定'一词需要根据上下文进行认定，它有时指向的是《马拉喀什协定》，而有时会指向作为一个整体的所有 WTO 协定，这种可宽可窄的解释是无关紧要的。⑥ 也就是说，上诉机构既认为中国出版物案的上诉机构对《中国加入议定书》第 5.2 条中的"WTO 协定"解读是正确的，也认为稀土案的专家组对于《中国加入议定书》1.2 条中的"WTO 协定"的解读也是正确的。可是，在同一个法律文本中如此没有标准地随意界定"WTO 协定"的范围，显然是不合适的。

---

① Meredith Kolsky Lewis, *The Lack of Dissent in WTO Dispute Settlement*, 9 (4) Journal of International Economic Law 896 (2006).

② James Flett, *Collective Intelligence and the Possibility of Dissent: Anonymous Individual Opinions in WTO Jurisprudence*, 13 (2) Journal of International Economic Law 320 (2010).

③ Appellate Body Report of China—Publications and Audiovisual Product, WT/DS363/AB/R, paras. 222-223.

④ 《中国加入议定书》第 1.2 条的英文表述为"This Protocol, which shall include the commitments referred to in paragraph 342 of the Working Party Report, shall be an integral part of the WTO Agreement。"。

⑤ Panel Report of China-Measures Related To The Exportation Of Rare Earths, Tungsten, And Molybdenum, WT/DS431/R, WT/DS432/R, WT/DS433/R, para. 7. 78 -7. 80.

⑥ Appellate Body Report of China-Measures Related To The Exportation Of Rare Earths, Tungsten, And Molybdenum, WT/DS431/AB/R, WT/DS432/AB/R, WT/DS433/AB/R, paras. 5. 46-5. 47.

四、政治因素：与贸易自由化相生相伴的政治角力

（一）自然资源之争与形成中的贸易规则

无论是原材料之争还是稀土之争，其实都是贸易大国战略性资源的争夺。稀土被称为“工业维生素”，对各国的高科技和国防产业至关重要。中国是当今世界上最大的稀土生产、出口国，以全球36.4%的储量承担着全球90%以上的供应。① 由于中国数年来在稀土资源开发、冶炼分离和市场流通秩序中存在着私挖盗采、破坏环境、产业链低端、走私等各种不规范的现象，加上经济发展对矿产资源的需求大增，因此中国政府近年采取了一系列规范稀土行业的管理手段，其中包括出口税和出口配额。在中国看来，这不过是正常行使自然资源主权权能的表现。但这种基于主权内生权利的行使发生在自然资源争夺激烈的大背景下，就背上了操纵、控制、垄断全球资源产品市场和破坏自由贸易的“罪名”，而 WTO 中的 GATT1994 普遍取消数量限制、《中国加入议定书》取消出口税费等规定给不满的贸易国家和地区提供了借由发挥的发力点。

其实，自然资源之争由来已久。早在20世纪70年代的时候，罗马俱乐部就发布了题为《发展的限制：罗马俱乐部关于人类困境的报告》（*The Limits to Growth: a Report of the Club of ROME's Project on the Predicament of Mankind*），警告主要国家的经济发展将会因自然资源的稀缺而停滞。其中，稀土的战略价值也早为各国所重视，甚至被推至与石油相当的地位。

在稀土案的酝酿发酵期，西方一方面深深懊恼被中国低价的稀土所迷惑而错失发展稀土开发技术、控制稀土产业的时机，另一方面纷纷加大力度研究中国及全球的稀土产业及战略问题。比如，美国前情报委员会委员、彼德森研究院研究员西奥多·H. 莫兰（Theodore H. Moran）发表了研究报告——《中国保障自然资源的战略》，欧盟政策研究中心2010年发表了《揭秘中国稀土战略》，美国爱荷华州立大学和 Ames 实验室联合2010年发布《稀土矿物和21世纪的产业》，南非国际事务机构发表了《21世纪的争夺：南非、中国和稀土金属产业》，美国国会研究服务部于2012年为国会议员和委员会提供《中国的稀土产业和出口体制：对美国的经济和贸易蕴意》，德国国际和安全事务研究所于2013年发布了《全球资源治理的分裂或合作——对G20原材料战略的比较分析》，太平洋 CSIS 论坛于2014年发布了

① 中国新闻网：《外交部：中国政府对稀土管理措施符合世贸规则》，资料来源于 http://www.chinanews.com/gn/2012/03-13/3740952.shtml，2014年8月13日访问。

《稀土元素：亚洲关键的战略性资源》。美国甚至还在酝酿制定《2014 年国家稀土法案》（The National Rare Earth Act of 2014），这是由密苏里州共和党参议员罗伊·布朗特（Roy Blunt）和西弗吉尼亚州民主党参议员乔·曼钦（Joe Manchin）于 2014 年 2 月共同向美国国会提交的。该法案将使稀土材料的开采及加工回归美国，并与欧盟、日本、澳大利亚和加拿大合作，从根本上切断美国与中国在这方面的联系，从而使美国的国防武器系统摆脱中国的制约。

然而，WTO 目前并没有关于自然资源产品的明确规则。基于自然资源产品的双重属性和各国的战略角逐，WTO 正在考虑利用国际贸易规则对其进行规制。2010 年 WTO 贸易报告以"世界自然资源贸易报告"为题专门研究了以多边贸易规则规范自然资源产品的国内管理与国际贸易这一问题。该报告指出，虽然 WTO 规则并不是专门规范自然资源国际贸易的，但由于资源稀缺国家担心没有获得充足资源的途径，而资源丰富的国家则担心不适当开发而采用具有贸易限制作用的国内管制措施，因此需要有效的多边贸易规则去解决这些冲突。2011 年 9 月以"寻找世界贸易挑战的答案"为题的 WTO 公众论坛，其中一个分主题就是"自然资源贸易"。该分主题主要涉及"自然资源自由贸易使国家受益程度和自然资源的可持续性对国际贸易的影响"，并对贸易规则促进政府更好地实现环境保护和资源管理，以及 WTO 规则与其他贸易管理和相关国际性协定之间的一致性等问题进行了探讨。可见，是否将自然资源贸易纳入到 WTO 规范体系中，仍旧处于一个论证和形成的过程。而中国原材料案和稀土案却正是在这种关于自然资源贸易的多边规则尚未确立起来之前，被各怀战略意图的国家推至 WTO 的争端舞台，利用尚不健全的规则去对中国的措施行为进行评判。

（二）加入机制中的政治因素

一般而言，"超 WTO 义务"（WTO-PLUS）普遍被用于指代那些超出现有的 WTO 协定所要求的义务。① 虽然稀土案的专家组在一开始提出更愿意用"加入议定书具体条款"（"accession Protocol-specific provision"）这一表述，② 但是各方都认同《中国加入议定书》第 11.3 条"取消出口税费"的义务是在 GATT1994 或其

① Julia Ya Qin, *WTO-Plus Obligations and Their Implications for the World Trade Organization Legal System*, 37 (3) Journal of World Trade 483 (2003).

② Panel Report of China-Measures Related To The Exportation Of Rare Earths, Tungsten, And Molybdenum, WT/DS431/R, WT/DS432/R, WT/DS433/R, footnote 163.

他涵盖协定中所没有的。① 后1994加入议定书中怎么会出现WTO初始成员所不负担的“超WTO义务”呢？

从源头上看，WTO并没有明确规范申请者加入WTO的条件范围，再加上加入决策机制的“一致同意”使得新成员的加入过程难免受到政治的严重影响。正如WTO总干事在《2013年WTO加入年度报告》中所总结的，“WTO加入（过程）对于保障和加强规则导向的、权义平衡的多边贸易体制极具战略意义……但是，必须要牢记，总是存在着WTO控制的各种不确定因素影响着加入结果”。②

虽然1994年《关于接受和加入〈建立WTO协定〉的决议》这一部长决定中明确提到“WTO协定并不以任何方式区别对待WTO成员”，③ 但是《马拉喀什协定》第12.1条的“与WTO议定的条件”这一没有范围限定的条款却为差别待遇留下了空间；虽然第12.3条规定了批准加入只需要部长级会议上的2/3多数WTO成员批准即可，但WTO的实践却是全体同意，这意味着如果要价得不到满足，那么任何一个在任的成员都可以阻挠申请者的加入。因而，一些贸易大国往往会借助实力与优势地位并以施压手段从申请加入者身上“挤压”出尽可能多的特殊承诺，而申请加入者自身又往往缺乏经验和法律专家从而无法也无能力将其利益需求全面反映到议定书中。④

此外，根据历史机制主义者的观点，GATT的确立，本身就会导致一个有约束性的进化发展轨迹的产生，而GATT诞生之初在加入程序方面所存在的结构不平等、不对称也同样会借助依赖路径而影响到WTO。⑤

总之，加入WTO过程中的政治因素导致了WTO运作中各成员权利义务不统

① Panel Report of China-Measures Related To The Exportation Of Rare Earths, Tungsten, And Molybdenum, WT/DS431/R, WT/DS432/R, WT/DS433/R, para. 7.91.

② “DIRECTOR-GENERAL'S 2013ANNUAL REPORT ON ACCESSIONS” (WT/ACC/21, WT/GC/155, WT/MIN (13) /6), p26.

③ “Recognizing that the WTO Agreement *does not distinguish in any way between WTO Members* which accepted that Agreement in accordance with its Articles XI and XIV and WTO Members which acceded to it in accordance with its Article XII and wishing to ensure that the procedures for accession of the States and separate customs territories which have not become contracting parties to the GATT 1947 as of the date of entry into force of the WTO Agreement are such as to avoid any unnecessary disadvantage or delay for these States and separate customs territories”, from “Decision on the Acceptance of and Accession to the Agreement Establishing the World Trade Organization” of April 15, 1994.

④ Julia Ya Qin, *The Challenge of Interpreting “WTO-PLUS” Provisions*, 44 (1) Journal of World Trade 168 (2010).

⑤ Basra, Hardeep, *Increased Legalization or Politicalization? A Comparison of Accession under the GATT and WTO*, (46) Journal of World Trade 956 (2012).

一、不对等的情形，是违背 WTO 规则导向、非歧视原则的，但这却又是 WTO 的司法裁决机构所无力改变的。WTO 加入的政治性与 WTO 追求的法治性这对潜在而又直接的矛盾在稀土案中表现尤为尖锐。

（三）诉争过程中的政治较量

如果要将国内法庭和国际（准）司法机构里当事人的表现做一比较，那么或许最大的区别就在于，无论是从诉讼策略、推理逻辑还是"人品"方面看，后者在整个诉讼过程中都会表现出非常明显的政治特性。

首先，在诉讼策略上看，申请方选择了"步步为营、置于死地"的策略，而被申请方中国则选择了"以小博大，直指根源"的方法。欧、美、日作为对 WTO 争端解决机制最熟练的使用者，非常清楚 WTO 史上很少有成功援引 GATT 一般例外的实例，也明知中国在原材料案和稀土案中几乎是不可能成功证明 GATT 一般例外的适用要件，但它们仍旧不放过看似微乎其微但深藏奥妙的法律争议点，即从根本上断绝中国将 GATT 一般例外运用到加入议定书的义务这一资格。如果能确证中国不能将 GATT 一般例外运用到《中国加入议定书》第 11.3 条，那么即使日后取消出口税成为所有 WTO 成员都通用的规则，但其他成员仍有可能援引一般例外逃避出口税义务，但相比较之下，中国要承担的出口税义务却是绝对的，不能以 GATT 一般例外甚至是安全例外进行抗辩；并且由于《中国加入议定书》中存在着不少"超 WTO 义务"，而稀土案的先例效应将会在这些并不存在所谓的"客观援引"的超 WTO 义务上发生倍数效应。

不过，在国际贸易舞台上日趋成熟的中国并没有屈服于重压和先例，中国在稀土案中对同一问题提出了新的论据和主张，借由所引发的第三方对所涉 WTO 体系性问题的严重关切，① 提出了"加入议定书是什么"等问题并展开清晰严谨的论证，使得专案组和上诉机构不得不对同一问题重新展开分析。如果说稀土案中国的败诉是申请方可以预见的，但整个诉讼过程中所出现的异常或许又是它们远不能预料的：专家组程序中出现了并不常见的异议专家；上诉机构最后一方面含糊提到问题的解决需要考虑到"WTO 的体制结构"，另一方面却又只能草草以"客观联结法"结案；上诉中出现更多的第三方公开表态支持中国的观点并关注超 WTO 义务

---

① 稀土案专家组程序中参与的第三方共 16 个，各方的兴趣点从原来的第 20 条实体性条件的满足问题转向了 WTO 体系性问题。比如，秘鲁就在其陈述中明确表明加入第三方的原因是"出于专家组对 WTO 法律体系中各种权利义务的解释这种体制性关切，尤其是对出口限制规制较少的规范的解释及加入议定书和其他 WTO 法律之间的关系问题。

条款问题。① 在某种程度上，不能不说中国获得了另一种胜利。

其次，在诉讼辩论逻辑中，申请方和稀土案专家组都出现了违背国际法公平原则（fairness）的“强势逻辑”。基于《国际法院规约》第 38 条第 2 款的规定和国际法院的实践，公平原则已经被视为一般法律原则。② 稀土案中，专家组称“很难理解中国关于加入议定书‘只规定义务而无权利’的主张，而即使该主张是正确的（Assuming for the sake of argument that this were correct），那么无论是逻辑问题还是法律问题，也无法得出‘加入议定书的具体条款会自动成为附属于《马拉喀什协定》的多边贸易协定的组成部分’这一结论”。③ 美国非常积极地赞成专家组的观点。④ 虽然也有学者认为在 WTO 法律体系下并没有权利只有义务，⑤ 但根据国际法原理，条约是一种“契约协定”，其内容就是“缔约各方之间创设法律权利和义务”，⑥ 因此现实中除了违反国际法原则的不合法、不平等条约外，依善意原则所缔结的条约基本都包含了相对平衡的权利和义务。

与此同时，DSU 第 3.2 条的规定了 WTO 争端解决机制是用于“保护各成员在适用协定项下的权利和义务……DSB 的建议和裁决不能增加或减少适用协定所规定

① 阿根廷、巴西、柬埔寨、韩国、俄罗斯在中国稀土上诉案的陈述中，要么提出专家组的裁决说服力不强、解释方法不当，要么直接表态支持中国的观点。巴西指出，“GATT1994 第 20 条是多边贸易体制的根本性条款，用于平衡 WTO 成员追求正当目标的国内政策空间与 WTO 义务之间的关系，因此要限制成员实现正当目标（比如可持续发展）的权利，必须是建立在‘极充分的文本、上下文和体系性证据’（compelling textual, contextual and systemic evidence）的基础之上而不能是推测”。See WTO Appellate Body Report of China —Measures Related To The Exportation Of Rare Earths, Tungsten, And Molybdenum, WT/DS431/AB/R, WT/DS432/AB/R, WT/DS433/AB/R, pp. 74-81.

② 参见罗国强：《论自然国际法的基本原则》，武汉大学出版社 2011 年版，第 73 页。1937 年赫德森法官在“缪斯河改道”案（the Diversion of Water from the Neuse case）中提到，“被视为公允的原则长期以来是作为国际法的一部分对等、并被法院适用的；根据《国际法院规约》第 38 条，如果公约原则与该条款是相关的，法院可以将其作为它必须适用的国际法的一部分”。参见马尔科姆·N. 肖（Malcolm N. Shaw）：国际法（第 6 版），白桂梅、高健军、朱利江译，北京大学出版社 2011 年版，第 85 页。

③ Panel Report of China-Measures Related To The Exportation Of Rare Earths, Tungsten, And Molybdenum, WT/DS431/R, WT/DS432/R, WT/DS433/R, para. 7. 92.

④ Appellate Body Report of China—Measures Related To The Exportation Of Rare Earths, Tungsten, And Molybdenum, WT/DS431/AB/R, WT/DS432/AB/R, WT/DS433/AB/R, para. 2. 87.

⑤ Steve Charnovitz, *Mapping the Law of WTO Accession*, in Carlos A. Primo Braga & Oliver Cattaneo, The WTO And Accession Countries, 35（Edward Elgar Publishing 2009）.

⑥ 劳特派特修订：《奥本海国际法》（上卷第二分册），石蒂、陈健译，商务印书馆 1972 年，第 310 页。

的权利和义务”。这反过来可以证明 WTO 协定就是各种权利和义务的集合。《中国入世议定书》原文 5231 个单词里就使用了 140 个“应当（shall）”一词，而“shall”是英文里专门用于表示“必须履行某种义务”的专用法律词语，① 可见《中国入世议定书》主要规定了“中国在《WTO 协定》及其所附的多边贸易协定下的义务”，而相应的权利就是作为一揽子的《马拉喀什协定》和多边贸易协定中所规定的权利。

再次，从国家行为表现看，俄罗斯向稀土案的专家组和上诉机构所提交的第三方陈述反映了某些 WTO 成员对 WTO 善意原则的违背。《联合国宪章》第 2.2 条被公认为规定了“善意原则”，②《奥本海国际法》认为这一善意原则已经涉及国际法的各个方面，③ 善意原则既是一般法律原则又是一项国际习惯法。④ 善意原则要求国际法主体必须依诚信、公平和合理的标准而行事，它体现在一系列具体的义务要求中，比如：善意解决争端，善意地进行谈判，善意地签署条约和善意地适用和履行条约义务，善意地解释条约，不能滥用权利等。⑤ WTO 很多协定条款里都体现了善意原则，比如：DSU 第 3.1 条和第 4.3 条、《关于 GATT1994 第 24 条解释的谅解》、TRIPS 第 24 条、第 48.2 条和第 58（C）条等。⑥ WTO 的案例实践中也有对善意原则中的“禁止反言”进行阐述，瓜地马拉第二水泥案的专家组称，如果一方因为依赖另一方的保证而行事，但另一方后来改变了其立场而导致前者受损，那么这一种立场改变就是‘反言’，是被禁止的。

俄罗斯在向稀土案专家组所提交的第三方陈述中提到，俄罗斯在加入 WTO 的过程中，就曾和其他成员不断讨论是否要将 WTO 协定的例外规定明确纳入其加入议定书中。但是，“WTO 成员向俄罗斯保证说，根据 WTO 已确立的实践惯例与共识，这些额外的措辞实际是多余的；因为，WTO 协定的所有部分（尤其是多边贸易协定和加入议定书）作为一个整体，所有成员都有权利平等适用 WTO 协定的抗

① Black's Law Dictionary 4288 (8th. ed., 2004).

② 《联合国宪章》第 2.2 条规定，“各会员国应一秉善意（good faith），履行其依本宪章所担负之义务，以保证全体会员国由加入本组织而发生之权益”。

③ 劳特派特修订：《奥本海国际法》（上卷第二分册），石蒂、陈健译，商务印书馆 1972 年，第 23 页。

④ 曾令良：《论诚信在国际法中的地位和适用》，载《现代法学》2014 年第 4 期，第 152 页。

⑤ Andrew D. Mitchell, *Legal Principles in WTO Disputes* 113 (Cambridge University Press 2008).

⑥ Andrew D. Mitchell, *Legal Principles in WTO Disputes* 122-123 (Cambridge University Press 2008).

辩权，而不管在加入议定书中对这些抗辩是有具体的援引还是没有……要不然会（对没有纳入者）产生相反的解释（从而造成负面影响）”。正是基于此，俄罗斯同意将加入议定书草案中明确的援引措辞删除。① 俄罗斯对此评论，认为，“在稀土案中，我们看到某些 WTO 成员背离了他们之前在俄罗斯入世过程中所表述的同一个声明和理解。这是一个体制性关切问题，因为多边贸易体制中不可能有双重标准的空间”。② 俄罗斯最后还出现了普京式的质问，“难道没有明确并入的措辞，就不能援引 GATT 第 21 条的规定吗？如是，那么一个成员是否就可以被剥夺其保护基本安全利益的权利？多边贸易体制能否成为国际和平与安全的障碍，能否阻止成员采取联合国所要求的措施？”俄罗斯所提供的可证实 WTO 成员关于“缺省”真实意图的证言，具有重大的价值意义，假设稀土案的裁判者采纳了第三方韩国所建议的历史解释法，③ 或许“禁止反言原则”在案件中就会大有作为。

此外，也需要特别指出，俄罗斯的“仗义相助”亦有其重大的政治考量。作为一个林木、黑色金属、有色金属、石油和天然气等资源丰富的国家，出口措施是俄罗斯坚持保有的经济主权权利。因此，俄罗斯不仅在《俄罗斯加入工作组报告》中用大篇幅文字阐明了其国内资源出口制度、双边协定的优先性，还专门在被纳入《加入议定书》的工作组报告第 638 段中设置了两层保障：将出口税产品列入到与货物相关的减让承诺表中；管理出口税和出口税率配额时以符合“WTO 协定尤其是 GATT1994 规定”的方式进行。④ 从某种程度上说，俄罗斯支持中国可援引一般例外以实现国内资源调控政策措施的正当性正是其第三层保障，是对各国战略性自然资源博弈与全球资源治理规则重组这一时局的应对。

五、结论

被称为“WTO 法之父”的 J. H. 杰克逊教授曾形象地将 GATT 比喻为“一座例外条款的迷宫”。GATT1994 一般例外和安全例外的规定，对于保护特定的国内公共政策目标和维护国家经济安全具有举足轻重的意义。GATT 一般例外对加入议定

① 俄罗斯的陈述摘要，中国稀土案专家组报告附录，第 C-18 页。

② 俄罗斯的陈述摘要，中国稀土案专家组报告附录，第 C-19 页。

③ 韩国在稀土案上诉中提交了第三方陈述，称“在面对技术发展和全球化的新挑战，WTO 应该为成员提供关于具有 20 年时长的 WTO 协定条款的准确的条约解释和适用……依据《维也纳条约法公约》第 31 条对中国加入议定书第 11.3 条所做的解释看似仍旧模糊不清，因此有必要根据《维也纳条约法公约》第 32 条通过借助加入谈判的准备工作来探求谈判方的正确意图”，See Appellate Body Report of China-Measures Related To The Exportation Of Rare Earths, Tungsten, And Molybdenum, WT/DS431/AB/R, WT/DS432/AB/R, WT/DS433/AB/R, p. 79.

④ 《俄罗斯加入议定书》第 1.2 条，《俄罗斯加入工作组报告》第 621—638 段。

书条款可适用性问题之争，历时七年三案之后，最终结果仍以中国稀土案的上诉失败而告终。这意味着，被上诉机构所"澄清"的《中国加入议定书》义务规则将进一步压缩中国管理自然资源的政策空间，自然资源经济主权的行使将会受到长远的影响；① 并且，基于WTO争端解决中事实的遵循先例实践，《中国加入议定书》中的其他义务条款也有可能被认定失去援引GATT例外规定的资格，可谓兹事体大，不可不察。

诉争客体所具有的战略特殊性、加入议定书法律地位不明的立法漏洞和WTO运行体制缺陷，是包括WTO裁判者在内的当事方、第三方就这一"政治性国际贸易争端"展开并不多见的激烈博弈的原因。尤其是本可超然于当事方的裁判者，却不得不"挣扎着"去填补WTO法律文本中的巨大漏洞，刻意维护WTO裁决的一致性，左支右绌，表现艰难。数种因素交缠的博弈是中国败诉的重要因素，但从某种程度上却极大地锻炼了中国质疑现行WTO规则之不足的勇气与能力，同时也为中国深入参与WTO提供了重要的启示。

当事方在WTO争端解决机构中的较量，再次体现出条约解释这一法律工具的重要作用，国际法委员会就曾在评注中提到"对文献的解释在某种程度上是一种艺术而非精确的科学"，② 因此需要非常扎实地研究国际公法的解释规则和实践。同时，还应向俄罗斯学习条约文本措辞设置技巧，以避免在未来的双边或多边协定中出现类似于"语焉不详"、"无联结"等诱发争议的文本漏洞。

最后，解决类似不公平的超WTO义务的根本性方法，从长远战略出发，需要着力提高综合国力，提升国家在国际组织尤其是WTO组织中的话语权；从近期策略考虑，应利用各方对WTO体制问题的热度关注和多哈回合谈判的时机，敦促WTO部长大会或总理事会解释或澄清有关WTO体系合法性和正当性的立法空白问题，并同时推进争端解决解构的改革。

Exploration on the Availability of General Exception in the Case of Rare Earth

Abstract: After the trial of the China—Publications case and China-Raw Materials case, the fierce debate in case of Rare Earth culminated as to the issue of the applicability

---

① 余敏友、胡传海：《认真对待WTO对中国原材料案裁决的长远不利影响》，载《国际贸易》2012年第11期，第64页。

② Arthur Watts (eds.), The International Law Commission 1949-1998- Volume II: The Treaties 611 (Oxford University Press 1999).

of general exception provisions in GATT to the obligations of accession protocol. The strategy of the adjudicator in WTO, when confronted with the issue related to legislative silence, changed from the original way of judicial economy to the attempts to resolve the endogenous systematic problems. However, the conservative and narrow literal interpretation was ultimately chosen for the solution of the issue. China-Rare Earth reflected the contest between parties using the tools of treaty interpretation on one hand, and on the other hand, the contradictions between the legislative loophole and judicial restraint, pursuit of truth and de facto stare decisis which reflected the flaws of WTO regime, as well as the battles of strategies and power contest associated within the process of trade liberalization which never end.

Key words: Article XX of GATT; accession protocol; treaty interpretation; defects in WTO system

系统重要性金融机构处置的国际发展与启示

□ 周 忆*

内容摘要：系统重要性金融机构（SIFIs）是指由于其规模、复杂性和系统关联性，其陷入危机或无序倒闭将使更大范围内的金融系统和经济活动受到严重扰乱的金融机构。2008 年全球金融危机凸显了 SIFIs 处置框架缺失对金融体系造成的危害。在后危机时代，国际社会力图构建 SIFIs 处置的国际法制。国际金融组织从明确有效处置的核心要素、增强金融机构附加损失吸收能力、提升处置方案的可操作性和建立跨境处置合作安排等方面提出了 SIFIs 处置的国际框架，美欧等发达国家出台了具有划时代意义的金融改革法案，引入了广泛的处置权力与工具，强化了 SIFIs 破产处置的行政色彩和统一性。借鉴国际经验，我国应从建立 SIFIs 识别体系、强化有效处置的制度设计、完善跨境处置国际合作和与存款保险制度有效衔接等方面尽快建立我国 SIFIs 处置制度。

关键词：系统重要性金融机构 “大而不倒” 有效处置 国际发展

目 次

---

* 武汉大学国际法研究所博士研究生。本文为教育部哲学社会科学研究重大课题攻关项目“国际金融中心法制环境研究”（11JZD009）和武汉大学研究生自主科研项目“构建金融安全网的法律问题研究”（2013106010201）的阶段性研究成果。

一、问题的提出

在始于华尔街次贷风暴的这场全球金融危机中，众多大型国际金融机构纷纷陷入经营困难甚至倒闭的境地，给整个金融体系乃至世界经济造成了严重损害。回顾本轮金融危机的发展，贝尔斯登被收购、“两房”被国有化、美林被兼并、雷曼兄弟破产、美国国际集团被接管、花旗等金融集团损失惨重。那些曾经风光无限的华尔街巨头非但没有成为国际金融体系的“稳定器”，反而无一例外地对金融危机的传递推波助澜，最终使美国次贷危机在短时间内演变为全球范围内的系统性金融危机。为防止危机进一步蔓延，主要金融市场国家都出台了政策或措施拯救濒临崩溃的金融体系，而这些救市计划从本质上讲都是用纳税人资金为大型金融机构的经营损失埋单，导致了严重的道德风险（moral hazard），引起了国际社会的广泛关注和普遍质疑。如何解决金融机构“大而不倒”（too-big-to-fail）问题，在防范系统性风险①（systemic risk）的同时避免产生道德风险，成为后危机时代国际金融法制改革的热点和难点所在。

此次金融危机导致了全球监管哲学的转变，各国金融监管者从坚持“最少的监管即最好的监管”转而认同“强化的监管是维护全球金融稳定的必要条件”，从关注单一金融机构经营状况的微观审慎监管向注重防范金融市场系统性风险的宏观审慎（macroprudential）监管转变，从注重日常经营监管的正向监管思维向同时建立金融机构破产处置方案、构成逆向监管激励的管理思维转变。从 2008 年 11 月二十国集团领导人在华盛顿聚首，二十国集团峰会成为新的金融全球治理平台时起，各国政府就意识到大型金融机构经营失败对全球金融体系的威胁，将大型金融机构，后正式称为系统重要性金融机构（systemically important financial institutions，SIFIs）的国际金融集团列入国际金融监管改革的任务清单和时间表。其中，构建SIFIs 有效处置框架、提升处置措施的可操作性成为国际金融监管改革的一项重要目标和行动任务。在国际社会的共同努力下，目前针对 SIFIs 有效处置框架的构建

---

① 所谓系统性风险，是指由金融体系整体或部分损害引起的，对实体经济具有潜在的严重消极影响的金融服务扰乱风险。

已经取得了显著成果，主要表现在：（1）提出了有效处置框架的核心要素。金融稳定理事会在征求相关金融标准制定组织和各国监管当局意见的基础上，提出了任何金融机构有效处置框架必须涵盖的12项基本要素①；（2）明确了恢复与处置计划（recovery and resolution planning，rrp）和可处置性评估过程（resolvability assessment process，RAP）的操作方案。达到特定监管标准要求的SIFIs母国监管当局都应按时提交RRP并通过RAP调整处置策略。(3）建立了跨境处置协调与合作机制。通过机构特定的跨境合作协议和危机管理工作组等跨境监管合作机制，SIFIs母国和重要东道国监管当局及其他利益相关者可以定期举行会谈，评估和调整处置行动。

与美国等金融市场发达国家相比，我国金融市场上金融机构数量较少，机构规模普遍庞大。同时，由于我国始终实行国家全面兜底的隐形担保制度，我国金融机构破产的可能性比发达国家小得多。从改革开放三十多年以来金融市场发展的进程来看，仅有海南发展银行、广东国际信托投资公司和部分城市合作银行和城乡信用社的关闭案例，且这些案例都不属于真正法律意义上的破产，而是在国家担保的基础上利用纳税人资金进行的国家救助。从1998年开始，国家开始拯救由于资本金严重不足和不良贷款过重的四大国有银行，并专门组建了四大金融资产管理公司分别接收从四大国有银行剥离出来的不良资产。然而这种资产剥离从本质上讲都是用中央银行再贷款收购的方式对各大银行进行注资，不良贷款和问题资产并没有消除或由金融机构承受损失，而是由国家全部买单。

作为二十国集团和金融稳定理事会的成员国，中国不仅具有在国内推进SIFIs监管改革的国际义务，也具有建立国内金融机构有效处置制度的迫切现实需求。我国金融业集中程度高，大型金融机构垄断金融资源的情况凸显。在政府的隐性担保下，我国虽然未曾出现大规模挤兑等系统性风险，但金融机构的市场化竞争机制尚未真正建立起来，国家为此背负了沉重的代价。金融业“十二五”规划和党的十八届三中全会《关于全面深化改革若干重大问题的决定》都明确提出要“完善金融机构市场化退出机制”。这表明，从国内大型金融机构入手，逐步建立完善我国金融机构的市场化处置制度是我国金融改革的重要目标之一。2014年12月，中国人民银行正式发布了存款保险制度征求意见稿，且明确表示该制度会于2015年上半年正式建立。存款保险制度落地标志着我国完成了建立金融机构市场化破产处置制度的最后准备工作，是对我国金融安全网的一项重要完善。本文拟对次贷危机爆

① See Financial Stability Board, Key Attributes of Effective Resolution Regimes for Financial Insitutions, adopted on Oct. 2014, available at http://www.financialstabilityboard.org/wp-content/uploads/r_141015.pdf, visited on 23 Jan. 2015.

发以来国际金融组织和以美国为首的发达国家所推行的 SIFIs 处置制度改革进行研究，从中探寻构建符合我国国情的金融机构市场化处置制度的有效路径。

二、系统重要性金融机构处置的理论依据

所谓系统重要性金融机构，是指由于其规模、复杂性和系统关联性，其陷入危机或无序倒闭将使更大范围内的金融系统和经济活动受到严重扰乱的金融机构。① 2011 年 11 月，巴塞尔委员会出台了《全球系统重要性银行：评估方法与附加损失吸收要求》（下称《评估方法与附加损失吸收要求》），提出了衡量金融机构系统重要性的五类指标，即全球（跨境）活跃度、规模、业务关联性、可替代性和复杂性。② 依据这种基于指标（indicator-based）的评估方法，金融稳定理事会识别出了首批共 29 家 G-SIFIs，并表示将于每年 11 月更新 G-SIFIs 名单。③ 截至 2014 年 11 月，G-SIFIs 共达到 39 家，其中包含中国银行、中国工商银行、中国农业银行和平安保险集团。④

此次金融危机爆发以前，“大而不倒”原则是各国监管当局对 G-SIFIs 一贯奉行的救助理念。所谓“大而不倒”原则是指，大型金融机构的经营失败或倒闭容易引发系统性风险，因而当这些金融机构面临财务困难时，政府应当予以救助以避免其经营状况恶化甚至倒闭。⑤ 此次金融危机中，为防止金融体系乃至实体经济全面崩溃，美欧各国政府不惜动用巨额公共资金进行救助。美国通过《经济稳定紧急法案》，提出了七千亿美元的救市计划，用于购买大型金融机构的次级抵押贷款

① FSB, Policy Measures to Address Systemically Important Financial Institutions, November 2011, available at http://www.financialstabilityboard.org/wp-content/uploads/r_111104bb.pdf? page_moved=1, visited on 23 Jan. 2015.

② BCBS, Global Systemically Important Banks: Assessment Methodology and the Additional Loss Absorbency Requirement, November 2011, part II, available at http://www.bis.org/publ/bcbs207.pdf, visited on 23 Jan. 2015.

③ 首批 G-SIFIs 全部是银行，名单详见 FSB: Policy Measures to Address Systemically Important Financial Institutions, Noverber 4, 2011。2013 年 7 月，金融稳定理事会公布了首批 G-SIIs 名单，并于 2014 年对名单进行了更新。

④ See FSB, 2014 Update of List of Globally Sstemically Imporant Banks, November 2014, available at http://www.financialstabilityboard.org/wp-content/uploads/r_141106b.pdf, and FSB, 2014 Update of List of Globally Sstemically Imporant Issuers, November 2014, available at http://www.financialstabilityboard.org/wp-content/uploads/r_141106a.pdf, visited on 23 Jan. 2015.

⑤ Gray Stern & Ron Feldman, Too Big to Fail: The Hazards of Bank Bailouts, Chapter 2 (The Brookings Institution Press 2004).

及其他坏账①；德国政府出台了金融救市计划和经济刺激计划，为金融机构提供了总额近六千亿欧元的资金支持；英国通过增加财政支出、减税、降息等手段，也为本国金融机构提供了数百亿英镑的间接注资。各国政府以前所未有的力度救助大型金融机构，将“大而不倒”问题所带来的负面影响推向顶峰。可以说，国际社会对“大而不倒”原则适用的合理性所提出的质疑，就是加强SIFIs有效处置的正当性所在。

1. “大而不倒”原则的适用将导致巨大的负外部性

由于SIFIs规模大、业务复杂、可替代性程度低，一旦无序倒闭将对金融市场的其他参与者产生负外部性（negative externalities）。SIFIs的负外部性主要通过以下路径逐渐传导至实体经济：首先，陷入危机的SIFIs由于流动性缺乏等原因将在相关金融交易中出现违约情形，为缓解流动性危机，金融机构必将大量抛售资产；进而，由于SIFIs复杂多元的交易结构和跨境活动，单一机构的违约风险将通过内部传导机制迅速波及其交易对手，导致更多机构违约和资产抛售，引发整个金融体系的“多米诺骨牌”效应；最后，由于关键金融服务和功能中断，金融市场扰乱对实体经济的负外部性显现出来，进一步引发失业率上升和社会动荡。在金融危机爆发后期，由于欧洲部分国家未能偿还以本国信用为担保的债务而引发的主权债务危机，就是SIFIs负外部性的另一种表现形式，也是适用“大而不倒”原则进行无度政府救助的必然结果。

“大而不倒”原则的负外部性由于审慎监管的不足而加剧。长期以来，美英等发达国家奉行“最少的监管即最好的监管”的理念，监管目标偏重对金融效率和金融创新的鼓励，忽视对金融安全和金融稳定的维护，监管架构的设置助长了监管套利和风险积聚，监管范围未能有效涵盖易产生风险的商业行为和金融产品。在有限的监管维度中，无论是巴塞尔协议及其他国际金融监管标准，还是各国的金融立法及监管体制，均只注重微观审慎（microprudential）监管，防范单一金融机构的经营风险，认为只要控制好单一金融机构的风险就能保证整个金融体系的良好运转，而忽视了系统性风险对整个金融体系乃至实体经济的严重威胁。在微观审慎监管理念的强化下，监管当局并没有从跨部门、跨地域的层面全面评估SIFIs所面临的风险，缺乏对SIFIs风险暴露的客观全面评估，未能事先建立起有效的危机处置应对方案。在日常监管和危机处置双重薄弱的情况下，任何SIFIs的经营失败都可能通过风险敞口传导至整个金融体系，甚至威胁实体经济。

① The Financial Crisis Inquiry Report, final report of the national commission on the causes of the financial and economic crisis in the United States 371, adopted in January 2011, available at http://www.gpo.gov/fdsys/pkg/GPO-FCIC/pdf/GPO-FCIC.pdf, visited on 24 Jan. 2015.

2. "大而不倒"原则的适用易产生严重的道德风险

道德风险最初是一个经济学词汇，结合"大而不倒"现象来分析，道德风险是指这样一种情形：具有系统重要性的金融机构在经营失败时，因受到政府公共财政的救助等特殊保护而逃避了本该承担的风险，由此促使其从事经营业务时冒更多更大的风险。"大而不倒"原则的适用和国家全面隐形担保会从金融机构本身、金融消费者和金融监管机构三个方面产生道德风险。从 SIFIs 本身来看，国家在"大而不倒"的驱使下提供的全面救助将对存款人和其他金融消费者提供保护，这意味着金融消费者的挤兑或抛售行为在一定程度上会得到削弱。这不仅将诱使金融机构从事风险更高、利润更大的金融业务，而且会使政府救助所投入的财政成本转化为其股东和高管的私人收益，诱使这些人员从事逆向选择行为。从金融消费者来看，国家提供全面担保会降低消费者对金融机构的制约和监督机制。金融消费者的自主选择权将对金融机构产生相应的市场约束力。但在"大而不倒"的推定下，消费者事先知晓 SIFIs 面临倒闭时会得到政府救助，就不会去关注它们的经营行为，金融体系的市场约束机制将弱化。从金融监管机构来看，国家全面救助降低了因银行挤兑或其他金融机构抽逃资金而倒闭的可能性，从而使监管机构放松监管。监管机构既对各自监管范围内的金融机构实施监管，防止其经营失败给社会经济带来的损失；又要维护市场纪律，及时对经营失败的金融机构实施关闭或破产。监管机构的这种内在角色冲突可能使其缺乏客观性。在国家全面救助的推波助澜下，监管机构很可能出于某种考量而倾向于挽救金融机构，导致一些本该被淘汰的金融机构继续生存。

3. "大而不倒"原则的适用缺乏客观性

虽然多年来各国政府都坚持用"大而不倒"原则救助大型金融机构，但"大而不倒"本身是一个非常模糊的标准。监管当局可能由于错误的判断选择救助一家金融机构而使另一家机构走向倒闭，那些被救助的机构所获得的资金支持严重损害了金融市场的公平竞争环境。此次金融危机中美国对华尔街投行的救助凸显了救助标准的扑朔迷离：五大投行中规模最小、杠杆率最高的贝尔斯登在政府救助下被摩根大通整体收购，而资产总额排名第四的雷曼兄弟却未得到政府担保从而成为金融危机中唯一倒闭的投行。① "大而不倒"原则自身无法构成判断金融机构系统重要性的标准。只有通过定量和定性的手段，综合分析金融机构的规模、业务关联性和可替代性等指标，确立评估金融机构系统重要性的方法，才能实现危机管理的超

---

① See http：//economix. blogs. nytimes. com/2013/09/13/why-lehman-wasnt-rescued/， and http：//www. theguardian. com/business/2008/mar/16/creditcrunch. useconomy3， visited on 10 Jan. 2015.

前化、主动化和有序化，确保金融机构的关闭或破产决定真正基于该机构的经营状况和市场综合判断。

4. “大而不倒”原则的适用会损害金融市场公平竞争

竞争是金融市场发展的活力和源泉。国家对大型金融机构的兜底式救助一方面为国家带来了巨大的财政负担，降低了资源配置效率，无法将有限的资金用于生产和发展；另一方面，也是更加致命的一点，国家全面救助改变了金融市场竞争形成机制和平衡态势。国家全面救助实际上是对问题金融机构将其资金配置给无效率甚至是负效率行业的一种肯定和奖励。这种救助不仅将金融机构所应负担的救助成本转嫁给社会，还向市场参与者传达了错误的指向，即政府担保下的大型金融机构经营更加稳健可靠。在“大而不倒”的错误预期的驱使下，社会资本会更加向大型金融机构集中，中小金融机构面临融资成本提升和资本流失的压力，使本就不平等的金融市场竞争环境更加恶化。

三、构建系统重要性金融机构处置框架的国际路径

金融危机制造了灾难，也催生着国际金融法制变革。从二十国集团华盛顿峰会开始，国际主要经济体通过二十国集团这一国际金融治理平台，针对加强 SIFIs 监管和处置不断发出强音，并将金融稳定理事会作为改革的推动者和执行者。在巴塞尔委员会等国际标准制定组织的大力支持下，金融稳定理事会在总结主要国家金融改革经验得基础上出台了一系列有关 SIFIs 处置框架的原则、指引和良好实践，短期内取得了重要进展。美欧等国作为金融危机的主要波及地和引领世界金融潮流发展的先行者，在深刻反思本国金融体系缺陷的基础上，颁布了一系列具有划时代意义的金融改革法案，无一例外地提出了加强 SIFIs 处置的改革方案和思路。虽然这些改革法案是美欧等国为消除金融危机对本国的影响而设计的，但由于美欧在世界金融领域的引领地位，其在深刻反思金融危机爆发原因的基础上作出的一系列金融体制和制度改革对世界其他国家具有前瞻性的借鉴意义。同时，由于美国等国在世界金融领域和国际金融组织中的重要地位，金融稳定理事会等组织发布的改革文件也在很大程度上汲取了这些国家的改革精髓。

（一）系统重要性金融机构有效处置的国际框架

2010 年 10 月，金融稳定理事会发布了题为《降低系统重要性金融机构道德风险：建议与时间表》的报告，并获得二十国集团首脑峰会通过。该报告首次勾勒出应对 SIFIs “大而不倒”问题的整体政策蓝图，要求金融稳定理事会与巴塞尔委

员会等组织密切合作，制定 SIFIs 的附加损失吸收要求和处置方案。① 作为对这一要求的回应，2011 年 11 月，巴塞尔委员会出台了《评估方法与附加损失吸收要求》，首次提出了 SIFIs 的评估方法和作为附加损失吸收能力的资本构成及要求②；在当月举行的二十国集团戛纳峰会上，金融稳定理事会出台了《金融机构有效处置框架的关键属性》（下称《关键属性》）并获得批准，首次明确了 SIFIs 处置框架必须包含的基本要素③。2013 年 7 月和 2014 年 10 月，巴塞尔委员会和金融稳定理事会分别对上述文件进行了更新，根据实际监管情况的变化对 SIFIs 评估指标及信息披露要求作出了修改，并加入了系统重要性非银行金融机构处置的最新立法成果。④ 以这两份文件为基础，SIFIs 处置的国际框架按照从银行到非银行机构的顺序逐渐由原则性的政策框架转变为具体化的操作方案。从现有成果来看，SIFIs 处置的国际法制构建重点涵盖如下几个方面的内容：

1. 明确处置框架的核心要素

一个有效的处置框架应能确保金融机构的关键功能和服务持续运行，并视金融机构恢复日常经营状态的前景作出或对其进行救助以重获新生，或以有序方式让金融机构倒闭的选择。处置框架必须包含明确的损失分摊机制，让金融机构的股东和无担保债权人最先承担损失，然后在公平清偿原则的基础上，按照债权人顺位使不同市场参与者依次吸收损失。在整个处置过程中，都要确保拥有可供利用的流动性支持，维护市场信心，防止金融溢出效应导致系统性风险产生。为达到上述目标，《关键属性》要求各国的处置框架应包含两种处置方案：第一，稳定方案（stabilization options），即将金融机构的全部或部分业务直接或间接出售或转移给另一家机构，或建立新的过桥机构（bridge institution）承受该机构的优质资产，确保

① See FSB, Reducing the Moral Hazard Posed by Systemically Important Financial Institutions, FSB Recommendations and Timelines, adopted in Oct. 2010, available athttp: //www. financialstabilityboard. org/wp-content/uploads/r_101111a. pdf, visited on 24 Jan. 2015.

② BCBS, Global Systemically Important Banks: Assessment Methodology and the Additional Loss Absorbency Requirement, adopted in Nov 2011.

③ FSB, Key Attributes of Effective Resolution Regimes for Financial Institutions, adopted in Nov. 2011, available at http: //www. financialstabilityboard. org/wp-content/uploads/r _ 111104cc. pdf, visited on 25 Jan. 2015.

④ See BCBS, Global Systemically Important Banks: Updated Assessment Methodology and the Higher Loss Absorbency Requirement, July 2013, available at http: //www. bis. org/publ/bcbs255. pdf, and FSB, Key Attributes of Effective Resolution Regimes for Financial Institutions, October 2014, available athttp: //www. financialstabilityboard. org/wp-content/uploads/r _ 141015. pdf, visited on 25 Jan. 2015.

将金融机构的现有资产最大化，努力实现转危为安；第二，清算方案（liquidation options），即在金融机构丧失持续经营能力时有序停止其全部或部分业务，保护存款人、保单持有人、普通投资人和有担保债权人的财产，使金融机构有序破产。

按照上述两种处置方案的导向，《关键属性》从处置的适用范围、处置机关、处置权力、客户资产处置、保障措施、处置资金来源、跨境处置合作安排、危机管理工作组、机构特定的跨境合作协议、可处置性评估、恢复与处置计划、信息获取和共享等12个方面阐明了一个有效的处置框架必须包含的基本元素。这些元素同时构成稳定方案和清算方案的组成部分。其中，处置权力和工具包含处置当局为实现处置目标所能适用的一切必要处置手段，目前主要是指通过自救方式（bail-in）将债务减记或转股的方式为处置中的机构提供流动性支持；恢复与处置计划旨在为金融机构制定一份“生前遗嘱”，对金融机构未来可能面临的“死亡命运”和可以采取的法律措施作出预先设定，减少处置的不确定性，可处置性评估是实施恢复与处置计划的前提条件；危机管理工作组和机构特定的跨境合作协议都是具体的跨境处置合作机制，为SIFIs母国和东道国处置当局交换保密信息、协调处置行动等提供了便利。

应当指出的是，《关键属性》并不仅仅适用于SIFIs，而是适用于所有金融机构。由于SIFIs是当前国际社会的监管重点，因此《关键属性》中规定的具体要求最先针对SIFIs实施，带有样板和示范的性质。2013年8月，金融稳定理事会发布了《金融机构有效处置框架关键属性的评估方法》咨询文件，对各国依据《关键属性》制定本国处置制度的合规性进行了审查，进一步提出了评估有效处置关键属性的行动指引，要求各国在实施处置方案时充分考虑本国金融体系的复杂性、不同金融部门的系统重要性和全球金融体系的发展水平。① 2014年版的《关键属性》反应了该文件的部分咨询意见，并在维持12项关键属性的基础上，纳入了信息共享、非银行金融机构处置关键属性和处置中的客户资产保护等内容作为新的附件，丰富了《关键属性》的理论体系和实践基础。②

2. 增强额外损失吸收能力

SIFIs的资本充足水平和损失吸收能力与其所对应的系统性风险暴露不一致是导致此次金融危机发生的主要原因之一。明确SIFIs在事先具有足够的损失吸收能

① See FSB, Assessment Methodology for Key Attributes of Effective Resolution Regimes for Financial Institutions, adopted in Aug. 2013, available at http://www.financialstabilityboard.org/wp-content/uploads/r_130828.pdf, visited on 5 Feb. 2015.

② See FSB, Key Attributes of Effective Resolution Regimes for Financial Institutions, October 2014, appendix I-annex 1 and appendix II.

力是确保处置当局早期介入、提升处置方案有效性的重要保证。为此，巴塞尔资本协议 III 重新定义了资本构成，提升了资本监管强度和资本充足率要求，建立了杠杆率监管指标，首次在资本监管的同时提出加强流动性监管。与此相关，《评估方法与附加损失吸收要求》采用区段法（bucketing approach），按照系统重要性程度不同将 SIFIs 分成四个组别，分别适用 1%~2.5%不等的附加资本金要求，且只能由普通股核心一级资本构成。在这四组之上，委员会还设置了第五组，适用 3.5%的附加资本金要求。该组暂时空缺，旨在对金融机构提供逆向激励，防止新的 SIFIs 产生。随着 SIFIs 组织结构和商业行为的变化，当有机构进入第五组时，巴塞尔委员会将在此之上设置新的区段，相应地提高附加资本金要求。①

采用区段法表示的更高损失吸收要求②

组别	得分档	更高的损失吸收要求（普通股与风险加权资产百分比）
5	D-E	3.5%
4	C-D	2.5%
3	B-C	2.0%
2	A-B	1.5%
1	取舍点-A	1.0%

* 所有得分档规模相当。得分等于边界分的银行将被划入更高组别。

2014 年 11 月，金融稳定理事会在广泛征求意见的基础上，出台了《处置中全球系统重要性银行损失吸收能力的充足性》咨询文件，建立了 G-SIBs 附加损失吸收能力的一项新国际标准——总体损失吸收能力（total loss absorbency capacity, TLAC）。根据这项新的监管要求，G-SIBs 将可能从 2019 年 1 月 1 日起开始持有相当于其风险加权资产 16%~20%，且至少满足巴塞尔协议 III 一级资本杠杆率要求两倍的债券和股票作为缓冲资本。其中债券应为可转股型债券，从而为那些陷入困境的银行提供流动性支持。TLAC 将由第一支柱普通要求（common pillar 1 floor for minimum requirement）和第二支柱附加要求（additional pillar 2 requirement）构成。

① See BCBS, Global Systemically Important Banks: Updated Assessment Methodology and the Higher Loss Absorbency Requirement 46-48, adopted in July. 2013.

② See BCBS, Global Systemically Important Banks: Updated Assessment Methodology and the Higher Loss Absorbency Requirement 46-48, adopted in July. 2013. table 2.

其中第一支柱要求即上述 G-SIBs 风险加权资产 16%~20%的缓冲，第二支柱要求是指处置当局在第一支柱之外额外设置的损失吸收能力要求。① TLAC 标准将在今年正式出台并首先适用于总部位于非新兴市场国家的所有 G-SIBs。这意味着我国的三家 G-SIBs 最初不会受该标准限制，但也应逐步调整资本结构，为将来适用该标准提早做准备。可以预见，一旦 TLAC 成为一项正式国际标准，“大而不倒”问题将得到进一步解决，同时为 SIFIs 处置提供更多资源和确定性。

3. 提升处置方案的可操作性

为了使《关键属性》中的规定更具可操作性②，金融稳定理事会于 2013 年 7 月同时发布了三份指导性文件，专门就有效处置策略问题、金融机构关键功能与服务的识别问题和恢复措施的触发与压力测试问题进行了详细阐述。③ 这些文件主要针对恢复与处置计划的实施提出了一些具体的处置方案，从以下几个方面丰富和完善了《关键属性》的内涵：

第一，设计了单一切入点模式（single point of entry，SPOE）和多重切入点模式（multiple point of entry，MPOE）两种典型处置策略。④ SPOE 模式是指通过运用母公司或控股公司层面的单一处置当局（比如负责某一金融集团全球并表监管的

① See FSB，Adequacy of Loss-absorbing Capacity of Global Systemically Important Banks in Resolution，consultative document，adopted in Nov. 2014，available at http：//www. financialstabilityboard. org/wp-content/uploads/TLAC-Condoc-6-Nov-2014-FINAL. pdf，visited on 5 Feb. 2015.

② 2012 年 11 月，金融稳定理事会就《关键属性》的实施问题发布了一份《恢复与处置计划：使〈关键属性〉的要求更具可操作性》的咨询文件，其中就三个指导性文件中涉及的问题征求意见。See FSB，Recovery and Resolution Planning：Making the Key Attributes Requirements Operational，adopted in Nov 2012，available at http：//www. financialstabilityboard. org/wp-content/uploads/r_121102. pdf，visited on 6 Feb. 2015.

③ 这三份文件为：（1）Recovery and Resolution Planning for Systemically Important Financial Institutions：Guidance on Developing Effective Resolution Strategies；（2）Recovery and Resolution Planning for Systemically Important Financial Institutions：Guidance on Identification of Critical Functions and Critical Shared Services；（3）Recovery and Resolution Planning for Systemically Important Financial Institutions：Guidance on Recovery Triggers and Stress Scenarios，adopted in July 2013.

④ SPOE 和 MPOE 最初由美国和英国在 2012 年的一份关于 G-SIFIs 跨境合作处置的联合文件中提出，并通过金融稳定理事会对两国处置措施的审查和评估最终上升为 SIFIs 处置的一项处置范式和通行实践。See Federal Deposit Insurance Corporation & Bank of England，Resolving Globally Active，Systemically Important，Financial Institutions，a joint paper，adopted in Dec. 2012，available at https：//www. fdic. gov/about/srac/2012/gsifi. pdf，visited on 5 Feb. 2015.

母公司所在地当局）的权力来确定和实施处置策略。① MPOE 模式是指通过运用金融集团中两个或以上处置当局（比如两个分公司所在地当局）的权力来确定和实施处置策略。② 一般而言，SPOE 模式适用于那些高度集中化运营的金融集团，强大的母公司具有充足的损失吸收能力来确保子公司和分公司的有序运营；MPOE 模式适用于那些治理结构较为分散的金融集团，其法律组成复杂零散、资金维持相对独立，各机构能单独运营。然而，SPOE 模式与 MPOE 模式并行不悖、功能互补。在实践中，将二者结合起来运用能够最大限度地适应金融集团，尤其是 G-SIFIs 的复杂内部结构组成。

第二，明确了识别金融机构关键功能和服务的方法。有效处置框架的关键目标之一就是在处置金融机构的同时确保其关键金融功能和服务持续运营，降低对市场的冲击。依据金融稳定理事会规定，金融机构关键功能和服务的识别过程包含三个方面的评估：（1）影响力评估，即评估突然停止某项功能和服务对市场所产生的影响和冲击；（2）供应方评估，即评估某项功能和服务所适用的目标市场，主要包括对该功能和服务的供应方市场集中度和可替代性进行分析；（3）机构特定评估，即评估单一 SIFI 提供的功能和服务的重要性，主要包括测试特定 SIFI 的某项功能和服务是否足以对金融体系造成无可替代的影响。根据此种评估方法，吸收存款，借贷服务，支付、托管与结算，市场融资，以及资本市场投资成为国际公认的关键功能和服务。③

第三，提出了处置当局实施处置方案的触发条件。所谓触发（trigger），即是金融机构和处置当局启动处置方案实施的法律条件和时机。触发的设计十分具有挑战性。若将触发设定得过早，则可能导致金融机构出现不必要的混乱，动摇市场信心；若将触发设定得过晚，则恢复计划的实施将不再具有意义，金融机构可能错过最佳的自救时机。意识到触发设计的难度及其重要性，金融稳定理事会在总结 SIFIs 处置活动经验的基础上提出了触发的两种设计，即定量触发和定性触发。目前，大部分 G-SIFIs 采用的是定量触发模式，重点关注机构特定的流动性和资本监管措施。与定量触发相比，定性触发由于其本身具有不易被明确辨别的特征而较少

---

① FSB, Recovery and Resolution Planning for Systemically Important Financial Institutions: Guidance on Developing Effective Resolution Strategies, adopted in Jul. 2013, 2, available at http://www.financialstabilityboard.org/wp-content/uploads/r_130716b.pdf, visited on 5 Feb. 2015.

② *Ibid*, 3.

③ FSB, Recovery and Resolution Planning for Systemically Important Financial Institutions: Guidance on Identification of Critical Functions and Critical Shared Services, adopted in Jul. 2013, 2, available at http://www.financialstabilityboard.org/wp-content/uploads/r_130716a.pdf, visited on 5 Feb. 2015.

被 G-SIFIs 采用。

4. 建立跨境处置合作安排

SIFIs 在跨境层面的处置协调与合作是处置当局面临的主要挑战之一。跨境处置协调合作是指跨国金融机构的母国与相关东道国之间，基于互惠、平等的原则，通过合意选择法律，并按照一定的程序对问题金融机构进行合作处置的制度安排。① SIFIs 跨境处置协调与合作需要母国与东道国在保持互信的基础上，通过并表监管建立常设性的处置合作机制，针对保密信息的共享、跨境层面处置策略的制定和危机处置的协调行动作出预先设定。《关键属性》提出了加强跨境处置协调的两种机制：第一，机构特定的跨境合作协议。单家机构特别是 SIFIs 的母国和东道国处置机关之间应签订跨境合作协议，以便于相关处置当局之间展开合作。第二，危机管理工作组。危机管理工作组是指监管当局为加强机构处置方面的合作而创设的一种跨境机制。危机管理工作组应包括 SIFIs 母国与关键东道国那些对机构处置具有重要职能和权力的监管当局、中央银行、处置当局、财政主管部门等当局，并应同在其国内有系统性业务的其他当局密切合作。所有 G-SIFIs 的母国和关键东道国监管当局都应设立该机制，以加强和促进对跨境金融危机的前期准备和管理处置，作为实施可处置性评估的平台。

出于提升工作效率的考量，上述两种跨境处置协调机制通常只包含那些对集团层面的处置有重要影响的关键东道国当局，比如提供 G-SIFIs 关键功能和服务的控股公司和关键操作实体。因此在实践中，那些虽然从集团层面影响不大但 G-SIFIs 处置对其本国有系统重要性影响的东道国处置当局将被排除在跨境处置合作机制之外，不利于其本国处置行动的开展。意识到这一疏漏，金融稳定理事会于 2014 年 10 月发布了一份文件，针对那些会受到 G-SIFIs 跨境处置的重要影响，但又不属于危机管理工作组成员的东道国，提出了其参与跨境处置合作与信息共享的指引。

（二）美国：司法协助下的行政主导处置程序

为了有效应对 SIFIs“大而不倒”的问题，除了相关国际金融组织积极推动 SIFIs 处置框架的构建与完善之外，诸多国家纷纷采取行动，将 SIFIs 处置纳入更规范的法制轨道中来。其中，作为此次金融危机的发源地和震中地，美国深刻认识到了 SIFIs 处置框架的缺失对整个金融体系的巨大负外部性，对本国金融体系采取了全面改革。在认真追溯金融危机根源、反思本国金融监管体制缺陷的基础上，美国颁布了《多德弗兰克华尔街改革与消费者保护法案》（下称《多德弗兰克法案》）

① 参见钟震：《系统重要性金融机构监管国际改革：路径探微及启示》，载《2014 年中国人民银行工作论文》。

这一具有划时代意义的金融改革鸿篇巨制。其中第一章建立了SIFIs的“生前遗嘱”制度，要求符合监管条件的大型金融机构在日常经营中制定并维持一份处置计划，就金融机构如何通过普通破产法程序予以处置作出预先设定；第二章引入了有序清算权力（orderly liquidation authority）这一新机制，针对在金融危机中暴露出巨大风险的银行控股公司、金融控股公司和非银行金融机构设置了新的处置权力，作为对第一章规定的有力补充。二者共同构成《多德弗兰克法案》在加强SIFIs有序处置方面的重要创新。

1. “生前遗嘱”：普通破产法框架下的处置方案

“生前遗嘱”是恢复与处置计划的另一种称谓，是指金融机构为防止经营失败或倒闭事先提交“生前遗嘱”（即恢复计划），处置当局对此进行审查，并以此为基础制定和在必要时实施针对该金融机构的处置计划，以促使金融机构恢复日常经营能力，或实现其部分功能和服务分拆或机构整体有序关闭的制度安排。《多德弗兰克法案》第165条（d）款规定，联邦储备理事会应要求其监管的非银行金融公司或第165条（a）款所述的银行控股公司定期向联邦储备理事会、委员会和联邦存款保险公司报告其实质性财务困境或失败时快速有序的处置方案①，构成了美国“生前遗嘱”制度的依据。2011年底，联邦存款保险公司通过了两项旨在加强实施该条款安排的具体规则，要求并表总资产在500亿美元以上的银行控股公司和金融稳定监督委员会（FSOC）认为具有系统重要性的非银行金融公司制定、维持并定期向当局提交恢复计划，具体阐明这些机构将如何在美国破产法的框架下得到处置；并要求由联邦存款保险公司担保的总资产在500亿美元以上的存款机构制定、维持并定期提交恢复计划，具体阐明联邦存款保险公司将如何在联邦存款保险法案的框架下运用传统监管权力处置这些机构。截至2013年底，上述所有SIFIs都提交了恢复计划。

将“生前遗嘱”这一适用于自然人的法律制度应用于SIFIS的危机处置领域，实际上是将金融机构进行拟人化，表明任何金融机构，无论其机构规模、金融功能的重要性、在金融市场内的可替代性或与其他金融机构的关联性是否具有系统性影响，只要其经营失败，都有可能面临被处置从而走向“死亡”的境地，这对那些

---

① 此处的处置方案即相当于《关键属性》中所指的恢复计划。处置方案的内容主要包括（1）有关公司的存款机构充分保护自身，避免受到公司其他非银行附属公司活动所产生风险影响的方式和程度；（2）公司的所有权结构、资产、负债和合同义务的全面描述；（3）确认不同证券间交叉担保，确认主要交易对手方，决定担保品抵押方的过程；（4）依据规则或命令，联邦储备理事会和联邦存款保险公司共同要求提供的其他信息 See Dodd-Frank Wall Street Reform and Consumer Protection Act 2010, sec. 165（d）（1）.

银行定期提交“生前遗嘱”，反映了监管层对美式规则的认可。

（三）英国：司法破产与行政处置相辅相成

作为同样深受金融危机之害的国家，英国在金融危机爆发之初就意识到原有金融体系对 SIFIs 监管的漏洞，开始围绕 SIFIs 监管与处置进行改革。与美国以行政权力为主导的处置程序不同，英国的 SIFIs 处置程序更偏向于司法破产模式。金融危机之前，英国并没有制定专门针对金融机构的破产法律规定（比如银行破产法），而是适用普通破产法。然而，由于《2009 年银行法》引入了特别处置机制（special resolution regime，SRR），监管当局对金融机构的介入和干预权力显著增强。特别处置机制由稳定化措施（stabilization powers）、银行破产程序（bank insolvency procedure）和银行管理程序（bank administration procedure）组成。其中，稳定化措施实质上是司法程序开始之前的预先行政处置措施，具体包括私人部门收购、过桥银行和临时国有化三种方式。采取稳定化措施的前提条件是金融服务局①认定某银行不满足或有可能不满足《2000 年金融服务与市场法》所规定的从事受监管金融活动的门槛条件，且考虑到时间及相关情况，该银行或其他方面没有合理可能性采取行动使该银行满足门槛条件。② 在银行破产程序中，SRR 维持了司法主导的破产模式，但排除了银行自身和银行债权人原先基于普通破产法所享有的破产申请权，将申请启动银行破产程序的权利排他性地赋予了监管机构。根据《2009 年银行法》的规定，有权向法院申请银行破产令的主体有英格兰银行、金融服务局和国务大臣。③ 申请破产须基于一个基本要件和三项申请理由。一个基本要件是指银行拥有合格的存款人，三项申请理由是指：（1）银行无力或可能无力清偿债务（清偿力标准）；（2）银行清盘符合公共利益（公共利益标准）；（3）银行清盘是公平的（公平性标准）。银行管理程序是将问题银行的部分业务出售或转让给过桥银行之后，针对银行未出售或转让的部分所适用的程序。与银行破产程序不同，银行管理程序只能由英格兰银行启动，由法院应英格兰银行的申请发出银行管理令，指定银行管理人，作为法院方面的官员负责银行管理工作。对于银行管理申

---

① 《2013 年金融服务（银行改革）法案》采纳目标监管模式，对金融服务局进行了拆分，将其审慎监管职能和消费者保护职能分由新设机构继承。具体包括三个部分：一是在英格兰银行内部建立金融政策委员会（Financial Policy Committee，FPC），负责从整体上维护金融稳定和宏观审慎监管；二是建立审慎监管局（Prudential Regulation Authority，PRA），作为英格兰银行的附属机构，接管金融服务局的微观审慎监管职能；三是建立金融行为监管局（Financial Conduct Authority，FCA），接管金融服务局的消费者保护职能。

② See Banking Act 2009, art. 7.

③ See Banking Act 2009, art. 95.

请，受理法院可以决定发出破产令、延期审理或驳回申请。该程序是《2009 年银行法》增加银行破产处置行政色彩的主要表现之一，旨在为过桥银行提供处置权力、工具和资金支持，使其得以有效运行，同时确保问题银行债权人不承担比普通破产重整程序中更差的结果。

从以上分析可知，金融危机后英国对问题金融机构的处置一方面维持了司法破产的基本模式，另一方面又考虑到处置效率和金融体系的系统性风险，赋予了监管当局排他性的破产申请权和范围、内涵都更加丰富的行政权力和处置手段，使得司法破产与行政处置相辅相成，共同构成后危机时代英国问题金融机构危机管理的基本模式。对中国而言，由于我国并非采取美国式的行政处置与破产清算程序合并模式，而是采取行政处置于司法破产分立的模式，因此英国在这两种程序衔接方面的规定对我国更有借鉴意义。

（四）欧盟：统一的银行破产处置机制

欧洲是除美国之外受金融危机影响最大的地区。从 2012 年起，以德国、法国等为首的欧盟国家开始为建立一个安全有效的欧元区统一银行业联盟作出努力。根据欧盟的建议，该银行业联盟将由单一监管机制（single supervision mechanism，SSM）和单一处置机制（single resolution mechanism，SRM）构成，从日常监管和危机处置两方面构建银行业的综合治理框架。2013 年 10 月，欧洲理事会正式批准设立欧洲银行单一监管机制，使银行业联盟的建设迈出了第一步。2014 年 4 月，欧洲议会同时通过了《信用机构和投资公司恢复与处置指令》（下称《恢复与处置指令》）、《单一处置机制下信用机构和投资公司的统一处置规则与程序》（《单一处置指令》）和《存款保险机制指令》三份文件①，作为 SRM 的三大支柱，首次建立了欧元区银行破产处置的基本框架，为解决欧元区系统重要性金融机构“大而不倒”问题提供了明确的法律与政策方案，对欧元区银行业联盟的建立起到了实质性推动作用。

《恢复与处置指令》要求所有欧盟成员国针对大型银行和投资公司设立恢复与处置计划，以应对未来的风险，并为各成员国提供了有效的处置工具，在欧洲跨境

① 这三份文件分别是：Establishing Uniform Rules and Uniform Procedures for the Resolution of Credit Institutions and Certain Investment Firms in the Framework of a Single Resolution Mechanism and a Single Resolution Fund，available at http：//eur-lex. europa. eu/legal-content/EN/TXT/PDF/？uri = CELEX：32014R0806&from = EN，Establishing a framework for the Recovery and Resolution of Credit Institutions and Investment Firms，available at http：//eur-lex. europa. eu/legal-content/EN/TXT/PDF/？uri = CELEX：32014L0059&from = EN，Directive on Deposit Guarantee Scheme，available at http：//eur-lex. europa. eu/legal-content/EN/TXT/PDF/？uri = CELEX：32014L0049&from = EN.

层面应对金融危机，确保关键金融功能和服务延续，避免纳税人承担损失。《单一处置指令》对上述文件进行了有力补充，决定设立单一处置理事会，由欧洲央行、欧洲委员会和成员国的处置当局代表组成，直接领导大型金融机构的处置行动。此外还决定从成员国银行吸收资金组成单一处置基金，由理事会管理，在八年之内达到550亿欧元的总量，为处置提供流动性支持。《存款保险机制指令》维持了十万欧元的存款保险覆盖水平，但首次提出了存款保险机制的融资要求，即存款保险的事前基金总量必须在十年内达到所覆盖存款的0.8%。此外，该指令保证欧盟成员国存款人可以获得相同程度的保护，客观上消除了存款者顾虑，促使他们可以在整个欧盟范围内选择最佳的服务提供者。

欧盟处置的主要创新在于首次从区域层面提出了构建SIFIs统一处置框架的顶层设计，将处置权力有限地集中在一个具有广泛处置权力的区域性处置机构中，领导跨境处置行动。单一处置机制的建立为欧洲金融稳定提供了保证，有利于欧洲银行业整体竞争力的提升，加速欧洲金融一体化进程；同时，该机制实施的有效性受到政治博弈、国家金融主权让渡和欧盟成员国金融发展水平差异较大等多重因素制约，具体的实践效果还有待印证。

中国金融业与欧盟金融业的发展阶段不同，因此欧盟关于SIFIs监管和处置的法律规定不可能一概适用。但与欧盟具有共性之处在于，当前中国金融业面临着巨大的系统性风险，随着SIFIs不断扩张规模，微观审慎监管已经不能适应日益严峻的系统性风险带来的挑战。因此欧盟构建银行业联盟对我国最主要的借鉴意义，在于提供了强化SIFIs系统性风险处置的参考框架。在我国未来的金融体制改革中，可以仿效欧盟，在现有监管机构之外，构建相对独立的更高级别的系统风险管理委员会，强化SIFIs处置的顶层设计。我国于2013年8月起建立的金融监管协调部际联席会议就是加强系统性风险监管的一种有效努力，然而该机制从目前来看仅仅是较为松散的不具有实际权力的监管层对话平台。随着金融创新和混业经营的发展，未来该机制可能会上升为具有强大监管权的顶层金融监管机构，并具有类似于美国金融稳定监督委员会在SIFIs认定和监管方面的权力。

四、对中国的启示

国际金融组织和美欧等发达金融市场国家围绕SIFIs监管和处置所提出的一系列制度、策略和工具，为后危机时代国际社会处置大型金融机构跨境风险、重塑国际金融稳定秩序指明了方向。虽然国际规则和他国制度不可能完全适用于我国，但是经济全球化和金融一体化促使各国金融业在业务领域、创新水平和风险防范等方面逐渐趋同，特别是金融发达国家的监管价值追求、立法理念和操作规则值得借鉴。我国虽遭受金融危机冲击相对较小，未引发大规模政府救助，但危机所暴露出的大型金融机构破产处置制度缺失，足以引起我国监管当局充分重视。

从金融危机爆发以来，我国及时跟进国际金融改革的步伐，开启了我国 SIFIs 处置的法制构建。自 2011 年 4 月中国银监会颁布《关于中国银行业实施新监管标准的指导意见》的 44 号文起，我国正式拉开了巴塞尔协议 III 在中国的实施大幕，开始了针对 SIFIs 监管和处置的立法探讨，提升了整个金融体系维度的宏观审慎监管力度。2012 年 6 月，中国版巴塞尔协议 III 即《商业银行资本管理办法》正式出台，全面提高了金融机构的资本监管要求，显著提升了金融机构的附加损失吸收能力。在深入研究国际标准，结合我国国情的基础上，银监会 2014 年 1 号文首次出台了我国《商业银行全球系统重要性评估指标披露指引》（下称《披露指引》），一方面作为对金融稳定理事会要求各成员国出台本国 SIFIs 信息披露法规的回应，另一方面也为我国确立 SIFIs 识别标准提供了初步依据。据此，银监会要求我国被上一年年末被确立为 G-SIFIs 的商业银行和上一年年末调整后表内外资产余额为 1.6 万亿元人民币以上的商业银行①制定"生前遗嘱"，披露调整后的表内外资产余额、金融机构间资产和负债、发行的证券和其他融资工具等 12 项指标，与巴塞尔委员会《评估方法和附加损失吸收能力》中的 12 项指标对应。目前，中国银行、中国工商银行等 G-SIFIs 和平安银行等 D-SIFIs 均已按照要求制定了自身的"生前遗嘱"。

2014 年底，酝酿了二十多年的中国存款保险制度终于破题。这不仅极大完善了我国金融安全网的建设，同时也是一个积极信号，预示着我国金融机构的市场化退出机制也将择期推出。下一阶段，应着重从以下几个方面完善我国 SIFIs 处置法制的构建：

（一）建立我国系统重要性金融机构识别体系

有效识别 SIFIs 是对其实施处置的前提。银监会《披露指引》要求被认定为 G-SIFIs 的商业银行和表内外资产余额为 1.6 亿元以上的商业银行披露相关信息，可以认为银监会将这两种类型的机构看做 SIFIs。但此标准并不明确，并且，虽然《披露指引》要求商业银行披露的 12 项指标有利于增强对银行系统重要性的判断，但并没有提出 SIFIs 的识别方法。鉴于识别 SIFIs 既要考虑单体金融机构的特征，也要考虑我国金融市场的整体特征和经济环境，我国 SIFIs 的识别体系应当覆盖银行业、证券业和保险业的全部。同时，随着我国金融业综合化经营步伐的加快，一

① 参见《商业银行全球系统重要性评估指标披露指引》第 3 条。

些大型证券公司、保险公司、金融控股公司甚至外资金融机构的附属或分支机构在我国金融体系中的作用日益增强，风险积聚和系统重要性不断提升，也应逐步建立起这类机构的 SIFIs 识别体系。因此，当前我国可以以银行业为突破口，先建立银行业机构系统重要性评估方法，公布国内系统重要性银行名单，再采取类似的评估方法，结合证券业、保险业等其他金融行业的特点，制定相应的 SIFIs 评估体系。

金融机构提供的数据和信息是监管当局评估其系统重要性的基础。在构建我国基于指标的 SIFIs 评估体系同时，也应提高金融机构监管统计数据和信息的质量，使监管者能够提早发现问题，预防危机的发生。中国人民银行自 2009 年以来陆续发布了《金融机构编码规范》、《金融业机构信息管理规定》等标准和制度，并组织开发了金融机构信息管理系统。银监会、证监会等监管当局也出台了一些完善金融机构内部治理的文件，其中将信息披露作为重点监管对象。下一步，应继续完善金融机构的信息统计与管理工作，加强金融市场风险的实时监测。

（二）强化有效处置的制度设计

从美欧等国的金融改革法案和有效处置经验来看，赋予监管当局充足的行政处置权力和资源、为其提供多元化的处置工具是确保处置有效的重要保证。可以说，强化的行政色彩是危机后 SIFIs 破产处置的主要特点和发展趋势。但同时，为了避免行政权力滥用，立法必须事先对可适用的处置资源和工具及相关处置程序进行预先规定，还应明确法律保障和补偿机制，确保普通破产是利益相关人所遭受的最坏结果。因此，我国应尽快出台金融机构处置条例，对恢复与处置计划、自救机制、可处置性评估等机制的概念、适用对象、实施程序等作出明确规定，使监管当局拥有更多处置资源和工具，而非采用传统的行政撤销手段强制关闭金融机构，以增强金融机构危机处置的市场化特性。

（三）完善跨境处置国际合作

随着我国金融机构海外扩张日益深入和我国金融业国际化程度显著提升，越来越多金融机构成为国际金融集团。我国 SIFIs 有效处置有赖于我国与相关东道国的跨境合作。我国应继续推动现有跨境监管处置合作框架的建设，与相关国家和地区签订双边或多边机构特定跨境合作协议，积极参与监管联席会议和危机管理工作组，确立互信、共享信息。另外，我国作为二十国集团和金融稳定理事会等国际金融治理平台和组织的重要成员方，应履行作为负责任大国的国际义务，继续推动国际 SIFIs 监管与处置框架的完善，积极参与 SIFIs 有关的国际标准和规则的制定，使最终出台的国际标准和规则能够合理反应我国的诉求和国家利益。

（四）与存款保险制度有效衔接

存款保险制度与金融机构的破产处置制度共同构成金融安全网的重要组成部分。存款保险制度的目标与功能在于保护存款人利益，防范银行破产可能诱发的挤兑风险，维护金融稳定，与银行破产处置的价值取向一脉贯通。因此，厘清存款保险制度与银行破产处置制度之间的关系，确保存款保险机构与银行处置当局之间的权力分配是这两种制度各司其职的关键所在。目前，我国已出台了存款保险条例征求意见稿，对存款保险的适用对象和覆盖范围等作出了明确规定，但对存款保险机构的设置和职责定位还不甚明朗。如果我国存款保险机构并不仅仅承担“付款箱”的职能，而是拥有更广泛的银行处置权力，那么就需要人民银行与银监会之间进行协调，就存款保险机构参与银行处置制定明确的程序，以避免和我国正在制定的商业银行破产处置条例中处置当局的权力产生冲突。

Construction of International Legal System of Resolution for SIFIs and the Implications

Abstract: SIFIs are financial institutions whose distress or disorderly failure, because their size, complexity and systemic interconnectedness, would cause significant disruption to the wider financial system and economic activity. The global financial crisis of 2008 has revealed the distress that the lack of resolution regime of SIFIs may pose on financial system. In the post-crisis era, international community is in an effort to constructing international legal system of Resolution for SIFIs. International financial organizations has proposed international framework for SIFIs resolution through identifying key attributes of effective resolution, imposing higher loss absorbency requirements, improving the operationality of resolution plans and establishing cross-border resolution cooperation arrangements. Developed financial market countries, i. e. the U. S. and Europe has launched epoch-making financial reform acts, which has introduced wide-range resolution authorities and tools, strengthen the administrative features and uniformity of SIFIs resolution and insolvency. Drawn lesson from international experience, China should establish SIFIs resolution regime through setting up SIFIs identification system, strengthening institutional design of effective resolution, complementing cross-border resolution cooperation and making sure that it can effectively co-work with deposit insurance system.

Key words: systemically important financial institutions; "too-big-to-fail"; effective resolution; international development

超越先例作用力：基于 WTO 争端解决实践的研究 *

□ 孙南翔**

内容摘要：晚近以来，国内司法层面的裁决理论与技术逐渐渗透到国际争端解决实践中，如先例制度。在国际司法实践中，先例作用力体现为国际争端解决机构寻求裁决相同法律问题的“合意”。然而，国际司法实践的“合意”并非必然可得，由此发展出超越先例作用力的制度。虽然 WTO 各协定并未明文规定先例的作用力，但是其争端解决实践已然发展出遵循先例和背离先例的法理。晚近以来，美国归零案、美国双反案和中国稀土案均直接涉及超越先例作用力的问题。更进一步，针对《中国入世议定书》特定条款能否适用一般例外条款的法律问题仍应进行抗辩。在中国稀土案之后，我国应积极发展新主张和新理由，在随后相关案件中，针对相同法律问题提请专家组和上诉机构重新审查，进而寻求以“强有力的理由”迫使上诉机构做出合理地认定。

关键词：WTO 争端解决机制；先例作用力；强有力的理由；中国稀土案

目　　次

---

* 本文为 2011 年度重庆社会科学规划项目“中国—东盟自由贸易区争端解决机制研究”（2011YBFX100）、2013 年度国家法治与法学理论研究重点项目“入世十年后中国 WTO 争端应对法律问题研究”（13SFB1007）的研究成果。

** 西南政法大学 2013 级国际法专业博士研究生。

导　言

实现国际争端解决的司法性是众多国际法学者致力的目标。晚近以来，国内司法层面的裁决理论与技术逐渐渗透到国际争端解决实践中，如遵循或尊重裁决机构的先例制度。在国际司法实践中，先例作用力体现为国际争端解决机构寻求裁决相同法律问题的“合意”，实现法律解释和适用之跨越时空的“契合”。然而，国际司法实践的“合意”并非必然可得。“合意”的或然性导致了建构背离先例制度的必然性和必要性。司法实践的“合意”是先例作用力的前提与基础；超越先例作用力的过程则是对先前“合意”的突破，并且形成新的“合意”。在WTO争端解决机制中，《关于争端解决规则与程序的谅解》（以下简称DSU）并未明文规定遵循先例制度，但是争端解决实践已形成相对固定的法理，进而实现遵循先例和背离先例的作用力。问题进而转向为：WTO争端解决中的先例作用力是否是绝对的？在何种情况下，争端解决专家组或上诉机构能够背离先例作用力？实践中，背离先例作用力有何标准？这也是我国在中国稀土案之后应认真考虑的问题，特别是该制度涉及《中国入世议定书》特定条款能否援引《关税与贸易总协定》（以下简称：GATT1994）及其他多边贸易协定的例外条款这一关键性问题。下文拟回应上述问题，并提出我国再诉的策略。

一、国际司法实践对“合意”制度的探寻

（一）国际司法实践中的“合意”及其体现

司法裁决具有说理、沟通、商谈的功能。其中，司法裁决的“合意”近乎是国内和国际司法实践希冀达成的理想结果。在司法实践中，“合意”来源于不同裁决机构或同一裁决机构对相同问题采取相同的观点和意见。换言之，司法实践的“合意”体现为对先例的遵循和尊重，进而确保不同案件裁决相同法律问题的相合性和一致性，实现法律解释和适用之跨越时空的“契合”。特别是在各国裁判文书趋于公开说理的背景下，司法实践中的“合意”显得尤为重要。

司法实践的“合意”是先例制度存在的前提和基础。本质上，“合意”是司法裁决保持一致性和稳定性的前提，其主要体现为遵循或尊重先例制度，核心在于“遵从已决定的事情”。① 在普通法系，先例原则逐渐发展成为严格的制度。特别是在英国，先例因其权威性而成为有拘束力的法律。② 晚近以来，大陆法系国家也开始愈发重视先例的约束作用。③

① 需要注明的是，笔者认为先例制度（system of precedents）应区别于遵循先例（*stare decisis*）制度。广义的先例制度包括至少三种不同类型：第一，给予法官将先前裁决作为一般法律素材的一部分加以考虑；第二，除非有正当的理由（a good reason）不如此作为，否则法官应该以与先前案件相同的方式裁决案件；第三，即使有正当的理由，法官也必须以先前案件相同的方式裁决案件。See Rupert Gross and J. W. Harris, Precedent in English Law 4 (4th. ed., Oxford 1999). 大陆法系一般倾向于采用第一种类型的先例制度；普通法系一般倾向于第三种类型的先例制度，即遵循先例原则。See Mohamed Shahabuddeen, Precedent in the World Court 9-10 (1st ed., Cambridge 1996)。在英美法系和大陆法系相融合的趋势下，第二种类型的先例制度也应运而生。

② ［美］P. S. 阿蒂亚、R. S. 萨默斯：《英美法中的形式与实质——法律推理、法律理论和法律制度的比较研究》，金敏等译，中国政法大学出版社 2005 年版，第 99 页。美国也有类似的观点，如美国联邦上诉法院认为：被上诉方所有论据中的根本性错误是，他们忽略了这样的事实：在最高法院自己选择明确推翻其先例之前，上诉法院的义务是遵循最高法院的先例。Independent Ink, Inc. v. Illinois Tool Works, Inc., 396F. 3d1342, 2006, 1351, footnote omitted. 转引自韩立余：《WTO 争端解决中的案例法方法》，载《现代法学》2008 年第 3 期，第 130 页。

③ Laurence Goldstein, Precedent in Law 1 (1st ed., Oxford 1987). 判例是为后案裁决提供准据的判决先例。在大陆法系国家传统上不存在判例法，但是却存在判例概念和司法判例制度。近期，我国学者也积极地探寻构建我国国内法层面上的先例制度。参见何然：《司法判例制度论要》，载《中外法学》2014 年第 1 期；张骐：《论类似案件的判断》，载《中外法学》2014 年第 2 期。

作为国内法层面受大多数国家认可的裁决规则，先例制度深刻地影响着国际司法实践。传统上，大多数学者以《国际法院规约》第 59 条的规定，否认国际法院存在严格的遵循先例制度。① 然而，即使不适用遵循先例原则，也并非意味着不存在先例作用力（precedential effect）。正如国际法院法官沙哈布丁（Mohamed Shahabuddeen）所言，第 59 条并非解释关于先例的问题。该条款不能排除未来的案件中将给定的裁决视为是"具有正确法理立场的陈述"；同时，先前的司法裁决是补充性的国际法渊源，其规定在第 38.1（d）条中。② 换言之，虽然《国际法院规约》并没有要求遵循先前的裁决，但事实上，其通过将先例作为补充性国际法渊源，随后案件参考或参照了先前裁决。因此，在国际法院司法机制中，先例也具有一定的拘束力。实践中，国际法院的司法裁决大幅度地以先前裁决为指导，如在核试验案中，判决书中援引了先前的渔业管辖权案进行说理论证。③ 近期，国际刑事裁决、国际投资仲裁案中裁决书也大范围地参考和借鉴了先前案件的裁决思路和观点。④ 曾饱受裁决不一致而被诟病的国际投资争端解决仲裁员也直接承认：相似案件应相似裁决。⑤

（二）国际司法实践的"合意"是否必然可能？

虽然"合意"是终极的理想，但是理论和实践中，"合意"并不是必然可能，其原因主要如下：首先，在先例层面上，虽然存在该制度的约束，但是并非所有先前裁决的案件均具有当然的法律拘束力。在美国，判例由最高（或高等法院）判决这个条件本身并不足以构成先例。只要某个判例中的实质推理存在疑问，它就必

① 《国际法院规约》第 59 条规定：法院之裁判除对于当事国及本案外，无拘束力。See e. g. , Shabtai Rosenne, The Law and Practice of the International Court 1920-1996 612 (1st. Nijhoff 1997).

② See Mohamed Shahabuddeen, Precedent in the World Court 63-66 (1st. ed. , Cambridge 1996).

③ Nuclear Tests Case (Australia v. France), I. C. J Judgment of 20 December 1974, para. 16.

④ See Gilbert Guillaume, *The Use of Precedent by International Judges and Arbitrators*, 2 (1) Journal of International Dispute Settlement 5-23 (2011); Aldo Zammit Borda, *The Direct and Indirect Approaches to Precedent in International Criminal Courts and Tribunals*, 14 (2) Melb. J. Int'l L. 608-642 (2013); Irene M. Ten Cate, *The Costs of Consistency: Precedent in Investment Treaty Arbitration*, 51 Colum. J. Transnat'l L. 418-478 (2013).

⑤ See Daimler Financial Services AG v. Argentine Republic, ICSID Case No. ARB/05/1, Award, para. 52.

须经历一段评估考察期，而后才能被视为确定的、有效的法律。① 换言之，先例或曰说服后来的法院予以遵循的可能性仅是存在于其实质推理的正确性和说服力上。② 国际法院田中（Tanaka）法官进一步认为：裁决的真正生命力应存在于其推理过程（reasoning），而非其结论。③ 因此，对“合意”要求本身需要先前裁决符合正义和推理的标准。④

其次，法律生成之后已然落后于客观实践。美国学者霍姆斯指出：遵循先例不能阻碍法律的变化。⑤ 国际法院法官曾在裁决书中主张，我们必须将国际法持续不断地发展牢记于心。⑥ 国际司法裁决的重要内容之一在于作出符合当前语境的合理解释。根据解释的术语和精神，重要的是需明确解释是在当前语境下作出的。法院在过去语境下做的解释与当前语境可能存在不同。⑦ WTO 争端解决虾和海龟案上诉机构就对“可用竭自然资源”概念做扩大解释，进而保护了非生命资源之外的海龟等濒危物种。因此，若先例落后于当前实践，国际司法机构也将难以与先前的裁决形成相同的观点和论证。

最后，相比于国内法律文本，国际法律文本更具有模糊性和不确定性。通过国家间的谈判和磋商，为顺利通过，部分国际法律文本存在有模糊之处，甚至于故意遗漏产生文本沉默（textual silence）的效果。杰克逊教授认为这是条约起草者有意为之，将授权争端解决机构决定含义。⑧ 针对文本模糊或沉默，囿于客观实情，国际司法机构裁决者对文本的理解极易存有合理的分歧，甚至于不同的合理解释。例如，对《国际法院规约》规定的“为文明国家所承认的一般法律原则”，对其中

① 法官还具有漠视先例与推翻先例权力，以及规避先例技术。参见［美］P. S. 阿蒂亚、R. S. 萨默斯：《英美法中的形式与实质——法律推理、法律理论和法律制度的比较研究》，金敏等译，中国政法大学出版社 2005 年版，第 100~103 页。

② ［美］P. S. 阿蒂亚、R. S. 萨默斯：《英美法中的形式与实质——法律推理、法律理论和法律制度的比较研究》，金敏等译，中国政法大学出版社 2005 年版，第 99 页。需要注明的是，在美国，粗劣的推理能否成为不遵循先例的理由仍有异议。See Colin Starger, *The Dialectic of Stare Decisis Doctrine*, in Christopher J. Peters, Precedent in United States Supreme Court 20 (1st ed., Springer 2013).

③ Separate Opinion in the Barcelona Traction Case (Judge Tan), I. C. J. Report 1964, p. 66.

④ 参见戴维·帕尔米特等：《WTO 中的争端解决：实践与程序》，罗培新译，北京大学出版社 2005 年版，第 55 页，脚注 69-70。

⑤ See Oliver Wendell Holmes, *The Path of Law*, 10 Harvard Law Review, 457 (1987).

⑥ Barcelona Traction, Light and Power Company, Limited, I. C. J. Report 1970, p. 33.

⑦ Mohamed Shahabuddeen, Precedent in the World Court 116-117 (1st ed., Cambridge 1996).

⑧ See John H. Jackson, Sovereignty, the WTO, and Changing Fundamentals of International Law 184-186 (1st ed., Cambridge 2006).

"文明国家"、"一般法律原则"、"承认"等概念，不同裁决机构就具有多重的合理解释。更何况国际法律文件中的一个条款时常蕴含着多重目的。① 正基于此，不同的裁决者可能具有不同的合理的观点，源于国际法律文本的争端裁决更难形成超越时空的"合意"。

由上，虽然国际司法机制将先例视为具备特定拘束力的案件，但在实践中，先例并非得到盲目地遵循，在缺乏正当的理由或明显错误之处，以及在先例不能满足国际社会发展的新情况下，后案将不再遵循先前的裁决。同时，由于国际法律文件的潜在模糊性和多目的特征，裁决者间的一致观点更难以形成。② 因此，"合意"的或然性将导致"背离先例制度"存在的现实性和必要性。

诚然，超越先例作用力的过程是挑战并突破过往司法实践的"合意"，并在此基础上，形成新的司法实践的"合意"。超越先例作用力不仅在结果上具有显著的重要性，而且在过程中，也体现出独特的价值。布伦南（Brennan）大法官将"观点市场"（marketplace of ideas）概念运用于不同意见的制度中，其认为探寻真理的最佳途径是在观点集聚的竞争市场中作出正当的选择。③ 先前案件在持续不断地提供其后案件裁决的思路和和推理过程。在一定程度上，对先例的背离提供多元的裁决观点，形成有益于公正裁决的观点池。通过观点池，背离先例的行为具有进一步指示或纠正的功能，包括提供争端参与人和相关裁决机构辨别先前案件的方式；提供后案裁决者考虑争端问题的替代性路径；督促发现在先前案件推理和认定中的潜在错误；提高立法机构回应争议问题的可能性。④ 因此，在国际司法实践中，对先例的背离也不时发生。⑤

（三）WTO 争端解决机制的先例作用力制度

不管是在大陆法系、英美法系，还是在国际司法机制中，都存在遵循或参考先

① Joel P. Trachtman, *The Agency Model of Judging in Economic Integration: Balancing Responsibilities*, in Thomas Cottier, Petros C. Mavroidis, The Role of the Judge in International Trade Regulation: Experience And Lessons for the WTO 135 (1st ed., The University of Michigan Press 2003).

② Mohamed Shahabuddeen, Precedent in the World Court 12 (1st ed., Cambridge 1996).

③ William J. Brennan, Jr., *In Defense of Dissents*, 37 HASTINGS L. J. 430 (1986).

④ See Meredith Kolsky Lewis, *Dissent as Dialectic: Horizontal and Vertical Disagreement in WTO Dispute Settlement*, 48 (1) Stan. J. Int' l L. 4 (2012).

⑤ See Mohamed Shahabuddeen, Precedent in the World Court 149-151 (1st ed., Cambridge 1996).

例制度的客观实践。国际法巨擘杰克逊教授认为，在国际司法实践中，“先例”制度并非意味着先例必须遵守，而是指在当前案件的考量中对于先前判例的一种不同的援引形式。鉴于“先例”概念的多层次性，杰克逊教授认为使用“先例作用力”（precedent effect）能够更好地符合 WTO 争端解决机制的特点。① 因此，下文以“先例作用力”作为 WTO 争端解决实践中前案对后案裁决的指导性作用的描述。当然，遵循先例与背离先例是矛盾的两个方面，共同构成 WTO 争端解决机制的先例作用力制度。在追求“合意”机制下，大体上都存在保障裁决者对“合意”的合法背离的权利。WTO 争端解决机制亦是如此。

通过专家组或上诉机构报告的先例作用力和争端解决机构的设置，WTO 争端解决实践也在致力于形成跨时空的“合意”。针对先例作用力而言，虽然 WTO 各协定并没有直接明确先例制度，然而，通过默示地规定，其仍将先例作用力嵌入争端解决规则文本中。具而言之，DSU 第 3.2 条明确提出：WTO 争端解决体制为多边贸易体制提供可靠性和可预测性方面的一个重要因素。实践中，专家组和上诉机构发布的报告不仅包含裁决结论，也包含具有“强有力的说服作用（strong persuasive power）”的解释和推理过程。该情形暗含着潜在的专家组报告阅读者包括争议的当事方，还包括本案的潜在的上诉机构以及其他成员方；上诉机构做出的裁决将为其后的专家或上诉机构成员提供指导意见。② 贝拉（Bhala）则直接将 WTO 争端解决的先例作用描述为“事实上遵循先例（*de facto stare decisis*）”，③ 以此区别英美法系的“法理上的遵循先例”（*de jure stare decisis*）。④

WTO 争端解决机制的目的远非仅限于追求“合意”。DSU 第 11 条规定专家组应对其审议的事项作出客观性评估。该条款意味着 WTO 成员方提起的所有争议都应该被适当地考虑，进而形成正当的推理过程，并在基于客观性评估的基础上得出裁决结论。换言之，可靠性和可预测性表达了 WTO 争端解决机制对“合意”的追求；而客观性评估给予专家或上诉机构成员突破超越先例作用力的权利。

---

① See John H. Jackson, Sovereignty, the WTO, and Changing Fundamentals of International Law 173-175 (1st ed., Cambridge 2006).

② Meredith Kolsky Lewis, *Dissent as Dialectic: Horizontal and Vertical Disagreement in WTO Dispute Settlement*, 48 (1) Stan. J. Int' l L. 10 (2012).

③ Raj Bhala, *The Precedent Setters: De Facto Stare Decisis in WTO Adjudication* (*pt.* 2), 9 (1) J. TRANSNAT'L L. & POL'Y I 3-5 (1999).

④ 关于“事实上的先例”问题，还可参见杨国华：《事实上的遵循先例》，资料来源于 http://www.chinalawinfo.com/LawOnline/ArticleFullText.aspx? ArticleId = 82506，2014 年 8 月 20 日访问。

一般而言，裁决同一案件的上诉机构成员人数为 3 人，但是，在争端解决中，几乎所有上诉机构成员都会针对各个案件进行讨论。① 虽然上诉机构前主席巴克斯（James Bacchus）曾认为：通过相互沟通，上诉机构成员可以形成一致的裁决意见。② 然而，本质上，WTO 争端解决中遵循先例和背离先例都是观点商谈（dialectic）的结果。③ 基于商谈，可能会产生相同或不同的观点。④ 任何人为地推崇"合意"或阻挠不同意见均不能满足裁决说理和论证的完整功能。更何况，对背离先例施加不当限制不仅减损了争端解决机制的优势，更削弱和阻止了成员方对 WTO 协定的模糊和遗漏之处进行适当修补的机会和能力。⑤

由此，WTO 争端解决机制也具备较全面的"合意"制度，并赋予专家组和上诉机构超越先例作用力的权利。然而，WTO 在立法上并未明确规定"合意"规则，更多的具体观点反映在 WTO 争端解决的司法法理和实践中。

二、对专家组或上诉机构报告的背离：基于争端解决法理的分析

虽然不存在严格的遵循先例制度，WTO 争端解决机制实际上承认了先例具有一定拘束力。先例制度不可避免将伴随着案例法（case law）的法律体系。⑥ 在争端解决实践中，基于对宽泛的 DSU 协定文本进行解释，WTO 争端解决机制发展出相对固定的关于先例的先例（precedents of precedent）机制。下文拟从争端解决实践演化而成的法理着手，探寻先例作用力制度。

---

① James Bacchus, *Table Talk: Around the Table of the Appellate Body of the World Trade Organization*, 35（4）Vanderbilt Journal of Transnational Law 1021（2002）.

② James Bacchus, *Lone Star: The Historic Role of the WTO*, 39（3）Texas International Law Journal 409（2004）.

③ 商谈（dialectic）意味着不同观点的交流和沟通，以形成确定和准确的推理和论证。See Meredith Kolsky Lewis, *Dissent As Dialectic: Horizontal and Vertical Disagreement in WTO Dispute Settlement*, 48（1）Stan. J. Int'l L. 10（2012）.

④ 即使在同一案件中，裁决者间的不同意见也时有发生。限于篇幅，同一专家组或上诉机构报告中的"合意"与"不同意见"在此不赘述。See Meredith Kolsky Lewis, *The Lack of Dissent in WTO Dispute Settlement*, 9（4）Journal of International Economic Law 895-931（2006）.

⑤ Meredith Kolsky Lewis, *The Lack of Dissent in WTO Dispute Settlement*, 9（4）Journal of International Economic Law 896（2006）.

⑥ Mohamed Shahabuddeen, Precedent in the World Court 8（1st ed., Cambridge 1996）.

（一）先例作用力的形成：确定专家组和上诉机构报告的地位

WTO 争端解决的早期实践中，争端解决机构经常面临在裁决案件时是否需要参考 GATT 时期报告的情形。在日本酒精饮料税案中，该案上诉机构首次直接明确了被采纳的专家组报告的地位。其认为已采纳的专家组报告（adopted panel reports）应该被 WTO 专家组和上诉机构所考虑：经采纳的专家组报告成为 GATT 的一部分（GATT acquis）；相同法律问题的报告经常被随后的专家组所考量。这些报告在 WTO 成员方之间建立起合理的预期（legitimate expectations）。因此，随后案件应该参考前案报告相关联之处。① 然而，该上诉机构也指出：除案件特定的争议方外，该报告不具有拘束力。② 争端解决机制的上诉机构进一步指出：《国际法院规约》第 59 条也有类似的规定，但是并不影响国际法院对判例法体系（a body of case law）的发展。③

更进一步，日本酒精饮料税案上诉机构还纠正了本案专家组关于 GATT 报告构成“嗣后惯例”（subsequent practice）的观点。其认为，虽然 WTO 专家组报告和 GATT 专家组报告被视为是 GATT 的一部分，但是已采纳的 GATT 专家组报告和已采纳的 WTO 专家组报告都不构成《维也纳条约法公约》第 31 条的“嗣后惯例”。④

由上，日本酒精饮料税案上诉机构报告奠定了 WTO 争端解决关于“先例”的法理，即，WTO 争端解决机制并非为严格的遵循先例制度，先例的作用在于为其后的案件提供指导和参考的价值。该观点在随后的上诉机构报告中得到重述。例如，美国虾案（第 21.5 条）上诉机构明确先前的上诉机构报告是 GATT 的重要部

---

① 本案上诉机构区分了经采纳的报告和未经采纳的报告。未被采纳的专家组报告在 WTO 或 GATT 体系下没有法律地位。然而，在情形相关时，专家组可以在未被采纳的专家组报告的推理中寻找有用的指导。See WTO Appellate Body Report, Japan - Taxes on Alcoholic Beverages, WT/DS8/AB/R, adopted 4 October 1996, pp. 14-15.

② WTO Appellate Body Report, Japan-Taxes on Alcoholic Beverages, WT/DS8/AB/R, adopted 4 October 1996, p. 14.

③ WTO Appellate Body Report, Japan-Taxes on Alcoholic Beverages, WT/DS8/AB/R, adopted 4 October 1996, Footnote 30.

④《维也纳条约法》第 31.3（b）条规定：条约解释应与上下文一并考虑的是：嗣后在条约适用方面确定各当事国对条约解释之协定之人和惯例。本案上诉机构的主要理由在于报告不满足“嗣后惯例”规则的要求。See WTO Appellate Body Report, Japan-Taxes on Alcoholic Beverages, WT/DS8/AB/R, adopted 4 October 1996, pp. 12-14.

分，适用于已采纳的上诉机构报告的推理（reasoning）也应被随后案件所考虑。①同时，通过否认报告构成“嗣后惯例”，也避免对于先例作用可能增加成员方义务的担忧。

需要注意的是，在 WTO 争端解决机制中，前案报告的推理和认定都应该被后案所考虑。但是，事实性认定（factual findings）并不必然如此。上诉机构曾指出：先前争议的事实性认定不决定其他争议的事实。虽然在特定争端程序中举证的证据和国内法（municipal law）运行相关的事实可能在其他争端程序中被作为证据，然而，事实调查者有权在所有证据的基础上进行重新认定。如果主要证据是相同的，和国内法运行的事实问题是相同的，那么很可能事实调查者将在两个程序中作出相似的认定。②可见，事实性认定并未落入专家组或上诉机构报告先例作用力的范围之内。

（二）不同意见的可能性：对先例作用力的遵循预期与合理背离

虽然上诉案件明确了争端解决机制中先例的参考价值，然而与此相关的事项仍然较模糊。专家组和上诉机构需要在多大程度上参考先前案件报告，专家组和上诉机构能否背离先前的案件报告，特别是专家组能否垂直背离先前上诉机构的裁决。③

美国软木第五案上诉机构从日本酒精饮料税案和美国虾案（第 21.5 条）入手，直接指明 DSU 第 3.2 条关于“可靠性和可预测性”的要求，赋予专家组和上诉机构在适当之处考虑先前案件的推理和结论（reasoning and findings）的权利。④

---

① WTO Appellate Body Report, United States-Import Prohibition of Certain Shrimp and Shrimp Products, Recourse to Article 21.5 of the DSU by Malaysia, WT/DS58/AB/RW, 22 Oct. 2001, para. 107-109.

② WTO Appellate Body Report, United States-Continued Existence and Application of Zeroing Methodology, WT/DS350/AB/R, adopted 4 February 2009, para. 190.

③ WTO 争端解决机制存在着两种类型的先例背离：水平的背离和垂直的背离。水平的背离是指相同等级制层次的报告之间的不一致性，例如专家组对先前专家组报告的不同意见、上诉机构对先前上诉机构报告的不同意见。垂直的背离一般指处于相对下位等级与上位等级报告之间的背离，主要体现为专家组对先前上诉机构报告的背离。垂直的不同意见标准更高、更为罕见，而 WTO 争端解决近期案件为研究垂直的不同意见提供了契机。垂直的不同意见也是中国稀土案试图逾越的鸿沟。申言之，水平的背离和垂直的背离来源于水平的遵循先例和垂直的遵循先例的类型化划分。严格的遵循先例不允许垂直的背离，即下级法院不能背离上级法院做出的裁决。See Randy J. Kozel, *The Scope of Precedent*, 113 (2) Michigan Law Review 202-204 (2014); and see Meredith Kolsky Lewis, *Dissent as Dialectic: Horizontal and Vertical Disagreement in WTO Dispute Settlement*, 48 (1) Stan. J. Int'l L. 10-11 (2012).

④ WTO Appellate Body Report, United States-Final Dumping Determination on Softwood Lumber from Canada, WT/DS264/AB/R, adopted 11 August 2004, para. 109-112.

针对美国认为专家组不能履行 DSU 第 11 条的义务，美国石油国管状产品反倾销措施案上诉机构认为专家组基于先前上诉机构报告裁决案件是合适的，而且这也是对专家组裁决的预期，特别是在解决相同问题之处。①

上述两案将先例的指导作用从推理拓展至推理和结论内容，并明确在解决相同问题时先例具有重要作用。然而，争端解决机制中的先例作用力是否有边界，换言之，先例作用力的程度为何？这在美国不锈钢案上诉机构报告和美国继续归零案中得到系统论证。②

美国不锈钢案上诉机构报告的贡献主要在于两个层面：其一确立了专家组垂直背离先例的可能性；其二提出了“除非强有力的理由，相同的法律问题应以相同方式裁决”的背离标准。具体而言，该案上诉机构首先回应专家组关于 DSU 第 3.2 条和第 11 条之间的关系。③ 从文本出发，其认为第 11 条对“因此（accordingly）”的使用表达出第 11 条前半部分和后半部分的关联，进而后半部分

① WTO Appellate Body Report, United States-Sunset Reviews of Anti-dumping Measures on Oil Country Tubular Goods from Argentina, WT/DS268/AB/R, adopted 29 Nov. 2004, para. 188.

② 在争端解决中，美国和欧共体（现为：欧盟）分别代表两种截然不同的观点。作为美国不锈钢案第三方，欧共体主张进一步分析并明确已经采纳的上诉机构报告的拘束力。相应的，其要求上诉机构裁决专家组应遵循前案上诉机构报告裁决的规则。在美国继续归零案中，欧共体的观点主要有两个方面：其一，仅在存在强有力的理由情况下，争端解决机制案例法（case law）才可以改变；其二，WTO 争端解决机制的低裁决机构不能背离高位阶裁决机构发展的案例法。美国则援引了日本—酒精饮料税案上诉机构报告，认为报告仅在特定争议的当事人间存在拘束力，并指出：即使在专家们坦率地、有力地提出不同意见时，将争端解决机构裁决视为完全的有效并具有决定性作用，这将削弱该体制的合法性。两个案件的其他参与方也都支持上诉机构进一步阐述该问题。See WTO Appellate Body Report, United States-Final Anti-Dumping Measures on Stainless Steel from Mexico, WT/DS344/AB/R, adopted 30 April 2008, para. 149; EC Third Participant's Submission, para. 50-51; WTO Appellate Body Report, United States-Continued Existence and Application of Zeroing Methodology, WT/DS350/AB/R, adopted 4 February 2009, para. 363-364; WTO Appellate Body Report, United States-Final Anti-Dumping Measures on Stainless Steel from Mexico, WT/DS344/AB/R, adopted 30 April 2008, para. 148; US Appellee's Submission, para. 131.

③ 此处是源于美国不锈钢案专家组认为 DSU 并没有要求 WTO 专家组遵循专家组或上诉机构报告，上诉机构实际上期待专家组在解决相似的法律问题遵循先前的报告。同时，该案专家组引用了美国—归零（日本）案的分析认为第 3.2 条不能超越专家组完成第 11 条客观性评估（objective examination）的任务。最终，该案专家组对先前上诉机构发展出来的推理（reasoning）持有不同意见，最终背离上诉机构之前的路径。See WTO Panel Report, United States-Final Anti-Dumping Measures on Stainless Steel from Mexico, WT/DS344/R, adopted 30 April 2008, para. 7.105-7.106.

的“完成客观性评估”的功能应在前半部分的“适用协定项下”而展开。更进一步，第 11 条前半部分的“专家组的功能”是依照着第 3 条“总则”的规定。因此，对“可靠性和可预见性”的保障优于第 11 条规定。①

更进一步，上诉机构认为，WTO 争端解决实践证明了 WTO 成员方大幅度地依赖先前专家组和上诉机构报告提供的推理，其已然建立起合理的预期。争议方经常引用先前的专家组和上诉机构报告以支持其法律主张。而且，在国际贸易问题上，执行和修改法律或国内规章时，绝大多数 WTO 成员方会主动考虑由已采纳的专家组和上诉机构报告发展出来的关于协定的法律解释。因此，专家组和上诉机构报告体现的法律解释（legal interpretation）成为 WTO 争端解决机制的一部分。因此，确保争端解决机制的“可靠性和可预测性”意味着除非有强有力的理由（cogent reasons），裁决机构将在随后案件以相同的方式解决相同的法律问题（resolve the same legal question in the same way）。②

美国继续归零案专家组还提出了上述背离的标准符合 DSU 第 11 条的规定，特别是为满足 DSU 关于“快速解决争议”的目标，在缺乏正当理由下，专家组不应背离先前的决定，因为将产生额外的时间成本。③ 虽然本案上诉机构出于司法经济并未做进一步分析，也并未回应欧共体提出的“有条件的上诉”（conditional appeal）。④ 然而实际上，该案上诉机构默认了专家组对上诉机构报告提出不同意见的可能性，但明确了超越先例作用力的高标准性。

如上，美国不锈钢案和美国继续归零案构建起先例作用力制度的指导规则——随后案件以相同的方式解决相同的法律问题；同时也确定了 WTO 争端解决背离先例制度的阈值——存在强有力的理由。基于 DSU 第 11 条“专家组对审议的事项作出客观的评估”的义务，在具备强有力的理由下，专家组能够对先前上诉机构报告进行垂直背离。上述关于“强有力的理由”的论证也在后续的美国归零案（韩

---

① See WTO Appellate Body Report, United States-Final Anti-Dumping Measures on Stainless Steel from Mexico, WT/DS344/AB/R, adopted 30 April 2008, para. 155-157. 有学者认为解决第 3.2 条和第 11 条关联应参照“特别法优先（*lex specialis*）”原则。在欧共体—香蕉案上诉机构就已采用特别法优先的原则。See Michael Lennard, *Navigating by the Stars*: *Interpreting the WTO Agreements*, 5 (1) Journal of International Economic Law 18-19 (2002).

② WTO Appellate Body Report, United States-Final Anti-Dumping Measures on Stainless Steel from Mexico, WT/DS344/AB/R, adopted 30 April 2008, para. 160.

③ WTO Panel Report, United States-Continued Existence and Application of Zeroing Methodology, WT/DS350/R, adopted 1 October 2008, para. 7. 170-182.

④ WTO Appellate Body Report, United States-Continued Existence and Application of Zeroing Methodology, WT/DS350/AB/R, adopted 4 February 2009, para. 363-365.

国)、中国稀土案等报告中得到再次确认。①

(三) 背离先例的阈值:对“强有力的理由”的解释

虽然美国不锈钢案上诉机构明确了对背离先例的标准为“强有力的理由”,但是该案并没有厘清何种理由能够符合“强有力的理由”的要求。关于“强有力的理由”的解释主要体现在美国双反案和中国稀土案中。

首先,对“强有力的理由”的文本解释。中国稀土案专家组注意到先前上诉机构并没有试图定义“强有力的理由”概念。因此,其分析了“强有力的”字面含义。通过《简明牛津英语词典》,“强有力的”意味着“能够迫使同意或形成信念;特别是(主张、解释等)的说服力,详细说明的、明确的和有逻辑的,可信服的”。从文本解释入手,可以发现超越先例作用力的门槛相当之高。

其次,将“强有力的理由”置于争端解决法理中。美国反补贴和反倾销案专家组认为,对“强有力的理由”的理解应该建立在上诉机构和专家组之间的等级制度上,并考虑发展一致的、连贯的和可预见的法理体系的目的,以及对专家组背离先前法理引发的担忧。因此,专家组应以先前上诉机构的解释作为分析背离的起点。根据先前的解释出发,能够支持(support),而非迫使(compel)作出与先前上诉机构采纳不同的解释的理由,尚不能够达到“强有力的”理由的水平。专家组还提供了一些可能构成“强有力”的理由。具体如下:

(1)根据《WTO协定》第9条第2款所形成的、不同于上诉机构解释的多边解释;

(2)在特定情况上诉机构的解释下不可行;

(3)上诉机构的解释与未在上诉机构解释中提起的协定的其他条款相冲突;

(4)证明上诉机构的解释所依据的是错误的事实。②

最后,将“强有力的理由”置于其他国际司法实践中。中国稀土案专家组考察了美国不锈钢案提出了的前南斯拉夫国际刑事法庭 Prosecutor v. Aleksovski 判决书。其分析到,虽然上诉法庭(appeals chamber)并没有定义抽象的“强有力的理由”,然而其门槛是相当高的:基于正义利益而要求的强有力的理由而背离先前决

---

① WTO Panel Report, United States-Use of Zeroing in Anti-Dumping Measures Involving Products from Korea, WT/DS402/R, adopted 18 January 2011, para. 7.30; WTO Panel Report, China-Measures Related to the Exportation of Rare Earths, Tungsten, And Molybdenum, WT/DS431/R, adopted 26 March 2014, para. 7.55

② WTO Panel Report, United States-Countervailing and Anti-Dumping Measures on Certain Products from China, WT/DS449/R, adopted 27 March 2014, para. 7.316-7.317.

定的情形包括先前决定基于错误的法律原则，或者先前的裁决是由于失察（*per incuriam*），即司法决定“被错误地作出，一般因为法官误解了适用法”。该案专家组继续分析欧洲人权法院的司法实践。欧洲人权法院裁定“强有力的理由”需要较高的标准。在 Cossey 案中，法官认为：法官不受先前判决的影响，这是真实的。然而，法官经常遵循和适用自己的先例，这与法律确定性和公约判例法发展的利益攸关。然而，这不能阻止若存在强有力的理由情形下，法官背离先前的决定。总而言之，该案提供了背离先例的情形为：此背离可基于保证公约的解释符合社会变化以及因保持与当前情势相符而被正当化。①

WTO 争端解决机制并不存在“强有力的理由”的明确定义。当然，“强有力的理由”是抽象概念，其难以进行具体化界定。除触发阈值高外，对“强有力的”文本解释本身不能得出任何背离先例的具体标准。另一方面，从现有的争端解决实践来看，“强有力的理由”需要存在迫使专家组或上诉机构作出不同解释的原因。归纳而言，至少存在两种可行的背离先例的理由：从法律解释层面，至少应证明先前专家组或上诉机构报告对多边协定或权威性解释的错误认定；从客观实践层面，应论证法律的解释不能满足社会变化以及当前情势。

（四）背离先例的程序性事项：重新审查与重新认定

美国继续归零案专家组指出，在缺乏细致考虑争议方提出的事实和主张情况下，任何专家组都不能简单地遵循其他专家组或上诉机构已采纳的报告，这有损 DSU 第 11 条的规定。同时，作出不同于先前报告的决定时，专家组需要细致地考虑当事方提出的事实和主张，并解释为何不同的结果是正当的，并保证其裁定不削弱体制的目标。② 更进一步，在中国稀土案中，专家组在承认关于背离先例的标准后，其认为“当成员方基于新的法律主张（novel legal arguments）要求专家组背离先前专家组关于法律问题的认定时，针对这些主张的全面阐述能够在上诉时协助上诉机构分析，特别是涉及复杂的法律问题时”。③

综上，“强有力的理由”是超越先例作用力的标准，而并非专家组或上诉机构审查不同意见的理由。成功的背离先例应经过专家组和上诉机构重新审查和重新认

---

① WTO Panel Report, China-Measures Related to the Exportation of Rare Earths, Tungsten, And Molybdenum, WT/DS431/R, adopted 26 March 2014, Footnote 127.

② WTO Panel Report, United States-Continued Existence and Application of Zeroing Methodology, WT/DS350/R, adopted 1 October 2008, para. 7. 180.

③ WTO Panel Report, China-Measures Related to the Exportation of Rare Earths, Tungsten, And Molybdenum, WT/DS431/R, adopted 26 March 2014, para. 7. 58.

定两项程序性事项。对当事方提出的不同理由，根据 DSU 第 11 条规定，专家组应作出对事实和主张的客观性评估。简言之，在 WTO 争端解决的第一阶段程序中，专家组将基于任一理由（any reason），而非强有力的理由，来考察之前的先例是否需要被遵守。① 其进行的是重新审查（re-examination），而并非重新认定（*de novo* determination）。

重新审查的标准与重新认定的标准存在差异。针对重新审查的标准而言，中国稀土案专家组报告对此作了细致的论述。专家组首先明确了中方是在中国原材料案上诉机构报告通过后，短期内对相同法律问题要求进行重新认定。② 但是，依据下述原因，专家组认为应对此相同法律问题进行重新审查：

第一，当事方提出的背离先前上诉机构对法律问题的认定的理由是新的法律主张（novel legal issue），特别是其涉及复杂的法律问题。

第二，对于进行审查的合理性时，该案专家组考虑下述情况：（1）没有当事人或第三方认为专家组在法律上不能重新审查此问题；（2）争议当事方与中国原材料案不同；（3）此法律问题是本案的一个关键性问题，具有根本性和体制性的重要性；（4）中国所提出的入世议定书条款与 GATT1994 之间的关系为新的主张，此涉及复杂的法律问题。③

在美国反倾销和反补贴案件中，专家组援引美国不锈钢案上诉机构的主张，认为对适用协议的条款的法律解释不能限制特定案件特定条款的适用。④ 以《补贴与反补贴措施协议》第 19.3 条“适当金额”解释为例，与中国稀土案专家组相似，该案专家组也区分当事方提出的新理由和与前案相似的抗辩理由。专家组认为美国提供的大部分主张都与先前上诉机构考察的主张相似（similar），包括文本分析等。⑤

换言之，专家组或上诉机构对相同法律问题进行重新审查的标准体现在是不是

① Crowley M, Howse R, *US-Stainless Steel* (*Mexico*), 9 (1) World Trade Review 126 (2010).

② WTO Panel Report, China-Measures Related to the Exportation of Rare Earths, Tungsten, And Molybdenum, WT/DS431/R, adopted 26 March 2014, para. 7. 57.

③ WTO Panel Report, China-Measures Related to the Exportation of Rare Earths, Tungsten, And Molybdenum, WT/DS431/R, adopted 26 March 2014, para. 7. 58-7. 59.

④ WTO Panel Report, United States-Countervailing and Anti-Dumping Measures on Certain Products from China, WT/DS449/R, adopted 27 March 2014, para. 7. 315-7. 317.

⑤ WTO Panel Report, United States-Countervailing and Anti-Dumping Measures on Certain Products from China, WT/DS449/R, adopted 27 March 2014, para. 7. 323-7. 326.

新理由或新主张、先前案件是否尚未完成分析，① 并考察当事方和第三方对重新审查的态度和主张，其触发门槛远低于“重新认定”，重新认定的标准应是“强有力的理由”。中国稀土案专家组将其分析首先限定在重新审查中，其认为在审查中方提出的理由时，主要的法律问题是该主张（arguments）是否构成背离先前上诉机构认定（finding）的“强有力的理由”。② 实际上，这为解决 DSU 第 3.2 条和 DSU 第 11 条的关系画上了句点，即，通过重新审查完成客观性评估；同时，以安全性和可预见性作为重新认定的标准，以保障 WTO 争端解决机制的稳定性和可靠性。

三、“强有力的理由”的高标准性：基于 WTO 争端解决个案的分析

法律先例是规范性质的，新的案件将以与以前的案件相同的方式裁决。然而，正如波斯纳法官在解释先例制度中所言：无论在何种情况下，历史都不是规范性的，它只是有用数据的一个潜在来源；更进一步，历史或法律的有效使用都是要抽象出一个原则或判断，用以解释后来的事件或案件。③ 本质上，法官或裁决者并没有因严格遵守某些先例而产生束缚感，他们拒绝遵从某些先例的主要原则依然是先例。④ 如前所述，“强有力的理由”门槛相对较高，下文列举了归零案、反倾销和反补贴案、中国稀土案等个案，借由历史提出有用数据，考察由专家组或当事方提出的“背离先例的理由”。需要说明的是，截至目前，结合具体案件，在上诉机构层面尚无理由成功地背离先例。

表 1　**WTO 争端解决实践中背离先例的理由**

案件	类型	主要的理由
美国归零案（欧共体）	专家组对先前上诉机构报告的不同意见	不同法律问题

① 吕炳斌：《WTO 争端解决中上诉机构“完成分析”问题研究》，载《武大国际法评论》，武汉大学出版社 2010 年版，第 304~318 页。

② WTO Panel Report, China-Measures Related to the Exportation of Rare Earths, Tungsten, And Molybdenum, WT/DS431/R, adopted 26 March 2014, para. 7.60-7.61.

③ 参见［美］理查德·A. 波斯纳：《法律理论的前言》，武欣等译，中国政法大学出版社 2003 年版，第 169 页。

④ ［美］迈克尔·J. 格哈特：《先例的力量》，杨飞等译，中国法制出版社 2013 年版，第 6 页。

续表

案件	类型	主要的理由
美国软木五案（21.5条）	专家组对先前上诉机构报告的不同意见	不同法律问题
美国归零案（日本）	专家组对先前上诉机构报告的不同意见	另一种合理的解释、上诉机构报告解释不充分、上诉机构报告法律解释错误
美国不锈钢案	专家组对先前上诉机构报告的不同意见	上诉机构报告解释不充分
美国双反措施案	被申诉方对先前上诉机构报告的不同意见	不同法律问题、补充性解释资料
中国稀土案	被申诉方对先前上诉机构报告的不同意见	不同法律问题、另一种合理的解释、上诉机构报告解释错误

（一）不同法律问题的主张

在背离先例的理由中，对不同法律问题的主张频繁地被使用。在美国归零案件中，专家组推理思路主要为区分不同方法和调查期。① 通过将成员方申诉主张视为不同方法或不同调查期，专家组进而认定该申诉为超越先例作用力的“不同法律问题”。

在美国归零案（欧共体）中，专家组认为在先前案件中，《反倾销协定》第2.4.2条规定“调查阶段”的WA-WA方法，而本案的归零被使用在与新出口商审查、情势变更审查、行政审查和日落审查的WA-T方法中。上诉审查并非为原始调查阶段，而是受到《反倾销协定》第9.3条的调整。同时，专家组认为第2.4.2条不能适用于由第9.3条调整的调查。② 因此，专家组裁定WA-T方法下使用归零是可行的。然而，本案上诉机构认定专家组对此问题认定存在错误，并裁定WA-T方法的分析也应与WA-WA方法相同。

为遵守美国软木五案的裁决，美国使用T-T方法代替原先的加权方法。加拿大

① 《反倾销协定》2.4.2条规定了三种倾销幅度的比较方法，即平均对平均方法（文中简称：W-W方法），即，采用加权平均正常价值与加权平均出口价格进行比较；平均对逐笔方法（文中简称：W-T方法），即，加权平均正常价值与每笔出口价格进行比较；逐笔对逐笔方法（文中简称：T-T方法），即，每笔正常价值与每笔出口价格进行比较。

② WTO Panel Report, United States-Laws, Regulations and Methodology for Calculating Dumping Margins (“Zeroing”), WT/DS294/R, adopted 31 October 2005, para. 7.148-7.220.

提起执行诉讼，认为 T-T 方法同样应是被禁止的。美国软木五（第 21.5 条）案专家组认为之前上诉机构裁定 WA-WA 方法不合法是依赖于第 2.4.2 条的“倾销幅度”和“所有可比的出口交易”，这些概念只存在于 WA-WA 方法中。于是，认定 T-T 方法中使用归零符合反倾销规则。然而，该案上诉机构认为调查机关在对单笔交易进行比较时，不应忽略出口价格超过正常价值的比较结果。基于此，裁定《反倾销协定》第 2.4.2 条中所规定的 T-T 方法中不允许使用归零法。① 可见，专家组关于不同方法和调查期的重新认定并未得到上诉机构的认同。

在美国反倾销和反补贴案件中，作为申诉方，美国提出本案与先前案件处理的条款是不同的，因此应进行重新认定。然而，专家组认为相同法律问题并非仅针对相同法律条文。具体而言，专家组认为美国提供的大部分主张与先前美国反倾销和反补贴税案（DS379）上诉机构考察的主张相似（similar），包括文本分析等。同时，美国提出的先前案件关注于第 19.4 条，而非第 19.3 条的主张也不符合上诉机构的认定。专家组细致地分析了美国提出的新的反驳立场——上诉机构的解释并没有将“适当数量”术语与第 19.3 条非歧视义务联系起来，专家组分析认为前案上诉机构注意到非歧视义务，进而认定美国主张不能使上诉机构的解释无效。②

由此，相同法律问题并不限于相同法律条文中，甚至并不局限于相同的多边贸易协定中。相同法律问题针对的是可类比的裁决方法和思路，而非相同法律条款或术语。

（二）另一种合理解释的方法

另一种合理的解释方法主要是采取与先例不同的解释进路，以论证背离先例的合规性和合法性，其意图突破先例的推理方式，进而得出不同结论。然而，本质上，该理由不反对先前裁决的推理和解释的合理性。

在美国归零案（日本）中，基于履行 DSU 第 11 条“客观性评估”的义务，专家组采用了另一种可行的解释方式。专家组援引《维也纳条约法》规定来考察条款之间的关联。其认为先前上诉机构的裁定将使得第 2.4.2 条无效（inutile），这违背了有效解释原则。同时，第 2.4.2 条文本没有明确禁止 T-T 方法和 WA-T 方法中的归零使用。由此，专家组认定 T-T 方法和 WA-T 方法中的归零是合规的。当

---

① WTO Appellate Body Report, United States-Final Dumping Determination on Softwood Lumber from Canada Recourse To Article 21.5 of the DSU by Canada, WT/DS264/AB/RW, adopted 15 August 2006, para. 137-146.

② WTO Panel Report, United States-Countervailing and Anti-Dumping Measures on Certain Products from China, WT/DS449/R, adopted 27 March 2014, para. 7.323-7.324.

然，该案专家组也指出：基于体系性目的，比起上诉机构的路径，本案专家组的路径更可取。① 本案上诉机构认可专家组有充分证据可认定基于不同的比较方法和不同阶段的反倾销程序的归零法的可取性问题。但是，其援引美国归零案（欧共体）上诉机构的分析，认定 T-T 方法下使用归零与 WTO 协定规定不符。②

在中国稀土案中，我国提出的两点主张也基于另一种合理解释的分析路径。其一为文本沉默或遗漏的解释方法。中方提出的适用协议遗漏（omissions）的解释方式，认为《中国入世议定书》第 11.3 条构成文本沉默，应作出符合中方利益的认定。本案专家组考察了中国原材料案上诉机构以“整体性的（holistic）”分析思路提出的八项理由，并认为前案上诉机构并没有将明示表达的缺失视为“决定性”的理由。该专家组认为“条约条款的文本沉默（textual silence）并非是决定性的”，因而不构成“强有力的理由”。③ 其二为 GATT1994 第 20 条的反向文本解释方法。中方提出：GATT1994 第 20 条中“本协定没有规定（nothing in this agreement）”本质上将入世议定书纳入其中。专家组遵循中国原材料案专家组关于“本协定”为 GATT1994 的认定，并认为中国的主张是无实际意义的。最终，专家组认为此主张不构成“强有力的理由”。④

现有的另一种合理解释的理由尚未能如愿地挑战先例作用力。本质上，专家组和上诉机构并不否认可能存在另一种合理的解释方式，但是，另一种合理的解释不能推翻前案的合理解释，除非有强有力的理由迫使其改变前案的解释。该理由并不能构成潜在的“强有力的理由”。

（三）补充性解释资料的作用

《维也纳条约法公约》第 32 条规定：为证实第 31 条意义或依第 31 条解释后意义仍不明或难解，或所获结果显然属于荒谬或不合理时，得使用补充性解释资料，包括条约的准备工作与缔约情况。在美国反倾销和反补贴措施案中，美国提出第 19.3 条“磋商历史（negotiating history）”的主张。在先前上诉机构基于《维也纳条约法公约》关于文本和语境的条款已经得出结论并认为无须诉诸条约规定的补

① WTO Panel Report, United States-Measures Relating to Zeroing and Sunset Reviews, WT/DS322/R, adopted 20 September 2006, para. 7.82-7.86, 7.115-7.161.

② WTO Appellate Body Report, United States-Measures Relating to Zeroing and Sunset Reviews, WT/DS322/AB/R, adopted 9 January 2007, para. 190-191.

③ WTO Panel Report, China-Measures Related to the Exportation of Rare Earths, Tungsten, And Molybdenum, WT/DS431/R, adopted 26 March 2014, para. 7.63-7.72.

④ WTO Panel Report, China- Measures Related to the Exportation of Rare Earths, Tungsten, And Molybdenum, WT/DS431/R, adopted 26 March 2014, para. 7.100-7.104.

充性解释方法情况下，本案专家组认为无须发表基于补充性解释方法（supplementary means of interpretation）是否可以背离先前的上诉机构解释的意见。①因此，最终专家组认为在“适当金额”术语的解释上，美国并没有提出“强有力的理由”可以背离先前上诉机构的认定。

如上，补充性资料的解释并非是背离先例的“强有力理由”。条约准备和缔约情况承担辅助性的解释功能，只能辅助论证文本解释、上下文解释、目的与宗旨解释的正确性和正当性。

（四）专家组或上诉机构报告解释不充分

近期的案件都涉及当事方认为专家组或上诉机构报告解释不充分。美国不锈钢案专家组背离先例的理由主要是上诉机构解释的不全面和不充分。专家组认为WA-T 方法下的归零方法是可取的，主要与美国归零案（日本）专家组的分析思路相似，其认为先前上诉机构裁决均忽视识别一系列应该由上诉机构全面解释的问题，主要问题包括上诉机构的推理看似并非建立在牢固的条约文本的解释之上。②申言之，上诉机构报告尚未阐述《维也纳条约法》的有效解释的适用性问题。然而，该案上诉机构以文本解释和条约目的宗旨出发，认为本案专家组进行了错误的法律解释，最终裁定在缺乏强有力理由下，应遵循先前的决定。③

在中国稀土案中，中方提出 WTO 协定的目的和宗旨（object and purpose）的主张。虽然该主张与中方在中国原材料案的主张相同，但是其背后逻辑为中国原材料案专家组和上诉机构的解释未充分。专家组承认适用先前协定的解释可能会导致合法地阻碍主权国家采取保护人类、动植物生命或健康的环境所必需的措施，其可能不符合 WTO 协定的目的和宗旨。然而，专家组不同意这是上诉机构裁定《中国入世议定书》第 11. 3 条不能诉诸 GATT1994 第 20 条将产生的结果。最终，专家组认为此主张不构成“强有力的理由”。④

专家组或上诉机构解释不充分的理由能够成为重新审查的理由。专家组或上诉机构倾向于否认当事方提出的不充分解释的抗辩。然而，毋庸置疑，囿于客观情

① WTO Panel Report, United States-Countervailing and Anti-Dumping Measures on Certain Products from China, WT/DS449/R, adopted 27 March 2014, para. 7. 325.

② WTO Panel Report, United States-Final Anti-Dumping Measures on Stainless Steel from Mexico, WT/DS344/R, adopted 20 December 2007, para. 118-147.

③ WTO Appellate Body Report, United States-Final Anti-Dumping Measures on Stainless Steel from Mexico, WT/DS344/AB/R, adopted 30 April 2008, para. 161-162.

④ WTO Panel Report, China - Measures Related to the Exportation of Rare Earths, Tungsten, And Molybdenum, WT/DS431/R, adopted 26 March 2014, para. 7. 105-7. 114.

形，解释不充分或未完成分析是潜在的强有力的理由之一。①

（五）专家组或上诉机构法律解释错误

在现有案件中，也有部分专家组或当事方直接主张专家组或上诉机构的法律解释错误，进而寻求提出超越先例作用力的诉求。该观点主要是论证专家组或上诉机构先前裁决的解释产生错误，并提出合法的解释方法。在中国稀土案中，体系性（systemic relationship）解释是中方提出的法律解释错误的理由，甚至还引发了本案专家组一名专家发表单独意见（separate opinion）。② 在专家组审理阶段，中国提出从《中国入世议定书》第1.2条和《马拉喀什建立世界贸易组织协定》（以下简称：《马拉喀什协定》）第12.1条文本分析《中国入世议定书》与GATT1994的关联。然而，专家组认为《中国入世议定书》第1.2条中的WTO协定（the WTO Agreement）为《马拉喀什协定》，并且认定《马拉喀什协定》第12.1条规定的“加入”应以广义的方式解释，而非考虑一个或某些WTO协定。进一步，专家组考察《马拉喀什协定》第2条和《中国入世议定书》第11条存在“内在的”联系的观点。其认为《中国入世议定书》第11.3条明确地规定了例外情形，附件6也具体规定了例外情形，而却没有规定援引一般例外条款的权利。最终，本案专家组通过相同的文本分析方式，否认了中方提出的理由，认定此主张不构成“强有力的理由”。③

在中国稀土案上诉阶段中，中国的申诉主张之一为专家组关于《马拉喀什协定》第12.1条与《中国入世议定书》第1.2条第2句话的解释有误。④ 上诉机构认为：其一，关于《马拉喀什建立世界贸易组织协定》第12.1条的解释。上诉机构支持专家组的分析，上诉机构认为该条款的“此加入（such accession）”提及

---

① 例如，由于上诉机构不审查事实性认定。美国试图通过主张上诉机构解释建立在事实错误的基础等理由，要求专家组背离先前上诉机构的裁决。专家组也承认在先前解释基于错误事实、解释在实践中不可行时，构成背离原先解释的“强有力的理由”。See WTO Panel Report, United States-Countervailing and Anti-Dumping Measures on Certain Products from China, WT/DS449/R, adopted 27 March 2014, para. 7.335, 7.350.

② 对于本案上诉机构单独意见的分析，参见胡加祥：《认真对待“稀土案”评审团报告的不同意见》，载《法学》2014年第8期，第25~35页。

③ WTO Panel Report, China-Measures Related to the Exportation of Rare Earths, Tungsten, and Molybdenum, WT/DS431/R, adopted 26 March 2014, para. 7.73-7.99.

④ See Notification of an other Appeal by China, Under Article 16.4 and Article 17 of the Understanding on Rules and Procedures Governing the Settlement of Disputes (DSU), and Under Rule 23 (1) of the Working Procedures for Appellate Review, WT/DS431/10, published 24 April 2014.

第一句话的加入，其提及的是加入的法律行为（legal act）。因此，第二句话的“适用（apply）”并非为“法律文件或文本的适用”。①

其二，针对《中国入世议定书》第 1.2 条的分析。上诉机构考察了上下文解释，认为对“WTO 协定”的解释可狭义也可广义。② 然而，对该术语的明晰不对解决中方提出的关键性问题具有决定性作用。因此，认为专家组不必对此进行该分析。③

其三，上诉机构分析了入世议定书与多边贸易协定的关系。上诉机构认为，争端解决机制的法理表现出在《马拉喀什协定》和不同多边贸易协定的具体条款或术语之间的关系应该基于逐案（case-by-case basis）分析的方法。该方法在《中国入世议定书》条款和其他协定条款之间也同样适用。④ 由此，本案上诉机构认为没有理由重新考虑中国原材料案上诉机构的裁决。最终，中国稀土案专家组和上诉机构通过争端解决的惯常的文本和上下文解释否认了中方提出的法律解释错误的主张，由此，中国挑战超越先例作用力的理由未能如愿。

四、WTO 争端解决实践的启示与中国再诉策略

虽然 WTO 各协定并未明文规定争端解决的先例作用力，但是其争端解决实践已然反映出对先例的“路径依赖”，破除路径依赖存在巨大的成本。当然，也应该客观的看待争端解决实践形成的“强有力的理由”标准。在稀土案中，中国挑战先例作用力最终未能如愿，但在美国双反措施案中，中国则积极主张先例作用力对该案的实际效果。更重要的是，绝大多数成员方都通过援引先前案件的观点和推理

① WTO Appellate Body Report, China-Measures Related to the Exportation of Rare Earths, Tungsten, and Molybdenum, WT/DS431/AB/R, adopted 7 August 2014, para. 5. 27-5. 30.

② 该上诉机构报告给出了例证为中国出版物案上诉机构所考察的《中国入世议定书》第 5.1 段。

③ WTO Appellate Body Report, China-Measures Related to the Exportation of Rare Earths, Tungsten, and Molybdenum, WT/DS431/AB/R, adopted 7 August 2014, para. 5. 40-5. 51.

④ 具体而言，本案上诉机构认为权利和义务均不能自动地从法律体系的一部分移动到另一部分。对于特定的争议议定书条款是否与其他协定具有客观性关联（objective link），以及例外是否能够被引用进而正当化对议定书条款的违反行为，回答上述问题都必须通过在条约解释的惯常规则和争议具体情况下对相关条款进行分析。分析必须包括相关条款的文本和语境，以及 WTO 体系的整体结构和其他相关的解释性因素，并适用于特定争议的情况，包括争议措施和声称的违反行为的本质。

过程作为抗辩的理由。① 争端解决实践的重要性无需多言，主要关注点应集中在对规则的认识和运用上。

（一）针对“强有力的理由”的申诉和裁决实践的启示

根据 WTO 争端解决实践，如图 1 所示，专家组和上诉机构先认定新案件是否与先前案件具有相同法律问题，进而考察申诉方和应诉方是否提出新理由或新主张。若存在新理由，专家组和上诉机构将审查新理由是否构成“强有力的理由”。只有认定新理由为“强有力的理由”后，专家组或上诉机构才能进行重新认定。具体而言，在争端解决实践中，应注意区分以下四组概念。

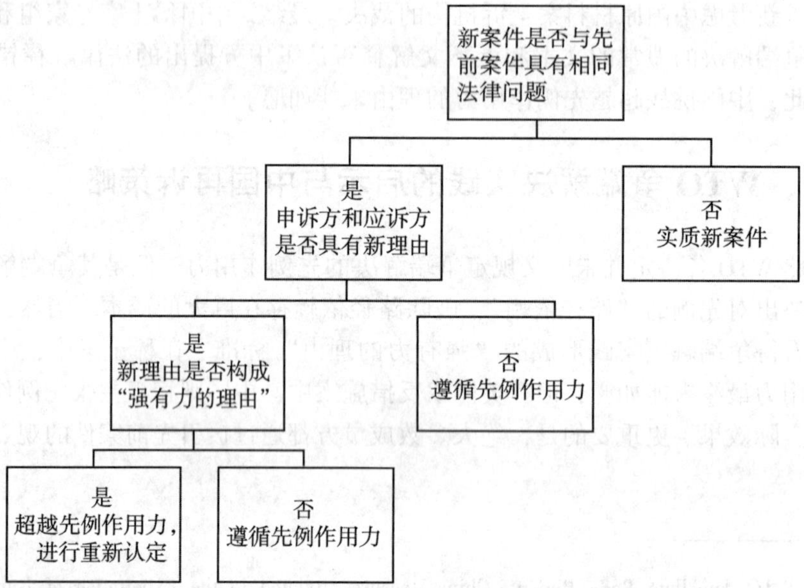

图 1　WTO 争端解决专家组和上诉机构裁决思路

1. 辨别专家组和上诉机构职能

在 WTO 争端解决实践中，迄今专家组和上诉机构报告中都明确建立上诉机构的目的在于确保解决相同法律问题的可靠性和可预测性。上诉机构对以背离先前裁

① 例如，在涉及 GATT1994 第 10.3（a）条案件中，当事方都通过提及先前裁决报告的观点和推理作为分析的出发点。参见唐青阳、孙南翔：《GATT1994 下的透明度规则研究——论 GATT1994 第 10 条第 3 款 a 项的适用》，《武大国际法评论》，武汉大学出版社 2012 年版，第 274～287 页。

决为由提出的“强有力的理由”具有当然的审查权和认定权。同时，专家组具有进行“客观性评估”的能力，但也不能罔顾先前上诉机构的推理和认定。虽然欧盟曾提请上诉机构否定专家组背离先例的能力，然而，近期争端解决案件的法理表明，为完成 DSU 关于专家组履行“客观性评估”规定，在确保不增加或减少 WTO 成员方的权利和义务下，专家组并非不能背离先前的上诉机构报告。当然，对多边贸易机制的“可靠性和可预见性”的要求体现在“除非存在强有力的理由，否则以相同的方式裁决相同法律问题”的法理中。

2. 区分既判力与先例作用力

WTO 争端解决报告指出，除了当事方，上诉机构裁决不具有拘束力。另一方面，WTO 争端解决的先例作用力体现在为后续案件提供推理（reasoning）和认定（finding）的可靠指导，该认定不包括事实性认定。在美国不锈钢案中，上诉机构直接明确了专家组不能不顾争端解决机构所通过的报告中的法律解释和判决理由（legal interpretations and the *ratio decidendi*）。① 换言之，先例的作用力体现在条款解释和结果，而非条款适用过程。本质上，WTO 争端解决实践区分了既判力（*res judicata*）和先例作用力概念。既判力原则包括三个条件：当事方的确认、客体（或标的）的确认，以及诉因（或诉讼的法律根据）的确认。② 既判力决定能否重新起诉和应诉，而先例作用力则决定裁判的过程和结果。因此，正如中国稀土案专家组所表明的，对相同法律问题进行重新审查的前提是对既判力原则关于当事方、客体和诉因的突破。这与重新认定要求的“强有力的理由”并不等同。

3. 辨清相同法律问题和相同法律条文

先例作用力的客体为“相同法律问题”，但是专家组和上诉机构在决定相同法律问题时却采用较为宽泛的界定。相同法律问题不仅存在于与先前上诉机构裁决相同的条文解释，也可为跨条款、跨协定分析。美国归零案（欧共体）将 WA-WA 方法的认定用于随后案件分析 WA-T 方法和 T-T 方法的认定。而美国双反税案的第 19.3 条的分析运用于美国双反措施案的第 19.4 条。对《中国入世议定书》第 11.3 条的法律分析可能适用于分析第 5 条贸易权、第 7 条非关税措施等条款上。显而易见，专家组和上诉机构对“相同法律问题”的理解更趋开放性。这也是为何在归零问题上会产生多达数十个案件，而至今美国在归零问题上仍不停寻求新突破的根

① WTO Appellate Body Report, United States-Final Anti-Dumping Measures on Stainless Steel from Mexico, WT/DS344/AB/R, adopted 30 April 2008, para. 161.

② Joost Pauwelyn, Conflict of Norms in Public International Law: How WTO Law Relates to other Rules of International Law 100 (1st ed., Cambridge 2003).

本原因。①

4. 区别正当的理由与强有力的理由

对于专家组或上诉机构对先前案件的背离标准而言，主要的内容在于阐释“强有力的理由”。截至目前，争端解决报告尚未指明“强有力的理由”的构成要件。诚然，由于该词语本身不存在于任何 WTO 协定中，甚至在其他司法实践中也难以定义，WTO 争端解决机构极不可能对其进行明确的界定。然而，中国稀土案和美国双反措施案为成员方探寻“强有力的理由”的标准提供启发。申言之，成功的背离要求确认在先前裁决的推理和认定是基于错误的解释，抑或是不符合社会发展和当前情势。更进一步，专家组也明确了对 WTO 协定条文可能会存在不同的合理解释，但是另一个合理的解释不能推翻先前上诉机构报告中已确定的合理解释。成功的背离标准必须迫使（compel）其更改解释的理由，而非仅仅是支持性（support）的正当的理由（good reason）。

（二）《中国入世议定书》条款适用“一般例外”的再诉策略

在中国稀土案上诉中，中国的申诉主张之一为专家组关于《马拉喀什协定》第 12.1 条与《中国入世议定书》第 1.2 条第 2 句话的解释。② 本案上诉机构也直言：中国并没有质疑专家组认定中国主张不构成“强有力的理由”的结论。③ 因此，最终，上诉机构对上述两条款关联进行分析，既没有涉及是不是“强有力的理由”标准，也没有对专家组的单独意见进行认定。而且，对争议可适用性问题，上诉机构仍未能全面完成分析。基于此，虽然在中国原材料案、中国稀土案中，我国均面临失利结论，特别是针对以《中国入世议定书》第 11.3 条为代表的特定条款能否适用 GATT1994“一般例外”的法律问题，但是，这应该远非是个句号。当然，挑战已决的上诉机构报告的先例作用力困难重重，然而针对目前上诉机构报告未阐明的观点及新理由而言，在随后相关案件中我国仍应继续申诉或应诉。

1. 基于既判力理论的重新审查

针对背离先例问题，WTO 争端解决实践区分了重新审查和重新认定。为完成“客观性分析”，专家组能够进行重新审查，其审查的理由并非是强有力的理由，

① 新案件如美国—越南特定冰冻温水虾反倾销措施案（DS429）等。

② See Notification of an other Appeal by China, Under Article 16.4 and Article 17 of the Understanding on Rules and Procedures Governing the Settlement of Disputes (DSU), and Under Rule 23 (1) of the Working Procedures for Appellate Review, WT/DS431/10, published on 24 April 2014.

③ WTO Appellate Body Report, China - Measures Related to the Exportation of Rare Earths, Tungsten, and Molybdenum, WT/DS431/AB/R, adopted 7 August 2014, para. 5.6.

而是依据既判力原则。新申诉方、新证据或新理由都能提供重新审查的机会。重新审查是重新认定的前提条件。一方面，在相关的后续案件，中方提出的新主张都将得到专家组或上诉机构的分析和回应。另一方面，专家组和上诉机构在 WTO 争端解决机制中的地位和作用并不完全相同。针对关键性法律问题，我国应争取在上诉阶段，申诉和应诉过程中全面阐述主张和理由，而非选择性地提出申诉请求。

2. 具体条款的具体分析

虽然涉及入世议定书的案件颇多，但是长期以来，专家组和上诉机构对入世议定书的法律地位含糊其辞。中国稀土案上诉机构认为针对入世议定书条款与其他协定的关系而言，应该针对具体条款进行具体分析，该上诉机构观点支离了入世议定书作为一个整体性的存在。同时，至少有两个问题仍没有清楚阐明：其一，正如中国稀土案专家组报告单独意见中专家所言，对成员方享有权利的不明确性是否意味着只要在入世议定书中未明文规定，中国也不用履行最惠国待遇等义务。即，专家组的解释是否使得加入国权利和义务之间产生失衡状态。其二，关于入世议定书的管辖权问题。按照具体条款具体分析，多数入世议定书条款可能不能由 DSB 进行争端解决。① 如果争议条款能够使用 DSB 进行争端解决，则可依据相同推理得出争议条款可适用 GATT1994 “一般例外” 条款。

3. 理清体系性解释

在中国稀土案专家组上诉中，中国提出关于 “体系性关系” 的理由，并没有得到上诉机构明确的回应。特别是关于第 1.2 条 “WTO 协定” 的文本解释问题，上诉机构认为此问题并非决定性的问题而不予说明，而是顾左右而言他。虽然 “WTO 协定” 可能存在不同的含义，但是基于特定条款的 “WTO 协定” 应是具体而明确的。该条款中的概念的界定是该条款是否能援用 GATT1994 “一般例外” 的主要证据。其决定《中国入世议定书》与 GATT1994 的关系，也影响两个协定条款间的关联。毋庸置疑，上诉机构的模糊性认定需要在随后的相关案件中得到理清。

4. 关于再诉的新理由和 “强有力的理由”

除了“体系性关联” 外，中国并没有在中国稀土案上诉中提及其他的理由。在争端解决实践中，专家组的推理和认定时有被上诉机构进行纠正，包括后案的上诉机构。在中国稀土案中，由于缺失在上诉机构层面对其他理由的认定，因此，在随后相关案件，中国仍能以相似理由进行应诉。在理论上，文本遗漏的法律解释问题、加入方利益平衡问题，甚至于疑义从轻解释原则（*in dubio mitius*）的使用等都能提供给专家组和上诉机构进行重新审查的机会，进而寻求以 “强有力的理由” 迫使上诉机构作出新的认定。

---

① See Steve Charnovitz, Bernard Hoekman, *US—Tyres: Upholding a WTO Accession Contact Imposing Pain for Little Gain*, 12 (2) World Trade Review 273-286 (2013).

针对"强有力的理由"的两个标准：法律解释错误以及情势变化。目前，绝大多数分析都集中在法律解释错误上，然而，对法律解释错误的要求，并非提出另一条可行的解释进路，而是要否认先前解释的合法性和正当性。针对情势变化，一般要求解释后需要经过一段时间。然而，《中国入世议定书》签订于2001年，当时签署的情境与当前情境肯定存有不同，这也应该影响到针对特定的入世议定书的法律解释。①

结 语

遵循先例制度构成英美法系国家裁决的必不可缺的技术和工具，目前更为大陆法系国家所学习和借鉴。在国际司法争端解决中，早期国际法院、国际刑事法庭都在裁决中明确了遵循先例和背离先例的条件与标准。WTO争端解决机制从1995年成立以来，目前共有近500个争端案件，其中产生了大量的源于相同法律问题的争端。正基于此，WTO争端解决机制在借鉴国内外先进经验和成果后，发展出"除非强有力的理由，以相同的方式裁决相同法律问题"的遵循先例和背离先例的法理。通过对"强有力的理由"设置了极高的标准，其形成自身完整而统一的判例法体系。然而，WTO争端解决机制的法律解释却有偶然性的成分，例如美国归零案（日本）专家组质疑先前裁决忽视了有效解释原则，也有学者认为个案中反映出其法律解释具有不确定性。总之，WTO先例并非具有严格意义的法律拘束力，其推理或认定更远非完全正确。正基于此，关于中国稀土案的失利之处，在随后相关案件中我国还应继续申诉和应诉，更何况《中国入世议定书》特定条款能否援用一般例外条款，该重要的法律问题并未得到全面分析。中国稀土案并非是个结束，或许是个更好的开始。

Beyond Precedential Effect: the Analysis on Juridical Practices of WTO Dispute Settlement Mechanism

Abstract: Recently, domestic judicial decision-making theory influences on the international dispute settlement mechanism significantly, such as the system of precedents.

① 例如，在欧共体—信息技术产品案中，专家组就对《信息技术协定》附件中的"平板组显示器"、"具有通信功能的机顶盒"等作出与协定签订时不同的解释，以符合信息技术行业的发展。See WTO Panel Report, European Communities and its Member States-Tariff Treatment of Certain Information Technology Products, WT/DS375/R, adopted on 16 August 2010, pp. 58-441.

In International judicial decisions, the unanimity towards same legal issues is guaranteed by precedential effect. However, it is not always available to reach the unanimity. In WTO framework, although the system of precedents is not expressly provided in the WTO agreements, but juridical practices of the dispute settlement already developed jurisprudence on following and going against precedent. More specifically, US-Zeroing cases, US- Countervailing and Anti-dumping cases, the China- Rare earth case involve legal issues related to go against precedent effect. After exploring those cases above, the applicability of the general exception clause on China's Accession Protocol could be argued again later. Therefore, after the China-rare earth case, China should actively develop new arguments and reasons in the subsequent cases, which included the same legal issues, in order to discover "cogent reasons" to compel the panel and Appellate Body to make a fair reasoning and finding.

Key words: WTO dispute settlement mechanism; precedent effect; cogent reason; China-Rare earth case

TPP 中的竞争中立议题：反对意见及可能的解决方案

□ 包 晋*

内容摘要：美国在 TPP 谈判中提出竞争中立议题，旨在削减国有企业享有的竞争优势。目前，TPP 谈判方针对竞争中立的适用范围、规范对象、约束效力和适用例外等四个方面，提出了反对意见，这些反对意见反映了谈判方质疑美国竞争中立提案违反公平价值的态度。美国可以通过调整提案以符合各谈判方的利益，从而实现公平价值，但是，结合美国在 TPP 竞争中立议题谈判的实践，它采取这一做法的可能性不大，而更倾向于以“强硬”的策略进行谈判，这可能会导致 TPP 谈判方最终难以接受美国竞争中立提案中的高标准要求。

关键词：反对意见 公平价值 谈判策略

目 次

---

* 厦门大学法学院 2012 级博士生。

引　言

美国关于竞争中立提案以 OECD 竞争中立框架为蓝本，提出补贴中立、信贷中立、规则中立、股息分红、透明度等措施，旨在削减国有企业享有的竞争优势，但它与 OECD 竞争中立框架又有不同，表现在提出具有约束力的制裁机制，着重规范国有企业所有权问题，只适用于中央级别的国有企业等。① 2013 年 5 月，TPP 谈判方在秘鲁利马展开第十七轮谈判，澳大利亚虽然提出了有关竞争中立的方案，但它实质上并不像澳大利亚此前声称的那样，取代美国提案；② 马来西亚表示它有提出替代议案的权利，但目前没有实际行使权利；其他国家也没有声称或实际提出其他方案。这意味着 TPP 关于竞争中立议题的谈判仍然围绕美国提出的方案而展开。

本文通过考察 TPP 谈判方关于竞争中立议题的态度，总结谈判方反对该议题的声音，并指出如果能够通过调整竞争中立提案、联合谈判等策略应对这些反对的声音，至少 TPP 谈判方接受竞争中立的可能性会增加。具体而言，本文共分为三部分。首先，由于目前 TPP 谈判方主要围绕美国提出的竞争中立提案展开谈判，它们对该提案所持的态度如何，其中核心的问题是反对该提案的具体内容是什么？其次，本文将结合国际谈判如 WTO 乌拉圭回合、多哈回合谈判的经验，分析导致谈判陷入僵局的原因，并探讨第一部分中的反对声音是否可能，以及多大程度上可能导致谈判陷入僵局。最后，考虑到既有反对声音对谈判结果可能产生的影响，主导 TPP 竞争中立议题谈判的国家如何运用谈判实力予以应对？是不予妥协地坚持高标准的提案，还是可能作出让步，调整提案？这些谈判策略将影响 TPP 谈判方接受竞争中立议题的可能性。

一、TPP 谈判方的基本态度

目前 TPP 谈判方的基本态度表现为三类，首先，反对的态度，谈判方如新加坡、马来西亚、澳大利亚、美国国内等；③ 其次，支持的态度，比如越南，日本、

---

① 参见包晋：《TPP 谈判中的竞争中立议题》，《武大国际法评论》，武汉大学出版社 2014 年版。

② See Business Groups Wary Of Australian Approach On SOE Disciplines In TPP, available at www. insidetrade. com, visited on Mar. 15, 2014.

③ 正如美国国会的一份报告指出，国内的反对声音也可能导致难以最终达成协议。See Congressional Research Service, The Trans-Pacific Partnership Negotiations and Issues for Congress, Sep. 5, 2012, p. 48.

加拿大、墨西哥等；再次，态度不明确，从目前公开的消息来看，新西兰、文莱、达鲁萨兰、智利和秘鲁关于该议题的态度并不明确，因此本文不予单独讨论。

（一）反对态度

1. 新加坡

新加坡提出了“过于宽泛地定义国有企业”和“反对规范国有企业所有权”两方面的反对意见。第一，适用竞争中立的主体范围，美国提案对国有企业的定义十分宽泛，它可能既包括政府控股和控制的企业，也可能包括政府政策支持和其他享受政府优惠待遇的企业；① 其次，新加坡认为美国的竞争中立提案只针对中央政府层面的国有企业，而不包括地方或州政府层面的，这将使得美国受到竞争中立规则的影响极小，而只有中央政府层面国有企业的新加坡将受到极大影响。② 第二，美国提案针对的是企业的所有权，而不是具体的商业行为，它实质上是以国有企业为政府控股或控制为由，要求谈判方进行企业内部治理，削弱国有企业享受的优惠待遇，而并非针对具体的产生扭曲竞争市场后果的投资行为。③

2. 马来西亚

目前马来西亚公开表达的反对意见，主要体现在马方谈判官员所声称的“美国的提案并不令人满意，马方得以自由地提交谈判方案”，④ “目前提案远远超过了为国有企业和私有企业创造公平竞争环境的目的”，⑤ 以及马来西亚国际贸易和产业部发布的“马方将力图在 TPP 中纳入灵活的规则，确保国有企业和政府相关联的企业能够继续参与市场经济活动”⑥ 等信息中。2013 年 11 月盐湖城谈判的报

① See Special Report: The Dallas TPP Negotiations, 05/18/2012, Inside U. S. Trade weekly report, p. 11.

② See TPP SOE Talks Slowed By Domestic Processes, Australian Ag Demand, available at www. insidetrade. com, visited on Dec. 15, 2013.

③ See TPP Countries Face Challenges On SOEs, Including Focus On Ownership, available at www. insidetrade. com, visited on Dec. 15, 2013.

④ See TPP Countries Signal New Proposals To Counter U. S. SOE、IPR Demands, available at www. insidetrade. com, visited on Jan. 10, 2014.

⑤ See Malaysia Minister Outlines “Serious Difficulties” With SOEs, Other TPP Issues, available at www. insidetrade. com, visited on Feb. 20, 2014.

⑥ See FAQs related to TPP on website of Malaysia's Ministry of International Trade and Industry, available at http: //www. miti. gov. my/cms/content. jsp? id = com. tms. cms. section. Section_ccec2a77-c0a81573-f5a0f5a0-6f87fd6f, visited on Mar. 15, 2014.

告显示，此前马来西亚一直拒绝参与就竞争中立议题开展谈判的强硬态度得以缓和，① 并最终加入该议题的正式谈判。

3. 澳大利亚

从 TPP 谈判的进程来看，澳大利亚的态度随着它提出的首要议题是否得到重视而转变：从反对转变为支持，再从支持转为反对竞争中立议题。② 就反对意见而言，它反对美国提案主要表现在建立何种实施机制。与美国提案比较而言（如表），澳方在实施主体和实施措施等方面采取了较为缓和的做法。

提案 内容	澳大利亚提案	美国提案③
实施主体	国有企业母国	独立仲裁庭/东道国政府
实施措施	向国有企业收取与它所获得的优惠待遇等值的金钱，有条件地通过约束性机制保障国有企业履行支付义务	受影响的投资者得以援引投资仲裁机制索赔 缔约他方得以中止协议其他项下减让义务

4. 美国国内反对声音

虽然美国在 TPP 谈判中提出竞争中立议题，但其国内并不是一致地支持该提案。比如，美国贸易代表内部的官员担心，TPP 纳入过于宽泛的竞争中立规则可能会给美国一些准政府机构如房利美、美国邮政服务、田纳西流域管理局等带来不利影响；④ 美国财政部也担忧竞争中立会阻碍政府在将来及时地应对全球经济危机的能力，并限制政府支持的企业如房地美与房利美。⑤ 不过，美国支持竞争中立议题的声音认为，这些担忧都是过虑的，因为可以通过规定将某些部门排除适用竞争中

① See Malaysia Softens Its Position On SOEs, Tobacco Carve-out Language, available at www. insidetrade. com, visited on Mar. 15, 2014.

② See Leaked TPP Investment Chapter, Section B: Investor-State Dispute Settlement, note 20.

③ 参见包晋：《TPP 谈判中的竞争中立议题》，《武大国际法评论》，武汉大学出版社 2014 年版。

④ See USTR Under The Gun To Generate Draft TPP Language Dealing With SOEs, available at www. insidetrade. com, visited on May. 15, 2014; also see Congressional Research Service, The Trans-Pacific Partnership Negotiations and Issues for Congress, Sep. 5, 2012, p. 39.

⑤ See Hormats Says U. S. Will Use BIT Talks To Address SOE Issues With China, available at www. insidetrade. com, visited on Feb. 10, 2013.

立，或者是设定安全保障条款来解决上述问题。① 由此可见，美国国内反对的声音涉及如何设置竞争中立适用的例外规定。

综上所述，TPP 谈判方反对美国提案的意见主要表现在：第一，竞争中立适用竞争中立的主体范围；第二，竞争中立规范的对象是政府给予国有企业的优惠待遇，国有企业所有权抑或是它具体的不正当竞争行为；第三，竞争中立规则的约束效力；第四，竞争中立适用的例外情形。

（二）支持态度

从目前透露的信息来看，由于国内改革的需要（如越南），与美国保持密切的合作关系（如加拿大、墨西哥），以及通过妥协减少分歧（如日本）等原因，TPP 谈判方也有不少可能支持竞争中立议题的声音。

例如越南。越南拥有大量国有企业，并在积极寻求改革的路径，由于越南政府既有志于革新经济发展模式，又囿于国内反对的力量，因此不少声音认为它可能会通过支持 TPP 竞争中立议题倒逼国内进行经济改革，② 而越南官方言论表示，如果美国能够在服装和鞋类议题谈判中作出充分让步，越南将接受 TPP 中的竞争中立议题。③ 又如加拿大和墨西哥。有消息认为，总的来说，这些国家是支持竞争中立议题的。④ 这与美国、加拿大、墨西哥是《北美自由贸易协定》成员，三者保持密切的经济合作关系紧密相关。⑤ 再如日本。日本政府十分重视竞争中立可能对本国国有企业，特别是日本邮政保险公司产生的影响，这是因为该公司主要是履行

---

① See USTR Under The Gun To Generate Draft TPP Language Dealing With SOEs, available at www. insidetrade. com, visited on Feb. 10, 2014.

② See E. Bower & P. Padua, Slowing Growth and Heightened Expectations Fuel Calls to Reform Vietnam's State Sector, Center For Strategic & International Studies; U. S. , Australia Narrow Differences On SOEs, But Challenges Still Remain, available at www. insidetrade. com, visited on Mar. 15, 2014; Vu Quoc Ngu, The State-Owned Enterprise Reform in Vietnam: Process and Achievements, available at http: //www. iseas. edu. sg/pub. html, visited on Mar. 15, 2014.

③ See Official: Vietnam Ready To Accept All TPP Chapters Except Market Access, 06/20/2013, available at www. insidetrade. com, visited on Mar. 15, 2014. Also see U. S. , Australia Narrow Differences On SOEs, But Challenges Still Remain, available at www. insidetrade. com, visited on Mar. 15, 2014.

④ See U. S. , Australia Narrow Differences On SOEs, But Challenges Still Remain, available at www. insidetrade. com, visited on Mar. 15, 2014.

⑤ See Minister Fast Highlights Ways to Strengthen Canada-U. S. Advantage, available at www. insidetrade. com, visited on Mar. 15, 2014. Also see Mexican Economy Minister Sees Potential For TPP Conclusion By April, available at www. insidetrade. com, last visited on Jun. 11, 2014.

公共职能的主体，肩负解决日本就业等问题。因此，日本政府对该议题持利益平衡的态度。① 然而，随着 TPP 谈判进程推进，由于国有企业不是日本参加 TPP 谈判中的首要议题之一，日本国有企业数量并不多，以及日本企业在亚洲的投资，可能会遇到来自中国、越南的国有企业的挑战等原因，② 日本倾向于支持美国提出的竞争中立议题。

二、反对态度对谈判结果的影响

TPP 谈判方反对美国提出竞争中立方案的声音，是否可能导致谈判陷入僵局？本文首先通过总结学者们对国际贸易投资协定谈判经验的研究，指出可能导致谈判僵局的六类原因，接着分析反对声音与这六类原因的相关性，继而探讨它们导致谈判最终陷入僵局的可能性。

（一）谈判陷入僵局的原因

1. 导致谈判僵局的六类原因

具体引起谈判陷入僵局的原因有六类。第一，谈判方有替代谈判协议的最好方案（Best Alternatives To Negotiated Agreement，BATNA），比如在多哈发展议程（Doha Development Agenda）中，成员方不断地陷入谈判僵局，这是因为关键的谈判方认为难以在 WTO 谈判下取得成果，而通过区域贸易协定谈判取得进展，显得更为容易，以谋求相比较而言更大的利益，这使得它们在多哈发展议程谈判中不愿作出让步。第二，由于谈判方之间，特别是发达国家和发展中国家联合对彼此的信任度都不高，因此很容易导致一方质疑另一方的谈判态度，从而不愿意作出让步。第三，国家之间的实力越均衡，文化差异越大，越容易引起谈判僵局，例如在 WTO 多哈回合谈判中，巴西、中国和印度成为重要的谈判方，它们在谈判中提出不同于传统大国利益的其他请求，而且它们形成的发展中国家团体力量能够与发达国家抗衡。第四，机制（Institutional）结构的设置可能会导致谈判难以继续进行，例如有些学者认为 WTO 的全体一致原则使得 WTO 回合谈判很难取得进展，因为这一原则赋予了 152 个成员事实上的否决权，又如 WTO 的单一承诺（Single Undertaking）谈判机制，也即协议必须在成员对任何细节均已达成一致后才能决定。第五，公平价值所引起的谈判僵局，由于谈判方认为谈判他方提出的请求是不

① See Japan's LDP Backs Strong Competition Rules, While Safeguarding SOEs, available at www. insidetrade. com, visited on Jun. 11, 2014.

② See U. S. To Use "Parallel Track" To Bolster TPP SOE Disciplines On Japan Post, available at www. insidetrade. com, visited on Mar. 15, 2014.

公平的，因此不愿意作出让步，目前，研究成果开始强调公平价值如何影响 WTO 谈判中市场准入、争端解决和救济机制等具体议题的谈判结果；① 此外，国内不同的利益诉求也会对国际谈判产生影响，例如美国参议院拒绝通过 Woodrow Wilson 在凡尔赛谈成的协议。②

在具体的谈判僵局中，这六类原因并不是独立存在的，例如第一类和第三类，当缺乏霸权国家主导，或者是国家联合导致谈判实力均衡时，其他的谈判平台也许就是可替代的方案，这体现在 WTO 有关投资协定的谈判中，由于发展中国家力量的发展与凝聚，发达国家将平台转向由它们主导的 OECD。③ 虽然最终达成的协议对发展中国家不具直接约束效力，也可能会对它们产生影响。又如，第二类、第五类也与第三类有关，发达国家与发展中国家这一对矛盾有着历史、文化等方面的渊源，随着经济实力的增长，国家力量格局的变化，发展中国家有需要也有实力要求谈判更公平、正义。④ 至于第四类有关机制结构的原因，由于机制结构反映了大国之间的关系，而且是大国实现利益与影响他国的平台，因此与国家力量不可分离。

2. 与竞争中立议题谈判相关的原因

从学者提出的上述原因及其分析的实例，⑤ 我们可以发现，导致谈判僵局的第一类原因，并不适合竞争中立议题谈判的情形，这不仅因为目前除了澳大利亚之外，其他谈判方并无提出替代美国的方案，也因为并无消息透露 TPP 谈判方支持澳大利亚方案的声音，还因为谈判方将 TPP 视作创作就业、促进经济增长、增进区域一体化和加强多边贸易机制的平台，并努力推动协议谈判，⑥ 这意味着其他的谈判平台吸引力并不那么高。

---

① See A. G. Brown & R. M. Stern, *Concepts of Fairness in the Global Trading System*, Pacific Economic Review 293-318 (2007).

② See A. Narlikar, *Introduction*, Deadlocks in Multilateral Negotiations—Causes and Solutions, 7-12 (Cambridge University Press 2000).

③ See Cai Congyan, *TPP Negotiations and the Multilateralization of International Investment Law*, 6 (2) Journal of East Asia and International Law 10-11 (2013).

④ See A. Gamble, *The Politics of Deadlocks*, in Deadlocks in Multilateral Negotiations—Causes and Solutions, 45 (Cambridge University Press 2000).

⑤ 需要指出的是，第一至四类原因，均是站在整个谈判的高度来分析的，属于宏观的分析，这可能有助于我们审视整个 TPP 谈判进程，分析达成协议的可能性。但是，这一结果也会间接地影响具体议题的谈判，例如当 A 国意识到整个协定 B 给它带来的利益，超过它在某一具体议题 C 作出让步而引起的成本时，理性的 A 国自然倾向于就 C 议题作出让步，这涉及 A 国对 C 议题的利益权衡。

⑥ See STATEMENT OF THE MINISTERS AND HEADS OF DELEGATION FOR THE TRANS-PACIFIC PARTNERSHIP COUNTRIES, available at http://www.ustr.gov/tpp, visited on Mar. 15, 2014.

其次，第二类原因，在 TPP 谈判中可能并不严重，这是因为美国不仅与加拿大、日本、澳大利亚、新西兰等国家，在国防安全、经济合作等方面有着紧密联系，还与加拿大、墨西哥、澳大利亚、智利、秘鲁、新加坡等国签订了区域或者双边自由贸易协定。

再次，第三类原因至少在竞争中立议题上，并没有出现，从 TPP 谈判方的态度来看，倾向于支持竞争中立议题的有美国、加拿大、日本、墨西哥和越南①等国家，澳大利亚的反对意见并非针对竞争中立议题本身，极力反对该议题的只有马来西亚与新加坡。因此，第三类原因也较难适用于该议题谈判的情形。

至于第四类原因，TPP 虽然也采取的是单一承诺谈判机制，② 但它的谈判方只有 12 个，并不像 WTO 那样拥有 152 个之多，此外，在竞争中立议题上反映的国际力量对比，可能会使得反对议题的声音不会轻易最终作出否决的决定。

由于竞争中立议题针对的是国有企业，它们在 TPP 谈判方国内分布情况差异大，新加坡和马来西亚的国有企业数量多，而美国、澳大利亚、加拿大等国数量少，而国有企业往往与一国市场经济模式、经济发展状况等有着密切联系，因此，如果有关该议题的提案片面追求某一方的利益，可能会引起违反公平价值的担忧，从这个角度来看，第五类原因应当予以详细考虑。

最后，第六类原因，虽然此前美国官方如贸易代表内部官员、财政部官员担忧竞争中立会影响美国各州国有企业，以及政府应对经济危机的能力，但在美国提出的议案中排除地方国有企业，并考虑如何纳入适用例外的情形后，反对的声音并不明显，而支持的态度更加明确，例如美国贸易代表 Michael Froman 在回应参议院的提问时称“我将在 TPP 谈判中寻求严格规范国有企业的规则”。③ 另外，美国商业团体也是坚定支持这一议题的。

鉴于此，就目前情形来看，这六类导致谈判陷入僵局的原因，在适用于 TPP 谈判时，至少有五类不像在解释 WTO 多哈回合谈判僵局那样有说服力，因此，本文将重点转向公平价值这一类原因。

---

① 墨西哥提出能源产业适用例外，越南以服装与鞋类议题为对价。

② See Coalition Issue Principles for TPP Agreement, available at http://www.thepoultrysite.com/poultrynews/29924/coalition-issues-principles-for-tpp-agreement, visited on Mar. 15, 2014.

③ 参议院提问称：“Froman 先生，你是否会尽你最大的努力在 TPP 谈判和其他贸易协定中促成严格规范国有企业的规则，以实现我们追求的公平竞争？” See Hearing on Confirmation of Mr. Michael Froman to be United States Trade Representative, Finance Committee Questions for the Record, available at http://www.finance.senate.gov/imo/media/doc/Committee%20QFRs%20for%20submission%20-%20final%2006081З.pdf, visited on Apr. 15, 2014.

（二）竞争中立议题谈判的公平价值考量

在国际贸易投资协定谈判中，较少学者将公平视为影响谈判结果的因素，大多倾向于国家实力与利益，就像修昔底斯所描述的那样，“（平等相待）只是均衡实力国家之间的事情，强者得以随意而为，弱者只得接受命运摆布”。① 具体表现在谈判中，由于受到大国的威胁或者是考虑其他谈判后获得的利益，国家作为理性行为人，它如果不接受或者是选择退出机制，以拒绝不利于己方利益的谈判结果，将处于比谈判前更不利的位置。然而，基于两方面原因，本文认为公平价值不能忽略。②

首先，公平价值将在国际谈判过程，以及维护谈判结果的稳定性等方面，确实有重要的作用。这不仅体现在各学科例如国际关系学、③ 政治学、经济学、法律学④等研究成果中，也反映在谈判实践中，例如国际贸易组织（ITO）宪章谈判进程中，谈判方就“公平”所持的不同理念，是影响谈判失败的原因之一。⑤

其次，随着国家之间相互依赖程度越强，依循修昔底斯那一套强权政治的逻辑越难奏效，但这一结论如何应用在国际谈判过程中，并不明确。⑥ 建构主义（constructivism）学者们的研究可能有助于回答这一问题，他们试着削弱国家实力与单边利益在议题谈判中的作用，指出国家实力与单边利益是以结果为导向的，追求的是大国固定的（fixed）利益，忽略了谈判的过程，同时提出国家的谈判利益并不固定，而是在谈判互动中发生变化，因此应以正当性、合理性为导向，追求一

---

① See A. Narlikar, *Introduction*, in Deadlocks in Multilateral Negotiations—Causes and Solutions 10 (Cambridge University Press 2000); also see A. G. Brown & R. M. Stern, *Concepts of Fairness in the Global Trading System*, Pacific Economic Review 293 (2007).

② See E. Ostrom, Understanding Institutional Diversity, (Princeton University Press 2005); A. G. Brown & R. M. Stern, *Concepts of Fairness in the Global Trading System*, Pacific Economic Review 294 (2007).

③ See e. g. C. Albin, Justice and Fairness in International Negotiation (Cambridge University Press 2001).

④ See e. g. Thomas Franck, Fairness in International Law and Institutions 6 (Oxford University Press 1995).

⑤ See M. Daunton, From Bretton Woods to Havana: Multilateral Deadlocks in Historical Perspective, in Deadlocks in Multilateral Negotiations—Causes and Solutions 66 (Cambridge University Press 2000).

⑥ See J. Odell, Negotiation and Bargaining, in W. Carlsnaes, T. Risse & B. A. Simmons, Handbook of International Relations 2nd. ed. (SAGE Publications Ltd 2013).

个谈判双方均能接受的结果。①

建构主义学者的主张在国际社会中能够获得理论和实践的支持。首先，正如学者所论证的，我们生活在一个国际社会共同体中，国家之间存在共同利益和共同价值;② 其次，这些共同利益和共同价值以各国受制于一套共同的规定权利义务关系的规则为保障,③ 而这些规则应体现一种共同的、有意识的互惠要素，才能促进国际社会的发展;④ 再次，互惠在具体规则的谈判中往往表现在谈判各方互相获益，因而结果是公平的；最后，WTO 关于 GATS 谈判的历史告诉我们，由于发达国家在服务产业的发展程度远高于发展中国家，如果坚持高标准的市场准入、国民待遇等要求，势必引起发展中国家的强烈反对，因此，最终该协定允许循序渐进地推行市场自由化、尊重各成员方经济发展现状，并同意成员方在某些情况下选择修改或退出协议等内容,⑤ 是促使谈判各方最终达成协议的重要原因。

然而，公平的内涵难以确定，而在具体谈判中，谈判方在判断自身就某一议题谈判时是否获得公平、正义的对待，也具有不可避免的偏见性,⑥ 因此，学者们在考量谈判中的公平价值时，实际上是假设具体的某些能够实现公平的条件。

1. 实现公平的条件

(1) 机会平等。

在双边贸易协定谈判中，谈判方通常直接地对双方的产品、关税减让幅度、受影响的贸易额等进行比较，以确保互惠，然则这样的计算方法在多边贸易谈判中很难适用,⑦ 有的学者通过对 WTO 乌拉圭回合谈判进行研究，指出诸如关税等议题，这样的计算方法统计出来的结果很难体现互惠，例如印度和韩国分别作出 6.16%

---

① See P. Kotzian, *Arguing and Bargaining in International Neogitations: On the Application of the Frame-Selection Model and its Implications*, 28 (1) International Political Science Review 79-99 (2007); also see T. Risse & M. Kleine, *Deliberation in Negotiations*, 17 (5) Journal of European Public Policy 708-726.

② 参见蔡从燕:《类比与国际法发展的逻辑》, 法律出版社 2012 年版, 第一章。

③ See H. Bull, Anarchical Society: A Study of Order in World Politics 13-14 (Macmillan 1977).

④ See Thomas M. Franck, Fairness in International Law and International Institutions 10-11 (Oxford University Press 1995).

⑤ GATS, Art. 19 (1), (2), 20.

⑥ See A. G. Brown & R. M. Stern, *Concepts of Fairness in the Global Trading System*, Pacific Economic Review 294-295 (2007).

⑦ See A. G. Brown & R. M. Stern, *Concepts of Fairness in the Global Trading System*, Pacific Economic Review 294-295 (2007).

和5.99%的关税减让，获得的分别是1.22%和1.87%减让关税。① 因此，有的学者试着通过引入机会平等，以实现公平，仍以关税为例，他们并不比较各国作出关税减让的幅度，而是关注减让后各国关税大致持平，这使得货物获得平等的待遇，又如GATS，谈判方互相作出给予谈判他方服务国民待遇的承诺，这就使得各国的企业或多或少地能够从他国市场中获利，这种机会平等也就确保了公平。②

机会平等具体到竞争中立议题谈判中，主要反映在该议题适用的对象范围这一内容。既然美国提案以中央级别国有企业为规范对象，那么就有必要阐明其他跨国企业、地方级别国有企业不适用竞争中立的正当性。

（2）分配平等。

分配平等关注具体福利如何分配到个体，在谈判过程中，分配平等实际上要求的是如何确保发展相对落后国家的经济发展，这可以通过发达国家自20世纪70年代起，在市场准入领域给予发展中国家的普惠待遇，美国通过的《非洲增长与机会法案》，以及欧盟则与亚非拉国家签订《科托努协议》等事例中得以体现。

由于发展中国家的国有企业有其存在的历史、经济、政治等多方面互相联系的原因，国有企业的“国有”股权架构，本国政府给予国有企业优惠待遇本身，都具有正当性，因为这些国有企业在发展中国家的经济发展，就业，日常消费品供应等方面都有着重要作用，而这些也成为确定竞争中立适用例外的合理因素，因此，发达国家在提出竞争中立时，是否应当考虑发展中国家的特殊情形？

（3）正当性。

Thomas Frank 将正当性（legitimacy）视为公平的重要内容，他认为判断国家法是否符合正当性的依据，表现在两方面：一是国际法是否符合人们对合理的成本与收益分配的期待；二是是否符合人们在程序上对公正司法的要求，追求稳定性与秩序。③ 在探讨国际法的正当性这一背景下，不少学者针对投资争端解决仲裁机制的正当性问题，主张应加强从国际公法、比较公法等角度审视国际投资仲裁机制，旨在完善全球法治，增强仲裁机制的正当性，④ 这有利于我们分析将竞争中立作为可仲裁的规则，是否可能会加剧国际社会对国际仲裁机制正当性的质疑的声音。

① See M. J. Finger, U. Reincke & A. Castro, *Market Access Bargaining in the Uruguay Round: Rigid or Relaxed Reciprocity*? in J. Bhagwati (ed.), On Going Alone: the Case for Relaxed Reciprocity in Freeing Trade (Cambridge University Press 2002).

② See A. G. Brown & R. M. Stern, *Concepts of Fairness in the Global Trading System*, Pacific Economic Review 300 (2007).

③ See Thomas M. Franck, Fairness in International Law and International Institutions 7 (Oxford University Press 1995).

④ See Gus van Harten, Investment Treaty Arbitration and Public Law (Oxford University Press 2007).

2. 反对声音中公平价值的考量

虽然 TPP 谈判方在多大程度上就竞争中立议题达成一致，目前并不明晰，但从 TPP 反对竞争中立议题的意见来看，主要包括竞争中立适用的主体范围、规范的对象、约束效力以及适用例外四方面内容。

（1）适用的主体范围。

美国提出在 TPP 谈判中就竞争中立展开谈判，原因是政府给予国有企业优惠待遇，导致后者在其国内或者海外市场采取不公平竞争的行为，以机会平等这一条件审视美国提案，该提案存在两个问题。首先，为何在规模、数量等方面具有优势，而且同样有不公平竞争行为的跨国公司未成为规范的对象？其次，为什么只规范中央级别的国有企业，而不规范地方级别的国有企业？

首先，跨国公司同样存在不公平竞争行为。在解释跨国公司发展的原因时，P. Muchlinski 指出，跨国公司往往是市场失灵和市场国际化的产物，因为它们要在海外市场发挥竞争优势，需要尽量避免公平竞争可能给它们带来的不确定性，这意味着跨国公司需要控制市场。① 据 UNCTAD 的调查统计，发达国家跨国公司进入本国市场可能会降低市场集中的情形（合并与收购除外），但进入发展中国家市场则容易引起市场集中，即市场运营的主体的股权、控制权往往集中在跨国公司手中，或者是互相竞争的企业通过合并受控于跨国公司。② 市场集中本身也许并不存在什么问题，但是跨国公司在寡头垄断或独自垄断的市场中运营，可能会滥用垄断地位，通过提高市场准入的门槛阻碍竞争对手。这些不正当竞争行为包括跨国企业签订不正当竞争的协议、滥用垄断地位，以及导致不正当竞争的并购与收购。③

这也就意味着，如果避开或者不能有效地在“政府给予国有企业优惠待遇”和“国有企业从事不公平竞争活动”之间建立有效的因果关系链条，那么跨国公司在国际投资、贸易活动中，与国有企业除了在公司组织架构，例如所有权模式等

① See P. T. Muchlinski, Multinational Enterprises and the Law 25-33, 2nd ed. (Oxford University Press 2007).

② See UNCTAD, World Investment Report 1997, pp. 136-79.

③ See P. T. Muchlinski, *Multinational Enterprises and the Law*, 2nd edition, Oxford University Press, 2007, pp. 390-91, footnote 28. 作者列出了跨国公司在欧盟、美国以及发展中国家采取卡特尔形式导致不公平竞争的案件与竞争政策报告。欧盟：Report on Competition Policy 2005, 15 June, 2006, available at http://ec.europa.eu/comm/competition/annual_reports/2005/en.pdf. 美国：International Competition Policy Advisory Committee (Antitrust Division), Final Report (2000), Chapter 4, available at http://www.usdoj.gov/atr/icpac/chapter4.htm. 发展中国家：Frederic Jenny, Cartels and Collusion in Developing Countries: Lessons from Empirical Evidence, 29 World Competition, 2006.

方面的差别外，其他的差异并不明显，而发达国家担忧国有企业扭曲国际公平竞争市场的情形，同样也适用于跨国公司，这就容易让人们质疑，为什么要让同样导致不公平竞争结果的跨国公司豁免在竞争中立之外？此外，值得一提的是，虽然国有企业在国际投资中的地位越来越重要，但目前依然由跨国公司主导国际投资活动，无论在规模、数量等方面，跨国公司带来的不公平竞争结果，影响可能会更大。

其次，地方国有企业不受竞争中立约束缺乏平等性。在界定国有企业时，虽然TPP谈判方大多采用的是“由政府控股或控制”等用语，但美国提案作出的界定更细、更广，比如“由政府控股超过20%的企业”，美国民间商业组织甚至提出“享有优惠政策的企业”，“为实现国家政策而受政府影响的企业”等，也属于竞争中立规范的对象，然而，美国一方面试图扩大国有企业的定义，又通过将国有企业限定在中央层面从而缩小适用范围，这一看似矛盾的做法，实际上与美国国内国有企业的分布有关。

一方面，美国国内市场由私有企业主导，市场以及企业大多情况下对政府保持中立，因而上述扩大界定国有企业对它并无多大损害。另外一方面，行使政府职能的国有企业大多数由各州和地方政府所有，① 可能出于美国国内政治体制的因素——各州在行使行政权上保持一定独立性等考虑，提案将各州和地方国有企业排除在适用范围之外，以保护本国地方国有企业，减少来自国内的反对声音。

虽然美国关于竞争中立议题的提案将地方层面国有企业排除在外，可能有利于减少反对该议题的阻力，然而却对某些国家不公平，因为它将导致竞争中立更大地约束由中央政府控股或控制国有企业的国家，例如新加坡，它只有中央政府所有的国有企业，这意味着新加坡所有的国有企业都将受到竞争中立的约束。② 另外，地方和中央层面国有企业的不同，只表现在政府的级别，其他如国有企业享有优惠待遇等，并无不同，而国内行政架构（政府级别）在国际投资贸易协定谈判中，并不能成为豁免地方国有企业的正当理由。

（2）规范的对象。

美国认为国有企业因为“国有”，从而享受“政府优惠待遇”，进而采取扭曲市场的“不正当竞争行为”，因此需要予以规范，结合这一背景，本文将分别讨论规范国有企业“国有”、“政府优惠待遇”和“不正当竞争行为”等，是否符合公平的条件。

---

① See TPP SOE Talks Slowed By Domestic Processes, Australian Ag Demand, available at www. insidetrade. com, visited on Mar. 15, 2014.

② See TPP SOE Talks Slowed By Domestic Processes, Australian Ag Demand, available at www. insidetrade. com, visited on Dec. 15, 2013.

首先，竞争中立不应规范国有企业所有权。根据新加坡反对的声音，美国提案规范的是国有企业所有权模式，这可能会与国际贸易投资规则中“所有权中立”这一原则相冲突。以 WTO 为例，WTO 规则是建立在市场经济基础之上，并以私营企业作为市场经济核心主体的一套规则，但是，WTO 并没有为成员方规定统一的市场模式，而且它规定的义务与贸易主体的所有权模式毫无关系。①

我们可以从三个方面来理解 WTO 规则关于“所有权中立”这一原则。第一，该原则与整个国际法的要求是一致的，根据《符合联合国宪章的有关各国友好关系和合作的国际法原则宣言》（1970 年）的规定，各国有自由选择它的政治、社会和经济体制的权利，其中财产所有权模式是该权利最核心的内容。相应地，WTO 规则并不对成员方经济发展模式进行规范，在资本所有权问题上保持中立，②而在实践中，WTO 规则也从来没有排斥那些完全由国家所有或者控制的经济主体。③第二，从历史的角度来看，20 世纪经济发展进程显示，许多国家经济发展都离不开国有企业在其中发挥的重要作用，例如在欧洲，由于美国跨国企业在欧洲市场的竞争优势地位，不少欧洲国家通过国有企业与跨国企业进行竞争，④发展中国家则通过国有企业巩固经济领域的独立性，并为市场提供关键的货物和服务。第三，就 WTO 规则而言，它本身关注的并不是贸易主体所有权问题，根据《关于实施 1994 关税与贸易总协定第 17 条的协定》，WTO 成员方需通知货物贸易委员会有关国有贸易企业的信息，该协定将这类企业界定为“被授予包括法定或宪法性权利在内的专有权、特殊权利或特权的政府和非政府企业，包括销售局，在行使这些权利时，它们通过其购买或销售影响进出口的水平或方向。”⑤显然，这一定义并不针对“国有”这一所有权模式。

其次，竞争中立不应专门针对发展中国家给予国有企业的优惠待遇。事实上，

---

① See Julia Ya Qin, *WTO Regulation of Subsidies to State-owned Enterprises—A Critical Appraisal of the China Accession Protocol*, 7（4）Journal of International Economic Law 899.

② See Thomas Cottier & Petros Mavoidis, Conclusions: The Reach of International trade Law, in Thomas Cottier & Petros C. Mavroidis（eds.）, State Trading in the Twenty-First Century 397（the University of Michigan Press 1998）.

③ See Julia Ya Qin, *WTO Regulation of Subsidies to State-owned Enterprises—A Critical Appraisal of the China Accession Protocol*, 7（4）Journal of International Economic Law 899.

④ See H. Buch-Hansen and A. Wigger, *Revisiting* 50 *years of market-making: The neoliberal transformation of European competition policy*, Review of International Political Economy 34-40（2010）.

⑤ See Section 1 of the Understanding on the Interpretation of Article XVII of the General Agreement on Tariffs and Trade 1994.

各国政府为了鼓励本国企业进行海外投资，都会不同程度地给予企业优惠待遇，① 有学者以 2007 年至 2011 年海外投资数额分别排名前十的发达国家和发展中国家为研究对象，② 指出这些国家至少采取了设立扶持机构、提供信息、资金资助、财政支撑等其中一种措施，以鼓励本国企业海外投资，增强其市场竞争力。

第一，母国给予本国跨国企业资金支持，是鼓励投资最有效的措施之一，它包括补助金、贷款、担保和资本参与等内容。例如补助金，发达国家如加拿大通过全球机遇联合项目，为国内团体提供无须偿还的补助金，鼓励它们策略性地向海外市场投资，以利于国内产业整体发展；③ 又如贷款，日本国际协力银行为本国中小企业提供低息贷款，以鼓励它们策略性地在重要自然资源领域开展收购活动，或者是提升它们在国际投资活动中的竞争力；④ 再如担保，美国通过海外私人投资公司（OPIC）、加拿大通过出口担保项目，分别为跨国公司提供资金担保等服务；最后，关于资本参与，日本政府可以通过日本国际协力银行，以参股的方式直接参与海外投资项目，或者是参股投资基金，为那些在能源、核动力、高速公路、电信网络等产业进行策略性投资的日本企业提供资金。在取得资金支持的条件方面，至少从国家政策层面来看，所有权模式并不是考虑的因素。学者们在对上述 20 个国家进行考察之后指出，发达国家与发展中国家在提供资金资助的条件、目的等要素方面，并无不同，具体而言，这些国家在资助企业时，都会要求企业符合本国政策，如美国海外私人投资公司（OPIC）只为那些不会导致国内失业的企业提供资助，而它提供资助并不只是为了获得收益，更多考虑的是海外投资对本国经济的溢出效益。

第二，关于税收优惠措施，在免税方面，发达国家如日本，免去对本国母公司从海外子公司获得股息分红 95%的税收，又如加拿大，股东由于其他公司的分拆（spin-offs）而获得的股份，这一部分股份分红一定条件下得以不纳入收入，从而获得税收豁免；关于延期纳税，当纳税延长的时间足够长时，它也就与税收减免无

---

① OECD 成员方在 20 世纪 90 年代初期采取鼓励本国企业进行海外投资的措施。表格来自 K. Sauvant, P. Economou, K. Gal, S. Lim, and W. Wilinski, *Trends in FDI, Home Country Measures and Competitive Neutrality*, in A. Bjorklund, ed., Yearbook on International Investment Law & Policy 2012-2013 (Oxford University Press 2014).

② 这些发达国家是美国、英国、法国、德国、日本、比利时、西班牙、加拿大、意大利和瑞典；新兴经济体是中国、俄罗斯、新加坡、韩国、印度、马来西亚、中国台湾、智利、科威特和墨西哥。这 20 个国家，于 2007—2011 年期间，平均每年共占国际投资流量的 75%。

③ The Canadian Trade Commissioner Service, "Global Opportunities for Associations," available at: http://www.tradecommissioner.gc.ca/eng/funding/global-opportunities-associations/home.jsp, visited May 7, 2014).

④ See Japan Bank for International Cooperation, Annual Report 2012, p. 97.

异，美国延期纳税政策旨在鼓励股东将股权收益转向低税率国家投资，或者使得跨国公司海外子公司能够聚敛资本。同样的，企业所有权模式也不是企业获得税收优惠的条件。因此，根据学者的研究，发达国家和发展中国家为了支持某些产业的投资活动，都会采取税收优惠措施，只是存在频率和程度上的差异。

再次，竞争中立应以规范不正当竞争行为为对象。各国国内法、双边、区域和多边贸易投资协定等，在规范国有企业不正当竞争行为时，都会考虑国有企业公共性质而显得不足。这意味着要克服这些不足，需要对国有企业行为的公、私性质予以区分。关于这一点，OECD 有关竞争中立的调研报告首先区分国有企业行为性质，确保竞争中立不影响国有企业履行其公共职责，而只规范其商业行为，继而明确了对具体的掠夺定价、低价倾销和交叉补贴等不正当竞争行为予以规范。这些报告既反映了现有各国国内竞争法和投资条约中禁止企业具体行为的规定，而且区别对待国有企业扮演的公、私角色，可能更容易获得 TPP 谈判方的支持。

由此可见，发展中国家国有企业“国有”的股权模式、其政府给予国有企业资本支持、税收优惠等待遇本身，并不应该成为特殊规范的对象，一者，因为发展中国家享有国际法下选择经济发展模式的权利，其中财产所有权模式是其核心内容；二者，发达国家实际上也不同程度地给予本国跨国公司优惠待遇，这就使得“特别”地规范国有企业享受的优惠待遇，违反公平的要求。

(3) 约束效力。

美国提案中将竞争中立视为一项具有约束力的条款，其约束力可能会部分地通过国际投资仲裁机制保障实现。① 虽然具体有关如何实施该规则的明细并不清楚，但是，考虑到国际投资仲裁机制最近的发展，将竞争中立规定为可仲裁的条款，或者会引起更多的关于投资仲裁机制正当性的质疑，或者会流于形式，难以付诸实践。

由于国际投资法发展并不成熟，② 很多实质性待遇条款内容并不清楚，例如国民待遇条款、最惠国待遇条款、公平公正待遇条款、间接征收条款等，有的学者认为，国际投资法下国民待遇条款借鉴的是 WTO 有关国民待遇的规定，但是在“类

---

① 投资者—东道国争端解决机制和国家—国家间的中止减让机制，是美国服务业协会和商会提出的实施竞争中立的机制。

② See Thomas W. Walde, *The Specific Nature of Investment Arbitration*, in P. Kahn & Thomas. W. Walde eds, New Aspects of International Investment Law 118 (Brill & Nijhoff 2007).

似情况”和“适用例外”等方面显得并不成熟;① 有的学者指出：最惠国待遇条款适用范围并不清楚，有不少仲裁庭将它解释为可以适用于程序性权利；有的学者通过考察仲裁庭关于公平公正待遇作出的裁决，指出违反该待遇的情形多达 11 种，而且随着新的国际仲裁裁决的不断出现，公平公正待遇可能还会增添新的内容；还有的学者对间接征收的认定标准作出研究，指出“目的”和“效果”是认定东道国某项措施是否构成间接征收的重要因素，然而对于二者孰重孰轻，则存在分歧等。这反映了仲裁庭往往通过类比的方法对投资条约条款作出解释。② 目前，国际投资争端解决机制倾向于遵循类比私国际法的逻辑。这既反映在整个仲裁机制的设置，例如仲裁庭的管辖权基于当事方同意，仲裁员的组成，仲裁保密性等,③ 也体现在仲裁实践中，仲裁庭将东道国视为平等的私主体，认为应当以投资者与东道国的合意，而不是缔结条约的国家之间的合意来解释待遇条款，在这一类比范式下，我们也许可以更好地理解为什么阿根廷在经济危机情况下采取的紧急措施，墨西哥在考虑到环境安全后关闭垃圾掩埋场等措施，其公共目的并没有得到重视。

投资条约待遇条款的不确定性，以及仲裁庭类比私国际法的范式，使得东道国管理国内事务的权利受到限制。因此，国家实践逐渐朝着明确投资条款内容，不少学者也提出应以类比公法的范式来解释国际投资条约条款。

一方面，关于国家实践，晚近国际投资条约趋向于更详细地对待遇条款作出规定，以限制仲裁庭作出宽泛解释，这意味着投资者享受的权利范围越小。④ 例如最惠国待遇，从泄露出来的 TPP 投资章节文本来看，考虑到东道国批判投资者通过“最惠国待遇条款”扩大仲裁机构管辖范围，从而导致仲裁机制适用不确定的情

① 具体而言，GATT 国民待遇界定“类似情况”，是以产品为比较对象，作者指出，国际投资法背景下的国民待遇，如果以投资者为比较对象，投资者特征如投资规模，组织架构等，可能会导致跨国公司与国内企业并不符合“类似情况”的要求，从而使得“歧视”对待跨国公司具备正当性，然则发达国家之所以在投资协定中纳入国民待遇，正是为了防止“歧视”跨国公司，因此国际投资协定中的国民待遇将陷入矛盾中。另外，关于适用例外的情形，仲裁实践并无先例。

② See A. Roberts, *Clash of Paradigms: Actors and Analogies Shaping the Investment Treaty System*, American Journal of International Law 50 (2013). 该文还归纳了四类类比范式，即类比公国际法、类比私国际法（调整国家—非国家主体、非国家主体—非国家主体之间的关系）、类比国内公法和类比国际公法（人权法和贸易法）等。

③ See ICSID Convention, Art. 36、37、42、48.

④ See J.E. Alvarez, *The Return of the State*, Minnesota Journal of International Law 235 (2011). “[T] he length of a treaty is often inversely related to the rights that it accords.” 作者指出，2004 年范本与 1984 年范本相比，前者的长度至少是后者的 2 倍，而作者指出条文规定越详细，它规定的权利范围越小。

况，该文本明确规定了“最惠国待遇不适用于有关争端解决的规定”,① 加拿大与中国签订的双边投资协定第 5 条,② 欧盟与加拿大开展的经济与贸易协定谈判（CETA）投资章节文本关于最惠国待遇，也作出了类似规定。③

又如公平公正待遇，NAFTA 成员国于 2001 年 7 月对 NAFTA 第 1105 条（1）款（公平公正待遇）作出解释，指出该待遇给予缔约他方投资者的最低待遇标准，就是习惯国际法最低待遇标准；其次，“公平公正待遇”和“全面保护与安全”的概念不要求给予习惯国际法关于外国人最低待遇标准之外的待遇；最后，裁定违反 NAFTA 另一规定或独立的国际协定，并不能确定那就违反了第 1105 条（1）款，以防止仲裁庭像 *Pope & Talbot*、*S. D. Myers*、*Metalclad* 等案那样，对公平公正待遇作出扩大解释；④ 另外，CETA 投资章节文本，除了依循 NAFTA 成员国做出的解释之外，第 4 节第 10.9 条（2）还列举式地规定了违反该待遇的情形：拒绝公正司法，违反正当程序，明显的专断，基于性别、种族和宗教的歧视和粗暴地对待投资者等。此外，谈判方还将通过贸易委员会经常性地，或在另一方请求的情况下对该待遇项下的义务内容进行审查，以确定是否需要增加新的要素。⑤

再如间接征收，美国和加拿大双边投资协定范本均确定了应个案分析（Case-by-case）东道国具体措施是否构成间接征收，在认定这一结果时应考虑措施的经济影响效果、是否违反投资合理期待利益以及措施的特点（例如是否歧视）等要素，此外，为了公共健康、安全和保护环境的措施，如果是善意和非歧视的，那么这些措施不构成间接征收。⑥

另一方面，不少学者主张应当将国际投资仲裁机制类比于公法，有的学者指出，国际投资仲裁机制不能视为仅仅是为了解决投资者与国家之间的争端，由于仲裁庭将对国家行为的合法性作出判断，因此该机制与国内司法审查机制更相似；⑦

---

① See Leaked TPP Investment Chapter, Art. 12. 5.

② 参见 2012 年《中国—加拿大双边投资协定》第 5 条，括号内为笔者说明的内容。

③ See Draft CETA Investment Text, 21 November, 2013, Art. X. 8. (4).

④ 参见包晋：《NAFTA 下美国关于“公平公正待遇”的国家实践——争端解决的视角》，载《国际经济法学刊》2014 年第 1 期。

⑤ See EU CANADA FTA Negotiations: Investment Chapter, Section 4, Art. X. 9.

⑥ See 2012 US BIT Model, Art. 6 and Annex B; Canada BIT Model, Art. 13 and Annex B. 13 (1).

⑦ See S. W. Schill, *Introduction*, in S. W. Schill (edited), International Investment Law and Comparative Public Law 3 (Oxford University Press 2010).

有的学者也认为，该机制实际上是国家授权仲裁庭行使审查国家行为的平台。① 类比公法的范式有利于引导仲裁庭重视国家之间的合意和国家行使规制权利的正当性，并最终增进仲裁机制的合理性，不过，正如 Todd Weiler 所暗示的，这些类比公法的范式大多数是由仲裁机制外的学者提出来的，这也就意味着仲裁机制内仍然倾向于类比私法的范式。②

由此可见，国家实践倾向于明确可仲裁的待遇条款，以及学者们呼吁以公法的视角看待国际投资仲裁机制，以增进其正当性，在这样的背景下，如果 TPP 谈判方就国有企业的定义、竞争中立规则本身的内容没有确定，那么过早地提议把有关竞争中立争议作为投资仲裁机制管辖的对象，会引起更多的反对声音。另外，在竞争中立未能区分国有企业公共行为和商业行为之前，将它视为可仲裁的条款可能并不合适，因为目前仲裁机构仍倾向于类比私法的范式，国有企业履行公共职能的一面可能不会受重视，因而导致仲裁机制引起更多质疑。

此外，值得注意的是，根据泄露的 TPP 投资章节文本，投资仲裁机制不适用于有关补贴引起的争议，③ 因而如果外国投资者直接以东道国对本国国有企业进行补贴，从而违反竞争中立，或者是国有企业认为东道国以企业享受政府补贴为由拒绝准入市场，从而向仲裁机构提出仲裁，仲裁机构不享有管辖权；另外，在具体裁定东道国是否违反竞争中立时，仲裁庭不可避免地将要对东道国政府对国有企业的税收、信贷等政策进行调查，在此过程中，行政机关的影响、信息获取的困难等因素，都极容易架空投资仲裁机制。

（4）适用的例外。

无论是美国国内对竞争中立会削弱本国应对经济危机能力的担忧，还是各国依循“国家行为理论”，对国有企业谨慎适用竞争法；无论是在美国—新加坡 FTA 中将竞争规则排除适用于某些主体如 Tamesek，还是“P4 协定”准许一些国家以附件方式列明的部门、行业适用例外，我们可以预见，要使 TPP 谈判方接受比既有竞争法要求更高的竞争中立，例外规定必不可少，历史也证明了这一点。

借鉴 OECD《多边投资协定》（*Multilateral Agreement on Investment*, MAI）的谈判历史，“高标准的规则能否恰当地纳入多边协定中，这对多边协定机制能否取得

---

① See Gus van Harten, Investment Treaty Arbitration and Public Law (Oxford University Press 2007).

② Todd Weiler 在回应 2010 年由 50 多名来自国际公法、国内公法、全球行政法、人权法、经济学、政治科学、国际关系学、社会学等领域的学者联合签名公开发布的一份强烈批判国际投资仲裁机制的声明时，说道：“我看了那份名单，我只认识其中的四位，而其中只有一位有过仲裁经验，我想这一事实足以说明问题。”

③ See Leaked TPP Investment Chapter, Art. 12. 16 bis.

成功是至关重要的……但是，发达国家如果过多地提出‘高标准’的要求，不仅会遭到发展中国家的反对，而且会引起发达国家本身的不满”,① 虽然在 MAI 谈判伊始，OECD 负责起草谈判文本的官员认为“MAI 谈判主要是为了合理地融合不同投资协定中诸多技术性规定”,② 因而只有在国家安全等极为有限的情况下才会考虑例外规定，不过，随着谈判进程深入，各谈判方逐渐意识到需要更多的例外规定，才可能达成协议。其结果是，各国列出了总计大概 1000 条例外规定，因而有学者形象地将 MAI 文本描述成一块“瑞士奶酪”,③ 其中，政治因素是造成这一现象的主要原因。竞争中立议题所涉问题“远远超出了现有双边或多边贸易协定或投资协定有关国有企业的规定”，它涉及各国国内经济政策，具有高度的政治敏感性，因此，如何确立竞争中立的适用例外，可能会十分复杂，而并不是美国国内提议那样，只强调国家安全例外。

从 TPP 谈判透露的消息来看，首先，国有企业在其母国市场提供服务的行为被排除在竞争中立规则的适用范围之外，其次，TPP 谈判方有关例外的主张包括美国主张国家安全例外，墨西哥提出将能源产业排除在适用竞争中立之外，以及新加坡可能会争取削弱竞争中立对 Tamesek 的约束。因此，目前关于例外规定的信息并不充分，然而，鉴于前文关于适用范围和规范对象的讨论，可以说，竞争中立是一项存在歧视嫌疑的规则，它特别地针对发展中国家国有企业。

结合发展中国家国有企业的历史和现状，一方面，从历史的角度来看，“二战”之后，第三世界国家虽然在政治上独立，但经济上依然受到发达国家控制，因此它们在国内实行征收、国有化，通过国有企业控制重要经济命脉，以获得经济独立；另一方面，20 世纪 90 年代伴随着新自由主义的盛行，各国国有企业逐步实现私有化，然而国有企业对发展中国家国内经济发展、就业、社会福利等依然起着举足轻重的作用。这些理由都可以增强发展中国家设置例外规定的正当性。

三、应对反对声音的途径

考虑到反对声音对竞争中立议题的公平性提出了质疑，从而可能会导致谈判陷入僵局。如何应对既有的反对声音，以增加 TPP 谈判方接受竞争中立的可能性?

---

① See Cai Congyan, *TPP Negotiations and the Multilateralization of International Investment Law*, 6 (2) Journal of East Asia and International Law 12 (2013).

② See UNCTAD, *Lessons From The MAI*, UNCTAD/ITE/IIT/MISC. 22. 1999, p. 24.

③ See Chris Baumgartner, *The Demise of the Multilateral Agreement on Investment*, 10 Colo. J. Int' l Envtl. L. & Pol'y 43 (1999).

这是主导竞争中立议题谈判的美国需要谨慎考虑的问题。国际谈判的策略理论上可分为整合策略（Integrative Strategy）和分配策略（Distributive Strategy）两种，而实践往往是在二者之间徘徊。① 首先对整合策略和分配策略进行阐述，并结合学者关于二者的研究，探讨主导谈判的美国可能采取的策略：若采取整合策略，则可能对提案进行调整，使它更多地反映各国关于规范国有企业的最低共同需求；若采取分配策略，则美国可能会利用本国谈判实力，以及 TPP 谈判这一平台，维持提案本身，通过游说与跨领域的谈判妥协，尽可能争取大多数谈判方对提案的支持，增大其他谈判方反对该提案的成本。

（一）谈判策略及影响策略选择的因素

1. 谈判策略

整合策略和分配策略是国际谈判的两种基本策略。整合策略通常表现为谈判方通过更多的信息交流，共同研究，并共同作出方案安排，使得谈判各方能够从议题中获得利益。谈判方在运用分配策略时，往往表现为提出高的要求，拒绝作出让步，夸大其最低界限和首要议题的重要性，操纵对谈判他方不利的信息，抑制谈判他方提出的议题，限制可替代的方案，向谈判他方提出法律上的质疑，威胁以及实际性地施加惩罚。②

2. 影响策略选择的因素

关于解释为何谈判方选择其中一种，而放弃另一种谈判策略的研究并不多，③ 根据学者的分析，具体议题的政治敏感性、谈判阶段和谈判实力都可能影响谈判方最终选取何种策略。

具体而言，有关议题的政治敏感性表现为议题是否牵涉某些国家的重要利益，政治敏感性越高，则谈判方采取对抗的态度越强烈，而敏感性越低，通过合作互相获益的可能性越大；④ 谈判阶段，则是指当谈判方越临近敲定谈判结果时，谈判方

---

① 强调共同利益是整合策略的核心，利益冲突则是分配策略的主要内容。正如学者 Ikle 所说，“如果没有共同的利益，就不会有谈判的目的；如果没有利益冲突，就不需要谈判”。

② 从博弈论的角度来看，整合策略是变和博弈（variable-sum games），因为存在诸多可能让谈判双方均获益，或者至少是一方获益并不以减少另一方利益为对价的方案，而分配策略是零和博弈（zero-sum games），谈判一方获益，意味着另一方利益减损，这种策略可能会导致运用方失去利益最大化的机会。

③ See A. Dur & G. Mateo, *Bargaining Power and Negotiation Tactics: The Negotiations on the EU's Financial Perspective*, 48 (3) Journal of Common Market Studies 563 (2010).

④ See O. Elgostrom & C. Jonsson, *Negotiation in the European Union: Bargaining or Problem-Solving?* 7 (5) Journal of European Public Policy 691-692 (2000).

选取整合策略的可能性越小，理由是处于该阶段时，议题的不确定性会降低，谈判方也就因此失去了互相沟通信息，合作寻求替代方案的需要，此时它们之间更多的是在确定最终规则前做最后的利益博弈；① 谈判实力，主要表现在一国的经济、政治实力，经济实力具体体现在国内生产总值、经济资源、贸易盈余等，政治实力则反映在在外交关系中的影响力，关于谈判实力如何影响谈判策略的选择，有学者通过实证研究指出国家谈判实力越强，越有实力选择分配策略。

需要说明的是，影响谈判方选择谈判策略的因素，只是学者们观察以往国际谈判经验的结果，也是本文试图借以分析 TPP 谈判中，主导竞争中立议题谈判的美国可能倾向于选择哪种策略的框架，然而，这些因素并不必然决定实践中谈判方采取何种谈判策略。

（二）美国应对反对声音的策略分析

1. 整合策略

在这种策略下，美国可能需要对竞争中立提案作出调整，最大限度地符合各谈判方的利益，以满足共同最低需求。结合 TPP 谈判方就竞争中立的适用范围、规范对象、约束效力和例外规定等方面提出的异议，美国提案可以作出如下调整：第一，针对不同国家群体设立不同标准，例如拥有较为完善的竞争法的国家群体可以接受高标准的规定，而国内竞争法相对不完善的国家群体则以较低标准予以规范；第二，采取抽象的规定以取代设定实质性的义务，不赋予竞争中立强制约束力，正如前文所述，澳大利亚提案将实施竞争中立的机制交由国有企业母国执行，或者是像 OECD 有关竞争中立的框架、指南与最佳实践那样，不具有强制效力，另外，还可以借鉴国际货币基金组织制定的有关主权财富基金治理、透明度、管理等方面的最佳行为规则，它们也属于自愿遵守的框架协议；第三，考虑到国有企业的存续与各国市场经济状况紧密相关，因此，美国提案可以借鉴 GATS 第 19 条的规定，即在“充分尊重各国国内政策目标与发展程度”的基础上，允许各国依据本国市场发展现状，通过设置过渡期以逐步接受竞争中立。

整合策略下经调整的竞争中立提案，更符合公平的要求，因为发展中国家通过国有企业发展本国经济的模式获得了尊重，它们能够逐步对国有企业进行改革，以符合竞争中立要求，另外，调整后的提案也有利于削弱竞争中立规则可能给国际投资仲裁机制合理性带来的不利影响。

然而，考虑到竞争中立议题的政治敏感性，TPP 谈判方关于该议题谈判的阶段

---

① See O. Elgostrom & C. Jonsson, *Negotiation in the European Union: Bargaining or Problem-Solving?* 7 (5) Journal of European Public Policy 692-693 (2000).

以及主导谈判的国家实力等因素来看，美国选择整合策略的可能性并不大。此外，美国过去关于国际竞争规则谈判的经验也支持这一结论。

首先，竞争中立议题对主导谈判的美国，以及拥有大量国有企业的马来西亚、新加坡等国家来说，都涉及重大国家利益。对美国而言，竞争中立的重要性体现在它被划为美国 TPP 谈判的首要议题之一，它是美国企业扩大海外市场，解决国内就业问题的重要政策。对马来西亚、新加坡等国家而言，竞争中立议题实质上旨在规范发展中国家通过国有企业干预市场的模式，进一步推动市场自由化。由于发展中国家国有企业对本国经济发展起着举足轻重的作用，它们掌握着影响国家经济命脉的行业，解决国内就业问题，提供公共服务等，这些是国内政策的重要内容，同时，考虑到美国关于竞争中立的提案并未解决区分国有企业公共行为和商业行为这一问题，因此，竞争中立议题对马来西亚、新加坡等国家来说，具有高度的政治敏感性。①

其次，由于 TPP 谈判方对该议题仍然处于评估阶段，而且根据 2013 年盐湖城谈判报告显示，马来西亚最近才加入该议题的谈判，因此，可以说 TPP 谈判方有关该议题的谈判处在初始阶段，由于该议题的不确定性，谈判方更需要通过信息沟通，互相合作寻求可以满足大家需求的方案，也即美国可能会倾向于选择整合策略，这体现在它欢迎其他谈判方就该议题发表意见。② 不过，我们需要注意整个 TPP 谈判的进程，此前 TPP 谈判目标是于 2013 年达成协议，③ 随后又有声音指出 2014 年 4 月之前可以达成协议，虽然这些预测都未实现，但是尽快达成 TPP 协议是美国追求的结果。在这一大的背景下，可能美国不会让其他谈判方有太多的时间考虑、提出并最终达成可替代的方案。④

再次，从谈判实力来看，无论是经济实力还是政治影响力方面，美国较 TPP 其他谈判方都更具优势，而且支持或部分支持它的提案的国家还包括加拿大、日本、澳大利亚、墨西哥等重要经济实体，而反对提案的只有马来西亚、新加坡等国

① 例如，马来西亚国内声音透露，竞争中立可能会引起执政危机。

② 例如，在澳大利亚提出替代性方案后，虽然美国持批判态度，但它表示欢迎澳大利亚通过新提案，真正参与议题谈判的行为。

③ See Background Briefing on the Trans-Pacific Partnership, available at www.insidetrade.com, visited on Mar. 15, 2014.

④ 此前，从 TPP 第十七回合谈判透露的信息来看，美国的一部分重要的谈判议题，可能会因为美国希望在今年达成协议而得到削减，而诸如竞争中立等新议题，以及不断增加的谈判方导致美国谈判策略的变更，是 TPP 最终能否达成协议所面临的挑战。然而，美国商会力图劝阻美国贸易谈判代表，不能为了追求迅速达成 TPP 协议而放弃有关约束国有企业规则的动议。接下来的谈判回合显示，美国没有放弃竞争中立议题。

家。在这一环境下，美国及支持其方案的国家，可能不需要像 WTO 谈判那样，顾虑发展中国家联合起来形成均衡力量而引起的谈判成本。

最后，结合美国关于竞争政策的谈判历史，我们可以发现，早在 1996 年针对在 WTO 体制中纳入竞争规则的意义时，美国司法部官员 Joel Klein 就指出，“关于在 WTO 中纳入一项竞争政策是否有意义，存在很多的质疑，因为有诸多谈判国参与的多边协定，往往会倾向于寻求‘最低共同需求’……我们必须防止这一倾向……”随后，另一位司法部官员 Douglas Melamed 也指出，“最低共同需求”的作用仅仅是赋予各国实施较弱的竞争规则以合法性。因此，美国在谈判 WTO 竞争协定时反对“最低共同需求”这一提法。时至今日，R. Hormats 依然强调不能为了争取更多的支持竞争中立议题的声音，而削弱这一高标准要求。据此，我们可以说，美国采取整合策略的可能性并不大。

2. 分配策略

谈判方在运用分配策略时，往往表现为过分强调议题的重要性，限制可替代的方案，采取联合谈判的方式给反对国家施加压力等。具体到竞争中立议题谈判中，美国若采取这一策略，无须对提案作出调整。从目前透露的信息来看，美国倾向于采取这一策略。

首先，如果只谈竞争中立对规范国有企业的重要性，而不谈具体如何规范，我们可以看到，美国农业部副部长 R. Hormats 主张美国将不断重申市场导向的政策将带来经济繁荣，并强调维持公平竞争市场的重要性，也即通过宣传国有企业享受优惠政策会对其他国家产生的危害，特别是会加重这些国家的失业问题，以游说更多的谈判方加入支持美国提案的行列。然而，Hormats 显然夸大了国有企业的危害性。也许在美国，国有企业对国内市场的影响甚微，但是对日本、马来西亚、新加坡、越南等国家而言，国有企业依然占据重要地位。至于海外市场，2008 年经济危机后，国有企业海外投资活动更加频繁，据学者观察，“并没有证据证明，无论是中国、新加坡、法国、德国或其他国家的国有企业在向海外投资时，会作出与私营企业不同的行为。”而实践中，2012 年加拿大政府工业部部长在批准中海油收购尼克森时也指出，中海油向加拿大政府作出承诺，包括承诺履行透明度和披露信息等公司治理要求，遵守加拿大法律和自由市场准则的商业运营模式，以及就业和资本要求等，表明该收购将符合加拿大经济长远的发展。

其次，前文指出，澳大利亚提出了替代美国提案的方案，核心内容是，允许 TPP 谈判方自主设立审查机构，审查 TPP 其他谈判方企业提出的质疑。美国认为，这一替代方案并不能够有效解决国有企业扭曲公平竞争市场的问题，原因是：第一，该方案只能适用于诸如补贴、税收减免、贷款等可金钱量化的优惠待遇，至于其他如市场准入便利、规则豁免等，则无法适用；第二，即使适用保障金规定，政府可能又会把这笔费用偿还给国有企业；第三，该方案一旦实施，可能会引起私营企业向审查机构提出如潮般的质疑。

最后，从 TPP 谈判方的构成来看，发达国家与发展中国家大致 1∶1，但由于竞争中立涉及的是国有企业。根据《2011 年世界投资报告》的统计，全球 650 多家国有企业跨国公司，TPP 谈判方“榜上有名”的只有马来西亚和新加坡，合计共拥有 54 家国有企业，这意味着目前国有企业海外投资活动真正由于纳入竞争中立规则而受到冲击的谈判方只有这两个国家，因此，如果美国能够争取到其他 9 个谈判国家的支持，那么，新加坡和马来西亚在 TPP 这一涉及诸多议题的协定中，坚持反对竞争中立的成本将大大增加。从透露的信息来看，美国已经通过施加威胁或双边妥协的方式，以联合更多的支持力量，这既体现在美国贸易代表对澳大利亚谈判清单中首要议题的态度，直接影响到澳大利亚对美国提案的态度，也反映在美国国内私营企业与日本邮政公司私下达成协议，减轻竞争中立对日本的压力，从而在该议题谈判中赢取日本的支持。在获得加拿大、日本、澳大利亚等发达经济体的支持后，新加坡和马来西亚等国家反对议题的成本可能会增大。但是，如果考虑到 TPP 竞争中立对各国国有企业在国内市场中地位的影响，由于各国都不同程度地设有国有企业，因此美国会迎来不同程度的反对声音，包括来自美国国内的异议。这是美国采取分配策略需要承担的风险。

由于美国并不青睐能够解决竞争中立提案有悖公平价值问题的整合策略，而倾向于采取“一方获益，另一方减损”的分配策略，因此该提案的公平危机有可能会导致议题最终难以达成协议。

结　论

本文考察 TPP 谈判方针对美国有关竞争中立提案的反对声音，并结合导致谈判陷入僵局的原因，讨论这些反对声音是否可能会导致竞争中立议题谈判最终无果。TPP 谈判方的反对声音集中在竞争中立的适用范围、规范对象、规范效力和适用例外等四个方面，本文指出，由于反对声音反映了谈判方质疑美国提案的公平性，从而可能导致该议题谈判陷入僵局。结合美国可能采取的谈判策略，一方面，强调共同利益的整合策略有助于解决公平的要求，在这一策略下，美国需要对提案作出调整，以符合谈判方最低共同要求，然而考虑到选择这一策略的因素，例如谈判议题的政治敏感性、谈判阶段和谈判实力等，本文认为美国采取这一策略的可能性不大；另一方面，从目前美国在竞争中立议题谈判的实践来看，它倾向于选择利益冲突的分配策略，这可能会导致 TPP 谈判方最终难以接受美国竞争中立提案中的高标准要求。

Competitive Neutrality in TPP: Opposite Views and Possible Responses

Abstract: The US has tabled proposal of competitive neutrality in TPP negotiations in order to constraint competitive advantages granted to State-owned enterprises. Up to date, TPP negotiating parties have raised opposite views towards the US proposal in terms of scope, objective, binding nature and exemptions of competitive neutrality. These views doubt the fairness value of the proposal and may lead to negotiation deadlock in near future. The US can respond with adjustment of proposal for mutual benefits or a tougher strategy refusing to compromise. Taking into consideration of US practice in TPP negotiation, this article implies that the US inclines to adopt the latter approach which might put the TPP negotiating parties into a position with unwillingness to accept competitive neutrality.

Key words: opposite views; fairness; negotiation strategy

欧盟法上“公共利益服务”制度体系研究

□ 刘 路*

内容摘要：“公共利益服务”（Services of General Interest，SGI），作为欧盟法律体系中的一个重要概念，其理论体系的进化贯穿整个欧盟法发展过程。在欧盟创立之初，公共利益服务这一理念的设立其实是作为欧盟竞争法规制的一个例外。也就是说，各个成员国在谋求自身公共利益之时，可以借用此理论来规避反不正当竞争法的管制。可是随着欧盟法体系的不断发展深化，特别是阿姆斯特丹协议（Treaty of Amsterdam）签订之后，公共利益服务的概念体系开始扩展。尤其是当“欧盟公民权”（EU Citizenship）开始介入欧盟法体系之后，对公共利益服务这一概念的认识开始从消极的规避条款转变成为应积极推动的义务条款。本文尝试通过对条约规范以及实际案例的解读，来梳理清楚公共利益服务在欧盟法中的发展脉络，同时也会涉及讨论欧盟及其成员国在提供公共利益服务上的权限划分。

关键词：欧盟法　公共利益服务　比例性原则

目　次

一、导　言

公共利益服务这一法律术语，一般而言是指那些关涉到国计民生的服务领域。典型的例子有公共交通以及邮政服务等。在欧盟建立之前，大多数的公共利益服务

---

* 中国社会科学院研究生院博士研究生。

都是由各成员国的政府或者国有企业来提供的。但是，随着欧盟法体系的建立，这种公共利益服务开始受到法律以及市场经济的双重考验。在法律层面，公共利益服务由于牵涉到规避市场竞争法的调控，因此常常受到公众的质疑。而在实践层面，公共利益服务行业也必然需要适应不断成熟的市场经济体系，要不断提升自身的经济效益。尤其是当一国的公共利益服务行业要不得不开始面对其他成员国提供的跨境服务的挑战时，原有的制度体系自然面临着改变。一直以来，欧盟政策的制定者都试图在以市场经济为导向的价值观和其他非以市场经济为导向的价值观中作出平衡，这一点也清晰地体现在欧盟法院的判例当中。在阿姆斯特丹协议签订之前，对公共利益服务的考量基本上都是局限在市场竞争法领域。① 但是，随着《欧洲共同体条约》第16条的出台,② 对公共利益服务的理解开始变得复杂而多元化。这一概念开始逐步从纯粹的竞争法范畴中脱离出来，开始被赋予促进区域整合和增强欧盟社会凝聚力的任务。

本文所谈及的公共利益服务的含义在欧盟法体系中大致有两种理解：一种就是特指那些不以市场经济中的效益考量为基础的公共服务；另外一种理解则是既包含非市场化的公共服务，也包含那些以经济效益考量为基础的公共服务。也就是说，在后一种理解中的公共利益服务是一个总概念，涵盖一切公共服务行业。基于对公共利益服务法律体系进行全面探讨的目的，下面的论述都是以广义的理解为基准。

既然公共利益服务被区分成为市场化的公共服务和非市场化的公共服务，那么这两者的区分就显得尤为重要。尤其是涉及法律适用方面时，不同的公共服务遵循的法律准则是不一样的。当然，在欧盟法律体系中有的法律规范是可以同时适用于这两类公共服务种类的。比方说，禁止歧视原则（non-discrimination）就是两类公共服务都必须遵从的，而不因服务类型的不同而做区别对待。同理，政府采购法（public procurement）中的规定也是可以普遍适用的，因为政府采购的目的都在于保障公共利益服务的顺利实施。与之相反的是，类似《欧洲联盟运行条约》（Treaty on the Functioning of the European Union）第14条以及市场竞争法中的规范都只规制那些以经济效益考量为核心的公共服务。

从现有欧盟法体系中出发，想得出一个关于公共利益服务的精准定义是比较困难的。不过，从立法文本当中，我们还是可以找到许多可以帮助我们理解公共利益服务的要素。一般而言，公共利益服务应包含以下特征：连续性（continuity）、普遍服务义务（universal service obligation）、可负担性（affordability）、高质量服务（high service quality）和消费者保护（protecting consumer interests）等。这当中的有

① 欧盟市场竞争法体系一般包含四个部分：反不正当竞争协议、滥用市场支配地位、对兼并与收购的控制以及国家补助法。

② 当时条约名称里使用的是 European Community 一词，后更改为 European Union。

些要素已经在欧盟法体系中得到确认，已经成为现行立法追求的目的。将来在有需要的时候，此类基本要素都很有可能进一步纳入到欧盟部门立法当中。

不过在此必须说明的是，欧盟法体系中有一个特点容易导致对其理解上的偏差，那就是意义相近的法概念的大量存在。仅以本文讨论的公共利益服务为例，在不同的法律文本中表述有一定的差异性。① 而且每种的表述之间的区别并不仅仅是字面上不同那么简单，实际上每个概念在欧盟条约和判例法中都有自己的独立演化发展过程。不过考虑到其核心内涵的一致性，本文除非有特殊说明，否则在使用这些概念时不加以任何区分。

二、非市场化的公共利益服务

上面已提及，非市场化公共服务（non-economic public services）与公共利益服务概念体系渊源颇深，因此进行对比分析可以增进对该法律体系的认识。在欧盟建立之初，原则上所有提供商业性服务的企业都是受欧盟法规范的，尤其是受市场竞争法的规制。至于那些以提供公共服务为宗旨的企业，则可以援引当时《欧洲共同体条约》中的第86条第2款［现在《欧洲联盟运行条约》（TFEU）中的第106条第2款］来要求免受管辖。但是随着时间推移，企业要想获得例外对待变得越发困难，因为当时欧盟法实践中对“商业活动”的理解一直在不断扩充。到后来，甚至只要是生产、分配货物或服务的活动，不管它持续的时间长短或是否意图营利，都有可能会被纳入到“商业活动”之中。

这种扩充解释的趋势在20世纪90年代得到了遏制，欧盟法院通过一系列的判决，② 对商业活动的外延作了明显的限制。自此以后，即使一项活动具有某些商业化的特征，但只要它能够被定义为政府行为或者旨在追求公共利益，就不会被定义为“商业活动”。总体而言，通过司法系统的努力，欧盟开始尝试着对核心价值追

① 最为常见的表述有公共利益服务(SGI)、市场化的公共利益服务(SGEI)、普遍服务(universal service)、公共服务(the public service)、社会公共利益服务(social services of general interest)等。

② Joined Cases C-159 and 160/91 Poucer v Caisse Mutuelle du Languedoc, Tousillon and the AGF and Pistre v Caisse Autonome Nationale de Compensation de l'Assurance Vieillesse des Aritisans (Poucer and Pistre) ［1993］ ECR Ⅰ-666; Case C-364/92 SAT v Eurocontrol (Eurocontrol) ［1994］ ECR Ⅰ-43; case C-345/95 Diego Cali v Servizi ecologici porto di Genova SpA-SEPG (Cali) ［1997］ ECR Ⅰ-1580; case C-218/00, Cisal di Battistello Venanzio and Co v Istituto Nazionale per L' Assicurazione Control Gli Infortuni Sul Lavoro (Cisal) ［2002］ ECR Ⅰ-691; Case T-319/99 fenin V Commission ［2003］ ECR Ⅱ-351 (on appeal to the ECJ, Case C-205/03); Joined Cases C-264, 306, 354 and 355/01 AOK Bndesverband and others ［2004］ Cmlr 1261。在上述案件中，涉案企业因为被认定为履行公共服务所以不视为市场上的主体。

求不同的提供商品或服务的行为作区分对待，非市场化的公共利益服务体系也因此得以发展。

从立法文本上来看，非市场化的公共利益服务在产生之初应属于“软法”规范。在1996年出台的《欧洲公共利益服务》（协商）中，① 欧盟委员会第一次对性质不同的公共服务提出划分。该文件提出，以经济效益考量为基础的公共利益服务是指市场中那些旨在完成公共服务义务、受公共利益标准限制、并遵循市场竞争法规则的服务行为。② 而非市场化的公共服务则不受欧盟法规范的规制。③ 在《欧洲公共利益服务》中同时还提出，非市场化的公共服务在性质上与传统的国家职能部门作出的行为也是有区别的。④ 这显然是贯彻公法与私法领域应予区分的原则。

在随后出台的2001年版的《欧洲公共利益服务》（协商）中，⑤ 欧盟委员会尝试着从正面角度界定非市场化的公共服务的外延。根据已有的判例，欧盟委员会提出国民教育和社会基本保障可以被划分到非市场化的公共服务中去。⑥ 不过在该法律文本中，对如何判断一项公共利益服务的性质，欧盟委员会并没有提出具体的标准。

从最新的发展情况来看，《欧洲联盟运行条约》附则第26条第2款提到了非市场化的公共利益服务这一法律概念，这就意味着从法律位阶上来看，其已经从“软法”规制上升到欧盟基本法体系层次当中。该条款同时提到了各成员国在提供和组织非市场化的公共利益服务时，不受欧盟法律条规的规制。同时在欧盟委员会出台的服务指令（Services Directive）中，⑦ 也强调非市场化的公共利益服务不受该指令的约束。所以从条约角度出发，欧盟已经明确将非市场化的公共利益服务排除出欧盟法统一规制的领域。不过欧盟法院依旧需要在司法裁决中判断特定服务类

---

① 英文原称为“Services of general interest in Europe COM（96）443 final”（communication），协商（communication）是欧盟为起草法案征求意见的一种形式。

② Services of general interest in Europe COM（96）443 final, para. 4.

③ Services of general interest in Europe COM（96）443 final, para. 18.

④ 例如，国防、外交、司法以及户籍管理。Services of general interest in Europe COM（96）443 final, para. 18

⑤ Services of general interest in Europe［2001］OJ C17/4.

⑥ Services of general interest in Europe［2001］OJ C17/4, para. 29.

⑦ Directive 2006/123 on services in the internal market［2006］OJ L376/36. 指令（Directive），是欧盟颁布的对各成员国具有约束力的立法，但指令一般而言只强调目的，至于具体如何操作，由成员国自行把握。指令一般有一个限期，在此限期内，各成员可以逐步通过参照执行或者纳入国内立法的方式来完成指令所追求的立法效果。

型是否属于非市场化的公共利益服务，而条约在这方面并没有特别清晰的指引。

条约文本中缺乏具体的界定标准，并不妨碍欧盟法院在司法实践中根据实际情况提炼出一套判定准则。从既有的判例来看，涉及社会基本保障的案子已有不少，暂时没有涉及国民教育的案例。而在社会基本保障领域，欧盟法院认为只要当以下要件得到满足之时，该服务活动就可以被定义为不以经济利益考量为基础。第一，这项提供社会基本保障的服务的宗旨是为了国家团结。① 第二，该社会基本保障服务应该是强制性的。② 第三，公民缴纳的强制性费用与其获得的收益之间应满足比例原则。③ 不过，这套判定准则暂时只适用于社会基本保障领域。在其他非市场化的公共利益服务领域该如何把握，则是一个急需解决的问题。

缺乏统一的认定标准不仅不利于对非市场化的公共利益服务领域进行整体上的规范，甚至在通过判例法已经发展的比较成熟的社会基本保障领域，也同样会出现矛盾冲突。导致这一问题产生的原因是欧盟本身法律体系的特殊性。在规范商业服务方面，欧盟除了市场竞争法在发挥作用之外，还有一套内部市场法（internal market law）也在起规范作用。内部市场法是欧盟为了推动成员国之间各生产要素的自由流通所制定的法律。一般而言，内部市场法的立法目的就是为了推动货物的自由流通、服务的自由流通、资金的自由流通以及劳动力的自由流通四个方面。而实践中出现的问题则是，提供公共服务的企业即使躲开了市场竞争法的规制，也可能躲不开内部市场法的规制。具体而言，在非市场化的公共利益服务领域，各成员国一般可以引用豁免权条款排除市场竞争法的规制，因此有很大的自由权限来调控该领域下的公共服务行业。但是在有的判决中，欧盟法院却依据内部市场法中的自由流通原则，以保障欧盟各成员国居民基本经济权利为由将一些以往不被认定为商业活动的公共服务也纳入到商业活动之中，即便涉案的成员国一再申明这样的认定会阻碍其提供公共利益服务的职责。④

① See, e. g. Albany (C-67/96) [1999] E. C. R. I-5751 para. 75; AOK (C-264/01, C-306/01, C-354/01 and C-355/01) [2004] E. C. R. I-2493 para. 47; Cisal (C-218/00) [2002] E. C. R. I-691 para. 38.

② See, e. g. Albany (C-67/96) [1999] E. C. R. I-5751 para. 75; Cisal (C-218/00) [2002] E. C. R. I-691 para. 44.

③ See, e. g. Albany (C-67/96) [1999] E. C. R. I-5751 para. 75; AOK (C-264/01, C-306/01, C-354/01 and C-355/01) [2004] E. C. R. I-2493 para. 47; Cisal (C-218/00) [2002] E. C. R. I-691 para. 40.

④ A. Cygan, *Public Healthcare in the European Union: Still a service of general Interest?*, 57 International and Comparative Law Quarterly 529, 535 (2008).

最为典型的例子出现在提供公共医疗服务领域。在 FENIN 案中,① 原告首先向欧盟委员会提出投诉，认为该案中西班牙的公立医院滥用其市场支配地位，故意延迟支付购买药品与医学设备的费用。由于欧盟委员会拒绝支持这项请求，所以这个案子被移转到欧盟法院。该案主审法官认为涉案的公立医院所提供的服务不属于市场商业交易行为，因为其提供医疗服务的行为的性质是非市场化的公共利益服务，所以不该归入被市场竞争法所管制的企业类型。在判决书中法官进一步指出，涉案公立医院的运转其实是受国家资助，以实现社会稳定为目标的。因为从资金来源上看，该医院是受政府财政经费资助的，并且其向西班牙公民提供医疗服务时并没有收取任何费用。总之，此公立医院所提供的服务难以被定义为商业行为。②

上面的 FEMIN 案子判决是欧盟判例中比较经典的遵循排除市场竞争法适用的例子，可是在另一个 Watts 案例中,③ 法院却依据内部市场法中的规定对以往案例中所确立的标准作出了突破。在 Watts 案中，法院需要判断一国居民前往另一成员国的医院接受治疗的行为是否属于内部市场法中所提到的服务的自由流通领域。而在本案中，法院认定医院提供治疗服务的行为属于内部市场法所规制的商业性质行为。并且在判决书中明确指出，在判断内部市场法中服务自由流通的相关规则能否适用到提供医疗服务的活动时，并不一定需要考量涉案医院依其所在国法律是否应属于公共服务行业。即使此类医院事实上在提供医疗服务时不需要支付对价也在所不论。④

通过对此类案例的梳理，欧盟法院在审理涉及非市场化的公共利益服务时，遵循了以下的法律适用逻辑：一般而言，当提供服务的行为无法被归入社会保障领域并且满足商业活动要件时，可以适用市场竞争法进行调控；可是即使提供服务的行为可以被纳入社会保障的领域，内部市场法却同样可以适用。法院这种判决思路的一个重要前提是认为内部市场法的适用并没有阻碍成员国对其自身的社会保障体系所拥有的全面控制权，因为内部市场法的调整对象是成员国之间的生产要素流动，并不妨碍一国社会保障体系的运作。可是从事实层面出发，内部市场法的介入必然会对一国的公共利益服务行业造成影响，只是说这种影响不是直接干预而已。所以从这里可以很清晰地看到，由于缺乏一个清晰的概念体系，在过往的司法裁判中容易出现不相协调的判决。

---

① Fenin v Commission (T-319/99) [2003] E. C. R. II-357; [2003] 5 C. M. L. R. 1.

② Fenin v Commission (T-319/99) [2003] E. C. R. II-357; [2003] 5 C. M. L. R. 1, para. 39.

③ Watts (C-372/04) [2006] E. C. R. I-4325.

④ Watts (C-372/04) [2006] E. C. R. I-4325, para. 123.

三、市场化的公共利益服务

（一）市场化的公共利益服务在条约中的发展历史

1. 里斯本条约之前的发展

在1957年的罗马条约中，已经对市场化的公共利益服务有了一定的初步认识。① 不过从当时的立法文本来看，市场化的公共利益服务显然不是规制的重点。因为在欧盟建立之初，它的首要任务是建立一个生产要素自由流通和公平竞争的市场环境。而公共利益服务条款的作用是规避欧盟市场竞争法的适用，过多地强调例外规则在当时显然是不合时宜的。

可是市场化的公共利益服务在社会中的影响随着政府所承担的公共利益服务领域的扩展而不断加深，现实客观情况的发展要求欧盟法律对该类政府行为有所约束。不过出于对欧盟法规的介入会干涉到成员国管制权力的担忧，以法国为代表的成员国呼吁要保留在市场化的公共利益服务领域的自主权。并最终促成了在《欧洲共同体条约》第295条（现在的《欧洲联盟运行条约》第345条）中规定在公共事业领域的国家自主权。

在接下来的马斯特里赫特条约（Treaty of Maastricht）中，一些新的价值理念开始引入到欧盟法体系中，使得欧盟法开始从纯粹的欧洲经济一体化公约的角色转变成为全面整合欧洲经济、政治、文化三大领域的大宪章。特别是“欧盟公民权”法概念的提出，应该说是深刻改变了整个欧盟法规范体系的发展方向。在此之前，生活在欧盟成员国当中的居民仅仅被当做欧洲市场经济一体化中的一个参与者，只是依照传统的市场规则对其进行保护，但是公民权的提出使得对该类主体的法律保护已经近似于主权国家对自身公民的权益保护了。而这种高层次的公民权益保护自然也意味着保障公民应该享有基本的公共利益服务。

欧盟公民应享有获得基本公共利益服务的权利最终在《阿姆斯特丹条约》中的第16条（现在的《欧洲联盟运行条约》第14条）中得到了确立。根据该条规则，保障公共利益服务的实施既是欧盟的职责，也是各成员国的职责。这也就意味着在各自的权责范围内，欧盟及其成员国都有义务确保公共利益服务的普遍履行。

在上面已经提到的由欧盟委员会于1996年发布的《公共利益服务》（协商）

① 在罗马条约（EEC）中，只在第90条出现了“市场化的公共利益服务”（SGECI）以及在第77条出现了“公共服务”（public service）这两个概念，公共利益服务（SGI）是后来才在欧盟条约中出现的。

中，欧盟委会员已经展现出想通过对公共利益服务体系架构的完善，来实现欧洲社会一体化的最终目标。在2000年12月，欧盟理事会（European Council）要求欧盟委员会起草一份规范公共利益服务领域的文件，希望通过立法的方式来保障该领域法律适用方面的一致性和可操作性，尤其是要求对国家补助法中涉及援助公共利益服务的部分进行详细说明。在2001年版的《公共利益服务》（协商）中，不仅对市场竞争法在某些公共利益服务行业如何适用作了补充说明①，而且对政府机关在公共利益服务行业中的角色定位及相应的法律架构该如何建设也进行了探讨。值得注意的是，在市场竞争法该如何适用于公共利益服务方面，该法律文本提出了三个基本原则来统一标准。②

在接下来的2002—2003年期间，欧盟理事会和欧盟议会再次共同督促欧盟委员会起草一份有关公共利益服务的框架性指示。为妥善解决这一焦点问题，欧盟委员会在2003年发布了规范公共利益服务领域的绿皮书（Green Paper）。③ 该绿皮书引发了热烈的讨论，并最终达成了应限制欧盟权能过多介入成员国公共利益服务行业的共识。换句话说，当时普遍的观点认为现有的欧盟法律框架所赋予欧盟的具体权能已经足以保障其可以实现对成员国的领导与监督功能了。在吸收了各界观点后，规范公共利益服务领域的白皮书于2004年发布，进一步推进了该领域的立法工作。④ 而在欧盟《基本权利宪章》中，同样也强调了公共利益服务在促进社会以及区域结合中的重要作用。

2. 在里斯本条约中的发展及重要条文解读

在里斯本会议中通过的《欧洲联盟运行条约》中，市场化的公共利益服务主要规定在条约第14条以及第106条第2款。在第14条中，市场化的公共利益服务被确认享有欧盟基本法位阶上的价值地位，并承认了其在区域及社会一体化中的作用。而第106条第2款则是现行立法中最重要的规制市场化公共利益服务的条款。

① 本法律文本中涉及的行业及相关法律包括：telecommunications sector（1991 OJ C 233/2），postal services（1998 OJ C 39）and the banking sector（Commission's Communication on services of general economic interest in the banking sector，adopted June 17，1998）.

② 这三个原则为：中立原则（Neutrality with regard to the public and private ownership of companies）；受限制的自由裁量原则（Member states' freedom to define services of general interest，subject to control for manifest error）；比例性原则（proportionality，requiring that restriction of competition and limitation of the freedom of the single market do not exceed what is necessary to guarantee effective fulfillment of the mission. Services of general interest in Europe［2001］OJ C17/4，points 21-23.

③ COM/2003/0270.

④ COM/2004/0374.

事实上，如何在既有市场经济法体系中协调适用第 106 条第 2 款一直是个热点争议问题。① 从既有的发展情况来看，出于促进欧洲一体化进展的需要，一种更为宽松的解读可能是未来的趋势。②

这种趋势其实可以从《欧洲联盟条约》（TEU）第三条的变动中看出端倪。《欧洲联盟条约》第三条实际上是罗列了欧盟所追求的各类价值目标。在该条中，建立内部市场经济秩序是放在第三段，在顺序上被放置于推进“和平、欧洲联盟整体价值和人民福祉”以及“在没有内部壁垒情况下提供自由区域、社会保障和制度公平”后面。这也就意味着对市场经济秩序的追求已经不再是欧盟所追求的最高目标或者说至少已经有和它处于同一位阶的其他价值追求了。同时，旧有的关于不正当竞争的描述（ex Art. 3（1）（g））被挪到了后面协定中第 27 条关于内部市场和竞争的条款中去。这也都暗示了欧盟未来趋势可能是不会再严格依据市场竞争法来限制市场化的公共利益服务行业的运转。

（1）关于公共利益服务的协定（Protocol No. 26）。

该条款中共包含两个条文。第一个条文进一步解释了《欧洲联盟运行条约》第 14 条中所确立的“共同价值观”。第二个条文的要旨在阐释非市场化公共服务体系中已论及，即欧盟法规则不干涉成员国自由调控非市场化公共服务的权力。

根据第一条中规定，各成员国、各区域和各地方政府在提供、实施和组织市场化的公共利益服务时享有自主决定权。③ 这种自主决定权还意味着政府可以依据各行业的具体情况以及消费者的意见来对政策进行调整。同时，第一条中还对市场化的公共利益服务行业应具备的特征进行描述，如高质量的服务水平，安全保障性，

---

① See, e. g. I. Houben, *Public Service Obligations: Moral Counterbalance of Technical Liberalization Legislation?*, 16（7）European Review of Private Law 22-25（2008）; W. Sauter, *Services of General Economic Interest and Universal Service in EU Law*, 33 E. L. Rev. 167, 172-174（2008）; U. Neergaard, *Services of General（Economic）Interest: What Aims and Values Count?*, in U. Neergaard, R. Nielsen, L. Reseberry（eds.）, Integrating Welfare Functions into EU Law: From Rome to Lisbon 202-203（DJØF Publishing, 2009）.

② See along the lines of this argument, S. Wernicke, *Taking Stock: The EU Institutions and Services of General Economic Interest*, in M. Krajewski, U. Neergaard and J. Van De Gronden（eds.）, The Changing Legal Framework for Services of General Interest in Europe: Between Competition and Solidarity 79（T. M. C. Asser Press, 2009）.

③ 原文为“a wide discretion of national, regional and local authorities in providing, commissioning and organizing services of general interest.”

可负担性以及平等对待等。不过如果仔细梳理条约的发展过程，那么其实我们不难发现本协定条款其实并没有新的内容。① 因此，本协定条款的内容其实只是对之前已经确立的法律规则的再确认。不过，在欧盟基本法中重申成员国享有广泛的自由裁量权，实际上也是表明欧盟在公共利益服务领域上对自身权力扩充的克制，不会强行运用市场竞争法来调控市场化的公共利益服务行业。

（2）《基本权利宪章》第 36 条。

《基本权利宪章》现在已经取得和欧盟基本法同等的法律位阶并且其中也包含一条规范市场化公共利益服务的规则。《基本权利宪章》第 36 条写到“为了推进社会和区域一体化的发展，欧盟承认并尊重符合条约规定的各国法律及习惯对公共利益服务的管控”。从字面上来看，该条法规的立法目的是想把公共利益服务与一些积极的价值追求联系在一起，正如上面已经多次提到的与欧盟市民权的结合。②往前追溯的话，这种赋予公共利益服务积极性意义的做法从阿姆斯特丹协议时就开始了，当时条约的第 16 条就把市场化的公共利益当做欧盟的共同价值之一。总而言之，对市场化的公共利益服务的理解经历了一个由消极性的例外条款到一个积极性的保障性义务条款的转变。③

不过由于第 36 条在《基本权利宪章》中并不处于规范市民权利的那一章节之中，所以也有学者认为这一条文在此仅起到一个宣示作用，而不能直接运用于司法裁判当中。④ 其实不仅是《基本权利宪章》第 36 条，欧盟基本法体系中其他规制市场化的公共利益服务的条款也都没有直接设定积极性的义务条款。但若是因此担忧欧盟法在这方面的实际履行效果的话，则无疑是多虑了。通过次级法律法规的制定，欧盟法已经在许多公共服务领域明确了欧盟及其各成员国各自应具体承担的义

---

① See, e. g. Services of general interest in Europe COM (96) 443 final; Services of general interest in Europe [2001] OJ C17/4. On the principle of a wide discretion of Member States as regards defining SGEI, see, e. g. FFSA v Commission (T-106/95) [1997] E. C. R. II-229; [1997] 2 C. M. L. R. 78 para. 99; Fred Olsen v Commission (T-17/02) [2005] E. C. R. II-2031 para. 216; BUPA (T-289/03) [2008] E. C. R. II-81 para. 166.

② S. Prechal, *Fundamental Rights and the Liberalization of Service Markets*, in Van de Gronden (eds), The EU and WTO Law on Services 69 (Kluwer Law International 2009).

③ Prosser, The Limits of Competition Law: Markets and Public Services 140 (Oxford University Press 2005); Ross, *Article 16 E. C. and Services of General Interest: From Derogation to Obligation?*, 25 E. L. Rev. 22, 23-24 (2000).

④ See further, Prechal, *Fundamental Rights and the Liberalization of Service Markets*, in Van de Gronden (eds.), The EU and WTO Law on Services 70-71 (Kluwer Law International 2009).

务，特别在通信、邮政以及能源方面，① 各成员国所需承担的义务已经通过立法的形式明确化了。②

(3)《欧洲联盟运行条约》第 14 条与辅助性原则。

正如美国法上有联邦与州之间的职能划分一样，欧盟法中也有明确的权能分工。而辅助性原则就是确立欧盟及其成员国各自权能的重要法律原则。具体而言，在欧盟及其成员国需共同承担职责的领域，只有成员国凭借自身能力无法实现既定目标之时，欧盟才能名正言顺地介入其中。

辅助性原则的含义看似简单，但是其在欧盟法体系实际运作中的作用极其重要。在市场化的公共利益服务方面，这一原则的应用体现在以下两个方面。在一些已经有明确的立法规制的公共利益服务行业，辅助性原则就是要求各责任主体严格遵守已有立法中作出的职责划分。而在那些欧盟层面的立法没有规制的领域，辅助性原则就要求尊重各成员国之间的差异性，由成员国根据自身的情况制定相应的规章制度。③ 不过需要注意的是，在后一种情形中欧盟的市场竞争法依然是可以适用的。所以各成员国的自主权实际上也会受到规制，只不过这种规制是一种通过事后救济的方式实现的。

事实上，一项公共服务义务应由联盟还是由其成员国来承担取决于义务主体能否有对应的执行能力来完成设定的目标。当履行机制不足以完成任务时，义务规则的制定就仅剩下宣示的作用了。所以若要为联盟设定保障公共利益服务运行的义

---

① Directive 2002/22 on universal service and user' rights relating to electronic communications network and services (Universal Service Directive) [2002] OJ L108/51. Directive 97/67 on common rules for the development of the internal market of Community postal services and the improvement of quality of service [1998] OJ L15/4. Directive 2003/54 concerning common rules for the internal market in electricity and repealing Directive 96/92/EC [2003] OJ L176/37.

② This obligation contains "ensuring that certain services are made available at a specified quality to all consumers and users throughout the territory of a Member State, independently of geographical location, and, in the light of specific national conditions, at an affordable price". See Green Paper on Services of General Interest COM (2003) 270 final para. 50.

③ 关于辅助性原则在市场化的公共利益服务领域的运用，可以参考 BUPA 一案。在该案中，一审法院依据过往的判例以及 2001 年版的《公共利益服务》(协定) 中的规定，认定"成员国在规范市场化的公共利益服务方面拥有自由裁量权，只有在明显的错误出现之时才能质疑这种自由裁量权的正确与否。"在阐述该案中的辅助性原则时，一审判决指出，"在确定某一市场化的公共利益服务行业的本质的范围，如果该公共服务行业在立法中既没被划分到欧盟的职责范围中，又没有被划分到由欧盟及其成员国共同承担的职责范围中时，则原则上由各成员国自己独立承担履行职能"。British United Provident Association (BUPA) and Others v. Commission, fn. 231.

务，则需考量联盟是否有相对应的执行机制。鉴于各国公共服务领域差异颇大，所以一般而言把义务主体设定为各成员国是更有效率的做法。这一判断也得到了实践的检验。在一些例外情况中，成员国在履行公共利益服务义务时出现了偏差，例如在执行中采取了差别对待方式。这时候就需要欧盟一级的管制或监督机构的介入来保障欧盟居民的基本权利。

在辅助性原则的指导下，《欧洲联盟运行条约》第 14 条赋予了欧盟制定调控市场化公共利益服务领域基本规章制度的权限。而这一具体权限的划分，应该说本来是有利于进一步规范化市场化公共利益服务领域中的法律调控手段。但是由于在该条文中明确提到，本条文的适用“不应该与《欧洲联盟条约》第 4 条以及《欧洲联盟运行条约》的第 93 条、第 106 条和第 107 条相冲突”，所以在讨论本条规定在改变既有法规范体系的作用上，还是应持有所保留的态度。

(4)《欧洲联盟运行条约》第 106 条第 2 款。

该条款的立法目的在于保证市场化的公共利益服务能在市场经济的大环境中良性运转并赋予各成员国将市场化的公共利益服务交由市场主体来履行的权力。根据本条规定，承担市场化公共服务义务的企业可以免受市场竞争法的规制，只要其能证明市场经济法的适用会阻碍其实现公共利益服务的目的。

在欧盟法院过去十多年的判例中，对于本条文的理解与运用是在不断变化发展的。特别是在一些重要的案例中法院的判决对于实践的影响意义非常重大。所以欧盟法院对该条文的解读远比条约中的字面意思重要。

3. 小结

通过对市场化的公共利益服务在欧盟条约中的发展的梳理，我们不难看出，如何把握公共利益服务与自由竞争之间的关系是该领域中最重要的问题。从既有的条文发展来看，鉴于欧洲经济与社会一体化是大势所趋，市场化的公共利益服务也被赋予了促进区域凝聚力的职责。而在职能划分上，现有的欧盟法体系展现出了两个特点，从纵向上来看，对联盟及成员国在承担市场化的公共利益服务上的权责作了区分。在没有具体划分的领域采纳的是辅助性原则，即只有在各成员国无法履行公共利益服务义务时，联盟才可以正式介入调控。从横向上来看，针对不同的市场化公共利益服务行业之间存有的差异性，欧盟采用了部门立法的方法。也就是在欧盟基本法上作一个原则性的规定，具体的细则由次级法律详细规定。

（二）市场的公共利益服务在判例法中的发展

1. 历史发展概述

一般而言，成员国在市场经济中的调控权力都受到《欧洲联盟运行条约》第 106 条的限制，该条约第 1 条明确指出国家的管制不应该阻碍市场自由竞争这一基本理念。不过在上文已论及的第 2 款中则提供了一个例外规则，即出于实现公共利益的目的可以对自由竞争体系进行限制。

对于欧盟法院来说，在自由与垄断之间如何找到合适的平衡点是很艰难的任务。① 在进行具体裁决中，欧盟法院最起码需要考量两个方面的因素。一方面，法官需要预测判决是否会影响成员国在公共利益服务行业的自主权，是否违背了辅助性原则。而另一方面，法官需要考量不同诉求背后所代表的价值观念。面对欧盟社会价值取向多元化的趋势，如何根据实际情况对这些价值理念进行排序，是法官不得不解决的难题。

在欧盟判例法发展的初期，对于《欧洲联盟运行条约》第 106 条第 2 款有着两点基本认识。首先，由于适用该条文是为了规避联盟竞争法的规制，所以法官当然是尽量限缩其适用范围。② 在欧盟法其他涉及规避联盟法律调控的地方，这种限制性的解读是非常普遍的，例如条约第 30 条中对自由贸易规则例外情形的解释。③ 其次，公共利益服务所代表的价值理念在当时并没有被提升到联盟一级，也就是说公共利益服务在重要性上是无法与市场自由竞争精神相比的。

这种对《欧洲联盟运行条约》第 106 条第 2 款的限制性解读首先体现在对条文中"委托"这一术语的理解上。在判断是否使用第 106 条第 2 款时，首先要考量政府是否已经把提供市场化的公共利益服务的职能交给特定主体来实施。④ 在市场化的公共利益服务领域，一般都是由政府委托市场上的企业来承担提供具体公共服务的任务，所以自然涉及一个政府授权委托行为。根据已有的判例，这种授权委托行为必须满足一定的形式要件，⑤ 比如通过立法的形式来确立。不满足形式要件

---

① Case C-202/88 France v. Commission (telecommunications terminals equipment), [1991] ECR Ⅰ-1223, para. 12

② BRT/SABAM, ECJ March 21, 1974, 1974 ECR 313, para. 19-23; FFSA, CFI Feb. 27, 1997, 1997 ECR II-229. para. 173; Air Inter, CFI June 19, 1997. 1997 ECR II-997, para. 144; Airport of Franksfurt, D. Comm. Jan . 14, 1998, 1998 OJ L 72/30, point. 100.

③ Buy Irish, ECJ June 17, 1981, 1981 ECR 1625, para. 7-8; Beer Purity Law, ECJ March 12, 1987, 1987 ECR 1227, paras. 40-53; Pasta I, ECJ July 14, 1988, 1988 ECR 4233, para. 12-28; Pasta Ⅱ, July 14, 1988, 1988 ECR 4285, para. 12-28.

④ Case 7/82 Gesellschaaft zur Berwertung von Leistungsschutzrechten mbH (GVL) v. Commission [1983] ECR 483 para. 31 and Case C-159/94 Commission v. France (Exclusive rights to import and export gas and electricity) [1997] ECR I-5815 paras. 69-70.

⑤ 在一些特殊情况下，委托关系也可以通过私法手段的确立。毕竟从根本上而言，形式虽然很重要，但更重要的还是委托的目的是实现公共服务职能。See Case C-393/92 Municipality of Almelo and others v NV Energiebedrijf Ijsselmij [1994] ECR I-1477, paras. 69-70.

的事前批准或者事后追认都是不符合要求的。①

除此之外，如果说公共利益服务的对象是特定企业或者市场部门的话，那么这类服务会被认定为不具备公共服务的性质。② 但是当公共利益服务的对象是特定区域或者是为了矫正区域之间的不平衡时，那么这类公共利益服务虽然也有限制服务范围的特征但并不会被否认其代表公共利益的性质。③ 类似的限缩解释还体现在许多地方。比方说对“公共利益”的解读就要求证明在服务区域中生活的消费者确实在生活上或者经济上需要此类服务。④ 而在对适用市场竞争法会“阻碍”市场化的公共利益服务的理解上，就要求这种“阻碍”的结果并不仅仅是让实施公共利益服务变得更困难，而是让履行服务义务变得无法实现。所以在这里还需要引入经济分析的方法来衡量具体履行的成本。

经过初期一段时间的严格适用之后，随着多元价值理论开始被引入欧盟法体系，欧盟法院的态度也随之变化。在 Corbeau 一案中，法官认为涉案的垄断行业不受欧盟市场竞争法的调控，尽管该案中的垄断企业在事实上并没有因为有同行业竞争者的存在而遭到威胁。⑤ 在接下来的 Almelo 案子中，⑥ 在讨论荷兰国内的电力供应问题上，Corbeau 案件中所采用的宽松解释方法得到了延续。欧盟法院逐渐开始不严格遵循以往的略显狭窄的纯经济利益分析的方法，而是开始在不同价值理念中寻找一个合适的平衡点来处理例外规则的适用问题。这种不仔细考虑其经济活力而承认市场化的公共利益服务的价值的做法在 1997 年处理荷兰、意大利、法国和西

① 关于事前批准的情况，see Commission Decision 81/1030/EEC of 29 October 1981 relating to a proceeding under Art 86 of the EEC Treaty (GVL) [1981] oj l370/49, para. 66. 关于事后追认的情况，see Commission Decision 85/77 EEC OF 10 December 1984 relating to a proceeding under Art 85 of the EEC Treaty (Uniform Eurocheques) [1985] OJ L35/43, para. 29.

② See Case 127/73 Belgische Radio en Televisie v. Sv SABAM and NV Fonior (BRT-II) [1974] ECR 313 para. 23.

③ Case C-66/86 Ahmed Saeed, Flugreisen and Silver Line Reiseburo Gmbh v. Zentrale zur Bekampfung unlauteren Wettbewerbs eV [1989] ECR I-803 para. 55. Case T-260/94 Air Inter SA V Commission [1997] ECR II-997 para. 140.

④ Case C-320/91 Corbeau [1993] E. C. R. I-2523; [1995] 4 C. M. L. R. 621, paras. 14-18.

⑤ Case C-320/91 Corbeau [1993] E. C. R. I-2523; [1995] 4 C. M. L. R. 621, para. 17. Confirmed by the Court of Justice in Case C-174/97P FFSA v. Commission [1998] E. C. R. I-1303. On the scope for cross-subsidisation, see L. Hancher & J. -L. Buendia Sierra, *Cross-subsidization and E. C. Law*, 35 C. M. L. Rev. 901 (1998).

⑥ 在分析不适用市场竞争法的正当性问题上，法院在该案中认为若想成功援引第 106 条第 2 款的抗辩理由，则必须考虑涉案企业的实际运营情况，尤其是经营成本和相关立法情况都应纳入裁量因素中。Case C-393/92 Almelo [1994] E. C. R. I-1477, para. 49.

班牙的能源行业时达到了一个巅峰。①

不过，并不是所有的欧盟法院判决都采纳了宽松的解释方式。在 Dusseldorp 一案中,② 法院的判决就更为严格，与上述案件所采取的裁量思路存在明显差别。类似的情况在其他公共利益服务案件中也会出现。应该说，这种不一致的司法解读在欧盟判例法中的其他领域也是存在的，譬如在涉及市场自由流通领域的司法判例中也会出现个案解释之间的矛盾。因此，为了更好地理清法院的判决思路，笔者在接下来会结合实例进一步深入分析对第 106 条第 2 款的司法解读，尤其是会阐述对判决结果有重大影响的比例性原则。

2. 合比例性原则：规避市场竞争法调控的重要前提条件

根据第 106 条第 2 款的内容，承担市场化公共利益服务的企业应该受到市场竞争法的调控，只要这种法律规制不会在事实以及法律层面阻碍该服务义务的履行。③ 换句话说，根据市场竞争法所采取的限制性措施应该有正当化的理由及满足比例性原则。在上面分析辅助性原则时已经提到，欧盟只有当各成员国在处理市场化公共利益服务时出现明显差错时才能以联盟的名义介入。所以，采取何种标准来衡量限制理由是否充分以及限制手段是否符合比例性原则，是处理该类案件的关键因素。

(1) 可供使用的正当化理由。

与公共利益相联系的正当化理由有许多，例如社会保障、公共秩序维护、公共安全等等。④ 在市场化公共利益服务领域，最常被使用的理由是普及公共服务。普遍服务这一术语的内涵被定义为"所有用户和消费者在特定国情条件下，在可承受的价格范围内，享有满足一定质量的最基本服务。"⑤ 由于企业在被授权提供市场化公共利益服务时实际上也就承担着提供基本生活服务的义务，所以当然可以使

---

① Case C-157/94 Commission v. Netherlands [1997] E. C. R. I-5699, Case C-158/94 Commission v. Italy [1997] E. C. R. I-5789, Case C-159/94 Commission v. France [1997] E. C. R. I-5815, Case C-160/94 Commission v. Spain [1997] E. C. R. I-5851. 在审理案件中，欧盟法院认为在是否适用第 86 条第 2 款的抗辩理由时，只需要证明市场竞争法的适用会在事实层面或者法律层面阻碍涉案企业履行其公共服务职能，而并不需要证明这种法律规制会威胁到企业的生存。Case C-157/94 Commission v. Netherlands [1997] E. C. R. I-5699, para. 43.

② Case C-203/96 Chemische Afvalstoffen Dusseldorp v. Minister van Volkshuisvesting, Ruimtelijke Ordening en Milieubeheer [1998] E. C. R. I-4075.

③ Art. 106 TFEU (ex Article 86 TEC)

④ See Case C-209/98 Entreprenorforeningens Affalds/Miljosektion (FFAD) v. Kobenhavns Kommune (Sydhavnens Sten and Grus) [2000] ECR I-3743, para. 73.

⑤ Services of general interest in Europe [2001] OJ C17/4, annex Ⅱ.

用普遍服务作为解释自身行为的正当化理由。①

（2）比例性原则。

比例性原则在欧盟法中是被广泛使用的，根据欧盟法院在Fromancais一案中的判决理由书，比例性原则包含以下两点内容：采取的手段应与所追求目标的重要性相符合；为实现目标所采取的措施是合理的。② 比例性原则在适用于市场化公共利益服务案件中也有严格解释与宽松解释两种立场。因此笔者将抽取不同立场的代表性案件予以分析。

①宽松解释的代表：Corbeau案。

在该案中，比利时政府授予Regie公司在提供公共邮政服务领域的专属权。在享有专属权之后，该公司自然也需要承担起在比利时国境内提供基本公共邮政服务的义务。本案中的Corbeau在比利时某城镇内自主提供邮政服务，并且其服务价格低于Regie公司对应服务的价格。Regie公司对Corbeau提起刑事诉讼，认为其专属权受到了侵害。而Corbeau辩称本案中的专属权违背了当时欧盟条约第86条第1款（现在《欧盟联盟运行条约》第106条第1款）。Rergie公司则认为如果没有专属权，那么其无法有效地完成公共服务义务。因为当其他企业也被允许提供邮政服务时，它们只会选择在那些有机会实现盈利的区域开展业务。由于价格上面处于劣势，Regie公司会逐渐失去在这些竞争区域的市场占有率。这样就会导致Regie公司在财政均衡方面出现问题，因为它还同时承担着向市场吸引力不强的欠发达地区提供基本邮政服务的义务。这里实际上就牵涉到经济学上的“选摘樱桃”理论。该理论在本案中的寓意就是竞争者会把邮政服务市场这块大蛋糕中最好的部分拿走而留给基本邮政服务提供者最坏的部分。鉴于本案的实践意义重大，比利时的主审法官向欧盟法院提出由欧盟法院进行初步裁决的请求。

欧盟法院在审理此案中基本接受了“选摘樱桃”理论并且对比例原则采取了一种宽松解释的方式。③ 法官并没有仔细考虑与授权专属权相比，是否有更合适的手段可以达到保障基本邮政服务的实现。譬如说通过政府补贴的方式来支援提供基本服务的企业，而不是完全限制其他市场主体参与到邮政运营之中。实际上在判决当中，欧盟法院只是裁决认为当一个企业需要承担公共服务义务之时，该企业当然应可以利用在发达地区的收入来贴补其为不发达地区提供基本服务所支出的费用，

① Services of general interest in Europe [2001] OJ C17/4, paras. 18, 25.

② See Case C-66/82 Fromançais SA v. Fonds d'orientation et de régularisation des marchés agricoles (FORMA) [1983] ECR I-395, para. 8.

③ Case C-320/91 Corbeau [1993] E. C. R. I-2523; [1995] 4 C. M. L. R. 621, paras. 17, 18.

所以该案中限制其他市场主体进入发达地区邮政行业的做法是有正当性的。①

欧盟法院在本案中的判决实际上给予了各成员国相当大的自由裁量权来决定该采取何种方式来保障基本公共服务的顺利实现。Corbeau 一案中的审判理由也被其他案件的主审法官所借鉴。② 对比例原则的宽松解释的核心就在于并不细究为达到目标所实施的手段本身的合理性，也就是说并不去探寻是否存在一种对自由市场竞争限制更少的实现手段。

②严格解读的代表：航空服务案。

在航空服务一案中，TAT 航空公司向欧盟委员会提出投诉，认为法国政府拒绝其计划在几个特定城市之间开通航线的申请的原因是 Air Inter 航空公司已经被授予在这几个城市间开展航空业务的专属运营权。而这种专属权的设立严重违背了欧盟市场经济自由竞争的精神。在对该投诉进行审核之后，欧盟委员会要求法国政府给 TAT 公司颁发运营资格。Air Inter 公司不满欧盟委员会的裁决并向欧盟法院提起诉讼，认为其所享有的专属运营权满足当时欧盟条约第 86 条第 2 款（现在《欧洲联盟运行条约》第 106 条第 2 款）的规定。Air Inter 进一步指出，如果其不能通过巴黎到马赛及图卢兹的这条航线中获取足够的盈利的话，那么在财政上它就无法保障那些盈利回报率低的航线的运营。

在本案中，欧盟法院在对比例原则的解读上采取了更为严格的态度。③ 首先，主审法官认为如果市场竞争法的适用仅仅是对提供公共服务的企业运营造成了一定的阻碍或者使其财政收支平衡变得困难的话，那么以此为由排除竞争法的适用是不合适的。④ 其次，在举证义务承担方面，法院认定应由提请适用第 106 条第 2 款规避条款的一方承担提出证据证明竞争法的适用使其无法履行公共服务义务的事实。同时，法院也指出在判断市场竞争法律的适用可能造成的阻碍作用时，应该引入经济分析的方法，具体而言就是要计算涉案企业因拥有专属权而获得的额外收益，以及该企业因需要承担公共利益服务义务的详细支出。⑤ 在没有一个清楚的统计量化数据之前，不应该判定规避条款的适用。最后，法院还明确说明只有当其他相比于专属经营权而言对市场自由竞争造成较少阻碍的实现公共利益服务的手段不存在时，适用规避条款才有其正当性。⑥

---

① Case C-320/91 Corbeau [1993] E. C. R. I-2523; [1995] 4 C. M. L. R. 621, para. 17.

② Almelo, ECJ April 27, [1994], ECR Ⅰ-1477, para. 46.

③ Air Inter SA v. Commission [1997] ECR Ⅱ-997, para. 135.

④ Air Inter SA v. Commission [1997] ECR Ⅱ-997, para. 138.

⑤ Air Inter SA v. Commission [1997] ECR Ⅱ-997, paras. 138, 139.

⑥ Air Inter SA v. Commission [1997] ECR Ⅱ-997, para. 140.

③如何协调欧盟法院在不同案例中采用的对立观点

司法判例中出现了互相对立的判决自然需要更深入的理论分析来达到统一裁判思路的目的。为此，笔者对争议案件重新进行了梳理并发现了一个可供参考的解决争议的切入点。在 Corbeau 一案中，法院裁判意见的一些细节值得反复推敲。一个很关键的地方就是，法官一直试图将增值性的邮政服务与基本邮政服务区分开来。① 在区分的基础上，法院认为基本邮政服务是该领域公共利益服务的核心，所以如果在基本邮政服务上设定专属运营权是有其正当性的。② 与此相反的是，在增值性邮政服务领域则不能自动适用第 106 条第 2 款。③ 这种区别对待的情况在其他市场化公共利益服务案件中也可以找到。④

所以即使在标识为宽松解释代表的一类案件中，同样也存在着对服务类型进行细致区分并采用不同标准对待的情况。由此可见，在分析具体案例时，不仅要注重对判决结果的总结，同时也要对判决的推导过程予以重视。上述案件中使用的类型化划分的方法给笔者的启示是，我们或许应该根据具体的服务种类决定如何运用比例性原则。具体而言，对于那种由基本服务衍生形成的新型服务类型，如果政府采取授予专属运营权的方式来帮助它实现市场化的公共服务义务，则必须运用严格立场上的比例性原则来考量在该新生领域能否适用排除竞争规则。相反，在那些传统的市场化公共利益服务领域，由于其代表的公共利益价值已经形成共识，所以就不需要用太苛刻的标准来限制排除竞争规则的适用。

在笔者看来，当我们在分析新生公共利益服务类型领域中的专属运营权时，以下几个方面是应该予以认真衡量的。第一，为了确定能否适用第 106 条第 2 款，运用经济学上的利润—成本分析工具是必要的。这就意味着提供服务的企业通过专属运营权所获得收益不能不合比例地大大超过其为承担公共服务义务所支出的成本。

① 法院在判决中认定，由公共利益服务衍生出来的特殊服务，是为了满足现实中顾客的需求而发展起来的。比如典型的例子有上门收件、快捷送达、更可靠的派件服务或者是在邮件中转时更改收件地址等。Case C-320/91 Corbeau [1993] E. C. R. I-2523; [1995] 4 C. M. L. R. 621, para. 19.

② See JL Buendia Sierra, Exclusive Rights and State Monopolies under EC Law 307 (John Wiley & Sons 1999).

③ 当然，在满足一定条件下时，也可以在增值性的邮政服务上设定专属运营权。比方说增值性邮政服务可以帮助提高基础邮政服务的运营效果。Case C-320/91 Corbeau [1993] E. C. R. I-2523; [1995] 4 C. M. L. R. 621, para. 19.

④ See Case C-18/88 RTT v. GB-INNO-BM SA [1991] ECR I-5973; Air Inter SA v. Commission [1997] ECR Ⅱ-997; Case C-475/99 Ambulanz Glockner v. Landkreis Sudwestpfalz [2001] ECR I-8089, [2002] 4 CMLR, para. 72.

并且证明其运营利润与成本满足比例的责任应由享有专属运营权的企业来承担，因此该企业必须建立一个完善的会计系统来完成这类经济分析。第二，在计算运营成本时，要注意不要与企业的其他业务成本混淆在一块，应单独核算其提供公共服务时候所支出的费用。同时，合理的运营成本应意指企业能够有效率地完成服务义务所付出的成本，而不能由企业自己漫无边际地制定运营标准。第三，如果在该领域适用市场竞争法规制的话，则结果不能仅仅是让提供公共服务企业的运转受到妨碍或者变得困难，而必须是会使其无法开展公共服务业务。这是适用第 106 条第 2 款的又一个前提。第四，必须考据是否有可替代专属运营权的其他帮助实现公共服务义务的手段，因为专属运营权是最大程度限制市场自由的一种排除竞争手段，如果可以不使用的话则尽量避免。第五，在审理此类案件中由申请适用第 106 条第 2 款的一方承担排除规则应予适用的举证责任。

在衍生型的公共利益服务领域采用严格监管方式的理由很简单，就是防止各成员国滥用国家行政权力并危害到欧盟自由竞争政策的实现。不过严格监管并不等同于禁止，只要企业能够完成相应的证明义务，授予专属运营权的做法同样可以正当化。而在传统的公共利益服务领域，笔者认为当然可以继续保持较为宽容的监管态度。当然，如果法官在审理具体案件时发现在传统领域的既有判定标准在合理性上有所欠缺的话，那么笔者在上面提出的五个要点同样可以作为补充参考的因素。

④欧盟联盟的利益：额外的补充条件？

《欧洲联盟运行条约》第 106 条第 2 款最后一句提到，“市场贸易的发展所受到的影响不应到达可能违背欧洲联盟利益的程度”。从字面意思上来看，这句话表达的意思是说对市场化公共利益服务的保护是有限度的，那么这是否会构成在比例原则之外又一个在裁决该类案件时应考量的因素呢？从现有的发展来看，对这个问题的回答是否定的。①

在笔者看来，第 106 条第 2 款的最后一句话的确很难独立发展成为一个裁判前提条件。因为从实质内容上看，它所表达的意思与第 106 条第 2 款的第一句话是一样的。第一句强调的是市场上的企业主体应该受到欧盟条约的规制，最后一句强调不能违背联盟利益，所以只不过是一种观念的不同表述而已。

① France v. Commission (telecommunications terminals equipment) [1991] ECR Ⅰ-1223, paras. 11-12. 当然，也有观点认为可以独立构成一个判断要件，Case C-19/93P Rendo NV, Centraal Overijsselse Nutsbedrijven NV and Regional Energiebedrijf Salland NV v. Commission [1995] ECR Ⅰ-3319, paras. 18-19.

(3) 小结。

由于《欧洲联盟运行条约》第106条第2款给国有垄断企业提供了规避市场竞争法调控的理由，因此在该类案件中充满了各种矛盾与争执也是可以预见的。除了自由竞争与公共利益之间的尖锐对立以外，该热点领域还关联到欧盟及其成员国之间的职能划分，这无疑更增加了司法审判的难度。为了妥善解决该类纠纷，欧盟法院在审理过程中一直保持着小心谨慎的态度，尤其是当需要运用法官可能并不非常熟悉的经济学分析方法时更是如此。在价值追求日益多元化的现代欧洲，法院若想要统一在适用第106条第2款方面的裁判标准，则需要法官在个案裁判的基础上提炼出更多可供参考的规范原则。

3. 市场化公共利益服务与国家补助

通常情况下，对那些承担公共服务义务的企业，国家都会采用直接资金贴补或者其他经济手段来对企业的财政予以支持。那么这类经济援助手段是否构成《欧洲联盟运行条约》第107条第1款中的国家补助行为就是一个值得商榷的问题。进一步而言，如果真的被定位为国家补助行为的话，那么第106条第2款又可不可以在这里作为一个规避市场竞争法调控的理由呢？

在这个问题上，欧盟委员会和欧盟法院在过去持有不同的看法。欧盟委员会的态度是认为不应该把这类经济援助行为定义为国家补助，① 而欧盟法院显然不认同这种理解。② 关键的转变来自于Altamark一案，③ 在该案中欧盟法院推翻了过去的认定并最终形成了著名的Altamark规则。Altamark规则罗列了四个基础判断要件。而只要国家对提供市场化公共利益服务的企业所给予的经济援助行为满足了上述要件要求，则其援助行为就不会纳入国家补助的范畴。这四个基础判断要件分别是：(1) 公共服务义务在事实上被清晰界定；(2) 所提供的经济援助的具体数据在实施援助行为之前已经以客观透明的方式进行过公示；(3) 经济援助的数额以覆盖基本服务支出成本为限；(4) 在援助标准的设立上，要么参照政府采购领域的数据，要么参照一个同类型的企业在市场中正常运营所需要的

---

① See Community guidelines on State aid to maritime transport [1997] OJ C205/5, para. 9. See also Opinion of AG Tizzano in Case C-53/00 Ferring SA v. Agence central des organisms de securite sociale (ACOSS) [2001] ECR Ⅰ-9067, para. 56.

② Case T-106/95 Federation francaise des seocietes d' assurances (FFSA) and others v. Commission [1997] ECR Ⅱ-229, AND Case T-46/97 SIC (Sociedade In dependente de Comunicacao) SA v Commission [2000] ECR Ⅱ-2125.

③ Case C-280/00 Altmakl Trams GmbH and others v. Nahverkehrsgesellschaft Altmark GmbH and others [2003] ECR Ⅰ-7747.

资金数额。①

欧盟法院在本案中的判决首先使得各成员国拥有了自主设立针对市场化公共利益服务领域补偿机制的自由。对该领域的监管也变为非系统化的事后监管，因此欧盟委员会未来将难以对此类国家援助行为进行控制。除此之外，在过去只能由欧盟委员会来判断国家援助行为是否干扰了内部市场经济的运行。而在 Altmark 案以后，对第 107 条第 1 款的适用分析转变成为也可以由成员国的公共机关来进行。虽然说这种权力的下放有助于减轻欧盟委员会的工作压力并提高设立财政援助机制的效率，但是也可能会因各成员国裁决不一致而导致法律规范适用碎片化的隐患。

四、结　论

通过对公共利益服务在欧盟条约以及司法实践中发展历程的梳理，不难看出这一直是个牵扯多方利益的焦点争议问题。欧盟在公共利益服务领域权能划分上保持了足够的克制，把更多的自由裁量权留给了各成员国，主要还是从现实出发考虑到了该领域所独有的重要性与特殊性。不过这并不表示欧盟会避免过多地介入该领域纠纷之中。随着欧盟市民权的出现及其与公共服务行业间的联系日益紧密，加之传统意义上对自由竞争市场的不懈追求，未来势必会有更多价值衡量的难题交由欧盟法院解决。

欧盟法体系本身的特殊性决定了其自身的许多制度不可能直接被其他国家与地区吸收，但公共利益服务行业如何调控却是各个法制国家都需要克服的难题。我国的体制改革已经进入深水区，众多提供公共服务的国企也到了需要变革的时候。事实上无论在理论上抑或实践中，尚需解决的问题都非常多。首先，如何界定“公共利益”这一重要概念在我国就一直是争议不断的话题。如果不能正确认定某一服务类型的性质，则当然谈不上对其进行有效规制。许多学者都对“公共利益”作出了定义，甚至形成了相关理论，但是当面对错综复杂的现实情况时，这些理论都显得失去了生命力。无论从中国还是国外的法律运行实际情况看来，公共利益从来就不是一个静止的、固定不变的概念。一个国家，在不同的发展阶段，根据不同

① Case C-280/00 Altmakl Trams GmbH and others v. Nahverkehrsgesellschaft Altmark GmbH and others [2003] ECR Ⅰ-7747, para. 95.

的实际情况，会对"公共利益"这一概念作出截然不同的解释。① 所以对我国而言，在解读"公共利益"上应该更加与时俱进，这样才能在研究公共服务时有一个比较务实的基础。其次，虽然我国《反不正当竞争法》以及《反垄断法》已经实施多年，但是针对本国公共服务行业进行立案审查的例子屈指可数。这主要是因为出于维护秩序的传统理念，司法机关缺乏动力参与到改进公共服务行业的博弈中去。最后，涉及公共利益服务的案件有一定的专业性与技术性，法官在进行实际操作上有不小的难度。而欧盟法院的判例在此提供了可供参考的经验。所谓他山之石可以攻玉，希望本文的研究在介绍欧盟制度的同时可以为市场制度的深化改革起到一定的借鉴作用。

"The Services of General Interest" under European Union Law

Abstract: "Services of general interest" (SGI) has been a European legal term which evolves through the development of EU law. At the beginning of the EU, the concept of SGI was aiming at providing an exception from EU competition law so that the member states can better pursue their public interests. However, as time went by, the meaning of SGI had expanded, especially after the treaty of Amsterdam. The SGI now relates to the notion of 'EU Citizenship' and therefore it begins to shift from a negative clause to a compulsory one which should be promoted. This thesis wants to discuss the development tendency of SGI through analyzing the treaty provisions and the case law. And at the same time it will also focuses on distinguishing the different competences between the member states and the Union when implementing the public services.

Key words: European Union Law; services of general interest; the proportionality principle

① 除了欧盟法上的发展可以作为佐证以外，笔者在这里再举一个美国法上的例子。美国最高法院奥康纳大法官在 Midkiff 一案中，曾经作出过支持在征收问题上法院应尊重立法机关判断，只依据"合理审查"标准对政府的征收行为进行审查的意见。可是在 Kelo v. City of New London 一案，奥康纳大法官又成为了反对派中的代表。由此可见在这一问题上随着时代的变迁，人们的观念也会有所变化。See, Hawaii Housing Authority v. Midkiff, 467 U. S. 229, 241, 104 S. Ct. 2321, 81 L. Ed. 2d 186 (1984), Kelo v. City of New London, 545 U. S. 469 (2005).

三、国际投资法

论社会责任投资与国际投资法的新发展*

□ 张庆麟** □ 余海鸥***

内容摘要：随着全球化和全球性公共问题的出现，全球公共利益凸显以及国际法的人本化趋势，国际投资法出现了从注重投资保护向强调利益平衡与发展维度转变的新发展。新兴的社会责任投资考虑社会、环境、公司治理和道德等因素，追求投资财务和非财务回报，旨在实现投资、经济与社会可持续发展，其投资策略本身强调利益平衡、注重发展维度，符合晚近国际投资法新发展的要求。国际投资法中也存在体现社会责任投资理念的实践但尚未充分发挥作用，社会责任投资应在国际投资法中进一步完善，其路径是在国际投资条约中规定社会责任投资条款。中国应在其投资条约中规定社会责任投资条款，促进中国社会责任投资的发展，实现投资利益与非投资利益的平衡与可持续发展。

关键词：社会责任投资　社会责任投资条款　利益平衡　发展维度　可持续发展

---

* 本文是2014年度国际社科基金重大项目（第三批）“外商投资负面清单管理模式与中国外资法律制度重构研究”（14ZDC033）、司法部2012年度项目“国际投资法的新发展与中国的应对”（12SFB2052）的阶段性成果。

** 武汉大学国际法研究所教授、博士生导师，法学博士。

*** 武汉大学国际法研究所博士研究生。

目　次

引　言

联合国贸易与发展会议（United Nations Conference on Trade and Development，UNCTAD）发布的《2012 年世界投资报告》中提出要追求和倡导负责任投资（responsible investment），强调“通过负责任投资追求可持续发展目标，把社会和环境目标置于与经济发展与增长目标同等重要的地位”，“共同认识到负责任投资作为促进经济发展和创造就业基石的必要性，重申负责任投资是以一种综合性方式去解决投资政策中长期存在的、阻碍政策有效性、为投资者带来不确定性风险问题和不足的动力”。① 该报告同时指出：负责任投资政策的制定面临国内层面和国际

① UNCTAD，World Investment Report 2012：Towards a New Generation of Investment Policies 102，adopted on 5 Jul. 2012，available at http：//unctad. org/en/PublicationsLibrary/wir2012_embargoed_en. pdf，visited on 21 Apr. 2013.

层面的双重挑战，即“在国内层面上，包括把投资政策与发展战略相结合，把可持续发展目标融入投资政策和确保投资政策的相关性及效率；在国际层面上，有必要强调国际投资条约的发展维度，平衡国家与投资者的权利义务，同时管理国际投资条约体系上的复杂性”。①

最早起源于教会投资的社会责任投资（socially responsible investing，以下称SRI）理念认为投资者可以通过改变投资方式来改变社会。“可持续的和负责任的投资能创造不同，通过建设健康的社区、促进经济公平和培养清洁的环境，你的存款和投资能有助于创建一个更好的世界。”② 社会责任投资强调投资的道德、环境、社会利益等因素，有利于投资利益与非投资利益之间的平衡和实现可持续发展。

近年来，处于经济转型期的中国，发展经济与保护环境之间出现了一些不协调，“雾霾”天气频发引发全民关注即是环境日益恶化的例证。市场上“毒大米”、“地沟油”等食品安全问题背后是监管缺位，也体现了放任市场调节的缺陷。从关系民生的食品安全、到投资项目的环境影响与健康安全等问题，在一定程度上反映了忽略长远利益与可持续发展要求、经济发展至上和片面追求 GDP 的短视做法。在可持续发展问题上似乎存在一个悖论即最需要资金来实现可持续发展的国家却是那些因自身不发达而可能得不到资金的国家，③ 换言之，最需要可持续发展的国家往往最缺乏实现可持续发展的资金或能力。鼓励和发展社会责任投资有利于突破可持续发展悖论，SRI 为实现可持续发展提供契机和可能性。

市场经济的发展离不开法律确立的秩序规则来维护合理、开放与公平的市场环境，离不开对市场公平竞争的保护。在法律监管缺位的情况下，资本的逐利本性和利益最大化追求往往会与环境、道德、社会等公共利益及其价值取向相冲突，甚至背道而驰。但法律调节经济的底线在于必须符合市场经济发展规律，尊重“市场的归市场，法律的归法律”这一要求，而不应该是行政对经济的干预和干涉。对国家而言，其必须平衡经济利益与健康、环境、道德等社会利益。在国际投资法

① UNCTAD, World Investment Report 2012: Towards a New Generation of Investment Policies 97, adopted on 5 Jul. 2012, available at http://unctad.org/en/PublicationsLibrary/wir2012_embargoed_en.pdf, visited on 21 Apr. 2013.

② “Make a difference with Sustainable and Responsible Investing. Your savings and investments can help create a better world by building healthy communities, promoting economic equity, and fostering a clean environment”, available at http://ussif.org/resources/sriguide/., visited on 27 Sep. 2013.

③ IISD, Investment Treaty & Why They Matter to Sustainable Development: Questions & Answers 1, adopted in 2012, available at http://www.iisd.org/investment/., visited on 11 Apr. 2014.

上，东道国对外国投资者投资的不当干预可能会引发外国投资者利用国际投资仲裁索赔，在构成违反投资条约的情况下需要向外国投资者承担赔偿责任。

晚近，东道国与外国投资者之间的投资争议激增的背后既是投资者私人利益与东道国公共利益之间的冲突，也是资本的逐利本性与社会利益和责任之间的冲突。随着投资争议激增和投资仲裁案件数量上升开始出现对国际投资仲裁解决投资争议的合法性问题的质疑即合法性危机，这从根本上是源于其保护投资者私人利益与保护东道国公共利益间的失衡。目前，随着全球化和全球性公共问题的出现，全球公共利益的凸显以及国际法的人本化趋势的影响，以国际投资条约为代表的国际投资法已经出现了注重利益平衡和强调发展维度的新变化。

一、国际投资法的新发展

（一）传统国际投资法的架构：注重保护投资

国际投资仲裁的出现可以说是国际法制的创新性、革命式发展。第一，与公法上的法院管辖权一样，仲裁员具有运用措辞广泛、存在宽泛理解空间的审查标准来审查国家主权行为的完全管辖权（comprehensive jurisdiction），因此仲裁员们有权解决公法的核心问题。第二，投资条约运用《承认和执行外国仲裁裁决公约》（*the New York Convention on the Recognition and Enforcement of Foreign Arbitral Awards*，以下简称为《纽约公约》）① 和《关于解决国家与他国国民之间投资争端公约》（*Convention on the Settlement of Investment Disputes between States and Nationals of other States*，以下简称为《ICSID 公约》）② 的执行机制，仲裁裁决比公法上任何其他司法决定（adjudicative decision）有更广泛的执行能力。第三，有利仲裁的国家司法氛围与极为有限的法院监督。20 世纪 80 年代和 90 年代，北美和欧洲的主要国家为了促进国际商事仲裁，纷纷修正了法律，要求国内法院尊重外国仲裁裁决。因此仲裁员理解和适用公法受到的法院监督十分有限。③ 第四，仲裁员能够将损害赔偿

---

① 1958 年 6 月 10 日在纽约召开的联合国国际商业仲裁会议上签署，该公约是处理外国仲裁裁决的承认和仲裁条款的执行问题。

② 《ICSID 公约》，又称为《华盛顿公约》，1965 年 3 月 18 日由国际复兴开发银行提交各国政府，1966 年 10 月 14 日生效。

③ 相关讨论可参见何其生：《国际商事仲裁司法审查中的公共政策》，载《中国社会科学》2014 年第 7 期。

作为一种公法救济手段而无须适用国内法体系中的各种国家责任限制。①

传统国际法上投资者作为个人不享有直接寻求国际法救济的权利，其必须借助母国外交手段的保护。国家通过缔结投资条约允许外国投资者提起针对国家的国际索赔请求（international claims）、赋予仲裁员解决国家与外国投资者之间管理性争议的权力。在当前国际投资仲裁体系里，只有投资者一方具有针对国家提起仲裁请求的权利，该体系也是一种单方面的国家责任体系，只有国家会因为违反条约而支付赔偿。因此，在国际投资仲裁中，争议双方当事人的权利义务原本不对等。投资争议仲裁所适用的BIT主要规定投资者权利，投资者享有国际投资条约规定的各种投资权利和保护，而无须承担相应义务；国家只负有保护投资的义务，而不享有相应权利，在争议发生时国家或者受投资项目影响的东道国国民也无法主动提起仲裁请求，寻求救济。

当主权国家合法追求、以国内法方式执行的公共利益与国际法规定的投资者权利相冲突，公共利益将退让或被取代。主权国家实施的任何保护公共利益的措施与规定投资者权利的BIT条款相冲突时有被压制的风险。如果主权国家采用的维护公共利益措施与BIT条款相冲突，无论该措施的运用是多么重要且紧急，投资者都有权在国际投资法范围内提起索赔请求。国际投资仲裁中所适用的国际法即条约只约束缔结条约的主权国家，投资者作为非国家行为体，不能签订国际条约，也不受其约束，而仅仅作为条约缔约者的第三方享受条约赋予的各种保护权利。总之，在现有国际投资条约及投资仲裁框架下，投资争议双方当事人东道国与投资者的权利义务处于一种失衡状态。

传统的新自由主义主导的国际投资法，以促进投资自由化和保护外国投资者的利益为主要目标，而相对忽视东道国的国内监管权。② 20世纪80年代后，发达国家开始推行自由化性质的投资条约，其实体法方面的立法导向具有“凸显投资自由化的好处，忽视投资自由化的弊端及其防范措施”，“强化投资者保护，弱化东道国外资管辖权”，“重视投资者私权和经济利益，忽略与投资相关的社会价值和公共利益”的特点。③

国际投资条约、外国资本和可持续发展间的联系是一个复杂问题。不仅缔结一项国际投资条约并不一定能吸引更多的外国资本，且外国资本也不会自动促进可持

① Gus Van Harten, Investment Treaty Arbitration and Public Law 5, Oxford University Press 2007.

② 漆彤、余茜：《从新自由主义到嵌入式自由主义——论晚近国际投资法的范式转移》，《国际关系与国际法学刊》第4卷，第201页。

③ 刘笋：《国际法的人本化趋势与国际投资法的革新》，载《法学研究》2011年第4期，第198页。

续发展。① 外资进入东道国的决定因素包括东道国经济的吸引力、可能进行的投资盈利情况、一系列的政策和制度因素和商业促进措施等，东道国的政治和包括国际投资条约在内的法律框架仅仅只是影响一家公司作出投资决定的因素之一。② 但发展中国家为吸引外国资本，往往通过国内立法和缔结国际投资条约的方式，最大限度地自由化其外国投资体制来创造一个“有利于外国直接投资的监管框架”（enabling FDI regulatory framework）即“（一种）透明、稳定和可预测的投资环境，合同的正当履行和尊重财产权，嵌入在允许国际和国内企业有效运营、盈利和取得最大发展成果的健全的宏观经济政策和制度中”，然而这种通过投资条约网络构建的并不是一个有利于监管外国投资的框架，而是“对政府管理公共利益能力的一种极端攻击”。M. Sornarajah 教授甚至将关于外国投资的国际法称为“贪婪的法”。③

（二）晚近国际投资法的转变：强调利益平衡与发展维度

国家间缔结 BIT 数量的激增可以解释为对发展中国家于 20 世纪 60 年代和 70 年代在联合国大会发起的挑战传统投资保护模式的抵抗。④ 在传统 BIT 中几乎不存在贸易和投资外的其他问题的保护，然而晚近国际法上开始出现人本化的趋势，国际投资条约的立法导向也开始发生转变。⑤ 尊重东道国的治安权是现代法治的正当追求，新一代投资协定为东道国寻求更多的管制空间，保护人类健康、安全和环境，促进国际公认的劳工权利成为其关注的领域。⑥ 新近出现的一些投资条约或条约范本，开始在序言中反映人本化需求的内容，涉及环保、健康、人权、动植物生

---

① Alschner Wolfgang & Tuerk Elisabeth, *The Role of International Investment Agreements in Fostering Sustainable Development*, in Freya Baetens, Investment Law Within International Law: Integrationist Perspectives 217, Cambridge University Press 2013.

② See UNCTAD, The Role of International Investment Agreements in Attracting Foreign Direct Investment to Developing Countries 10-14, adopted on 30 Nov. 2009, Available at www. Unctad. org/en/docs/diaeia20095_en. pdf. Visited on 12 Nov. 2014.

③ Andrew Newcombe, *Sustainable Development and Investment Treaty Law*, 8 (3) J World Inv & Trade, 358-359 (2007).

④ Andreas Kulick, Global Public Interest in International Investment Law 51, Cambridge University Press 2012.

⑤ 刘笋：《国际法的人本化趋势与国际投资法的革新》，载《法学研究》2011 年第 4 期，第 201 页。

⑥ 张庆麟主编：《公共利益视野下国际投资协定新发展》，中国社会科学出版社 2014 年版，第 20、23 页。

命安全、可持续发展等方面的内容。① 以往偏重于保护投资者利益和促进投资自由化的单一趋向发生显著变化，东道国的国家监管权和投资自由化之间的平衡逐渐成为时代主流。② 这体现了国际投资法开始强调利益平衡与注重发展维度的转变。

1. 强调投资与环境、劳工权利等非投资利益之间的平衡

近十年来 BIT 实践中出现一系列的 BIT 范本或 BIT 范本草案开始关注非投资问题。如美国 2004 年 BIT 范本和加拿大 BIT 范本是基于两国在《北美自由贸易协定》(the North American Free Trade Agreement，以下简称为 NAFTA) 投资章下的国家被诉经验，力求达成为投资者提供强有力保护与保护政府管理公共利益能力之间的平衡。美国 2012 年的双边投资条约范本 (U. S. Model Bilateral Investment Treaty) (以下简称 2012 年 BIT 范本或者新范本)③ 许多做法仍与 2004 年 BIT 范本保持一致，保留了其追求利益平衡的精神。④

美国 2004 年 BIT 范本第 12 条以“投资和环境”命名，承认了 FDI 的潜在环境影响，其将环境作为一个问题加入投资法。⑤ 尽管第 12 条第 (1) 款只规定国家的

① 例如，在美国、加拿大、日本、芬兰、瑞典、荷兰等国家近几年签订的投资条约序言，开始涉及人本化问题。

② 漆彤、余茜：《从新自由主义到嵌入式自由主义——论晚近国际投资法的范式转移》，载《国际关系与国际法学刊》第 4 卷，第 207 页。

③ US，2012 Model Bilateral Investment Treaty，available at http：//www. state. gov/documents/organization/188371. pdf.，visited on 11 Apr. 2014.

④ 例如，2012 年 BIT 范本保留了 2004 年 BIT 范本的做法：在序言中规定条约所追求的促进经济增长等目标，必须以符合保护健康、安全、环境及促进国际上认可的劳工权利的方式去实现。范本第 8 条除致力于禁止多种履行要求外，特别规定：第 8 条的若干款不得解释成妨碍各缔约方采取或维持保护人类、动植物生命健康或保护有生命或无生命的可用竭之自然资源有关的环境措施。第 12 条标题为“投资与环境”仍专条论述投资与环境的关系。第 12 条第 2 款明确指出，以削弱或减少国内环保法提供的环境保护的方式激励国际资本的方式是不合适的。各缔约方应确保其不放弃或减损国内环境法的保护，或者不以持续的作为或不作为的方式不有效执行环境法，以之作为一种鼓励投资的方式。第 12 条第 3 款规定了缔约方保留在监管、合规性、调查、检察事务方面以及为履行其他环境事务方面决定采用更高标准等方面的自由裁量权。

⑤ 美国 2004 年 BIT 范本第 12 条“投资与环境规定”：(1) 缔约方承认通过削弱或减轻国内环境法赋予的保护来鼓励投资是不恰当的。因此，每一缔约方应当致力于确保其不放弃或者减损，或者提供放弃或者减损这些法律，以一种削弱或减损那些法律赋予的保护的方式作为一种建立、合并、扩张或者保持其领域内的一项投资的鼓励。如果一方当事人认为另一方当事人已经提供了这样一种鼓励，其可以请求与另一方协商且双方当事人应当磋商出一种避免任何这样的鼓励的方式。(2) 本条约的任何规定不应当理解为阻碍一方通过、维持或执行任何在其领域内被视为确保投资活动是恰当的、符合本条约的，以一种对环境考虑敏感的方式实施的任何措施。

义务，但2004年BIT范本第12条第（1）款第一句话："…recognizes that it is inappropriate to encourage investment by weakening or reducing the protections afforded in domestic environmental laws"，即承认以削弱或减损国内环境法赋予的保护作为鼓励投资的方式是不恰当的。他们"应当努力去确保"（"shall strive to ensure"）其投资者鼓励不低于其国内法律规定的环境保护门槛。第12条第（2）款规定：主权国家有权"通过……维持……或者执行……任何措施……确保其领域内的投资活动是以对环境问题敏感的方式进行而视为恰当的措施"。然而这些措施必须是"符合本条约"。2004年BIT范本第13条规定投资不应当导致本国劳动保护标准的下降。虽然美国2004年BIT范本第12条、第13条的缺点在于未能加入更加明确的条款而模糊的条款很容易被边缘化，但事实上应承认其考虑经济问题以外的其他问题的进步。①

美国2012年BIT范本更重视发展维度，注重将环境保护、包括劳工权利在内的人权保护等可持续发展元素融入BIT体系，国际投资法在给予投资者强有力保护的同时，开始注重追求投资与经济、社会的可持续发展。2012年BIT范本为促进对美国公司的保护、提高透明度以及加强对劳工权利和环境的保护作了针对性变化，其关于劳工和环境的规定更加细化，扩展了协商程序。例如将劳工和环境标准提高为一种行政优先权（an Administration priority），新范本从四个方面扩大劳工和环境方面的义务：（1）不"放弃或减损"国内法的新义务。新范本规定了缔约方不得以放弃或减损其国内劳工和环境法规作为一种投资鼓励；（2）"有效执行"国内法的新义务。范本规定缔约方不能以放弃有效执行其国内劳工和环境法作为一种投资鼓励；（3）缔约方重新确认和认可国际义务。新范本强调缔约国重新确认其在国际劳工组织宣言（International Labor Organization Declaration）的义务和认可多边环境协定的重要性；（4）加强协商程序。②

《美国与乌拉圭间就投资的鼓励和互惠保护的条约》的前言（约首部分）规定，"期望通过与保护健康、安全、环境、促进消费者保护和国际承认的劳工权利一致的方式实现这些目标"。第8条"履行要求"中第3款第c项规定了环境例外。条约第12条"投资与环境"中第1款规定当事人认为通过弱化或者减低国内环境法上赋予的保护来鼓励投资是不恰当的。每一方当事人力争确保其不以弱化或减低国内法律中规定的保护作为在其领域内一项投资的设立、收购、扩张

① Andreas Kulick, Global Public Interest in International Investment Law 69-71 (Cambridge University Press 2012).

② US, 2012 Model Bilateral Investment Treaty, available at http://www.state.gov/r/pa/prs/ps/2012/04/188199.htm., visited on 11 Apr. 2014.

或扣留的鼓励方式，不放弃或者在其他方面减损，或者提供或放弃或减损这些法律。如果一方当事人认为另一方当事人已经提供这种鼓励，它可以请求与另一方协商，并且双方当事人协商应当避免任何这样的鼓励。第2款规定：本条约中的任何条款不得被解释为阻碍一方当事人采纳、维持或者执行与本条约一致的任何措施，本条约认为确保在其领域内的投资活动以一种对环境关注敏感的方式进行是恰当的。

条约第13条“投资与劳工”第1款规定：通过弱化或者减低国内劳动法赋予的保护来鼓励投资是不恰当的。每一方当事人应当力争保证它不会放弃、或者减损，或者提供或放弃或减损这些法律中以削弱或减低根据国际上承认的劳工权利的方式作为在其领域内投资的建立、收购、扩展或保留的鼓励方式……第2款对“劳动法”和国际承认的劳工权利进行界定，认为劳动法意味着每一方当事人的法律或规章；国际承认的劳工权利包括：（a）结盟的权利；（b）组织和集体谈判的权利；（c）禁止任何形式的强迫或强制劳动；（d）对儿童与年轻人的劳动保护，包括雇佣儿童的最低年龄和禁止和消除任何形式的童工；（e）有关最低工资、工作时间和职业安全和健康方面的可接受的劳动条件。第3款规定本条约中的任何条款不得被解释为阻碍一方当事人采纳、维持或者执行与本条约一致的任何措施，本条约认为保证其领域内的投资活动以一种对劳工关注敏感的方式进行是恰当的。

2. 国际投资条约注重发展维度：强调可持续发展与保障东道国监管空间

2012年9月9日中国与加拿大签署、2014年10月1日生效的《中华人民共和国政府和加拿大政府关于促进和相互保护投资的协定》① 的约首部分规定“进一步认识到需要依据可持续发展的原则促进投资”；而且条约第18条“协商”第3款规定，“缔约双方承认，通过豁免、宽松或其他违背国内健康、安全或环保措施以鼓励投资是不合适的”。第33条“一般例外”的第2款规定：只要相关措施不以武断或不合理之方式适用，或不构成对国际贸易或投资之变相限制，本协定中任何规定均不得被理解为阻止缔约方采取或维持下述措施，包括环境措施：（1）确保遵守与本协定条款无不一致的法律法规所必要的措施；（2）保护人类、动物或植物生命或健康所必要的措施；或（3）与保护有生命或无生命的可耗尽自然资源相关的措施，如果此类措施与限制国内生产或消费的措施同时有效实施。

---

① 《中华人民共和国政府和加拿大政府关于促进和相互保护投资的协定》，资料来源于 http://tfs.mofcom.gov.cn/article/Nocategory/201111/20111107819474.shtml，2015年3月11日访问。

2007年挪威BIT范本草案对公共利益考虑的方法更加宽泛和明显。该文件以一种综合性方式阐释纳入投资领域的全部公共利益，其序言提及的主题包括公共健康和安全、环境、劳工权利、民主、法治、人权、预防腐败甚至联合国宪章规定的原则。与草案一起发布的关于草案的评论（Commentary on the Draft model BIT）中，挪威政府陈述其在BIT中规定前述主题时的主要动机和考虑："如果挪威缔结投资协定，将很有可能引领仅仅保障投资者利益的单边条约（one-sided agreements）发展为保障发达国家和发展中国家两者的管理性需求（regulative needs）、让投资者负责任的同时保障其可预测性和保护的综合性条约。未来投资条约应当通过参照国家监管机构有关国家对资源和环境管理主权的相关条约来解决国际法律协定的整体性。"①

挪威BIT范本草案真正地在实体条款中明确规定涉及公共利益的问题，而不仅仅是在序言中提及。第11条强调当事人不应当降低其有关环境保护或者健康标准来吸引投资者。除了保证在相关领域一个确定水平的保护标准，这条规定尤其要防止资本输入国家监管框架的触底线竞赛（"a race to the bottom"）。而且"条款的目的在于确保国家不会以因其忽略制定社会利益的规范而增加投资的形式获得奖励。为了确保投资是以对环境和健康有益的方式进行，该条约赋予国家当事人"监管的权利"（"right to regulate"）（第12条）。但是，与美国BIT范本第12条第（2）款一样，这种监管权力有所保留即采取的措施"必须符合条约"（"otherwise consistent with the agreement"），这很大地限制了其适用范围。但是"这个条款表明当事人有与健康、环境和安全的国家监管需求是合法的，必须受到尊重……从法律观点的角度看，这一条款的主要影响在于其作为理解条约保护范围的一个理解性因素。"② 跟随加拿大2004年BIT范本的潮流，挪威BIT范本草案第24条也根据WTO条款如第XIV条GATS，规定了一个类似的一般例外条款。

此外，挪威BIT范本草案第25~28条规定了特定领域的例外，如审慎监管、税收措施或者立法旨在促进的语言和文化的多样性。条文所使用的语词（"没有什么……应当被理解为""本条约不应当适用"）表明，挪威BIT范本草案并非将"例外"（"exceptions"）教条地理解为理由（excuses）而是投资者权利适用一般范围的

① Andreas Kulick, Global Public Interest in International Investment Law 73, Cambridge University Press 2012.

② Andreas Kulick, Global Public Interest in International Investment Law 74, Cambridge University Press 2012.

豁免（exemptions）。① 虽然由于条约的宽泛性和模糊性，挪威政府于 2009 年宣布放弃该 BIT 范本草案，但该草案本身反映了国家对国际投资条约保障主权国家监管空间的重视。

（三）晚近国际投资法转变的缘由

1. 主权国家的反思

事实上，传统国际投资条约在程序上对投资者利益的保护甚于对东道国利益以及公共利益的保护。国际投资条约中规定的投资保护义务在某种程度上对东道国维护公共利益、管理外国资本的政策空间的限制和压缩。仲裁庭负责监督国家处理私人财产与公共权力间的内在矛盾（innate tension），②国际投资仲裁的法律适用上、仲裁庭裁判过程中出现了过度保护投资的倾向，仲裁庭无视其认为与投资无关的问题，从而忽略了东道国公共利益和社会利益的保护。全球范围内，越来越多的国家注意到国际投资仲裁体系不正当地限制了“主权国家政策空间”（sovereign policy space），偏向投资者且未能实现其创建一个更统一、更具可预见性的游戏规则目标，国际投资仲裁体系本身未能随着时间推移而建立起一致规则。③

国际投资条约对东道国的政策和管理空间的忽视，不利于实现投资和东道国经济社会的可持续发展。当前主权国家对国际投资仲裁体系的接受出现反弹，许多国家为争取更大的“管理空间”、限制投资者权利而进行投资条约修正谈判；撤回或撤销其进行仲裁的义务（包括从 ICSID 退出，终止以前签订的 BIT 或者拒绝在新的 BIT 中纳入投资者—国家仲裁解决争议）④；颁布更多的削减先前赋予外国投资者权利的国家法律和法规。在阿根廷案例中，国家面对大量不利的投资者—国家诉求，其继续拒绝支付任何基于未废止裁决的赔偿——反击已经采取公然违抗法律的形式。

---

① “excuse”仅仅只作为侵权指控时的抗辩，而“exemptions”或者“exculpations”排除了行为的不正当性或不合法性，关于二者的区分，see Andreas Kulick, Global Public Interest in International Investment Law 75, Cambridge University Press 2012.

② Santiago Montt, State Liability in Investment Treaty Arbitration _ Global Constitutional and Administrative Law in the BIT Generation 127, Hart Publishing 2009.

③ José E. Alvarez, *Crossing the "Public/Private" Divide: Saipem v. Bangladesh and Other Crossover Cases*, in Albert Jan van den Berg, International Arbitration: The Coming of a New Age? 400-430, Kluwer Law International 2013.

④ 例如玻利维亚（Bolivia）、厄瓜多尔（Ecuador）、委内瑞拉（Venezuela）、尼加拉瓜（Nicaragua）等国家威胁或者已经真正从 ICSID 公约中退出，这部分证明了国际投资仲裁的合法性缺陷（legitimacy gap）。

2. 全球化以及全球性公共问题的出现

随着全球化的发展，全球联系日益紧密，国际社会日益成为一个休戚与共的共同体，而任何单一主权国家无法独立解决和应对经济全球化伴生的各种全球性公共问题，如金融危机、国际难民保护、国际恐怖主义犯罪、跨国毒品交易；全球气候变化、环境污染与破坏；以及传染性疾病的全球蔓延如SARS、甲流、埃博拉等。这让人们认识到人类社会有着高于各个国家利益的共同利益即全球公共利益（或称国际公共利益、国际社会共同利益）的存在。

全球化具体反映在国际投资上是资本的全球化与国际投资的双向流动，国与国之间不再是单纯的资本输出国与资本输入国的对立，一国可以同时具有资本输出国和资本输入国的双重身份。先前以发达国家为主的资本输出国，也开始面临投资者尤其是大型跨国公司的挑战，在以发达国家为主导建立的、以保护投资为宗旨的国际投资条约及仲裁体系中，发达国家也面临被诉的风险，例如NAFTA体制下美国、加拿大的被诉。这引起了主权国家对当前过于注重保护投资的国际投资法架构的反思。

3. 国际法的人本化趋势

国际法的人本化，意味着国际法的理念、价值、原则、规则、规章和制度越来越注重个人和整个人类的法律地位、各种权利和利益的确立、维护和实现。要求国际社会不仅要关注跨国经济交往带来的经济增长和社会福利的增加，还要关注经济全球化的负面影响，解决经济活动所伴生的环保问题和人权问题。现代国家法要求各国适当关注跨国贸易、投资等经济活动对环保、人权、公共健康等领域的影响，关注公共利益和社会价值。世界范围内开始形成一个共识："以牺牲环境和人权为代价的跨国经济交往不值得提倡；损毁今代和后代生态环境、严重背离可持续发展理念、漠视经济发展中的代际公平和代内公平的经济发展模式应予以反对；片面追求眼前利益、偏袒地保护少数商业性私人利益而无视国家公共利益和各国国内社会群体的社会利益的行为不值得颂扬。"①

二、社会责任投资符合国际投资法的新发展要求

社会责任投资，指在追求投资财务回报的同时，结合社会、环境、道德伦理、公司治理、人权等因素追求投资非财务回报，旨在利用投资促进经济和社会可持续

① 刘笋：《国际法的人本化趋势与国际投资法的革新》，载《法学研究》2011年第4期，第196~197页。

发展的一种投资策略或投资方式。① SRI 是考虑环境准则、社会准则、金钱回报准则的投资模式，事实上基于经济、社会、环境“三种底线”，又称为“三重盈余”或“三重盈余投资”。SRI 是在风险既定的前提下，选择或者管理投资的过程不以最大化投资回报为目标而以投资回报最大化符合社会、环境和伦理的标准为目标。② SRI 把与投资者相关的环境、社会和公司治理诸因素与长期健康和稳定的市场视为一个整体，其认为长期可持续投资回报的产生取决于稳定、运行和治理良好的社会、环境和经济体系。③

社会责任投资理念认为投资者可以通过改变投资方式来改变社会，其起源于教会投资，早期表现为不投资于酒精、烟草、赌博等有罪公司的股票，拒绝在武器和奴隶贸易中投资。强调道德投资即“我们的理财应该反映我们自身的价值。”④ 社会责任投资的投资主体——负责任投资者（sustainable and responsible investors）包括个人和机构，例如企业、大学、医疗机构、基金会、公共或私人养老基金、保险公司、宗教机构和一些其他非营利组织等。SRI 投资者用其持有资金进行投资，不仅希望达到特定财务目标，还希望实现社会可持续发展，并满足其家庭、雇员、社区等利益相关者的需求。负责任投资者涉猎的各种投资都包含有 SRI 策略，包括财政支援新建立企业、或是投资在世界各大股票市场的投资基金和私人及机构的理财基金，如退休金或教堂基金（如美国合一循道会的妇女支部）。机构投资者作为 SRI 世界中最大、发展最快的主体，其投资策略的选择有巨大影响力。

（一）社会责任投资强调利益平衡

SRI 的投资策略本身符合经济利益与社会利益平衡的要求，有助于实现可持续

---

① 关于社会责任投资目前并没有统一的定义，各个机构也采用不同的术语。参见张庆麟主编：《公共利益视野下的国际投资协定新发展》，中国社会科学出版社 2014 年版，第 154 页。

② 社会标准包括培训人力资源（例如教育和培训，工作场所的健康和安全）和促进劳工权利。环境要求包括污染和碳排放量最小化、非再生资源（例如石油）的保护、宝贵的动物和植物及其维持的生态平衡的保护。伦理要求包含杜绝滥用人权（例如使用童工或者血汗工厂，强迫卖淫或者色情）、禁止对动物进行产品测试等。Richard Copp, Michael L Kremmer and Eduardo Roca, *Socially Responsible Investment In Market Downturns Implications for the Fiduciary Responsibilities of Investment Fund Trustees*, 19 (1) Griffith Law Rev, 86-104 (2010).

③ Introducing Responsible Investment, available at http://www.unpri.org/about-ri/introducing-responsible-investment/, visited on 27 Sep. 2013.

④ 刘波、郭文娜：《社会责任投资：观念的演化及界定》，载《软科学》2009 年 12 月，第 23 卷第 12 期（总第 120 期），第 46 页。

发展所要求的利益平衡。SRI 作为金融证券领域一种新型的投资方法，有以下几种投资工具和策略：投资筛选（screening of investment）①，结合环境、社会和治理因素（integration of ESG factors）②，可持续性主题型投资（sustainability themed investing）③，企业参与和股东行动（corporate engagement and shareholder action）④以及影响力投资或社区投资（impact/community investment）⑤。⑥ SRI 的投资方法或策略强调投资与道德、环境、社会和公司治理等方面的整体联系，有利于实现经

① 投资筛选是指按照社会、环境和伦理标准或准则对投资组合或共同基金中的公开交易股票进行买入、剔除或评估的一种投资决策策略。投资筛选分为消极筛选（Negative/exclusionary screening），积极筛选（Positive/best-in-class screening）和基于规范的筛选（Norms-based screening）。消极筛选，有时又称为“排除”或“剔除”（exclusion）的股票筛选方法，是指将不符合社会、环境和伦理标准或准则的公司股票从投资组合中剔除出去，或者放弃投资这些公司股票。积极筛选是指在一个给定的投资范围内，去选择在可持续发展、公司治理、社会、环境和伦理等一系列标准方面都表现出色的一些公司股票，并将这些公司股票筛选到投资组合中。运用积极筛选方法构建一个积极的投资组合包括以下 4 个步骤：首先，选择一个投资市场（常常是选择盯住一种指数）；其次，运用公司治理、社会、环境和伦理等筛选标准来评估投资组合中企业的社会表现；再次，运用传统的经济（财务）分析方法分析投资组合中企业的经济效益；最后，调整投资组合权重，复制原来盯住的指数权重。基于规范的筛选，是指基于国际规范，筛选出违反商业行为最低标准的投资。

② 结合环境、社会、管理因素，是指投资经理把环境的、社会的和管理因素系统地、明确地纳入传统的金融分析当中。

③ 可持续性主题型投资，是指向与可持续性特别相关的主题或者资产进行投资（例如清洁能源，绿色技术或者可持续农业）。

④ 企业参与和股东行为，包括股东对话（shareholder dialogue）、股东决议（shareholder resolution）和代理投票（proxy voting）三种主要形式，是股东以企业所有者的身份，通过提交建议、代理投票、提交股东决议、企业协议与管理者对话等方式影响企业在社会责任方面的行为，要求企业承担相应的社会责任。简而言之，这种策略是以综合的 ESG 指南为指导，通过直接的企业参与（如与公司的高级管理人员或者委员会对话），发起或共同发起股东议案和代理投票运用股东权力去影响公司行为。另外也有使用“shareholder advocacy”这一概念，但涵义基本相同。

⑤ 影响力投资，是指投资尤其是在自由市场进行的投资，旨在解决社会或环境的问题。社区投资，是指将资本直接投资于被传统金融机构服务所忽视的个人或社区，向其提供所缺乏的信贷、资本和其他基本的银行服务产品，或者向有明显社会或环境目的的商业提供投资。社区投资主要通过社区发展金融机构（Community Development Financial Institutions）向社区进行投资，如社区发展银行、社区发展信用联社、社区发展贷款基金和社区发展风险投资基金。影响力投资包括社区投资。

⑥ GSIA, 2014 Global Sustainable Investment Review 6, adopted in Feb. 2015, available at http://www.gsi-alliance.org/members-resources/global-sustainable-investment-review-2014/, visited on 21 Mar. 2015.

济利益与非经济利益的平衡，例如通过社区投资，可以为那些无法从传统金融机构获得贷款的低收入社区投资，使当地机构为低收入家庭提供金融服务，为小企业和重要的社区服务提供资本，从而有利于促进社会公平，消除贫困。

投资筛选有消极筛选和积极筛选之分，早期的筛选方式是消极筛选，基于宗教动机驱动的社会责任投资寻求避免向那些被认为是对人类社会有害的行业投资。积极筛选是根据经济、环境、社会三重标准衡量企业的表现，选择表现优异的企业投资。积极筛选在欧美国家被认为是一种最佳的社会责任投资策略而广泛采用。通过投资筛选，资金流入到注意履行企业社会责任的企业或者在保护环境方面表现优异的企业如清洁能源等绿色行业。

股东请愿并不会对资产管理者的股票组合配比产生影响，但是资产管理者可以通过与企业就一些具体或有选择性的问题如企业发展战略、企业经营表现、环境问题、不适当的报酬水平和企业对待社会责任态度等进行对话，从而对企业的经营模式产生影响。①

（二）社会责任投资注重发展维度

社会责任投资旨在利用投资促进经济和社会可持续发展，其投资策略也包含对企业社会责任履行情况的考察，要求公司尤其是跨国公司积极履行企业社会责任（corporate social responsibility，CSR）。企业社会责任的履行符合发展维度的要求，有利于实现经济与社会的协调与可持续发展。CSR 的履行是负责任投资者衡量投资对象或目标企业的投资价值、制定投资策略、选择投资项目时本身考虑的因素。企业外部的个人、机构、投资公司、财务经理和金融机构运用 SRI 策略，通过资产种类的选择促进公司更强烈的企业社会责任，促进公司及其股东建立长期价值，创造就业或者生产能产生社会和环境利益的产品。

CSR 会对投资行为产生影响，首先具有良好社会责任感的企业是 SRI 投资者的主要投资对象；其次不同的 SRI 投资者关注履行不同社会责任的企业。企业根据其自身特点承担并履行不同的社会责任，如从事煤炭业的企业注重履行其减少并治理环境污染的社会责任，而从事劳动密集型行业的企业更注重其职工待遇问题。不同的社会责任投资者对企业履行 CSR 的关注点也不同，如基督教会投资者倾向避免投资于与烟草、酒精和武器等有关的行业，而大型 SRI 基金，如帕斯全球基金、Portfolio21 等更倾向投资于注重环保、人权等问题的企业。SRI 也会影响 CSR 的履行，如消费者的消费选择、机构投资者的投资组合筛选投资方式、股东的监督等促

① 于东智、邓雄：《社会责任投资论》，载《金融论坛》2009 年第 8 期（总第 164 期），第 12~19 页。

使企业积极履行社会责任。总之 CSR 是 SRI 的基础和投资参考因素，只有更多的企业积极履行 CSR 才可能形成 SRI 市场并促进 SRI 发展。具有良好社会责任感的企业，将在融资方面具有相对优势，有利于其自身发展。①

（三）社会责任投资的发展前景

随着金融证券市场的发展，机构投资者在市场上占有主导地位，而且越来越多的机构投资者开始采用 SRI 投资策略，个人投资者的投资决策所能够影响的仅仅是投资者的个人财富，但对于机构投资者而言，投资决策涉及的财富更多，影响目标企业的能力也更大甚至引发一种新形式的负责任投资者作为股东的压力。SRI 有着不逊于传统投资的回报率，甚至有时表现得更出色，② 因此受到投资者的欢迎。随着采用 SRI 的机构投资者的比例不断提高，SRI 由边缘演变成主流投资策略，SRI 不仅获得巨大增长，而且渐渐发展到成熟阶段。

全球范围内的金融证券领域，社会负责任投资资产从 2012 年的 13.3 万亿美元（专门管理总资产的 21.5%）发展到 2014 年的 21.4 万亿美元（占专门管理总资产的 30.2%），其 61%的增长速度超过专业管理总资产的增长速度。2014 年欧洲仍是拥有 SRI 最大的地区，占处于专业管理的已知全球 SRI 资产的 63.7%，美国从 2012 年的 28.2%上升到 30.8%，加拿大 4.4%，澳大利亚 0.8%，亚洲 0.2%。③ 这有力说明 SRI 产业在全球领域颇具规模，表明全世界范围内有较高比例的投资者对推动可持续发展的商业、项目和理念感兴趣，SRI 拥有良好的发展前景。与欧美等地区的 SRI 呈爆炸式增长并步入成熟阶段不同，SRI 在亚洲仍处于起步阶段。中国首支 SRI 基金——兴业社会责任投资基金于 2008 年 3 月 7 日获得中国证监会批准。

目前社会责任投资也已超出间接投资领域，多边投资担保机构（Multilateral Investment Guarantee Agency，MIGA）在决定是否承保时审查投资项目的履行标准包含 SRI 投资理念要求；农业领域也提出负责任农业投资原则（Principles for Responsible Agricultural Investment，PRAI）。国际直接投资中也出现了体现 SRI 理念的投资行为，例如 Africa JUICE BV 公司和埃塞俄比亚政府组成的合资公司 Africa JUICE Tibila Share Company 促进埃塞俄比亚经济复苏的热带果汁项目是典型的 SRI

① 参见朱忠明等：《社会责任投资》，中国发展出版社 2010 年版，第 47~54 页。

② 林超：《社会责任投资的国际现状与趋势》，载《福建论坛·人文社会科学版》2008 年第 7 期，第 38~39 页。

③ GSIA，2014 Global Sustainable Investment Review 7，adopted on Feb. 2015，available at http：//www.gsi-alliance.org/members-resources/global-sustainable-investment-review-2014/，visited on 21 Mar. 2015.

项目。①

三、社会责任投资在国际投资法中进一步完善的路径

具有广阔发展前景的SRI符合晚近国际投资法强调利益平衡、注重发展维度的新发展要求，国际投资法应当促进和鼓励SRI的进一步发展。事实上国际投资法上已经出现符合SRI理念的法规，但仍以间接、鼓励式的宽泛规定为主，缺乏具体明确的条款。

（一）国内法路径及其面临的挑战

1. 促进SRI发展的国内法路径

目前各国国内法（以发达国家为主）中存在体现SRI理念的规定但仍限于金融证券基金等间接投资领域（详见表1），有关SRI的规定散见于公司法、证券法、税法等部门法中，尚未涉及国际直接投资领域且没有具体鼓励和促进SRI的条款或专门立法。

表1　**涉及SRI的国内法及行业准则②**

国家	时间	体现社会责任投资理念的相关法规
德国	1991年	可再生能源法对投资于风能的封闭式基金给予税收优惠政策。
	2002年1月起	德国要求合格私人养老金计划和职业养老金计划必须书面告知会员其在投资时是否或以什么形式考虑伦理、社会或生态等问题。
荷兰	1995年	荷兰税务局提出绿色储蓄和投资计划，投资于特殊“绿色”项目如风能和太阳能、有机农业等的企业得到税收减免。

① 参见张庆麟主编：《公共利益视野下的国际投资协定新发展》，中国社会科学出版社2014年版，第160、164、169~170页。

② 表1系根据以下资料整理：孙天琦等：《美国〈社区再投资法〉（1977—2009）：三十年来在争议中的不断变革、下一步改革的方向及其对我们的启示（上）》，载《西部金融》2009年第8期，第7页。姜涛等：《中国社会责任投资的发展路径研究》，载《现代管理科学》2010年第3期，第26页；王江娇：《论社会责任投资》，武汉理工大学2008年硕士学位论文，第25~26页；赵帅：《社会责任投资法律问题研究》，中国政法大学2010年硕士学位论文，第14~15页；刘艳玲：《社会责任投资基金的法律问题研究》，天津大学2010年硕士学位论文，第14~18页。

续表

国家	时间	体现社会责任投资理念的相关法规
澳大利亚	2001 年	颁布法案要求所有投资企业在其投资说明书中披露“考虑劳工、环境、社会或道德伦理标准程度”等内容。
	2001 年	所有在澳大利亚证券交易所上市的公司必须制作年度社会责任报告。
法国	2001 年 2 月起	员工储蓄计划的经理人在购买和出售股票时必须考虑社会、环境或伦理因素。
	2001 年 5 月	通过并实施“新经济法规”要求上市公司在其年度报告中披露社会和环境保护等信息。
比利时	2001 年	通过 Vandebroucke 法，要求养老基金报告在投资中考虑社会、伦理道德和环境方面的程度。
瑞典	2002 年 1 月	瑞典国家养老基金必须在投资政策中考虑环境和伦理方面的信息。
英国	2000 年 7 月	“1995 年养老法案”的修改案实施，要求英国的养老基金托管人披露“在筛选、保持和实现投资过程中社会、环境和道德伦理因素的考虑程度”。同时生效的职业养老金计划（投资）中进一步规定，英国的养老基金受托人被要求在其年度投资原则声明中包括下列评论：在投资的选择、维持以及实现中被考虑在内的社会、环境或道德因素的范围，以及指导行使依附于投资的权利（包括表决权）的政策。
	2001 年 2 月生效	英国“2000 年信托法案”实施，慈善托管人必须确保投资符合慈善基金的目标，在投资中考虑道德因素并应用伦理标准。
	2002 年	英国内阁办公室公布慈善法修改案，所有年收入超过 100 万英镑的慈善机构在投资政策报告中披露对社会、环境、伦理问题的考虑程度。
美国	1968 年	美国制定了《公平住房法》，禁止金融机构根据种族、肤色、宗教、性别等因素，对房屋租赁及买卖的消费者进行融资歧视。
	1974 年	美国国会通过了《平等信贷机会法》，严禁金融机构把申请人的性别和婚姻状况作为信贷决定的依据。
	1977 年	美国国会通过的《社区再投资法》旨在解决针对中低收入社区和借款人的信贷歧视，规定受监管机构“有持续和责无旁贷的责任”满足整个社区的信贷需求，包括中低收入社区和借款人的信贷需求；美联储、联邦存款保险公司、货币监理署和储贷机构分别负责对相关机构履行义务进行考核，考核结果作为机构申请开设分支机构、兼并、收购等评审的重要依据。
	2002 年	美国国会年通过了“萨班斯·奥克斯利法案”，要求公司披露由公司 CEO 和 CFO 签字的伦理声明。

续表

国家	时间	体现社会责任投资理念的相关法规
意大利	2004 年 9 月	要求养老基金披露影响其投资决策的非财务因素（包括社会、环境和伦理因素）

2. 国内法路径面临的挑战

外国投资是促进国家发展尤其是低收入国家发展的资金重要来源。外国资本能促进技术和知识传播、支持创业、创造就业，促进长期可持续发展，但这些溢出效应并不能自动实现。获得这些好处需要对外国资本进行适当管理，在国家层面制定政策和相应法律来响应，在国际层面使外国投资有利于可持续发展。现有国内立法没有鼓励和促进 SRI 投资的详尽具体规则。

利用国内法平衡经济、社会和环境以及促进可持续发展面临的挑战在于国家可能将发展经济置于绝对优先地位，片面追求经济发展而忽视社会发展和环境保护。基于这种追求眼前经济发展的短视作法，SRI 尚未提升到应有高度。仅以中国为例，改革开放以来中国经济高速增长，但经济增长方式仍是粗放式发展，自然资源已无法满足现有经济模式发展需要，相对脆弱的生态环境也对经济发展产生负面效应。国内社会、资源和环境等问题日益突出，严重阻碍了经济的可持续发展，甚至与社会利益形成严重冲突。

国内立法并不能超越一国经济发展现状，现有 SRI 国内立法也与 SRI 在世界范围内的发展状况相符合即集中在发达国家，且一些发达国家的 SRI 立法在实施中仍存在争议，如美国 1977 年颁布的旨在解决针对中低收入社区和借款人的信贷歧视(包括种族歧视、社区歧视)，满足包括中低收入社区在内的社区信贷需求的《社区再投资法》，实施三十多年来一直遭受批评和质疑，对其评价存在分歧、褒贬不一，甚至有批评者认为《社区再投资法》是次贷危机的根源，或者至少是重要原因。① 这至少证明国内立法上加强 SRI 立法的时机尚不成熟。

以法律手段促进经济发展应注重法律手段运用的限度，况且国内情形与涉及外国资本和外国投资者利益的国际条约面对的情形不同，东道国在对内管理本国资本的最高主权未受压缩的情况下，其推动 SRI 立法的动力明显不足。因此在现有经济发展条件下，要求在国内立法中规定 SRI 条款并不现实，但在国际条约中规定 SRI 条款，规定外国投资者负责任投资义务，提高引进资本的门槛，规定关系到一国的

① 参见孙天琦等：《美国〈社区再投资法〉（1977—2009）：三十年来在争议中的不断变革、下一步改革的方向及其对我们的启示（上）》，载《西部金融》2009 年第 8 期，第 7 页。

政策管理空间，国家有动力来作出相应立法调整，美国、加拿大基于其在 NAFTA 下的诉讼经验调整其 BIT 范本即是例证。

（二）国际法路径：国际投资条约中规定社会责任投资条款

1. 当前促进 SRI 的国际法路径

进入 21 世纪以来，国际社会致力于推动社会责任投资，出台了一系列鼓励 SRI 国际投资软法，如“赤道原则”、“负责任投资原则”等行业准则，企业社会责任原则与环境管理认证标准。当前有关 SRI 的国际投资软法性规定通常不具有法律约束力，依赖于投资者的自觉遵循和市场监督，大大削弱投资者的负责任投资义务。

国际投资条约中存在若干间接鼓励和促进 SRI 理念的规定，具体表现为在投资条约中规定环境、健康、劳工权利在内的人权保护、企业社会责任等条款。但这些规定往往只从国家角度以否定形式规定不得以牺牲环境、社会、公共健康、劳动权利等利益来鼓励投资。从形式上看是倡导式、鼓励性、愿景式规定且多出现在序言中；从内容上看是消极式、宽泛性规定，缺乏积极鼓励 SRI 的具体条款以及因违反社会责任投资造成危害时的义务性规定。即使有少数条款以“投资与环境”或“投资与劳工”等命名，仍是从国家鼓励投资措施的角度规定国家不得以减损或降低有关环境保护、劳工权利等国内法保护作为鼓励投资手段，条约语词上多使用“认为放弃或减损国内健康、安全或环境措施”作为鼓励投资的手段是不恰当的，或者“本条约的任何规定不得解释为妨碍缔约方采取或维持公共利益的措施”等。①

国际投资投资条约中的有关环境、劳工权利、安全和健康等规定，体现了 SRI 投资的要求，但仍仅限于强调保护环境、劳工权利、公共安全等抽象、宽泛规定，散见于投资条约中。事实上目前的国际条约中并没有关于 SRI 的明确规定，对 SRI 投资策略、投资对象、判定标准等没有界定。当前国际投资法并没有充分发挥其鼓励和倡导 SRI 的应有作用，国际投资法有必要进一步完善 SRI 的有关规定。

2. 进一步完善 SRI 的国际法路径：规定社会责任投资条款

早在 2005 年 4 月国际可持续发展协会（International Institute for Sustainable Development）就发布了《关于投资可持续发展的国际条约范本》（IISD Model International Agreement on Investment for Sustainable Development），该范本第 3 部分明确规定“投资者和投资的义务与责任”（obligations and duties of investors and

---

① 参见张庆麟主编：《公共利益视野下的国际投资协定新发展》，中国社会科学出版社 2014 年版，第 162~170 页。

investments)，第5部分规定东道国权利，第6部分规定投资者母国的权利和义务。① 此范本为未来条约谈判提供了指南，为投资和可持续发展之间联系提供了一种全面的视角，试图改善国际投资环境，促进可持续发展，是一种理想的、利益平衡的可持续发展型条约，然而在当前缔约实践中不太可能达成此种条约，在现行投资条约中规定社会责任投资条款更切实可行，但其对社会责任投资条款的设计有借鉴作用。

社会责任投资条款应旨在促进社会责任投资的发展，注重投资的发展维度、为投资及东道国的可持续发展提供足够的政策空间；社会责任投资强调选择投资项目及投资过程中，要考虑东道国社会、环境、道德、人权等因素，关注投资者的社会责任与义务，从而有利于投资项目、东道国社会和经济的可持续发展，有助于实现私人投资者利益与东道国公共利益的平衡。因此在投资条约中规定社会责任投资条款意义重大。②

在社会责任条款的具体设计上，首先，国际投资条约应追求投资者和东道国权利和义务的平衡，条约中应明确规定东道国及其国民的权利，赋予东道国及其国民与投资者相同的根据投资条约提起投资仲裁、寻求救济的合法权利。

其次，一般例外条款应该成为国际投资条约的普遍实践，且应规定得更加详细具体；再次，国际投资条约中应当确立投资者的负责任投资义务。③ 例如，可参考UNCTAD2012年世界投资报告中提出的投资者义务并列举负责任投资标准(responsible investment standards)。“2.3.1 投资者首要的义务是遵守东道国的法律和规章。这项义务应当非差别的适用于国民和外国投资者，违反这一义务应当受到惩罚。2.3.2 政府应当鼓励遵守负责任投资的国际标准和外国投资者的行为规范。可以参照的标准包括国际劳工组织（International Labor Organization，ILO）的《第三方宣言》，OECD的《跨国企业指南》，UNCTAD，FAO，IFAD和世界银行的负责任农业投资原则，联合国《关于商业和人权及其他权利的指导原则》。另外国家可能希望把软规则转变成国家立法。”

前述IISD《关于投资可持续发展的国际条约范本》第3部分第13条“反腐败”(anti-corruption)，第14条“准入后义务”(post-establishment obligations)，第

① IISD, A Model International Investment Agreement for the Promotion of Sustainable Development 15-17, 23-26, adopted in Nov. 2004, available at https://www.iisd.org/pdf/2004/trade_model_inv.pdf, visited on November12, 2014.

② 张庆麟主编:《公共利益视野下的国际投资协定新发展》，中国社会科学出版社2014年版，第170页。

③ 参见张庆麟主编:《公共利益视野下的国际投资协定新发展》，中国社会科学出版社2014年版，第175~178页。

15条“公司监管和实践”（corporate governance and practice），第16条“企业社会责任”（corporate social responsibility）、第17条“投资者责任”（investor liability）、第18条“与本部分有关的争议解决”（relation of this part to dispute settlement）等①对具体社会责任投资条款关于投资者义务与责任的规定都有很好的借鉴意义。

再次，社会责任投资条款应引入环境或可持续性影响评估机制、要求投资者发布社会责任投资报告。社会责任投资条款应具体规定环境影响评估（environmental impact assessment，以下简称为EIA）② 或可持续影响评估（sustainability impact assessment，SIA）机制，对东道国的环境有重大影响的项目要求启动EIA程序并允许公众参与。要求投资者应提供投资项目的EIA报告或者可持续影响评估报告，尤其是那些对可持续发展有重大影响的项目，投资者应负有持续、定期的报告或信息披露义务。可借鉴全球报告协会（the Global Reporting Initiative，以下简称为GRI）已发布的《可持续性报告指南》（*Sustainability Reporting Guidelines*），要求三重底线报告——报告对经济、环境和社会的影响。③ 在国际投资条约中实施这一要求能确保利用FDI的新项目进行EIA或SIA评估，且EIA或SIA评估可以引入国际标准如由国际金融公司发起的赤道原则。

实践中已有国家采用国际贸易和投资条约中的环境和可持续影响评估，来进行与项目相关的影响评估（project-related impact assessment）。例如，加拿大在其与秘鲁、印度和韩国的BIT谈判中也采取这种评估做法。欧盟对世界贸易组织多哈回合进行了全面的SIA研究，且针对所有主要的多边和双边贸易谈判进行SIA评估。欧盟的SIA程序会尽可能分析对谈判方的影响，与其他国家合作进行。在加拿大与秘鲁的谈判评估中，加拿大的影响评估并不包含对“因这些谈判对秘鲁可能发生的积极或消极的环境影响，或者判断秘鲁的措施是加强或减轻这种影响”，因此，这

---

① IISD, A Model International Investment Agreement for the Promotion of Sustainable Development 15-17, adopted in Nov. 2004, available at https://www.iisd.org/pdf/2004/trade_model_inv.pdf, visited on 12 Nov. 2014.

② 环境影响评估报告（EIA）被定义为“评估一项潜在活动对环境存在的可能影响的一种国家程序”, see Convention on Environmental Impact Assessment in a Trans-boundary Context (Espoo Convention), 25 Feb. 1991, Art. 1 (vi). (“Environmental impact assessment” means a national procedure for evaluating the likely impact of a proposed activity on the environment.) (entered into force 10 Setember 1997), available at http://www.unece.org/env/eia/about/eia_text.html, visited on 21 Feb. 2015.

③ GRI, G4 Sustainability Reporting Guidelines, adopted in 2013, available at https://www.globalreporting.org/reporting/g4/Pages/default.aspx., visited on 12 Nov. 2014.

种环境影响评估程序对积极促进受最大影响的国家的可持续投资几乎未发生作用。① 已有投资仲裁案例 Empresas Lucchetti, S. A. And Lucchetti Peru, S. A. v. Peru②, Emilio Agustin Maffezini v. Kingdom of Spain③ 等涉及 EIA 程序。

总之，SRI 条款应明确倡导、鼓励和促进社会责任投资的发展，注重投资和国际投资条约的发展维度，为投资及东道国的可持续发展提供足够政策空间，其与国际投资法的新发展要求相适应。该条款所鼓励的 SRI 强调选择投资项目及进行投资过程中要考虑东道国社会、环境、道德、人权等因素，关注投资者的社会责任与义务，因而符合追求投资、东道国社会和经济的可持续发展的目标和要求，有利于投资项目及东道国社会和经济的可持续发展，有助于实现私人投资者利益与东道国公共利益的平衡。在国际投资条约中引入 SRI 条款，是 SRI 在国际投资法中进一步完善的方法，也是国际投资法促进可持续发展的有效路径。

四、中国对社会责任投资的回应

2004 年 6 月，中国第一支以企业家为主的生态基金——阿拉善 SEE 生态基金在内蒙古成立，该基金致力于改善当地的生态环境，减少和遏制沙尘暴的发生。2008 年中国首只社会责任投资基金——兴业社会责任成功发行，SRI 模式也正式引入中国。2007 年 12 月，深圳证券信息公司与泰达股份联合推出了国内资本市场第一只 SRI 指数——泰达环保指数。相对于英美等社会责任投资较为成熟的国家，我国社会责任投资仍处于发展初期，投资基金筛选是当前 SRI 的主要实现方式。虽然社会责任投资运作体系中关键的三个环节——社会责任指数、社会责任投资基金以及相关中介机构——仍处于刚刚起步或空白状态，但是社会各界的社会责任投资意

① Andrew Newcombe, *Sustainable Development and Investment Treaty Law*, 8 (3) The Journal of World Investment & Trade, 403-404 (2007).

② Empresas Lucchetti, S. A. And Lucchetti Peru, S. A. v. Peru, ICSID Case No. ARB/03/04 (Final Award, 7 February2005). 原告认为其投资符合 EIA 要求且成为非法的环境措施的对象，但这个问题因为缺乏管辖权而没有裁决。

③ Emilio Agustin Maffezini v. Kingdom of Spain, ICSID Case No. ARB/97/7 (Award, 13 November 2000). 该案涉及一项失败的化学产品投资项目，原告项目建设已经开始但因为资金困难而停止。争议的焦点之一是在这种情形下国家是否应当对因为 EIA 程序导致的额外成本负责，因为投资者是在 EIA 程序结束前、在 EIA 的结果知道以前迫于压力开始投资。仲裁庭考察了西班牙的 EIA 程序，认为“不仅在西班牙和 EC 法律上，在国际法中，(EIA 程序) 是充分保护环境和运用适当的防御性措施的基础，这是真实的”因此裁定西班牙简单地要求遵守其环境法规，这种行为完全符合投资条约义务。

识不断加强，积极应对，发展前景良好。中国对社会责任投资的回应表现在以下方面：

首先，出现了有关企业社会责任的研究。例如2014年1月21日，中国社会科学院发布了《中国企业社会责任报告编写指南（CASS-CSR3.0）》版本。2014年6月5日，《WTO经济导刊》联合责扬天下（背景）管理顾问有限公司首次发布《金蜜蜂CSR指数报告（2007—2013）》。该报告为研究者们提供了国内企业社会责任实践和社会责任信息的数据库。“金蜜蜂CSR指数”从第三方视角，首次针对企业社会责任竞争力实践，通过检测企业社会责任理念、与利益相关方关系、社会责任信息披露及责任竞争力典型实践情况。① 2014年12月3日，《WTO经济导刊》发布《金蜜蜂中国企业社会责任报告指数（2009—2014）》。②

其次，企业尤其是国有企业开始注重履行企业社会责任并发布相关信息。例如2014年1月，国网浙江省电力公司、国网辽宁省电力公司也相继发布了《利益相关方沟通手册》、《供电企业全面社会责任管理导则》。2014年8月7日，中国广核集团发布了我国核电行业首份社区发展白皮书——《中国广核集团社区发展白皮书》。2014年6月11日，中国铝业公司社会责任工作委员会通过了《中国铝业公司社会责任管理模块和中国铝业公司社会责任负面清单》文件，表明其建立社会责任管理体系，将社会责任工作与公司战略和日常运营有机融合，实现社会责任管理的常态化、规范化。③

2014年10月24—25日，中国五矿化工进出口商会与中国民营经济国际合作商会共同主办的“2014年中国国际矿业投资峰会”上发布了《2014年中国国际矿业投资峰会北京宣言》和《中国对外矿业投资行业社会责任指引》。2014年2月25日，中国对外承包工程商会与瑞典驻华使馆企业社会责任中心联合发布《中国国际承包商非洲本土化实践调查报告》。④

2014年12月12日，电子信息行业社会责任委员会分别与中国社会科学企业社会责任研究中心、《WTO经济导刊》发布了中国电子信息行业社会责任发展指数、《中国电子信息行业企业社会责任典型实践案例集》。中国电子信息行业联合会

① 赵钧等：《2014年国内社会责任十大事件》，载《WTO经济导刊》2015年第1期（总第136期），第24页。

② 赵钧等：《2014年国内社会责任十大事件》，载《WTO经济导刊》2015年第1期（总第136期），第25页。

③ 赵钧等：《2014年国内社会责任十大事件》，载《WTO经济导刊》2015年第1期（总第136期），第24页。

④ 赵钧等：《2014年国内社会责任十大事件》，载《WTO经济导刊》2015年第1期（总第136期），第25页。

及近30家电子类社会组织共同向电子信息所有企业发出推动社会责任建设的倡议。①

2014年12月5日，在“2014中国外商投资企业履行社会责任优秀案例”发布会上，47家外商投资企业申报的56个社会责任实践案例分别入选“发展好伙伴、客户好朋友、员工好雇主、环境好使者、社区好邻居”五个类别的优秀案例。会上还同期发布了《中国外商投资企业社会责任倡议2014》和《中国外商投资企业履行社会责任优秀实践指数报告》。②

再次，政策层面也出现了符合社会责任投资理念的政策。目前我国也已出台了诸多符合社会责任投资理念要求的政策，例如人民银行、银监会和环保部门提出了“绿色信贷”政策，要求银行对不符合产业政策和环境违法的企业和项目进行信贷控制，对于国家确定的节能减排项目和环境治理工程给予信贷支持。同时，中国人民银行加强了与环保部门的合作，把环境执法信息纳入央行征信管理系统，与国家环保总局形成信息联动，借助金融机构的力量推动环境监管。

此外，虽然国内立法上未明确提及社会责任投资，但中国对有关社会责任、环境、投资的规制也体现了社会责任投资的理念。

(一) 中国的社会责任规制

2006年9月深交所发布的《上市公司社会责任指引》采取自愿性信息披露制度，明确规定企业必须承担社会责任且披露社会责任信息，其指出上市公司作为社会成员之一，应该对债权人、股东、职工、供应商及相关利益方，承担起相应的社会责任。2008年1月4日，国务院国有资产监督管理委员会发布《关于中央企业履行社会责任的指导意见》，要求中央企业必须坚持以人为本、科学发展，在追求经济效益的同时，对利益相关者和环境负责，实现企业发展与社会、环境的协调统一。③

① 赵钧等:《2014年国内社会责任十大事件》，载《WTO经济导刊》2015年第1期（总第136期），第27页。

② 赵钧等:《2014年国内社会责任十大事件》，载《WTO经济导刊》2015年第1期（总第136期），第26页。

③ 企业社会责任主要体现在环境、员工、能源、社区活动、社会贡献、产品质量安全等方面，企业披露的社会责任信息应至少包括以下几方面内容：环境保护方面的信息，主要包括周边环境和生产环境的保护和治理等相关指标，如治理环境污染支出、环保设备投入等情况；人力资源开发方面的信息，如招募员工人数、员工技术培训、员工工资水平、员工福利情况、工作条件的改善等情况；对公益事业和社区贡献的信息，如对慈善、公益、文化教育事业的捐赠、对社区环境美化等的贡献；保护消费者利益方面的信息，主要是产品质量和服务方面的信息，包括不断提高产品质量和性能，进行产品质量认证，做好售后服务，满足消费者需求；生产安全方面的信息披露，应包括企业安全管理情况，是否进行安全认证等方面的情况。参见朱忠明等:《社会责任投资》，中国发展出版社2010年版，第352~354页。

2014年1月21日，山东省质量技术监督局在全国率先批准发布《企业社会责任指标体系》和《企业社会责任报告编写指南》两项山东省地方标准。作为我国第一个社会责任地方标准，其从责任管理、社会影响、环境影响、经济影响等方面为企业如何履行社会责任提供了统一的标准和规范的文本。2014年2月25日，河南省质量技术监督局正式发布《民营企业社会责任评价与管理指南》作为河南省地方标准。2014年4月23日，杭州市《企业社会责任评价规范》地方标准正式发布。2014年10月16日，上海浦东新区政府发布《区域责任竞争力的领跑者——浦东新区企业社会责任建设白皮书（2007—2013）》。①

2014年5月29日，中国国家工商总局发布了《网络交易平台经营者履行社会责任指引》（以下简称《指引》），明确网络交易平台经营者履行社会责任的主要内容，涉及建立健全管理制度、订立履行合同、审查登记经营者信息、防止商标侵权和制售假冒伪劣商品行为、保护消费者权益等方面。《指引》是国家第一次关注网络平台履行社会责任，属于填补空白式的创新。

2014年8月7日，国务院公布《企业信息公示暂行条例》，要求企业真实、及时公示信息，保障社会公众特别是交易相对人准确了解企业经营状况，努力形成企业"一处违法、处处受限"的信用约束机制，促进企业诚信自律，创造良好市场经营环境。2014年10月28日，十八届四中全会通过并发布《中共中央关于全面推进依法治国若干重大问题的决定》，提出"加强企业社会责任立法"。

2014年12月12日，由中国标准化研究院归口并牵头组织起草的《社会责任指南》、《社会责任报告编写指南》和《社会责任绩效指标体系》三项国家标准已完成征求意见稿，面向社会各级广泛征求意见。ISO26000社会责任指南标准自2010年11月1日发布以来在世界范围内得到广泛的推崇和应用，我国三项社会责任国家标准的编制和起草系顺应国际社会责任发展的潮流，对统一和规范我国社会责任领域的相关概念及实践有重要意义，有助于促进各类组织履行社会责任。②

（二）中国的环境保护规制

2014年4月24日修订、2015年1月1日正式施行的《中华人民共和国环境保护法》（以下简称新《环境保护法》）是其颁布实施25年以来的首次修订，被誉

---

① 赵钧等：《2014年国内社会责任十大事件》，载《WTO经济导刊》2015年第1期（总第136期），第22页。

② 赵钧等：《2014年国内社会责任十大事件》，载《WTO经济导刊》2015年第1期（总第136期），第26页。

为“史上最严”环保法。① 第1条强调“推进生态文明建设，促进经济社会可持续发展”的立法目的，② 新《环境保护法》推动建立基于环境承载能力的绿色发展模式，其要求建立资源环境承载能力检测预警机制，实行环保目标责任制和考核评价制度，制定经济政策应充分考虑对环境的影响。推动建立多元共治的现代环境治理体系，且引入社会参与和公众监督。

例如国家建立跨区联合防治协调机制（新《环境保护法》第20条），划定生态保护红线（新《环境保护法》第29条），健全生态保护补偿制度（新《环境保护法》第31条），国家机关优先采购节能环保产品（新《环境保护法》第36条），政府建立环境污染公共监测预警机制（新《环境保护法》第47条），鼓励投保环境污染责任保险（新《环境保护法》第52条）。同时，法规明确公民享有环境知情权、参与权和监督权（新《环境保护法》第53条），并要求各级政府、环保部门公开环境信息，及时发布环境违法企业名单，企业环境违法信息记入社会诚信档案（新《环境保护法》第54条），排污单位必须公开自身环境信息，鼓励和保护公民举报环境违法（新《环境保护法》第57条）。

同时新《环境保护法》加重行政监管部门的责任，授予对各级政府、环保部门许多新的监管权力，环境监察机构可以进行现场检查（新《环境保护法》第24条），授权环保部门对造成环境严重污染的设施设备可以查封扣押（新《环境保护法》第25条），对超标超总量的排污单位可以责令限产、停产整治（新《环境保护法》第60条）。针对“守法成本高、违法成本低”的问题，设计了罚款的按日连续计罚规则；针对未批先建又拒不改正、通过暗管排污逃避监管等违法企业责任人，引入治安拘留处罚；构成犯罪的，依法追究刑事责任。此外也规定对环保部门自身的严厉问责措施。

总之，新《环境保护法》新增“按日计罚”制度（新《环境保护法》第59条），违法者将面临行政拘留（新《环境保护法》第63、64条）；对有弄虚作假行为的环境监测机构以及从事环境监测设备和防治污染设施维护、运营的机构，规定承担连带责任（新《环境保护法》第65条）；规定环境执法监管部门主要负责人责任制，造成严重后果时的引咎辞职（新《环境保护法》第68条）。设信息公开和公众参与专章，公众可申请公开环境信息，确立了公众的环境知情权与环境监督权（新《环境保护法》第53条；设置了环境公益诉讼制度（新《环境保护法》第

① 袁立明：《史上最严〈环保法〉2015年开始施行》，载《地球》2014年第5期（总第217期），第70页；郄建荣：《史上最严环保法期待最严执行力》，载《法制日报》2015年1月5日，第7版。

② 新《环境保护法》第1条规定：“为保护和改善环境，防治污染和其他公害，保障公众健康，推进生态文明建设，促进经济社会可持续发展，制定本法。”

58条)。新《环境保护法》从立法理念、技术手段、监管模式、惩罚力度等方面清晰地规定了环境保护的基本原则、基本制度,同时对于进一步强化政府职能部门环境保护的责任,促进环境友好型企业转型升级,以及环境信息公开、公众参与、提倡节俭等方面,为推进环境治理明确了红线和底线,也为建设生态文明提供了路径可能。①

(三) 中国的投资规制

2013年2月,商务部和环境保护部联合发布了《对外投资合作环境保护指南》②,是政府部门首次对企业对外投资合作环境保护行为进行方向性指导,其主要精神是倡导境外投资企业遵守东道国环保法规,履行环境影响评价、达标排放、发布企业环境信息、环保应急管理等环保法律义务,同时鼓励企业研究和借鉴国际组织、多边金融机构采用的有关环境保护的原则、标准和惯例。该指南旨在对外投资合作进一步规范环境保护行为,引导企业积极履行环境保护的社会责任,推动对外投资合作可持续发展。

2014年9月6日,商务部发布了新修订的《境外投资管理办法》③,旨在促进和规范境外投资,提高境外投资便利化水平。其中第20条规定:企业应当要求其投资的境外企业遵守投资目的地法律法规、尊重当地风俗习惯。履行社会责任,做好环境、劳工保护、企业文化建设等工作,促进与当地的融合。

2015年1月19日,商务部公布了《中华人民共和国外国投资法(草案征求意见稿)》(以下简称《外资法草案征求意见稿》),向社会公共征求意见。④《外资

① 赵钧等:《2014年国内社会责任十大事件》,载《WTO经济导刊》2015年第1期(总第136期),第23页。

② 商务部、环境保护部《关于印发对外投资合作环境保护指南的通知》,商合函[2013]第74号,2013年2月18日,资料来源于:http://www.gov.cn/gongbao/content/2013/content_2427290.htm,2014年11月18日访问。

③ 商务部《境外投资管理办法》,商务部令[2014]第3号,2014年9月6日,该文同时废止商务部《境外投资管理办法》商务部令[2009]年第5号,资料来源于http://tfs.mofcom.gov.cn/article/zcfb/201409/20140900723359.shtml,2015年3月12日访问。

④ 商务部新闻发言人孙继文就《中华人民共和国外国投资法(草案征求意见稿)》公开征求意见发表谈话指出"党的十八届三中全会提出"构建开放型经济新体制","统一内外资法律法规,保持外资政策稳定、透明、可预期","改革涉外投资审批体制","探索对外商投资实行准入前国民待遇加负面清单的管理模式",党的十八届四中全会要求"适应对外开放不断深化,完善涉外法律法规体系,促进构建开放型经济新体制"。为贯彻落实党的十八届三中、四中全会精神,根据《十二届全国人大常委会立法规划》和《国务院2014年立法工作计划》,商务部启动了《中外合资经营企业法》、《中外合作经营企业法》和《外资企业法》的修改工作,形成了《中华人民共和国外国投资法(征求意见稿)》",资料来源于:http://www.mofcom.gov.cn/article/ae/ag/201501/20150100871007.shtml,2015年3月11日访问。

法草案征求意见稿》第 4 条规定了外国投资者“遵守国内法”的义务即“外国投资者、外国投资企业应当遵守中国法律，不得损害国家安全和社会公共利益。外国投资者、外国投资企业进行投资、从事经营活动，应当遵守社会公德、商业道德，诚实守信，接受社会监督，承担社会责任。”第 104 条“投资促进秩序”中规定：“国家推动建立合理规范的投资促进秩序。不得以损害国家安全、社会公共利益、公众生命健康、生态环境、劳动者权益等方式鼓励外国投资。”这表明《外资法草案征求意见稿》试图确立投资促进秩序，保障政策监管空间，防止政府间为吸引投资的牺牲环境、劳工权利保护等其他非投资利益的恶性竞争，亦表明其开始关注投资的发展维度与投资利益与非投资利益的平衡问题。

第 30 条规定“准入许可申请材料”第（1）项第 1 目“外国投资对能源资源、技术创新、就业、环境保护、安全生产、区域发展、资本项目管理、行业发展的影响”。第 32 条规定准入许可的“审查因素”第（3）项“对能源资源、技术创新、就业、环境保护、安全生产、区域发展、资本项目管理、竞争、社会公共利益等的影响”。第 57 条规定对外国投资进行国家安全审查应当考虑的因素，其中第（10）项“对社会公共利益和公共秩序的影响”。第 75 条规定“信息报告制度”是涉及外国投资事项报告［包括“实际投资变化报告”（第 86 条）；“准入许可情况的报告”（第 88 条）］和“外国投资事项变更报告”（第 89 条）。定期报告包括“年度报告”（第 92 条）、“重点外国投资企业的季度报告”（第 94 条）。

《外资法征求意见稿》虽然纳入国家安全审查、信息报告制度，但仍存在以下不足：（1）国家安全审查中第 57 条规定的“安审因素”包括“国防安全”、“信息和网络安全”、“能源、粮食和其他关键资源”的安全、技术安全和经济安全，但尚未涉及“环境安全”。（2）信息报告制度包括关注投资及其变动的“组合投资报告”、“实际投资变化报告”等，尚未涵盖具体的“项目相关影响评估”（project-related impact assessment），也未要求“社会责任报告”、“环境信息报告”或者“环境和可持续影响评估报告”，并未引入环境评估或可持续性影响评估机制。

虽然上述有关社会责任、环境保护和投资的规制，反映了我国开始注重经济与社会的平衡发展，符合社会责任投资理念的要求，但我国国内法上尚未出现明确提及“社会责任投资”的立法，仅有概括性要求承担社会责任的规定。例如，2006 年版《合伙企业法》第 7 条规定：“合伙企业及其合伙人必须遵守法律、行政法规，遵守社会公德、商业道德，承担社会责任。”该两部法均包含企业社会责任这一概念。2014 年新修订的《公司法》保留 2005 年版《公司法》第 5 条“公司从事经营活动，必须遵守法律、行政法规，遵守社会公德、商业道德，诚实守信，接受政府和社会公众的监督，承担社会责任”的规定。《消费者权益保护法》、《食品安全法》以及新修订的《环境保护法》等法律以及行政法规均不同程度地涉及了社会责任，但都尚未提及SRI。

目前，我国国内资本市场仍不完善，缺乏健全高效的监督管理机制和信息披露机制，如当前《公司法》、《证券法》中涉及信息披露的规定主要是针对（拟）上市公司财务信息的披露，很少涉及非财务信息即社会责任信息的披露。上市公司的资讯透明度远远不够，有关社会责任方面的信息披露数量少、质量不高，涉及人权和环境负担的信息披露很不充分。社会上没有独立的企业社会责任研究机构，企业社会责任方面的评价体系不够完善，如就绿色信贷而言，其过于强调政策中的环保标准而忽略其他社会责任标准，这种环保信贷在国内实施过程中也遇到了其他阻碍，如可操作细则的缺失、信息沟通与执行监督机制的不完善、企业经济利益与履行社会责任的传统冲突以及地方政府行为的制约。成长中的机构投资者和投资者对社会责任投资的认知度不够。SRI在我国推行仍面临很多问题如企业社会责任信息匮乏、可操作社会责任标准的缺失、商业银行缺乏足够的认识和专门的人才以及资本市场的不完善等，投资者进行社会责任投资要形成一个完整而有机的运作体系，仍需要各方面的推动和努力。①

我国SRI的发展尚处于初期，发展仍不成熟，与中国SRI发展状况相适应，国内立法中规定SRI条款或者颁布SRI专门立法的条件仍不具备。投资者在进行社会责任投资之前需要知悉企业履行社会责任的情况从而选择投资对象，所以我国仍应从社会责任信息披露立法角度着手，为进行社会责任投资创造良好环境。中国对外缔结的双边或多边投资协定中应明确规定具体的SRI条款。当前国际投资法中尚未存在明确鼓励和促进SRI的具体条款，中国作为吸引外商投资的大国，应当提高所吸引投资的门槛，将高污染、高消耗的外商投资项目拒之门外，吸引外商投资应从重视数量转变为重视质量，而不是片面追求GDP的增长，更不能以牺牲环境和社会利益为代价，换取经济利益，当前中国大部分地区雾霾天气的频发已经为中国经济与中国环境的可持续发展敲响警钟。所以，很有必要在中国所缔结的国际投资协定中引入SRI条款，促进SRI在中国的发展，实现经济与社会、环境的协调可持续发展。

---

① 参见朱忠明等：《社会责任投资》，中国发展出版社2010年版，第148~149页。

结 语

传统投资条约的注重保护投资的架构致使作为投资争议当事人的东道国与外国投资者的权利义务处于一种失衡状态，然而以美国 2012 年 BIT 范本为代表的晚近国际投资条约出现一种追求保护投资者利益与保护东道国公共利益平衡、强调发展维度的新趋势。社会责任投资作为一种新兴投资方式，在欧美发达国家已成为主流投资策略，已突破间接投资领域开始运用于国际直接投资，SRI 资产发展迅速渐趋成熟。其投资策略强调利益平衡，注重发展维度，符合晚近国际投资法新发展的要求。

国际投资法中也出现了体现社会责任投资理念的实践，表现在国际社会达成的许多体现 SRI 理念的软法性规定，现有国际条约体系中虽有关于投资与环境、劳工权利、公共健康安全等体现了 SRI 理念的规则，但多为消极的鼓励、愿景式规定，仍缺乏直接促进和鼓励 SRI 的更具体明确的条款。在国际投资法体系中通过倡导和鼓励 SRI 来实现投资与经济、社会、环境的可持续发展，促进国际公平与正义，与国际投资条约的发展新趋势相适应。SRI 应在国际投资法中进一步完善，在国内法中规定 SRI 条款或制定专门法的时机尚不成熟且面临双重挑战；可采用在国际投资条约中规定 SRI 条款的国际法路径。SRI 条款鼓励和促进社会责任投资、旨在实现私人利益与公共利益平衡，注重发展维度、为投资和东道国可持续发展提供足够政策空间，应具体规定投资者义务与责任、引入 EIA 和 SIA 评估机制，借鉴衡量 SRI 的国际标准如赤道原则。

中国应基于 SRI 的广阔发展前景，从社会责任信息披露立法角度入手完善 SRI 国内法律运行机制，同时可率先在缔结的国际双边或多边投资协定中明确规定 SRI 条款。SRI 条款的引入有利于保障中国管理外资的政策管理空间，同时可提高中国招商引资的门槛，明确在华的外国投资者的社会责任与义务，也有利于预防投资争议发生和促进投资争议的解决。

The Socially Responsible Investing and the New Development in the International Investment law

Abstract: With the development of globalization and the emergence of global public issues, highlights the global public interest rises. Meanwhile, the international law occurs a kind of humanism trends. Correspondingly, a new change of valuing the interest balance and underlining the development dimension occurs in the recent international investment law. Socially Responsible Investing, as a newly developed investment strategy, integrates the environmental, social, corporate governance and ethical factors into the investment decision-making process, aims at gaining financial and non financial returns on investment and pursuing the sustainable development of investment, economic and society. Its investing strategy itself emphasizes the balance of various interests, focus on the development dimension, which is consistent with the requirements of the recent development of international investment law. Currently, the practice of international investment law has also embodies the social responsible investing philosophy, but has yet to fully play its role, socially responsible investment should be further improved in the international investment law, its path is that stipulating socially responsible investing clause in the international investment agreements. Then, in order to develop the socially responsible investing in China, and to promote the sustainable development of China and to achieve the balance of investment and non-investment interests, China are expected to conform and lead this trend, through regulating specific socially responsible investing clause in its new bilateral investment treaties.

Key words: socially responsible investment; socially responsible investment clause; interest balance; development dimension; sustainable development

国际投资条约中的保护和安全标准初探

□ 郑 旸*

内容摘要：保护和安全标准产生于国际法上的对人待遇标准，在早期的友好通商航海条约中已有规定。该标准在具体适用中存在许多争议。其所保护的对象是投资者人身和财产的物质安全，而不包括法律安全，对财产的保护范围包括有形财产和无形财产。该标准要求东道国在采取具体措施对投资者的人身和财产进行保护时达到合理的注意程度，但这种程度对于不同国家来说可能视情况而有所不同。该标准并不要求东道国保证投资者人身和财产的绝对安全。因此，从该标准的义务要求和条约解释的角度看，其是一项独立的投资待遇标准，不同于公平公正待遇。我国缔结的投资条约中的相关规定过于简单，需要进一步完善，以保护我国投资者的合法权益。

关键词：保护和安全标准　应尽的注意　公平公正待遇　国际习惯法

目　次

* 厦门大学法学院 2013 级博士研究生。

近些年，在委内瑞拉、阿尔及利亚、吉尔吉斯斯坦、越南等多国不断发生针对我国投资者商铺的打砸事件，这涉及对我国投资者人身和财产安全的保护，也正是保护和安全标准所涵盖的范围，使对该标准的研究对我国来说具有重要意义。“保护和安全”或者“充分的保护和安全”，是一项投资待遇标准，多数国际投资条约中都包含该标准，只是具体措辞不尽相同。最早涉及该标准的投资仲裁案件是亚洲农产品公司诉斯里兰卡案（简称 AAPL 案），该案仲裁庭引用了 20 世纪早期一些混合仲裁庭的裁决和国际法院的判决，对该标准作出了详细论述，对后来的投资仲裁案件产生了较大影响。但在投资条约的发展过程中，有关该标准的规定却并没有变得更为明确和完善。即使条约规定相同、案件情节相似，不同仲裁庭对该标准的含义仍有着相互矛盾的解释。而一些较为特别的条约规定更是加重了这种实践中的混乱。有关该标准，主要存在两方面的问题：一是该标准的适用，包括其适用范围、东道国在该标准下的义务和义务的例外；二是该标准的独立性，即其是独立的待遇标准还是其他标准的内容。本文仅针对这些问题作较为浅显的分析。

一、历史渊源

保护和安全标准并不是国际投资法所固有的内容，其产生于国际法上有关外国人待遇的标准。有学者认为有关国家的保护和安全义务的论述在 18 世纪中期就已经出现在学者的著作中了，随后被美国与其他国家缔结的通商条约所吸收。① 在其所引用的瓦特尔（Vattel）的著作《万国法或自然法的原则》中，虽然并没有一个明确的“保护和安全”的表述，但对国家对外国人的保护义务作了简要论述，认为应像保护本国公民一样保护外国人，使其获得最好的保障。②

1785 年美国与普鲁士签订的《友好通商条约》是较早包含相关内容的条约。根据该条约第 7 条和第 18 条的规定，东道国对另一缔约方国民的财物有保护义务，且在另一缔约方的国民因某些危险情况而寻求保护时应给予善意和人道的待遇。③之后缔结的其他早期友好通商条约中也有类似的规定，虽然多以促进商事交易为目

① See George K. Foster, *Recovering “Protection and Security”: The Treaty Standard's Obscure Origins, Forgotten Meaning, and Key Current Significance*, 45 (1) Vand. J. Transnat' l L., 1116-1119 (2012).

② See Emmerich de Vattel, The Law of Nations or the Principles of Natural Law, Book 2, Chapter 8, available at http: //lonang. com/library/reference/vattel-law-of-nations/vatt-208/, visited on 8 Dec. 2014.

③ See Treaty of Amity and Commerce Between His Majesty the King of Prussia, and the United States of America, Art. 7, Art. 18.

的，并不强调对投资的保护，但从其具体措辞可以看出"保护和安全"这一待遇逐渐明确，并可看出现代投资条约相关规定的雏形。

1828年美国和巴西签订的《友好、通商和航海条约》规定了"特别保护"(special protection)，其保护范围不仅包括缔约国国民的人身和财产，还包括其寻求法律救济的权利。① 1911年美国和日本签订的《通商和航海条约》第1条使用了"最为持久的保护和安全"（most constant protection and security）这样的表述，并且在第15条中规定，保护的范围包括版权、商标、设计这些作为无形财产的知识产权。② 在双方1953年签订的《友好、通商和航海条约》中，延续了这一用语，但对外国人和其财产的保护作了进一步的区分。规定对任一缔约国国民的这种最为持久的保护和安全"在任何情况下不得低于国际法的要求"；而对公司和国民财产的保护则没有这种与国际法相关联的规定，但对财产范围和东道国所不得采取的措施进行了较为详细的列举。这些措施包括非法进入和妨害，未经及时、合理补偿而进行的征收，违反国民待遇、最惠国待遇等。③ 这说明，违反这些规定就有可能构成违反保护和安全义务。虽然友好通商航海条约本身以促进通商为目的，包含了一定的投资因素，但其对外国商人提供保护的规定侧重于对"人"的权利的保护，几乎没有涉及现代投资条约规定的一个重要内容——投资；其政治意味较强，强调缔约国之间的友好关系，涵盖的内容甚至包括对双方外交人员的待遇。20世纪50年代以后，发达国家开始对外推行更为详明的专门国际投资条约，以取代传统的FCN。④ 但这些条约中有关保护和安全标准的规定并不完全相同，也没有变得更为明确，导致在近些年的仲裁实践中，不同仲裁庭对该标准的解释也各不相同。

---

① See Brazilian-American Diplomacy - Treaty of Amity, Commerce, and Navigation, Art. 12. Also see: Venezuelan-American Diplomacy - Treaty of Peace, Friendship, Navigation and Commerce Between the United States and Venezuela, Art. 10; Chilean-American Diplomacy - Convention of Peace, Amity, Commerce, and Navigation, Art. 10; Bolivian-American Diplomacy - Treaty of Peace, Friendship, Commerce, and Navigation, Art. 13.

② See Treaty of Commerce and Navigation between the United States and Japan, Art. 1, Art. 15.

③ See Treaty of Friendship, Commerce and Navigation between the United States and Japan, Art. 2 (1), Art. 6. 该条约并不是第一个将国际法作为"保护和安全"标准之参照的条约。笔者仅对美国签订的友好通商航海条约（简称FCN）进行了检索，发现第一个作这种规定的条约似乎是1934年美国与芬兰签订的《友好、通商和领事权利条约》，类似的还有"二战"后与中国、日本、希腊、爱尔兰、以色列等国签订的通商航海条约。

④ 徐崇利：《从实体到程序：最惠国待遇适用范围之争》，载《法商研究》2007年第2期，第45页。

二、条约规定

保护和安全标准在投资条约中较为常见的表述是“充分的保护和安全”，也有“最为持久的保护和安全”①、“持久的保护和安全”②、“充分的保护和法律安全”③ 等，此处不一一列举。这些规定的区别是对保护和安全的修饰语不同，其差别应在于对投资者和投资的保护的范围和程度。这种差别可能会对案件的裁决产生影响。

不同投资条约对“保护和安全”的规定可以分为以下两类：

1. 简式规定，仅规定东道国应对投资者提供保护和安全，而不作任何解释或限制。

有些条约将之规定在投资促进与保护条款中，作为一款独立的规定，而把公平公正待遇与国民待遇、最惠国待遇等规定在投资待遇条款中，如“一方投资者在另一方境内的投资应享受持续的保护和安全”。④ 也有条约将之与公平公正待遇作为两个独立的标准规定在投资促进与保护条款下的同一款中，如“缔约一方投资者的投资在缔约另一方境内受到公平和公正对待，享受充分与及时的保护和保障”。⑤ 这种规定并没有给“保护和安全”下一个明确的定义，也没有对其解释作出任何限制。至于“充分的”、“持久的”这样的限定词应如何理解，则几乎全由仲裁庭自由裁量。我国缔结的许多双边投资条约的规定都属于此种类型。

2. 解释性规定，要求东道国提供的保护和安全应符合其他待遇标准、国内法或国际法。

---

① For example, Energy Charter Treaty, Art. 10 (1).

② 如2004年签订的中德BIT第2条第2款规定：“缔约一方投资者在缔约另一方境内的投资应享受持续的保护和安全。”其英文版为” constant protection and security” . Constant 一词有多重含义，强调在一段时间内保持恒定，笔者考虑到” most constant” 的含义，将之翻译为持久。另外，2005年中国和比利时与卢森堡签订的BIT在英文版中采用了同样的规定，但中文版为“保护和保障”，“保障”和“安全”这两个词在汉语中有一定的差别，而“保障”和“保护”在语义上存在相互重叠，因此本文将security翻译成安全。

③ 参见德国—阿根廷BIT（1991），第4条第1款，西班牙语原文为“plena protección y seguridad juridical”。

④ 中国—葡萄牙BIT（2005），第2条第2款。

⑤ 中国—韩国BIT（2007），第2条第2款。我国签订的BIT中，虽然英文文本采用的都是“protection and security”，但有些条约的中文文本规定的是“保护和安全”，有些则规定为“保护和保障”，笔者认为这只是翻译的区别。

有些早期的 FCN 规定保护和安全标准应符合国民待遇，这种规定在近些年的双边投资条约（简称 BIT）中较为少见，但也仍然存在，比如“每一缔约方给予此种投资的保护和安全，在任何情况下都应当不低于其给予本国或任何第三国投资者的投资的待遇……”① 这种规定使保护和安全标准成了国民待遇和最惠国待遇的一部分，使其失去了本身的独立性。还有一些其他形式的规定，比如将保护和安全规定为公平公正待遇的一部分，这在法国与其他国家签订的 BIT 中比较常见。② 比如 1991 年的法国—阿根廷 BIT 第 5 条第 1 款规定对投资所给予的“充分和完全的保护和安全”应符合该条约第 3 条规定的公平和公正待遇原则。③ 而其 2006 年的投资条约范本却将保护和安全待遇规定在征收和补偿条款下。④

要求保护和安全待遇符合国内法的规定也不多，比如“缔约一方应根据其法律法规在其领土上对缔约另一方投资者的投资提供完全的保护”。⑤ 与其他种类的规定相比，这种规定无疑最为明确，东道国政府只需要遵守其本国法律规定即可。但也使东道国对于给予投资者何种程度的保护具有决定权，其标准可以非常高，也可以非常低。这实际上使投资者有关违反保护和安全标准的主张更容易得到仲裁庭的支持，因为对于投资者来说，证明东道国违反其本国某一具体法律的规定比证明其违反了国际法容易得多。

保护和安全标准应符合国际法的规定较为普遍，可以划分为两类：一是将保护和安全规定为最低待遇标准，也就是说，东道国所提供的待遇不应低于条约中规定的待遇标准，如“任一缔约方应当始终给予合格投资以公平和公正待遇和充分的保护和安全，并且其所提供的待遇在任何情况下都不得低于国际法的要求”。⑥ 二是将之规定为最高待遇标准，即东道国提供的待遇不需要超出国际法的要求，如“‘公平和公正待遇’和‘充分的保护和安全’都不要求除该标准之外（国际习惯法中外国人待遇的最低标准）或超出该标准要求的待遇，也不创设额外的实体权利”。⑦ 但是这种规定其实只是在重申东道国没有提供较高待遇的义务，并不意味

---

① 荷兰—捷克斯洛伐克 BIT（1991），第 3 条第 2 款。

② See Chester Brown, Commentaries on Selected Model Investment Treaties 269-270 (Oxford University Press 2013).

③ See Chester Brown, Commentaries on Selected Model Investment Treaties 270 (Oxford University Press 2013).

④ See Chester Brown, Commentaries on Selected Model Investment Treaties 269-270 (Oxford University Press 2013).

⑤ 中国—俄罗斯 BIT（2006），第 2 条第 2 款。

⑥ 美国—阿尔巴尼亚 BIT（1995），第 2 条第 3 款第 1 项。

⑦ 例如，2012 年美国投资条约范本第 5 条。

着其提供的待遇可以低于最低待遇标准。因为既然将最低待遇解释为国际习惯法，则东道国有遵守的义务，除非自始表示不受其约束。

少数投资条约规定保护和安全标准需要同时参照国内法和国际法，比如美国制造和贸易股份有限公司诉扎伊尔共和国案①（简称 AMT 案）所涉及的条约规定"对投资的保护和安全待遇应符合可适用的国内法，且不得低于国际法所认可的待遇"。② 若仅从文义上对这种规定进行解释，那么毫无疑问，保护和安全标准须符合国内法中的相关要求，可是若国内法规定在某些情况下可以背离对外资的保护和安全义务时，东道国可以以国内法规定为由背离这种义务吗？该案仲裁庭给出了否定回答。其认为条约规定了一种客观义务，东道国的警觉和谨慎程度不能低于国际法要求的最低标准，至于其中国内法起到了什么样的作用，则未加论述。③ 与其他种类的规定相比，这种规定要求东道国的保护义务须符合国内法和国际法中较高者，实际上更有利于对投资者的保护。

应当注意的是，条约的上述分类并不是绝对的，也无法涵盖条约规定的所有类型，只是选择比较常见的形式作了粗略的划分，各种分类之间的界限也不是那么泾渭分明。如果仅从条约措辞来看，解释性规定当然更为明确。但在仲裁实践中，对于简式规定，仲裁庭也经常以国际习惯法为依据进行解释，并援引在先的裁决来证明其解释的正当性。因此，不同的规定可能并不会导致完全不同的裁决。在条约规定不明确的情况下，仲裁员的内心确信实际上对裁决结果有着极大的影响。

三、东道国的保护义务

由于条约对保护和安全标准并未作明确定义，因此其对东道国所课以的保护义务也并不明确。从该标准在条约中出现至今，不仅条约规定发生了明显变化，不少仲裁庭都认为其所要求的义务水平和保护范围也发生了变化。因此，有关东道国在该标准下的保护义务，不同的仲裁庭有着不同的理解。

（一）义务客体

就东道国保护义务的客体来说，条约规定并不会对保护和安全条款作明确的限

---

① See American Manufacturing & Trading Inc. v. Republic of Zaire, ICSID Case No. ARB/93/1, Award, para. 6. 04.

② 美国-刚果民主共和国（前扎伊尔）BIT（1984），第 2 条第 4 款。

③ See American Manufacturing & Trading Inc. v. Republic of Zaire, ICSID Case No. ARB/93/1, Award, paras. 6. 05-6. 06.

制，一般规定为“一缔约国自然人或公司在另一缔约国领域内的投资”。但许多仲裁庭在裁决中并不会根据条约中有关投资定义的条款来确定保护客体，而是将其内容解释为“物质安全”（physical security）。

Physical 一词的含义有“物质的”和“人身的”，所以 physical security 一词其实可以指投资本身的物质安全，也可以指与投资有关的投资者及其员工的人身安全。以 2012 年美国范本为例，虽然其第 5 条第 1 款规定待遇所给予的对象是“合格投资”，但在第 2 款中规定第 1 款所称“国际习惯法”是指“国际习惯法中外国人待遇的最低标准”。因此，该规定中投资保护的参照标准是对人的保护。而对人的保护包括对人身和财产的保护。那么是不是可以理解为，虽然投资待遇最直接的保护对象是投资本身，但同时也包括作为投资者的自然人和公司雇员的人身安全？

1. 财产保护

由财产受到侵害而引起的争议在实践中较为常见，但有关财产的范围却不是那么明确。就投资本身来说，其定义分为两类：一类是基于财产的定义，把投资定义为投资者所有或控制的财产；一类是基于企业的定义，把投资规定为企业和企业的财产。无论是何种类型，投资的核心都是财产。从条约规定来看，财产不仅包括有形财产，还包括无形财产。比如 2012 年美国范本第 1 条中有关投资的兜底性规定：“……其他有形或无形财产，动产或不动产，以及相关的财产权利，如租赁权、抵押权、留置权和质押权。”较早的仲裁案件所涉及的多是有形财产，比如企业的办公地点、生产设施等，近期的裁决中才开始提及无形财产。比如，在西门子公司诉阿根廷共和国案中，仲裁庭指出，“……基于投资定义，包括有形和无形财产，仲裁庭认为提供充分的保护和安全的义务比‘物质’保护和安全的范围要广”。① 早期的友好通商航海条约中也未将无形财产排除在保护和安全标准的保护之外，如上文提到过的 1911 年美国—日本《通商和航海条约》第 15 条。

根据布莱克法律词典的解释，无形财产是指任何可以转换为现金的非物质财产或资源，例如专利权、商誉和计算机软件，或者对某一事物的权利，例如费用已预付的服务。② 有学者在论文中指出，投资者的数字财产，比如网络和计算机系统，也应受到保护和安全标准的保护，东道国未能保护投资者的公司免于网络攻击或未能就网络攻击提供恰当的应对措施也可能导致对该待遇标准的违反。③ 正如 Azurix

① Siemens A. G. v. The Argentine Republic, ICSID Case No. ARB/02/8, Award, para. 303. 简称 Siemens 案。

② Black's Law Dictionary 359 (8th ed., 2004).

③ David Collins, *Applying the Full Protection and Security Standard of International Investment Law to Digital Assets*, 12 (2) J. World Investment & Trade, 225 (2011).

案仲裁裁决中指出的那样，即使没有物质暴力或者损害发生，充分的保护和安全义务仍可能遭到违反。①

2. 人身保护

人身保护是指对作为投资者的自然人和公司雇员的保护，即对其人格权的保护。从保护和安全标准的历史变化可以看出，保护和安全标准产生于对外国人的保护，只是在投资条约中为了促进投资自由而将其保护范围扩大到“投资”。比如在 Enron 集团诉阿根廷共和国案裁决中，尽管没有进行展开论述，仲裁庭认为“毫无疑问，该标准是在对公司官员、雇员或设施给予物质保护和安全的背景下发展起来的”。② 森普拉能源公司诉阿根廷案的仲裁庭作出了相同的论述。③ AWG 案仲裁庭也认为东道国阿根廷有义务保护投资者和投资。④

（二）保护标准

东道国的保护和安全义务本质上是一种“注意”（diligence）义务，这已为许多仲裁裁决所确认。在 AAPL 案的裁决中对此作出过清楚的解释：充分的保护和安全义务其实是习惯国际法下的“应尽的注意”义务（due diligence），东道国政府缺乏“应尽的注意”，会导致其违反英国—斯里兰卡 BIT 第 2 条第 2 款规定的充分的保护和安全义务；国际法标准要求东道国需尽到“应尽的注意”，因此任何投资者，即使其本国与斯里兰卡签订的条约未包含类似于充分的保护和安全的条款，其也应享有要求东道国尽到“应尽的注意”的保护。⑤ 在考察了许多国际仲裁庭的裁决之后，AAPL 案的仲裁庭还认为，“对投资给予恰当的保护是东道国的一项主要义务，未能遵守该义务将导致国家责任……存在大量的、前后一致的国家实践证

① Azurix Corp. v. The Argentina Republic, ICSID Case No. ARB/01/12, Award, para. 406. 简称 Azurix 案。

② See Enron Coporation and Ponderosa Assets, L. P v. Argentine Republic, ICSID Case No. ARB/01/3, Award, para. 286. 以下简称 Enron 案。

③ See Sempra Energy International v. The Argentine Republic, ICSID Case No. ARB/02/6, Award, para. 323. 需要注意的是，本案与 Enron 案中保护和安全部分的论述完全相同，两案首席仲裁员为同一人，并且两案的裁决随后被 ICSID 撤销委员会撤销或部分撤销。但这并不影响本文的论述，因为 Enron 案保护和安全部分的裁决并未被撤销。See Enron Coporation and Ponderosa Assets, L. P v. Argentine Republic, ICSID Case No. ARB/01/3, Decision on the Application for Annulment of the Argentine Republic, paras. 406-415.

④ See AWG Group Ltd. v. The Argentine Republic, ICSID Case No. ARB/03/09, Decision on Liability, para. 179. 以下简称 AWG 案。

⑤ See Asian Agricultural Products Ltd. v. Republic of Sri Lanka, ICSID Case No. ARB/87/3, Final Award, paras. 67-69.

明国家有义务尽到‘应尽的注意’”。①

那么什么是“应尽的注意”呢？布莱克法律词典中将之解释为：一个寻求满足一项法律要求或履行一项法律义务的人所通常应尽到的、对其所合理期待的注意，也被称为合理注意、一般注意。② 在 AAPL 案中，仲裁庭引用了弗里曼（Freeman）和布朗利（Brownlie）的观点，认为“应尽的注意”就是一个管理良好的政府在类似情形下所采取的合理措施，③ 并且似乎认为布朗利所描述的几种情况与“应尽的注意”相关：警察不合理的暴力行为、在采取预防性的行为时的重大疏忽、没有采取任何行为阻止损害发生等。④ 还引用了马克斯·胡伯（Max Huber）的观点，认为保护和安全标准要求东道国提供“一定的警觉（vigilance）”，其程度依据具体情况而有所区别。⑤ 并且应尽注意的义务在从旧的主观标准朝着客观的“警觉义务”的标准发展。⑥ 这为后来的一些仲裁裁决所遵循。比如在 AMT 案中，仲裁庭认为保护和安全标准所加诸东道国的是一种“警觉义务”，东道国应采取一切预防性措施保护外国投资，并且保护和安全义务是一项客观义务，不能低于国际法所要求的最低标准的警惕和谨慎。⑦ 关于“警觉义务”，马克斯·胡伯在 Spanish Zone of Morocco Claims 案中有过论述，他认为“国家仅有义务按其可支配的方式行使警觉义务，并且从国际法的角度来看，一国有义务行使的警觉义务可以被认为是‘对待己物同等的注意’（diligentia quam in suis），这一罗马法原则要求尽到与处理自身事务相同水平的注意”。⑧ 可见，应尽的注意义务就是指在特定情形下，一个人处理自身事务时所应尽到的合理注意。这种注意义务本身并不要求东道国采取或不采取某一特定措施，而是要求东道国在对投资者的人身和财产进行保护时就像保

① Asian Agricultural Products Ltd. v. Republic of Sri Lanka, ICSID Case No. ARB/87/3, Final Award, para. 76.

② Black's Law Dictionary 1375 (8th ed. 2004).

③ See Asian Agricultural Products Ltd. v. Republic of Sri Lanka, ICSID Case No. ARB/87/3, Final Award, para. 76. （以下简称“AMT”案）.

④ See Asian Agricultural Products Ltd. v. Republic of Sri Lanka, ICSID Case No. ARB/87/3, Final Award, para. 76.

⑤ Asian Agricultural Products Ltd. v. Republic of Sri Lanka, ICSID Case No. ARB/87/3, Final Award, para. 73.

⑥ Asian Agricultural Products Ltd. v. Republic of Sri Lanka, ICSID Case No. ARB/87/3, Final Award, para. 77.

⑦ See American Manufacturing & Trading Inc. v. Republic of Zaire, ICSID Case No. ARB/93/1, Award, paras. 6. 05-6. 06.

⑧ Andrew Newcombe & Lluis Paradell, Law and Practice of Investment Treaties: Standards of Treatment 310 (Kluwer Law International Press 2009).

护自身安全一样审慎。

“应尽的注意”从其文义上理解，应是一种行为义务，而不是结果义务。这早在1989年国际法院依据美国—意大利FCN作出判决的ELSI案中就有明确论述：“……第5条规定的‘持久的保护和安全’不能被解释为给予了一种保证，即财产在任何情况下都永远不得被占领或受到干扰。”① 这一主张被后来的相关投资仲裁案件所遵守，有些案件更是将之作为规则而直接引用。比如在AAPL案裁决中就引用了该案来说明这一规则，并认为即使在保护和安全标准前加上“持久的”或“充分的”来加强其保护，这也只能表明该条约要求的保护高于国际法最低标准，但并不能从本质上改变该义务，“持久的”或“充分的”并不能将这一义务变为一种严格责任。② 在近几年发生的AGW集团诉阿根廷共和国案③、Toto建筑公司诉黎巴嫩共和国案④等案件的裁决中也都引用了这一规则。

从上述判决和裁决可以看出，关于保护和安全标准的含义已经形成了广泛的共识，即其本质上是要求东道国尽到“应尽的注意”的义务。虽然“注意”的程度依据具体的条约规定可能有所不同，但其本质上是一种行为义务，并不要求东道国保证保护投资和投资者不受任何伤害。

（三）义务的例外

值得注意的是，近些年的理论研究和部分仲裁实践认为，这种义务并不是一种要求所有国家尽到相同注意程度的绝对标准，而是一种视每一特定国家具体情况而定的客观要求。

有学者认为，既然“国家仅有义务按其可支配的方式行使警觉义务”，那么投资者所期待的适当注意的程度会随着东道国当地的情况而变化，也就是说，适当的注意义务受到东道国行为能力的限制，因此东道国无须为其无法实施的行为负责。“实践中，仲裁庭在决定一国是否存在适当注意的义务时，也很可能会考虑其发展水平和稳定性。投资者在发生内乱且管理不佳的地区投资时，不可能会与在伦敦、

① ELSI (United States of America v. Italy), I. C. J. Reports 1989, para. 108.

② See Asian Agricultural Products Ltd. v. Republic of Sri Lanka, ICSID Case No. ARB/87/3, Final Award, paras. 47-50.

③ See AWG Group Ltd. v. The Argentine Republic, ICSID Case No. ARB/03/09, Decision on Liability, para. 162.

④ See Toto Costruzioni Generali S. P. A. v. Republic of Lebanon, ICSID Case No. ARB/07/12, Award, para. 228.

纽约和东京进行投资时对物质安全有相同的预期。”①

上述观点被 Pantechniki 公司诉阿尔巴尼亚案仲裁庭所采纳。Pantechniki 公司是一家希腊建筑公司，通过招标承担阿尔巴尼亚的公路和桥梁建设工程。其间，阿尔巴尼亚发生暴乱，导致该公司资产被盗窃和毁坏，损失严重，阿尔巴尼亚政府未采取任何措施。该公司主张阿尔巴尼亚违反了保护和安全义务。但仲裁庭认为应区分一国政府不愿采取措施和没有能力处理相关情势两种情况：对于一个有能力控制无法预见的民间暴乱的政府来说，违反保护和安全义务的情况更容易发生，而对于贫穷和脆弱的国家来说，提供保护和安全可能超出其政府的能力范围。并且，“国家只有在‘正常情况’下才有义务维持政府的适当功能，而在‘异常情境和事由’导致的临时故障的情况下，国家的这种义务也就例外地中止了”。对于本案投资者来说，其在签订合同时就已经接受了因内乱而造成损害的风险，故而其并不具有东道国提供高标准警察保护的合理期待。证人证言表明，当时的情况下，阿尔巴尼亚“没有能力”干预此事，而不是“拒绝”作出反应，因此也就不存在违反保护和安全义务的可能。②

可见，上述学者和仲裁庭认为，东道国的保护和安全义务存在实施的例外。判断的依据有两点：东道国控制局势的能力和投资者的合理期待。东道国的保护和安全义务取决于其客观能力，而投资者的合理期待则依赖于其对这种客观情况的理性认识。在管理落后、政府无力的国家，投资者选择在此投资也就选择了接受相应的风险，因而也就不存在东道国提供高标准保护的合理预期。

应当注意的是，尽管上述观点可以用来证明在一定情况下免除国家保护和安全义务的合理性，但并不能必然地免除国家的赔偿责任。在 Pantechniki 案所引用的 Spanish Zone of Morocco Claims 案中，仲裁员还认为：“……免责原则绝不排除一定程度的警戒的责任。即使国家自身不对革命事件负责，其仍然可能对在可能性的界限内、其当局为避免革命事件后果的作为或不作为负责。”③ 此处所指责任有两种：国家对革命事件本身的责任和国家对其行为的责任。投资条约中多会规定损害赔偿条款，有些还规定了东道国的严格责任。上述 Pantechniki 案所涉及的 1991 年的希腊—阿尔巴尼亚双边投资条约第 5 条就规定“一缔约国投资者在另一缔约国领域

---

① See Andrew Newcombe & Lluis Paradell, Law and Practice of Investment Treaties: Standards of Treatment 310 (Kluwer Law International Press 2009).

② Pantechniki S. A. Contractors & Engineers (Greece) v. The Republic of Albania, ICSID case No. ARB/07/21, Award, paras. 12-13. 以下简称 Pantechniki 案。

③ 参见［英］郑斌：《国际法院与法庭适用的一般法律原则》，韩秀丽、蔡从燕译，法律出版社 2012 年版，第 236 页。

内的投资因战争或其他武装冲突、革命、国家紧急情况、叛乱、暴动或骚乱而遭受损害者"，在恢复原状、赔偿损失、补偿或其他的解决方式方面应给予其国民待遇或最惠国待遇。① 违反保护和安全义务的事由并非这些不可预料的情况本身，而是国家在预防这些情况的发生、事后防止损害扩大或者为投资者提供救济等方面的作为或不作为。也就是说，依据上述理论所能得出的合理推论是：国家在面对其不可控的情形时可能会免除某些保护义务，但这并不意味着国家赔偿责任的免除，在发生条约中所述的种种不可控情形时，国家对投资者仍有赔偿责任。因此，保护和安全义务在某些情况下的免除，并不意味着东道国责任的终结。

（四）法律安全

有关保护和安全标准适用的范围，传统上，法院判决和仲裁裁决都认为其保护的是投资者和投资的物质安全，也就是相关自然人的人身安全和财产的完整性，但最近几年的裁决中出现了一些不同的观点，认为东道国的义务应扩大到提供法律安全和维持经济和法律环境的稳定。以下仅对此展开论述。

AWG 案和 Saluka 投资公司诉捷克共和国案（以下简称 Saluka 案）的裁决都认为：充分的保护和安全标准主要适用于外资受到内乱和物质暴力影响的情况，并不解决所有种类的损害，更具体地说，其是只保护投资的物质完整性不受武力影响。②

并非所有仲裁庭都赞同上述观点。在一些裁决中，仲裁庭认为保护和安全标准的适用超出了物质保护的范围。比如 Azurix 案和 Biwater 案仲裁庭都认为由于案件所涉条约规定在"保护和安全"前加了"充分的"这一限定词，使该标准超出了其通常含义，保护范围扩及商业和法律上的安全。③

Azurix 案和 Biwater 案仲裁庭都强调"充分的"这一形容词对保护和安全标准适用范围的影响，但这种理由似乎并没有太强的说服力。因为前述 AWG 案和 Saluka 案所涉及的 BIT 也采取了"充分的"或者"完全的"这种限定词，却得出了相反的结论。还有一些案件的裁决中更是明确地反驳了这种观点。比如在

---

① Albania-Greece BIT, Art. 5（1）. Pantechniki 案投资者并没有根据赔偿条款提出请求，因此也就无法判断仲裁庭对该条款的理解是否与本文相同。

② See AWG Group Ltd. v. The Argentine Republic, ICSID case No. ARB/03/09, Decision on Liability, para. 163. See Saluka Investments BV v. The Czech Republic, UNCITRAL Arbitration Rules (1976), Partial Award, 2006, paras. 483-484.

③ See Azurix Corp. v. The Argentina Republic, ICSID Case No. ARB/01/12, Award, para. 408. Also see Biwater Gauff (Tanzania) Ltd. v. United Republic of Tanzania, ICSID Case No. ARB/05/22, Award, para. 730. 以下简称 Biwater 案。

Parkerings 公司诉立陶宛案中，仲裁庭认为尽管立陶宛—挪威 BIT 只规定了“保护”，但该规定与“充分的保护和安全”这样的规定在语言上的不同并不能使二者的含义产生重大差别。① Frontier 石油公司诉捷克共和国案的裁决也认为无论是省略“充分的”这一形容词，还是把“安全”放在“保护”之前，又或者规定“最为持久的保护和安全”，这些区别都不具有实质意义。②

根据 Siemens 案裁决中的解释，法律安全指的其实是法律规定需要保持一定的稳定性和可预测性，是对东道国立法权的限制，也是对投资者正当期待的保护，而依据 Pantechniki 案中有关免除保护义务的观点，对于投资者来说，东道国的法律和经济环境的变化也是其所应当能够预见且必须承担的风险，因而东道国就此不承担保护义务。因此，无论在理论上还是实践中，法律安全都超出了保护和安全标准所能涵盖的范围。但由于 Siemens 案所涉及的条约规定了“法律安全”，该案仲裁庭认为保护和安全涵盖的范围包括物质安全和法律安全。③

因此，保护和安全标准所要求的适当注意义务仅适用于投资者及其投资的物质安全。物质安全所要求的保护有两个层面。④ 一是对人身权和财产权本身的保护，这体现为保护请求权，也就是投资者在受到侵害或威胁时请求警察保护的权利，对于东道国来说则意味着行政当局需要提供良好的社会治安和有效的警察机构。二是在权利受到侵害之后所派生出来的救济权，体现为诉权，也就是投资者向东道国法院起诉侵害人请求恢复原状、赔偿损失等救济的权利，这对东道国来说意味着需要提供一个投资者可以诉诸的司法体系和对刑事案件行为人的追诉制度，包括法院、检察院、仲裁机构等。在 Parkerings 案和 Frontier 案中，仲裁庭就认为充分的保护和安全意味着国家有义务为投资者提供一个法律体系使其能够提起自己的请求并使该请求得到公正审理。⑤

但是上述那些试图扩大保护和安全范围的裁决并非错误或者毫无意义。正如 Mondev 公司诉美国案（简称 Mondev 案）裁决中所述，20 世纪 20 年代至今，关于

① Parkerings- Compagniet AS v. Republic of Lithuania, ICSID Case No. ARB/05/8, Award, para. 354. 以下简称 Parkerings 案。

② Frontier Petroleum Services Ltd. v. The Czech Republic, UNCITRAL Arbitration Rules (1976), Final Award, para. 260. 以下简称 Frontier 案。

③ See Siemens A. G. v. The Argentine Republic, ICSID Case No. ARB/02/8, Award, para. 303.

④ 参见杨立新、曹艳春：《论民事权利保护的请求权体系及其内部关系》，载《河南省政法管理干部学院学报》2005 年第 4 期，第 56~57 页。

⑤ See Frontier Petroleum Services Ltd. v. The Czech Republic, UNCITRAL Arbitration Rules (1976), Final Award, paras. 272-273.

保护外国人实体和程序权利的国际法经历了相当的发展，如果认为保护和安全标准没有发生变化，是不能令人信服的，当时个人在国际法上的地位以及国际法对外资的保护远不如现在发达。① 目前，多数学者仍认为法律环境的稳定性或者对投资者正当期待的保护属于公平公正待遇所涵盖的范围。② 这些扩大保护和安全标准适用范围的裁决与其说反映出保护和安全标准本身的变化，不如说表现出该标准与公平公正待遇标准在一定程度上的融合，只是目前的缔约和仲裁实践尚不足以证明新的国际习惯法规则已经形成。

四、与国际习惯法的关系

尽管许多学者认为保护和安全标准、公平公正待遇同属于国际习惯法，但考虑到相反观点的存在，在讨论这两个待遇标准的相互关系之前，有必要对二者是否国际习惯法这一问题进行说明。

国际法，尤其是国际习惯法对于仲裁庭对保护和安全标准的解释具有重要影响。许多条约规定保护和安全标准、公平公正待遇需要符合国际法或国际习惯法，因而在产生于这类条约的投资争端中，仲裁庭需要对国际法中有关投资待遇的内容进行讨论。但即使是简式规定，这种讨论也是必要的，因为在条约没有对保护和安全标准作出明确定义的情况下，仲裁庭必须对其进行解释，而在实践中，仲裁庭的解释多会涉及国际习惯法。比如在亚洲农产品公司案中，条约本身并没有规定保护和安全应与国际法相一致，但在仲裁裁决中，仲裁庭认为“应当享有充分的保护和安全”这一术语应当依据习惯赋予它的通常用法进行解释。③

《维也纳条约法公约》第 31 条规定，在对条约进行解释时需要考虑“适用于当事国间关系之任何有关国际法规则”。④ 而根据《国际法院规约》第 38 条有关国际法渊源的规定，最终在确定保护和安全标准的含义时，仲裁庭往往需要

① Mondev International Ltd. v. United Stated of America, ICSID Case No. ARB (AF) /99/2, Award, para 116. See also Glaims Gold, Ltd. v. United States of America, UNCITRAL Arbitration Rules (1976) Award, para. 605.

② For example, see Katia Yannaca-Small, *Fair and Equitable Treatment Standard: Recent Developments*, in August Reinisch (ed.), Standards of Investment Protection 121 (Oxford University Press 2008). See also, Rudolf Dolzer & Christoph Schreuer, Principle of International Investment Law 145 (2nd ed. Oxford Press 2012).

③ See Asian Agricultural Products Ltd. v. Republic of Sri Lanka, ICSID Case No. ARB/87/3, Final Award, paras. 47, 51.

④ 《维也纳条约法公约》第 31 条第 3 款第 3 项。

落脚于国际习惯法。根据第 38 条的规定，仲裁庭需要考察的“有关国际法规则”包括争端所涉条约的缔约方缔结或共同参加的其他条约、国际习惯法和国际法的一般原则。条约中通常不会对保护和安全标准的含义和适用作明确规定。而国际法的一般原则，从内容上来讲只能作为保护和安全标准之上更高一级的概念，无法为其提供具体的内容，因为原则本身是非常抽象的；从形式上来讲，原则一般也体现在国际条约或国际习惯中，对于确定保护和安全标准的内容并无帮助。因此，在条约规定不明确的情况下，就只能从国际习惯法中寻找保护和安全标准的具体含义。

早在 1998 年联合国贸易和发展会议（UNCTAD）发布的世界投资报告中就认为“充分的保护和安全标准意味着给予外国投资者国际习惯法所预期或要求的充分的保护和安全……”① 在 FTC 于 2001 年发布了对第 1105 条第 1 款的解释之后，这种保护和安全标准必须符合国际习惯法的观点在仲裁实践中得到了更为广泛的接受，并且进一步将国际习惯法限制为国际习惯法最低待遇标准。比如 Glamis 黄金公司诉美国案的裁决明确表示，公平公正待遇和充分的保护和安全作为国际习惯法最低待遇标准的例子被规定入第 1105 条，这表明国际习惯法最低待遇标准是一个上位的概念，包含了一系列规则，这些规则在国际习惯法的特殊情境下经历了几个世纪才形成。②

虽然投资条约本身具有契约的性质，但许多国家反复的缔约实践表明，给予投资者充分的保护和安全已成为其习惯。正如 Mondev 案裁决中论述的“大量的双边和区域投资协定几乎一致地规定了对外资的公平公正待遇，并且大多数都给予投资充分的保护和安全……国家迅速地对其本身课以为外国投资提供此种待遇的义务。在仲裁庭看来，这种大量的一致实践必然会对现代国际法中规范着外资待遇的规则之内容产生影响”。③ 因此，这一标准本身应该是国际习惯法的一部分，并且是一种在不断发展变化的习惯。

① See UNCTAD, Investor-state Dispute Settlement and Impact on Investment Rulemaking, p. 66, note151, 2007, available at http://unctad.org/en/docs/iteiia20073_en.pdf, visited on 11 Dec. 2014. 转引自 UNCTAD, Bilateral Investment Treaties in the Mid-1990s, p. 55, 1998.

② Glamis Gold, Ltd. v. United States of America, Award of June, 8, 2009, para. 618. Also see Mondev International Ltd. v. United Stated of America, ICSID Case No. ARB (AF)/99/2, Award, para. 120.

③ Mondev International Ltd. v. United Stated of America, ICSID Case No. ARB (AF)/99/2, Award, para. 117.

五、与公平公正待遇的关系

尽管从条约规定和仲裁实践的角度看，保护和安全标准与公平公正待遇同属于国际习惯法，但在二者的相互关系方面，条约规定却不尽相同，仲裁实践中也存在着分歧。比如 Azurix 案仲裁庭指出，Occidental 案①和 Wena 案②的裁决对保护和安全标准与公平公正待遇的关系得出了相反的结论，前者认为违反公平公正待遇导致违反保护和安全标准，而后者认为违反保护和安全义务导致违反公平公正待遇。③而两案所涉及的条约对保护和安全的规定类似，都属于第二种类型，即规定投资者的投资应始终被给予公平和公正待遇并享受充分的保护和安全，并且在任何情况下所被给予的待遇都不得低于国际法要求。

在仲裁实践中，违反公平公正待遇与保护和安全义务的主张常常同时被提起，这部分是因为条约规定本身没有对二者的含义作出明确的界定，但更多是由于随着实践中保护和安全标准含义的扩张，二者保护的范围出现了交叉，无论是争端双方还是仲裁庭都没有很明确地划清二者的界限。有些仲裁庭把保护和安全义务当做公平公正待遇的一部分，有些条约甚至直接规定前者应与后者相一致。投资者为了增加胜诉的可能，会尽可能多地提出东道国违反条约的主张，仲裁庭则往往根据自己的内心确信去解释条约，从而导致实践中存在多种不一致的情况。

比如，在 Oostergetel 案④中，所涉及的荷兰和捷克斯洛伐克联邦共和国 BIT 第 3 条将保护和安全规定为公平公正待遇的内容。该案仲裁庭根据条约规定认为保护和安全标准是对公平公正待遇的具体应用，⑤ 但在对公平公正待遇的解释中，仲裁庭认为公平公正待遇包含了政府行为的透明度、正当程序、禁止专断和歧视性措

---

① See Occidental Exploration and Protection Company v. The Republic of Ecuador, LCIA Case No. UN 3467, Final Award, para. 187. 简称 Occidental 案。

② See Wena Hotels Limited v. Arab Republic of Egypt, ICSID Case No. ARB/98/4, Award, paras. 84-95. 以下简称 Wena 案。该案所依据的美国—扎伊尔 BIT 把公平公正待遇和保护和安全标准规定在第 2 条第 2 款中，仲裁庭没有把二者作为两个独立的标准加以论述，而是通过证明东道国违反了保护和安全义务从而论证其违反了条约的该款规定。

③ Azurix Corp. v. The Argentina Republic, ICSID Case No. ARB/01/12, Award, para. 406.

④ See Jan Oostergetel and Theodora Laurentius v. The Slovak Republic, UNCITRAL Arbitration Rules (1976), Final Award. 以下简称 Oostergetel 案。

⑤ Jan Oostergetel and Theodora Laurentius v. The Slovak Republic, UNCITRAL Arbitration Rules (1976), Final Award, para. 308.

施、保护投资者对东道国有关投资的法律框架的正当期待、拒绝司法等内容,① 其所关注的是在投资者与东道国或其国家实体的争端解决程序中的拒绝司法和程序适当性，而在投资者与私人之间的争端解决中缺乏正当程序的问题最好在保护和安全标准下解决。② 这种推理本身反映出一种矛盾的态度，仲裁庭一方面必须遵守条约的规定，另一方面却认为二者在适用上存在一定的差别。

从理论上讲，将保护和安全标准置于公平公正待遇之下的观点会使两种待遇标准都失去本来的价值：投资者只要证明东道国违反了保护和安全义务就可证明其同样违反了公平公正待遇，而东道国只需要证明其没有违反公平公正待遇就可以推翻投资者有关其违反保护和安全义务的主张，似乎二者没有分别存在的必要。这在Total 案的裁决中表现得尤为明显。Total 案相关条约规定保护和安全标准要符合公平公正待遇，因此仲裁庭认为没有必要深入分析申请方有关保护和安全标准的主张，因为保护和安全义务是公平公正待遇的一部分，违反保护和安全义务也只是违反公平公正待遇的一部分，而不构成一项独立的违反。③ 虽然从文义上看，本案仲裁庭的确严格依据条约规定对保护和安全标准与公平公正待遇的关系进行了解释。但条约将公平公正待遇规定为第 3 条，而将保护和安全规定在第 5 条第 1 款，是两个相互独立的规定，仲裁庭的解释使第 5 条第 1 款变得毫无意义。如果缔约国本来的意图就是如仲裁庭解释的一样，或者长期的国际实践一直将保护和安全义务作为公平公正待遇的一部分，那么根本没有必要单独用一款来规定东道国的保护和安全义务，就像很多条约都没有在公平公正待遇下明确规定不得拒绝司法但后者被普遍认为是前者的应有之义一样。仲裁庭的这种解释使条约对保护和安全条款的规定变得毫无意义，这不符合条约解释的有效性原则。在这种规定下，缔约国的本意似乎是，在保护和安全标准的具体实施中需要遵循公平公正的原则，比如在内乱的情况下对外国投资者的人身安全进行公平的保护，或者在东道国法院的诉讼中为外国投资者提供公正的程序等，而不是要让前者为后者所吸收。反过来，如果将公平公正待遇解释为保护和安全标准的一部分，道理也是如此。

公平公正待遇强调的是程序上的公平公正和对投资者正当期待的保护，而保护和安全则侧重对投资者人身和财产权利的保护，两者在通常含义上应为相互独立的

---

① See Jan Oostergetel and Theodora Laurentius v. The Slovak Republic, UNCITRAL Arbitration Rules (1976), Final Award, paras. 221, 225.

② Jan Oostergetel and Theodora Laurentius v. The Slovak Republic, UNCITRAL Arbitration Rules (1976), Final Award, para. 226.

③ Total S. A. v. The Argentine Republic, ICSID Case No. ARB/04/1, Decision on Liability, para. 343. 以下简称 Total 案。

两个标准。因此，除非条约对二者的含义或隶属关系有具体明确的规定，仍然应该依据《维也纳条约法公约》的规定进行解释，将二者视为两个相互独立的待遇标准。但这并不意味着每一仲裁裁决仅仅具有个案的意义或者存在谬误。许多学者都认为在先的、有说服力的裁决会被后来的裁决所广泛接受，从而使投资仲裁的裁决有可能成为一种事实上的判例，① 这虽然不同于普通法意义上的判例，但国家对仲裁裁决的执行在一定程度上能够反映其法律确信，因此不能忽视其对习惯的形成可能具有的推动作用。

尽管从理论上来说，保护和安全标准意味着东道国应该为投资者提供一个可供诉诸的司法体系，但这个司法体系在程序上的公正与否则应该属于公平公正待遇的范畴，这样理解也更能够解释有些条约关于保护和安全标准应符合公平公正待遇的规定。因此，与其认为这两个标准在适用范围上存在交叉，不如尽量进行合理的解释使其在实践中能够更好地衔接。

结　语

综上所述，保护和安全标准是国际习惯法下的一项独立的投资待遇标准，其要求东道国在对其领域内的外国投资的保护方面尽到合理的注意义务。但根据近些年的仲裁实践，这种义务并不要求所有国家都尽到相同水平的注意，而是视一国具体情形有所不同：它并不要求东道国提供超出自己能力范围之外的保护。在具体适用上，保护和安全标准仅涵盖对投资者及其投资的物质安全的保护，这包含两个层面，一是保护投资者的人身安全和投资的完整性，二是为投资者提供一个可供诉诸的司法体系。不同的投资条约对该标准的规定各不相同，从而在一定程度上影响着对该标准的解释和适用。

就我国缔结的投资条约而言，存在两个较为突出的问题：第一是条约规定过于简单，没有对该标准的含义进行解释或对其适用作出限制；第二是许多条约中的保护和安全标准不能作为投资者申请国际投资仲裁的理由。

我国缔结的投资条约对该标准的规定中，最常见的有两种，第一种规定外国投资者的投资受到“充分的（或持续的、完全的等）保护和安全（或保护和保障）”，第二种规定投资和与投资有关的活动受到“公正与公平的待遇和保护”。仅 2012 年中日韩投资条约和 2012 年的中加投资条约对该标准的规定较为完善，前

① See Jeffery P. Commission, *Precedent in Investment Treaty Arbitration: A Citation Analysis of a Developing Jurisprudence*, 24 (2) J. Int'l Arb, 129-130 (2007).

者规定东道国的保护和安全义务无须超出公认的国际法规则，① 后者规定其不要求超出国际法最低待遇标准的待遇。② 我国属于经济和政治环境较为稳定的国家，根据上文提到的有关东道国的保护义务不应超出其能力的理论，很难出现免除保护义务的情况，如果不对保护和安全标准的解释进行适当的限制，那么未来仲裁庭在进行解释时就很可能对我国课以较高标准的注意义务，从而使违反保护和安全义务的情况较易发生。而且，规定“公正公平的待遇和保护”会使保护和安全标准与公平公正待遇相混淆，出现适用上的困难。目前，我国还有许多20世纪90年代缔结的投资条约仍然有效，也许在未来重新签订或者修正这些投资条约的时候，可以考虑对其中的保护和安全标准作相应的解释或限制。

我国1998年以前缔结的投资条约的仲裁条款中，要么没有规定投资者—东道国仲裁机制，要么将投资者可诉诸该机制的事由限制为有关征收赔偿额的争议，东道国违反保护和安全义务不在可诉诸投资仲裁的事项范围内。这会导致我国投资者维权困难。对于与我国社会发展水平差距较大的缔约国来说，我国的法制环境相对较好，该国投资者的合法权益相对较有保障，而该国却无法为我国投资者提供对等待遇。

因此，面对发展变化中的保护和安全标准，我国需要综合衡量对他国的投资额以及该国在我国的投资额、对方国家的社会发展水平等因素，分轻重缓急来提出对相应投资条约的修改或重订。对于保护和安全标准，需要从东道国的保护义务、与国际习惯法或国际习惯法最低待遇标准的关系以及该标准是否适用于法律安全等方面作出明确规定；并且进一步完善投资仲裁机制，扩大可以诉诸投资仲裁的争议范围，从而使该标准能够在实质上保护我国投资者的海外投资。

A Preliminary Study on the Protection and Security Standard in International Investment Law

Abstract: Protection and security standard is an investment treatment standard derived from treatment of aliens in international law. It was prescribed in early Friendship Commerce and Navigation Treaties. There are many debates toward the application of this standard. The objects of protection provided by this standard include both the investor's body and assets, both tangible and intangible, other than legal security. It requires the

① 参见中日韩投资条约（2012），第5条。
② 参见中国—加拿大双边投资条约（2012），第4条。

host state to provide due diligence when taking specific measures to protect the investor's body and assets. The level of due diligence may vary according to the situations in different countries. But it does not require the host to guarantee the absolute safety of the investor's body and assets. Therefore, from the perspectives of obligation and interpretation of this standard, it is an independent standard of treatment, not the content of the Fair and Equitable Treatment. The provisions of this standard in investment treaties concluded by China and other states are too simple and need to be completed, so as to protect lawful interest of investors from our country.

Key words: protection and security; due diligence; fair and equitable treatment; customary international law

国际投资条约一般例外条款研究

——兼论我国的选择

□ 曾建知*

内容摘要：为拓宽东道国的公共政策空间，IIAs 引入一般例外条款成为趋势，其允许东道国为实现正当公共政策目标而采取背离 IIAs 其他各项实体性义务的措施。但是，目前存在概念不清、早期条款规定过于简单、新一代条款存在设计缺陷等问题。在国际投资条约更新换代的背景下，有必要以平衡东道国公共利益和投资者财产权益为指导原则妥善构建 IIAs 一般例外条款，尤其是要明确其能否免除东道国的补偿责任及免除范围，这亦适用于国际投资双重身份显化的我国。

关键词：国际投资条约　一般例外条款　公共政策目标　利益平衡　构建

目　　次

---

* 厦门大学法学院国际法专业 2013 级博士研究生。

21世纪以来，无论是发展中国家还是发达国家都意识到保留国家公共政策空间、平衡投资者与东道国之间利益的重要性。“一般例外条款”（General Exceptions Clause）作为达到这些目标的工具之一，更多地被引入新一代国际投资条约（International Investment Agreements，下称“IIAs”）①，我国对外签订的IIAs也不可避免地受到了影响。尤其值得注意的是，UNCTAD 2012年《世界投资报告》提出的可持续发展投资政策框架建议纳入一般例外条款，认为其有利于实现可持续发展目标，促进IIAs与公共政策目标的一致性。② 虽然一般例外条款在IIAs中“流行”起来，但是目前各国的条款文本和相关的国际仲裁实践仍相当混乱，本文试图进行梳理，并探讨如何构建IIAs一般例外条款以及我国的选择。

一、IIAs一般例外条款的概念

（一）概念界定

虽然国内外就IIAs一般例外条款的讨论日趋增多，但却鲜有论著对一般例外条款的概念进行界定，如UNCTAD《世界投资报告》自2010年始连续5年论及一般例外条款，却无一对其概念进行界定。概念本身的模糊导致使用混乱，不利于条款的良性构建和功能发挥，因此，本文先界定IIAs一般例外条款的概念。

当前最典型的IIAs一般例外条款是冠以“一般例外”（General Exception）之名称的条款，以2009年《中国与东盟全面经济合作框架协议之投资协议》（下称“《中国与东盟投资协议》”）第16条“一般例外”③ 为例，该条规定：“一、在此类措施的实施不在情形类似的缔约方、缔约方的投资者或投资者的投资之间构成武断或不合理歧视的手段，或构成对任何一方的投资者或其设立的投资的变相限制的前提下，本协议的任何规定不得解释为妨碍任何成员采取或实施以下措施：（一）为保护公共道德或维护公共秩序所必要的措施④；（二）为保护人类、动物

---

① 本文所指的IIAs包括双边投资条约（Bilateral Investment Treaties，下称“BITs”）、区域性投资条约、包含投资章节的双边及区域性自由贸易协定（Free Trade Agreements，下称“FTAs”）和经济伙伴协定（Economic Partnership Agreements）。

② See UNCTAD, World Investment Report 2012 151, available at http://unctad.org/en/Pages/DIAE/World%20Investment%20Report/World_Investment_Report.aspx, visited on 29 Jan. 2015.

③ China-ASEAN Agreement on Investment of the Framework Agreement on Comprehensive Economic Cooperation (China-ASEAN AI), 2009, Art. 16, available at http://fta.mofcom.gov.cn/inforimages/200908/20090817113007764.pdf, visited on 8 Dec. 2014.

④ 原注：“就本款而言，《服务贸易总协议》第十四条脚注5经必要修改后纳入本协议，构成协议一部分。”

或植物的生命或健康所必要的措施；（三）为使与本协议的规定不相抵触的法律或法规得到遵守所必要的措施，包括与下列内容有关的法律或法规：1. 防止欺骗和欺诈行为或处理合同违约而产生的影响；2. 保护与个人信息处理和传播有关的个人隐私及保护个人记录和账户的机密性；以及 3. 安全；（四）旨在保证对任何一方的投资或投资者公平或有效地①课征或收取直接税；（五）为保护具有艺术、历史或考古价值的国宝所采取的措施；（六）与保护不可再生自然资源相关的措施，如这些措施与限制国内生产或消费一同实施。二、对于影响提供金融服务的措施而言，GATS 关于金融服务的附件第二款（国内规制），经必要调整后并入本协议，构成协议的一部分。"

Andrew Newcombe 仅认为如前所述的冠以"一般例外"名称且以 GATT 第 XX 条/GATs 第 XIV 条一般例外为模板的条款属于一般例外条款。② 那么下列并不冠以"一般例外"名称或者冠之以其他名称却具有相同功能的条款是否属于一般例外条款呢？

如 1991 年《美国与阿根廷互惠鼓励和保护投资协定》（下称"美—阿 BIT"）第 XI 条规定："本条约不应妨碍任一缔约方实施维护公共秩序、与履行维护或保持国际和平与安全相关义务或保护其根本安全利益所必需之措施。"③

2004 年《芬兰和中国关于鼓励和互惠保护投资协定》第 3 条"投资待遇"第 6 款规定："如果缔约一方实施的措施不会构成武断的或不正当的歧视，或者不会构成对投资的变相限制，则本协定的任何条款不得被解释为妨碍缔约方实施维护公共秩序所必要之任何措施。"④

2005 年《美国与乌拉圭鼓励和互惠保护投资协定》第 12 条"投资与环境"第 2 款规定："本条约的任何条款不得被解释为妨碍缔约方采取、维持或执行与本条约不相违背的任何措施，如果其认为该等措施对于确保其领土内的投资活动以对

① 原注："就本款而言，《服务贸易总协议》第十四条脚注 6 经必要修改后纳入本协议，构成协议一部分。"

② See Andrew Newcombe, *General Exceptions in International Investment Agreements*, in Marie-Claire Cordonier Segger, Markus W. Gehring, Andrew Newcombe, Sustainable Development in World Investment Law 357 (Kluwer Law International 2011).

③ Treaty between United States of America and the Argentine Republic Concerning the Reciprocal Encouragement and Protection of Investment, 1991, Art. XI, available at http://unctad.org/sections/dite/iia/docs/bits/argentina_us.pdf, visited on 8 Dec. 2014.

④ Agreement between the Government of the Republic of Finland and the Government of the People's Republic of China on the Encouragement and Reciprocal Protection of Investments, 2004, Art. 3 (6), available at http://tfs.mofcom.gov.cn/aarticle/h/au/201001/20100106725240.html, visited on 8 Dec. 2014.

环境问题具有高度敏感性的方式进行。"①

笔者认为，虽然以上列举的条款名称、形式和措辞有差异，但它们具有共同的功能即排除原本违反 IIAs 之东道国措施的不法性，以保留东道国的公共政策空间，而且其所规定的"例外"适用于 IIAs 其他各项实体性义务，因而均为一般例外条款。有不少学者将美—阿 BIT 第 XI 条界定为"安全例外"而非"一般例外"，例如：S. A. Spears 认为："投资者—国家仲裁庭尚未解释过一般例外条款，仅解释过更为有限的例外，例如：美国—阿根廷 BIT 中的国家安全例外条款。"② 笔者认为，美—阿 BIT 第 XI 条包括的公共政策目标除根本安全利益（Essential Security Interests）、国际和平或安全（International Peace or Security）外，还有公共秩序（Public Order），因此，不宜简单地将第 XI 条称为"安全例外条款"，而应将其归为一般例外条款。大陆保险公司（Continental Casualty Company）案仲裁庭亦认为美-阿 BIT 第 XI 条是"一般例外"条款，印证了笔者的这一观点。③

因此，本文将 IIAs"一般例外条款"定义为，在满足一定条件的情况下，允许缔约方为实现正当的公共政策目标而采取背离 IIAs 其他各项实体性义务的措施之条款。

（二）相关概念辨析

1. 与"安全例外"条款

新近的一些 IIAs 借鉴 GATT 第 XX 条（一般例外）、第 XXI 条（安全例外）将一般例外和安全例外分列为两个条款，④ 而一些 IIAs 则将安全例外纳入一般例外之中。⑤ 事实上，在 GATT 起草过程中，原本是把第 XX 条和第 XXI 条放在一个条款

① Treaty between United States of America and the Oriental Republic of Uruguay Concerning the Encouragement and Reciprocal Protection of Investment（U. S. -Uruguay BIT），2005，Art. 12（2），available at http：//www. ustr. gov/sites/default/files/uploads/agreements/bit/asset_upload_file748_9005. pdf，visited on 8 Dec. 2014.

② S. A. Spears，*The Quest for Policy Space in a New Generation of International Investment Agreements*，13（4）JIEL 1062（2010）. 参见刘京莲：《国际投资条约根本安全例外条款研究》，载《国际经济法学刊》2010 年第 1 期，第 190 页。

③ See Continental Casualty Company v. Argentine Republic，ICSID Case No. ARB/03/9，Award，para. 161.

④ See，for example，China-ASEAN AI，Art. 16，Art. 17.

⑤ See Agreement between the Government of Canada and the Government of the People's Republic of China for the Promotion and Reciprocal Protection of Investments（Canada-China FIPA），2012，Art. 33，available at http：//www. international. gc. ca/trade-agreements-accords-commerciaux/agr-acc/fipa-apie/china-text-chine. aspx，visited on 8 Dec. 2014.

中的。① 虽然由于所实现的公共政策目标的重要性不同，安全例外的适用条件宽于其他一般例外，但从适用于 IIAs 其他各项实体性义务的性质上而言，安全例外应当属于一般例外。②

2. 与特定例外条款

IIAs 一般例外条款适用于其他各项实体性义务的特征使其有别于仅适用于特定义务的特定例外条款，③ 如：针对国民待遇、最惠国待遇、取消业绩要求等义务规定例外的不符措施（Non-Conforming Measures）条款；针对取消业绩要求义务规定的特定例外，即东道国基于保护正当公共利益而善意采取的非歧视性措施不构成对取消业绩要求义务的违反。④

3. 与“不排除措施条款”

在讨论诉阿根廷的若干仲裁案所涉美—阿 BIT 第 XI 条时，ICSID 仲裁庭⑤以及国外学者⑥使用了“不排除措施条款”（Non-precluded Measures Clause，下称“NPM 条款”）这一概念，我国学者亦有使用。⑦ 笔者推测 NPM 条款这一概念根源于美国于 1982 年和 1983 年发布的 BIT 范本第 X 条，该条使用了“本条约不排除措施”（Measures not precluded by this treaty）的名称，很明显其命名是根据第 X 条

---

① See WTO, GATT Analytical Index: Guide to GATT Law and Practice (1995), Part II, Article XX, p. 596, Article XXI, p. 608, available at http://www.wto.org/english/res_e/booksp_e/gatt_ai_e/gatt_ai_e.htm, visited on 8 Dec. 2014.

② Kenneth J. Vandevelde 认为：“最普遍的（一般例外）即为就保护一方的根本安全利益（Essential Security Interests）所必需的措施所规定的例外。” Kenneth J. Vandevelde, *Rebalancing through Exceptions*, 17 Lewis & Clark L. Rev. 449 (2013).

③ Kenneth J. Vandevelde 指出：“一般例外适用于 BIT 项下的所有义务，而特定例外（Special Exceptions）适用于 BIT 项下有限数量的义务。” Kenneth J. Vandevelde, *Rebalancing through Exceptions*, 17 Lewis & Clark L. Rev. 449 (2013).

④ See, for example, U. S. -Uruguay BIT, Art. 14, Annex I, II, III, Art. 8 (3) (c).

⑤ See CMS Gas Transmission Company v. Argentine Republic, ICSID Case No. ARB/01/8, Award, para. 350; Continental Casualty Company v. Argentine Republic, ICSID Case No. ARB/03/9, Award, para. 164.

⑥ See William W. Burke-White and Andreas Von Staden, *Investment Protection in Extraordinary Times: The Interpretation and Application of Non-Precluded Measures Provisions in Bilateral Investment Treaties*, 48 Va. J. Int'l L. 311 (2008); Diane A. Desierto, *Necessity and Supplementary Means of Interpretation of Non-Precluded Measures in Bilateral Investment Treaties*, 31 U. Pa. J. Int'l L. 827 (2010).

⑦ 参见梁丹妮：《论双边投资条约中的不排除措施条款——以 ICSID 专门委员会撤销 Sempra 案与 Enron 案裁决为视角》，载《西北大学学报（哲学社会科学版）》2011 年第 5 期，第 146 页；王楠：《危急情况之习惯国际法与投资条约中的不排除措施条款——兼论 CMS 案和 LG&E 案》，载《比较法研究》2010 年第 1 期，第 112 页。

的措辞。①

William W. Burke-White 和 Andreas von Staden 认为，NPM 条款可分为适用于整个条约和仅适用于特定条款两类，② 笔者认为，这与本文所指的 IIAs 一般例外条款和特定例外条款对应。美国于 1984 年至 1994 年间发布的 BIT 范本相关条款删去了“本条约不排除措施”之名称。③ 随着 IIAs 一般例外条款的发展，条款的名称、措辞均已发生了变化，因而 NPM 条款这一基于形式的概念不宜再采用。

二、IIAs 一般例外条款发展状况及存在的问题

一般例外条款最早可以追溯至“二战”前的《友好、通商和航海条约》(Friendship，Commerce，and Navigation Treaty，下称“FCN 条约”)。④ FCN 条约逐渐分化为保护国际贸易的 GATT 和保护国际投资的双边投资条约。FCN 条约中的有关条款经调整后成为了 GATT 第 XX 条和第 XXI 条。⑤ 一些早期的 BIT 也沿袭了一

---

① See Kenneth J. Vandevelde，U. S. International Investment Agreements 769-788 (Oxford University Press，2009).

② See William W. Burke-White and Andreas Von Staden，*Investment Protection in Extraordinary Times*：*The Interpretation and Application of Non-Precluded Measures Provisions in Bilateral Investment Treaties*，48 Va. J. Int'l L. 311-332 (2008).

③ See Kenneth J. Vandevelde，U. S. International Investment Agreements 789-824 (Oxford University Press，2009).

④ William W. Burke-White and Andreas Von Staden 指出“NPM 条款是美国 FCN 条约的常规要素”，“最早的 NPM 条款之一出现在中美 FCN 条约中”，William W. Burke-White & Andreas Von Staden，*Investment Protection in Extraordinary Times*：*The Interpretation and Application of Non-Precluded Measures Provisions in Bilateral Investment Treaties*，48 Va. J. Int'l L. 312 (2008). 经笔者查证，1946 年中美 FCN 条约第 XXVI 条规定的例外适用于整个条约，属于本文所指的一般例外条款。See U. S. -China Treaty of Friendship，Commerce and Navigation，63 Stat 1299，1946，Art. XXVI (1).

⑤ 以 1946 年中美 FCN 条约第 XXVI 条为例，“1. 本条约任何条款都不得被解释为妨碍采取或实施以下措施：(a) 与黄金、白银进出口有关；(b) 与武器、弹药和作战物资的贸易有关，以及在特殊情况下，与所有其他军用物资有关；(c) 与具有历史、考古或艺术价值的国宝出口有关；(d) 为履行维护或保持国际和平与安全之义务或在国家紧急状态下保护国家的根本利益所必需；(e) 实施与国际货币基金组织协议一致的外汇管制；……2. 基于以下前提，即缔约一方不会武断地歧视情况和条件相同的缔约另一方或其国民、公司、组织、船舶或商业，而给予第三国或其国民、公司、组织、船舶或商业更优惠的待遇，本条约条款不应扩及下列禁止或限制：(a) 根据道德或人道而实施；(b) 目的在于保护人类、动物或植物生命或健康；(c) 与监狱产品相关；或 (d) 与警察或税收法律的实施相关……”赵维田亦指出：“(GATT) 第 20 条的主要款目是本世纪大量双边通商条约形成的习惯规则的表述，当然也增加或适当地做了增补与修改。”赵维田：《世贸组织（WTO）的法律制度》，吉林人民出版社 2000 年版，第 326 页。

般例外条款，例如：美国于 20 世纪 80、90 年代发布的 BIT 范本①以及基于这些范本签订的条约，如美国—阿根廷 BIT 第 XI 条；我国在 20 世纪 80、90 年代分别与新西兰、新加坡和毛里求斯签订的 BIT 中以"禁止和限制"（Prohibitions and Restrictions）为名称的条款。② 这些早期条款规定十分简单，正当公共政策目标通常只包括根本安全利益、公共秩序、公共健康和国际和平或安全。

虽然有学者怀疑 IIAs 纳入一般例外条款的必要性，③ 但事实恰恰相反——进入 21 世纪后，IIAs 纳入一般例外条款呈现出迅速膨胀的态势：一是数量迅速增加，分布范围扩展。根据 UNCTAD《世界投资报告》的数据，近 3 年签订的纳入一般例外条款的 IIAs 数目呈迅速上升的趋势：2011 年签订的 20 项 IIAs 中有 9 项包括一般例外条款（比例为45%，下同），2012 年签订的 17 项 IIAs 中有 10 项包括一般例外条款（58.8%），2013 年签订的 18 项 IIAs 中有 15 项包括一般例外条款（83.3%）；各大洲国家，无论是发展中国家还是发达国家，都有将一般例外条款纳

① See Kenneth J. Vandevelde, U. S. International Investment Agreements 769-824 (Oxford University Press, USA, 2009).

② See Agreement Between the Government of the People's Republic of China and the Government of the Republic of Singapore on the Promotion and Protection of Investments (China-Singapore BIT), 1986, Art. 11; Agreement Between the Government of the People's Republic of China and the Government of the New Zealand on the Promotion and Protection of the Investments (China-New Zealand BIT), 1989, Art. 11; Agreement Between the Government of the People's Republic of China and the Government of the Republic of Mauritius for the Reciprocal Promotion and Protection of Investments (China-Mauritius BIT), 1997, Art. 11, available at http://tfs.mofcom.gov.cn/article/Nocategory/201111/20111107819474.shtml, visited on 8 Dec. 2014.

③ Andrew Newcombe 认为："在 IIAs 中纳入一般例外条款不可能有太多的实际意义。" Andrew Newcombe, General Exceptions in International Investment Agreements (Draft Discussion Paper Prepared for BIICL Eighth Annual WTO Conference) 3, 2008, available at http://www.biicl.org/files/3866_andrew_newcombe.pdf, visited on 8 Dec. 2014. 后 Andrew Newcombe 在一定程度上修正了自己的观点，承认"一般例外使投资条约义务中的暗示显化，为规制者指明可采取的不违反条约义务的非歧视和非武断的政策。"但仍然认为"总体上而言，包含一般例外的 IIAs 提供的实体性投资保护与那些没有一般例外的 IIAs 实质上是相似的。" Andrew Newcombe, *General Exceptions in International Investment Agreements*, in Marie-Claire Cordonier Segger, Markus W. Gehring, Andrew Newcombe, Sustainable Development in World Investment Law 368-369 (Kluwer Law International 2011). Kenneth J. Vandevelde 认为："与其引入大量新的一般例外，我将聚焦于推进 BITs 条款的适当解释。……但是关于公共利益的善意且非歧视性的法律，以透明、非征收性的方式实施，且与该国先前的承诺、正当法律程序相一致，这种情况下很少需要一项 BIT 例外。" Kenneth J. Vandevelde, *Rebalancing through Exceptions*, 17 Lewis & Clark L. Rev. 459 (2013).

入 IIAs。① 我国对外签订的 101 项 BITs 中共有 7 项包含一般例外条款，其中 21 世纪后签订的有 4 项；② 近年签订的 9 项 FTAs 中有 6 项包含一般例外条款。③ 二是条款本身扩张，涵盖的正当公共政策目标增多，条款结构复杂化。

虽然从 IIAs 一般例外条款迅速发展可见国家对于一般例外条款提供公共政策空间、利益平衡之功能寄予厚望，但以下问题阻碍着这些目标的实现：

由于 BITs 的更新换代尚在进行中，还有很多包含一般例外条款的早期 BITs 仍然有效，但是这些一般例外条款规定过于简单，无法给仲裁庭提供较为清晰的适用指示并限制仲裁庭滥用自由裁量权，在国际投资争端解决中没有很好地发挥应有功能，如涉及美国—阿根廷 BIT 第 XI 条的诉阿根廷案件，虽然各案的案情十分类似，但仲裁庭作出的裁决却大相径庭，在安然（Enron）案和桑普拉（Sempra）案中，仲裁庭均认为第 XI 条未对“根本安全利益”等基本概念进行定义并规定条款适用条件，因此，必须依赖《国家责任条款草案》第 25 条解释这些概念和适用条件，并进而根据《国家责任条款草案》第 27 条裁定阿根廷须承担补偿责任。④ 而 LG&E 能源公司（LG&E Energy Corp.）案、大陆保险公司案均适用美国—阿根廷

① See UNCTAD, World Investment Report 2012 90; World Investment Report 2013 102; World Investment Report 2014 116, available at http: //unctad. org/en/Pages/DIAE/World%20Investment%20Report/World_Investment_Report. aspx, visited on 29 Jan. 2015.

② See China-New Zealand BIT, Art. 11; China-Singapore BIT, Art. 11; China-Mauritius BIT, Art. 11; Agreement between the Government of the Republic of Finland and the Government of the People's Republic of China on the Encouragement and Reciprocal Protection of Investments, 2004, Art. 3; Agreement Between the Government of the Republic of India and the Government of the People's Republic of China for the Promotion and Protection of Investments, 2006, Art. 14; Canada-China FIPA, Art. 33; Agreement Among the Government of Japan, the Government of the Republic of Korea and the Government of the People's Republic of China for the Promotion, Facilitation and Protection of Investment, Art. 18, available at http: //tfs. mofcom. gov. cn/article/Nocategory/201111/20111107819474. shtml, visited on 8 Dec. 2014.

③ See China-New Zealand Free Trade Agreement (New Zealand-China FTA), 2008, Art. 200, 201; China-ASEAN AI, Art. 16, Art. 17; Free Trade Agreement between the Government of the People's Republic of China and the Government of the Republic of Peru, 2009, Chapter 16; China-Singapore Free Trade Agreement, 2009, Chapter 13; China-Costa Rica Free Trade Agreement, 2010, Chapter 15; The Supplementary Agreement on Investments of the Free Trade Agreement Between the Goverment of the People's Republic of China and the Government of the Republic of Chile, 2012, Section D, available at http: //fta. mofcom. gov. cn/fta_qianshu. shtml, visited on 8 Dec. 2014.

④ See Enron Corporation Ponderosa Assets LP v. Argentine Republic, ICSID Case No. ARB/01/3, Award, paras. 333, 344-345; Sempra Energy International v. Argentine Republic, ICSID Case No. ARB/02/16, Award, paras. 375, 376, 393-394.

BIT 第 XI 条免除阿根廷的补偿责任。①

虽然 IIAs 新近引入的一般例外条款比早期条款明确程度有所提高，但是条款设计缺陷仍然存在，其中最为主要的是：首先，模仿 GATT/GATs 相关规定的迹象很明显，部分 IIAs 直接将 GATT 或 GATs 的规定并入条约。② 由于 GATT/WTO 体制和 IIAs 中的一般例外条款具有同源性，加之 GATT/WTO 体制中的一般例外条款规定和解释相对完善，IIAs 一般例外条款的构建、解释和适用受其影响不可避免。但是，照搬 GATT/GATs 规定忽略了国际投资的特殊性，那些缺乏针对性的款项能否在未来的争端解决中实现条款目标不容乐观；其次，对于援引一般例外条款能否免除东道国的补偿责任及免除范围缺乏规定。条款设计的缺陷将给国际仲裁庭适用条款造成困难，亦会使条款最终的适用效果偏离缔约者的预期。此外，在国际投资法碎片化的背景下，各国 IIAs 一般例外条款规定各异，设计水平参差不齐。

就我国对外签订的 IIAs 纳入的一般例外条款而言，除存在上述问题之外，还存在以下问题：不同条约一般例外条款很不统一，是否纳入一般例外条款及其形式、内容均受制于谈判对方的谈判文本，例如：《中国与东盟投资协议》第 16 条、第 17 条照搬了《东盟全面投资协议》第 17 条、第 18 条；中加 FIPA 第 33 条是 2004 加拿大 FIPA 范本第 10 条的翻版。可见我国对外签订 IIAs 纳入一般例外条款是被动的，尚未形成统一的政策和文本，这无法充分地体现出我国的利益诉求，不利于维护我国实现正当公共政策目标的权利和投资者的海外利益。

三、IIAs 一般例外条款构建建议及我国的选择

IIAs 一般例外条款的直接目的是保留国家公共政策空间，但笔者认为其终极目的在于实现东道国公共利益和投资者财产权益的平衡，这一目的能否实现是评判 IIAs 一般例外条款构建是否成功的标准。因此，笔者针对上文提出的 IIAs 一般例

① See LG&E Energy Corp, LG&E Capital Corp, LG&E International Inc v. Argentine Republic, ICSID Case No. ARB/02/1, Decision on Liability, paras. 259-261; Continental Casualty Company v. Argentine Republic, ICSID Case No. ARB/03/9, Award, para. 164; CMS Gas Transmission Company v. Argentine Republic, ICSID Case No ARB/01/8, Award, para. 146.

② See, for example, Japan-Malaysia Economic Partnership Agreement, 2005, Art. 10, available at http://www.mofa.go.jp/region/asia-paci/malaysia/epa/content.pdf, visited on 8 Dec. 2014; Singapore-Korea Free Trade Agreement (Singapore-Korea FTA), 2005, Art. 21.2 (2) (c), available at http://www.fta.gov.sg/ksfta/korea-singapore%20free%20trade%20agreement%20(ksfta)_chap21.pdf, visited on 8 Dec. 2014; EFTA-Costa Rica-Panama FTA, 2013, Art. 5.9, 5.10, available at http://investmentpolicyhub.unctad.org/Download/TreatyFile/2752, visited on 8 Dec. 2014.

外条款存在的问题，结合各国 IIAs 一般例外条款规定的实践，以及国际仲裁庭在适用早期一般例外条款中所暴露出来的问题，以“平衡”为原则就 IIAs 一般例外条款的构建提出建议。这也适用于国际投资双重身份显化的我国。①

（一）采用集中式还是分散式规定

新一代 IIAs 一般例外条款有两种规定模式：集中式和分散式。目前，绝大多数 IIAs 一般例外条款采用集中式规定：基于 2004 年加拿大 FIPA 范本签订的条约中的一般例外条款是典型的集中式；② 亚洲国家（包括我国）IIAs 规定的一般例外条款大多数采用集中式③。分散式以美国为典型，基于 2004 年美国 BIT 范本签订的条约取消了此前范本较为笼统的单一条款规定，采取了分散式规定，2012 年美国 BIT 范本延续了这种模式，一般例外条款分布于投资与环境、投资与劳工、根本安全、机密信息披露、金融服务等条款中。④

---

① 在 2012 年和 2013 年，中国外国直接投资输入量和输出量分别居世界第二位和第三位。See UNCTAD, World Investment Report 2013 Overview xiv-xv; World Investment Report 2014 Overview xv, available at http://unctad.org/en/Pages/DIAE/World%20Investment%20Report/World_Investment_Report.aspx, visited on 29 Jan. 2015. 根据 2015 年 1 月 21 日商务部例行新闻发布会公布的数据，2014 年，中国实际使用外资金额 1195.6 亿美元，全行业对外直接投资 1160 亿美元（其中金融类 131.1 亿美元；非金融类 1028.9 亿美元），两者仅差 35.6 亿美元，这是我国双向投资按现有统计口径首次接近平衡，资料来源于 http://www.mofcom.gov.cn/xwfbh/20150121.shtml，2015 年 1 月 25 日访问。

② See 2004 Canadian Model Foreign Investment Promotion and Protection Agreement, Art. 10, available at http://italaw.com/documents/Canadian2004-FIPA-model-en.pdf, visited on 8 Dec. 2014; for example, Canada-China FIPA, Art. 33.

③ See, for example, ASEAN Comprehensive Investment Agreement (ASEAN CIA), 2009, Art. 17, available at http://www.fta.gov.sg/afta/9asean%20comprehensive%20investment%20agreement%20 (acia) .pdf, visited on 8 Dec. 2014; Singapore-Japan Free Trade Agreement, 2007, Art. 83, available at http://www.fta.gov.sg/fta_jsepa.asp? hl=7, visited on 8 Dec. 2014; India-Korea Comprehensive Economic Partnership Agreement (India-Korea CEPA), 2009, Art. 10.18, available at http://commerce.nic.in/trade/india%20korea%20cepa%202009.pdf, visited on 8 Dec. 2014；此外，有学者提出的中国 BIT 范本建议文本亦纳入了集中式一般例外条款，参见单文华：《和谐世界理念和中国 BIT 范本建设》，载《国际经济法学刊》2010 年第 17 卷第 1 期，第 181 页。

④ See U.S.-Uruguay BIT, Art. 12 (2), Art. 13 (3), Art. 18, Art. 19, Art. 20 (1), Annex F Financial Services (5). 这些条款基本照搬了 2004 年美国 BIT 范本相关条款，available at http://www.state.gov/documents/organization/117601.pdf, visited on 8 Dec. 2014，而 2012 年美国 BIT 范本基本延续了该类条款，仅有少量变动，available at http://www.state.gov/documents/organization/188371.pdf, visited on 8 Dec. 2014.

美式BIT以分散式规定一般例外条款是国内利益集团斗争的结果：在2012年美国BIT范本修订过程中，“……商业集团和这一体系的批评者（如：工人运动团体、学术界、NGOs等）之间的分歧是尖锐的，商业集团欢迎回归到对投资者提供更多保护的早期BIT范本条款，而其他团体则认为2004年后对于美国协定的改变在保护主权政策空间上仍走得不够远。有人建议纳入类似于GATT第XX条的一般例外条款……”① 从最终出台的范本来看，美式BIT没有纳入较为完备的集中式一般例外条款，这是由其主要为资本输出国的地位②所决定的——虽然美国也苦于因其国内政策在国际投资仲裁中成为被告，但保护投资者利益仍然是主旋律。

将两种规定模式进行比较，可见集中式一般例外条款能涵盖较多的正当公共政策目标，避免重复规定适用于多项一般例外的条件（如：以非歧视的方式实施措施、程序性要求等），较易于通过条款各个部分的协调达到“平衡”之目标。当然，对于援用条件具有特殊性的一般例外，如安全例外，可以单独进行规定，这也可避免一般例外条款过于臃肿。

（二）正当公共政策目标之范围

当前IIAs一般例外条款涵盖的正当公共政策目标参照、整合了GATT和GATs一般例外条款的规定，范围相当广泛，包括：公共秩序、公共道德、人类及动植物的生命或健康、保护有生命或无生命的可用竭自然资源、确保遵守与IIAs不相抵触的法律和法规、保护具有艺术、历史或考古价值的国宝、金融服务审慎、税收、机密信息披露、根本安全、国际和平与安全等；相较于国际贸易，国际投资对一国的经济安全、环境和劳动力的影响更深，因而一些IIAs增加了针对国际投资特点的公共政策目标，如：一般性货币及相关信贷或汇率政策、保护环境、保护劳工权益；有些国家还特别加入了其关注的公共政策目标，如：加拿大对外签订的FIPA一般例外条款特别就文化产业进行了规定。③ UNCTAD 2012年《世界投资报告》可持续发展投资政策框架提出正当公共政策目标还可包括发展目标。④

我国作为发展中国家，为应对发展中出现的各种问题，公共政策变动较多，因

---

① José E. Alvarez, *The Return of the State*, 20 Minn. J. Int'l L. 240 (2011).

② 2013年美国资本输出量为3380亿美元，资本输入量为1880亿美元。See UNCTAD, World Investment Report 2014 xv, available at http://unctad.org/en/Pages/DIAE/World%20Investment%20Report/World_Investment_Report.aspx, visited on 29 Jan. 2015.

③ See Canada-China FIPA, Art. 33; ASEAN CIA, Art. 17, Art. 18; U.S.-Uruguay BIT, Art. 12 (2), Art. 13 (3), Art. 18, Art. 19, Art. 20 (1), Annex F Financial Services (5).

④ See UNCTAD, World Investment Report 2012 151, available at http://unctad.org/en/Pages/DIAE/World%20Investment%20Report/World_Investment_Report.aspx, visited on 29 Jan. 2015.

此，对外签订的 IIAs 一般例外条款宜涵盖较为广泛的正当公共政策目标。

此外，协议各方对于公共政策目标概念理解存在不同，一些主观性强的公共政策目标概念（如公共秩序、公共道德）界定较为困难，易引发争议，例如：在涉及阿根廷的若干仲裁案中，由于美国—阿根廷 BIT 未就根本安全利益、公共秩序设定任何标准，争端双方产生了很大的争议，申请方主张狭义地解释这些概念以排除争议措施落入一般例外条款的适用范围，而被申请方则反之,① 如何解释这些概念直接影响被申请方能否援引一般例外条款而免责。所以比较妥当的做法是，IIAs 各方在拟定条约时未雨绸缪，为界定这些概念制定基本准则，例如：《中国与东盟投资协议》第 16 条第 1 款第（一）项借鉴了 GATs 的规定，通过注释的方式对公共秩序的界定确立了基本标准，即“只有在社会的某一根本利益受到真正的和足够严重的威胁时，方可援引公共秩序例外”。②

（三）关系要求

IIAs 一般例外条款的关系要求是指东道国采取的措施与所欲实现的正当公共政策目标之间的联系，这种联系设置地愈是紧密，则东道国证明相关措施正当性愈是困难。“必要的”（“necessary to/for”）是 IIAs 一般例外条款中最为普遍的关系要求，其他关系要求包括：“适合于”（“appropriate to”）、“目的在于”（“aiming at”）、“追求”（“in pursuit for”）、“相关”（“relating to”）、“为”（“for”）等。③

在大陆保险公司案中，仲裁庭借鉴 WTO 争端解决机构的解释方法对美国—阿根廷 BIT 第 XI 条中“必要的”进行了解释：首先，“‘必要的’涉及一定的范围。在这一连续的范围中，一端是‘不可或缺’（indispensable），另一端是‘有助于’（making a contribution to）。而‘必要的’明显更接近于‘不可或缺’这一端。”其次，“一项措施的必要性应当通过‘衡量一系列因素的程序’加以确定，这些衡量

① See CMS Gas Transmission Company v. Argentine Republic, ICSID Case No. ARB/01/8, Award, paras. 340, 352; LG&E Energy Corp, LG&E Capital Corp, LG&E International Inc v. Argentine Republic, ICSID Case No. ARB/02/1, Decision on Liability, paras. 215-217, 221-222; Enron Corporation Ponderosa Assets LP v. Argentine Republic, ICSID Case No. ARB/01/3, Award, paras. 324, 330; Sempra Energy International v. Argentine Republic, ICSID Case No. ARB/02/16, Award, paras. 366, 372; Continental Casualty Company v. Argentine Republic, ICSID Case No. ARB/03/9, Award, paras. 170-172.

② ASEAN CIA, Art. 17 (1) (a).

③ See Canada-China FIPA, Art. 33; ASEAN CIA, Art. 17, Art. 18; U. S. -Uruguay BIT, Art. 12 (2), Art. 13 (3), Art. 18, Art. 19, Art. 20 (1), Annex F Financial Services (5).

因素通常包括：被诉措施旨在保护的利益或价值的重要性程度，该措施有助于所追求目标实现的程度，以及该措施对于国际贸易的限制性影响程度。”再次，“如果存在一项合理可适用的与条约一致或不一致性更低的替代措施，那么该措施即不是必要的。”①

从上述案件的解释来看，“必要的”所体现的关系要求最高，最为接近“不可或缺”，而其他几项关系要求强度依前文排列顺序递减。2012 年《世界投资报告》认为 IIAs 可以考虑规定相关措施与实现公共政策目标之间的关系为“相关”，而非“必要的”。② 如果采用“相关”或前文所述更为宽松的关系要求，则东道国的公共政策空间将大大拓宽，而对投资者的保护将相应减弱。

笔者认为，IIAs 一般例外条款的关系要求的宽严程度应当取决于以下几个因素：首先，是公共政策目标的重要性，公共政策目标愈是重要，则关系要求设置宜宽；其次，是公共利益可能受到威胁的紧迫程度，愈可能出现紧迫情况的公共政策领域，例如：国家安全、金融安全、人类及动植物的生命或健康，则关系要求设置应较为宽松；再次，由于主观性强的公共政策目标概念本身十分宽泛，为了防止东道国滥用一般例外条款而损害投资者的利益，关系要求设置宜采用较严格的“必要的”。

（四）措施实施方式要求

不同于早期一般例外条款，当前 IIAs 一般例外条款借鉴 GATT 第 XX 条或 GATs 第 XIV 条“前言”，对于东道国为实现某些公共政策目标而采取的措施规定了实施方式要求，即不得以对具有相同或相似情况的③投资或投资者构成武断的或不正当的歧视方式实施，且不得构成对投资者或其投资的变相限制。

对于维护安全利益的措施，与 GATT 第 XXI 条和 GATs 第 XIV 条相同，各国 IIAs 有关条款没有规定前述实施方式要求。而对于一般例外条款涵盖的其他公共政策目标，不同国家的 IIAs 规定措施实施方式要求的模式又有所不同：

部分亚洲国家之间的 IIAs 以“前言”规定措施实施方式，且涵盖为实现所有

---

① See Continental Casualty Company v. Argentine Republic, ICSID Case No. ARB/03/9, Award, paras. 193-197.

② See UNCTAD, World Investment Report 2012 151, available at http: //unctad. org/en/Pages/DIAE/World%20Investment%20Report/World_Investment_Report. aspx, visited on 29 Jan. 2015.

③ 值得注意的是，2004 年加拿大 FIPA 范本 Art. 10（1）以及中加 BIT Art. 33（2）均没有规定“具有相同或相似情况的”，笔者认为，该类规定是必要的，因为这是在投资者和投资之间进行比较并判断是否构成歧视的基础。

正当公共政策目标而采取的措施（维护安全利益的措施除外）;①

中加 FIPA 第 33 条第 2 款“前言”规定了措施实施方式要求，但是仅适用于确保遵守与 IIAs 不相抵触的法律和法规、为保护人类及动植物的生命或健康、保护可用竭自然资源等三项公共政策目标而采取的措施。此外，第 4 款规定为追求货币及相关信贷或汇率政策而实施的措施应符合“非歧视”的要求;②

美国—乌拉圭 BIT 仅就附件 F（金融服务）第 5 款为确保遵守防止金融欺诈法律法规而采取的措施，规定了和前述“前言”一样的措施实施方式要求，而其他的一般例外条款并未规定措施实施方式要求。③

措施实施方式要求会使东道国成功援引一般例外更为困难。WTO 争端解决机构处理的美国汽油标准案、美国博彩案，相关措施虽然被认为是为实现正当公共政策目标相关的或所必要的，但由于未通过前言的检验，而不构成一般例外。④

根据 GATT 和 GATs 的规定，没有规定措施实施方式要求的仅限于安全例外措施，这样的规定应与安全利益之于一国的极端重要性有关，因而放宽了安全例外援引的条件。而在 IIAs 中没有规定措施实施方式的情况更为广泛。那么在没有规定措施实施方式的情况下，东道国为维护特定公共政策目标的措施是否能专向地针对特定国家实施，即能否歧视性适用呢？单纯从条文上看，答案似乎是肯定的，但这极可能导致一般例外条款的滥用。正如研究 WTO 例外条款的学者所指出的，某些国家滥用安全例外采取双重标准对某些国家进行经济制裁，是否允许安全例外措施歧视性适用必将在可能发生的涉及安全例外的争端中成为争论的焦点。⑤

笔者认为，措施实施方式要求实质上是确保东道国“非歧视”地采取措施，使一般例外条款与 IIAs 基本原则——国民待遇原则、最惠国待遇原则保持一致，保证投资者受到公平对待。鉴于安全利益之于一国的极端重要性，维护安全利益的

---

① See, for example, ASEAN CIA, Art. 17, Art. 18; Singapore-India Free Trade Agreement (Singapore-India FTA), 2005, Art. 6. 11, Art. 6. 12, available at http://www.fta.gov.sg/ceca/india-singapore%20comprehensive%20economic%20cooperation%20agreement_chap6.pdf, visited on 8 Dec. 2014; India-Korea CEPA, Art. 10. 18 (1), (2).

② See Canada-China FIPA, Art. 33.

③ See U. S. -Uruguay BIT, Annex F Financial Services (5).

④ See WTO Appellate Body Report, United States - Standards for Reformulated and Conventional Gasoline, WT/DS2/AB/R, adopted on 29 Apr. 1996, p. 29; WTO Appellate Body Report, United States - Measures Affecting the Cross - Border Supply of Gambling and Betting Services, WT/ DS285/ AB/ R, adopted on 30 Apr. 2005, para. 372.

⑤ 参见陈卫东:《WTO 例外条款解读》, 对外经济贸易大学出版社 2002 年版，第 389~390 页。

措施通常在紧急情况下采取，且因涉及国家机密国际仲裁庭审查能力有限，对于安全例外措施不规定措施实施方式具有一定的合理性。但是，对于一般例外条款涵盖的其他公共政策目标应当规定措施实施方式要求，以避免东道国滥用一般例外。

（五）程序性要求

有别于 GATT 和 GATs 一般例外条款，部分当前的 IIAs 一般例外条款引入了程序性要求，即东道国为正当公共政策目标采取措施需履行规定的程序。但这些程序性要求繁简程度不同。

很多亚洲国家间 IIAs 一般例外条款仅简单地规定，若缔约方根据一般例外条款采取措施，则该方应当在该等措施生效前尽早或生效后尽快通知他方。此外，部分 IIAs 规定程序性要求适用于所有一般例外款项，而一些则仅适用于安全例外。①

与基于 2004 年美国 BIT 范本所签订的 BITs 相比，2012 年美国 BIT 范本第 12 条第 6 款，就环境一般例外增加了程序性要求：一方可书面请求另一方进行磋商，而另一方有义务在收到请求后 30 日内作出答复，且双方应当进行磋商并努力达成双方满意的解决方案。但是对于该等解决方案对于国际仲裁庭的约束力，以及无法达成该等解决方案如何处理，则没有进一步的明确规定。

中加 FIPA 就金融服务审慎例外规定了详细的程序性要求：在投资者与国家之间投资争端仲裁中，若被申请方援引金融服务审慎例外，则仲裁庭应当向缔约双方申请就被申请方的辩护是否以及在何种程度上有效作出书面报告，缔约双方金融服务有权机构应当进行磋商并作出联合决定，书面报告对仲裁庭具有约束力；在规定时限内双方金融服务有权机构没有作出书面报告的情况下，该等争端应提交国家间仲裁，国家间仲裁庭的裁决对投资者与国家间仲裁庭具有约束力；投资者与国家间仲裁庭未收到前述书面报告或国家间仲裁庭的裁决前不得继续审理案件。②

笔者认为，为了便利缔约方之间协商解决争端，有必要在一般例外条款中引入程序性要求，繁简程度可根据公共政策目标的重要性不同有所区别。对于重要性较高的公共政策目标，如：国家安全、金融安全，宜借鉴上述中加 FIPA 的做法设置详细的程序性要求，并规定联合决定、国家间仲裁裁决对投资者与国家间仲裁庭具

---

① See Japan-Malaysia Economic Partnership Agreement, Art. 87; India-Korea CEPA, Art. 10. 18；程序性要求仅适用于安全例外的有：Singapore-Korea FTA, Art. 21. 3；New Zealand-China FTA, Art. 201.

② See Canada-China FIPA, Art. 33. 需要指出的是，第 33 条（一般例外）并没有规定程序性要求，而 C 部分（投资争端解决机制）第 20 条专门针对第 33 条金融审慎例外规定了程序性要求。此外，美国—乌拉圭 BIT，第 20 条（3）、（4），2012 年美国 BIT 范本第 20 条（3）、（4），也就金融服务审慎例外规定了详细的程序性要求。

有约束力，使程序性要求对国际仲裁产生实质影响，亦使国家保留较大政策空间具有现实的可操作性。

（六）是否设置为自裁决条款

与 GATT 第 XXI 条、GATs 第 XIV *bis* 条相同，当前 IIAs 安全例外通常包括“它认为”（“it considers”）之措辞，即所谓的自裁决条款（self-judging clause），而其他一般例外条款通常不包括该等措辞。值得注意的是，美国—乌拉圭 BIT 第 12 条第 2 款环境措施例外、第 13 条第 3 款劳工措施例外中也加入了“它认为”，使其具有了自裁决性质。

对于自裁决条款是否赋予东道国自行决定采取维护安全利益措施和其必要性的权力，国际争端解决机构是否有权对安全例外措施进行某种形式的司法审查，争论颇大。在 WTO 体制下，虽然国际法学界主流意见认为 WTO 争端解决机制有权审查涉及 GATT 第 XXI 条的案件，但由于安全例外援用方（主要是发达国家）主张“安全例外”是自行决定的，多边贸易体制一直未能对安全例外措施形成有效的规范和监督。①

为了避免争论，一些亚洲国家之间的 IIAs 安全例外条款除包含“它认为”之措辞，进一步明确规定安全例外具有“不可司法性”（non-justiciability），任何仲裁庭都不得审查缔约方基于安全之考虑所作决定相关事实。②

正如 2012 年《世界投资报告》指出将一般例外条款设定为自裁决条款这种方法将赋予东道国广泛的自由裁量权，减少投资者的法律确定性，且存在被滥用的可能性。③ 虽然前述金融审慎例外程序性要求也赋予了国家决定被申请方的辩护是否以及在何种程度上有效的权力，并能约束国际仲裁庭，但这种决定是缔约双方共同作出，而自裁决条款将赋予东道国单边自行判断的权力，且国际仲裁庭无权审查，这将更有可能侵害投资者的权利。因此，笔者认为，自裁决条款宜仅限于安全例外。

（七）补偿责任

东道国采取的措施违反了 IIAs 其他实体性义务，但是符合一般例外条款援用

---

① 参见陈卫东：《WTO 例外条款解读》，对外经济贸易大学出版社 2002 年版，第 360、373 页。

② See Singapore-India FTA，Art. 6. 12（4），Annex5（a）；India-Korea CEPA，Art. 10. 18（3），Annex10-C（a）.

③ See UNCTAD，World Investment Report 2012 151，available at http：//unctad. org/en/Pages/DIAE/World%20Investment%20Report/World_Investment_Report. aspx，visited on 29 Jan. 2015.

条件，东道国行为的不法性即可排除，但是否可以免除东道国的补偿责任呢？笔者查阅的 IIAs 无一对此作出明确的规定，这极易引发争议。

在涉及阿根廷的多个仲裁案中，就这一问题，争端双方意见完全对立；学者之间也争论不休：William W. Burke-White 认为 NPM 条款将解除国家对投资者的国际义务、责任以及补偿责任。① 而 José E. Alvarez 则持截然相反的观点：NPM 条款"能影响行为是否具有不法性，可以允许合理地推迟补偿的支付，使国内法生效，以及排除要求特定行为的主张，但是不能永久性排除投资者最终获得补偿的权利"，"CMS 案、安然案和桑普拉案仲裁庭正确地指出无论是在第 XI 条或习惯法下援引危急情况（necessity）'不应损害对争议行为引起的任何实际损失进行补偿'"。②

笔者认为，由于 CMS 石油运输公司案、安然案、桑普拉案仲裁庭混淆了《国家责任条款草案》第 25 条和美国—阿根廷 BIT 第 XI 条的规定，严格从裁决文字来看，实际上仲裁庭仅认为，根据《国家责任条款草案》第 27 条，援引第 25 条规定的危急情况不应妨碍对争议行为引起的任何实际损失进行补偿，并没有明确指出美国—阿根廷 BIT 第 XI 条是否能免除东道国的补偿责任。③

而 LG&E 能源公司案、大陆保险公司案以及 CMS 石油运输公司撤销案均认为美国—阿根廷 BIT 第 XI 条可以免除东道国的补偿责任。④ 然而这种解释也存在问

① See William W. Burke-White and Andreas Von Staden, *Investment Protection in Extraordinary Times: The Interpretation and Application of Non-Precluded Measures Provisions in Bilateral Investment Treaties*, 48 Va. J. Int'l L. 386 (2008). 值得注意的是，William W. Burke-White 是本文所涉及若干阿根廷仲裁案件被申请人（阿根廷政府）的专家证人。

② José E. Alvarez and Kathryn Khamsi, *The Argentine Crisis and Foreign Investors: A Glimpse Into the Heart of the Investment Regime*, in Karl P Sauvant, Yearbook on International Investment Law & Policy 2008-2009 460 (Oxford University Press, 2009). 值得注意的是，José E. Alvarez 是本文所涉及若干阿根廷仲裁案件申请人的专家证人。

③ See CMS Gas Transmission Company v. Argentine Republic, ICSID Case No. ARB/01/8, Award, para. 383; Enron Corporation Ponderosa Assets LP v. Argentine Republic, ICSID Case No. ARB/01/3, Award, para. 344-345; Sempra Energy International v. Argentine Republic, ICSID Case No. ARB/02/16, Award, para. 393-394.

④ See LG&E Energy Corp, LG&E Capital Corp, LG&E International Inc v. Argentine Republic, ICSID Case No. ARB/02/1, Decision on Liability, paras. 259-261; Continental Casualty Company v. Argentine Republic, ICSID Case No. ARB/03/9, Award, para. 164; CMS Gas Transmission Company v. Argentine Republic, ICSID Case No. ARB/01/8, Decision of the Ad Hoc Committee on the Application for Annulment, para. 146.

题，"美国—阿根廷BIT的字面含义不能支持第XI条……作为排除补偿责任的理由。"①

对于一般例外条款能否免除补偿责任这一问题，IIAs的模仿对象GATT/WTO一般例外条款也没有作出规定，其原因在于GATT/WTO体制的救济方式不同，即违反GATT/WTO义务的成员需调整或撤销其措施，使其做法与协定义务相一致，并无义务补偿已经给其他成员造成的损失。但是，就IIAs而言，缔约方违反条约义务，往往需要补偿投资者所遭受的损失，因此，IIAs有必要澄清一般例外条款能否免除东道国的补偿责任，否则，一旦争端发生，争议不可避免，而仲裁庭将具有过大的自由裁量权。

值得注意的是，《多边投资协定草案》第VI部分第1款"一般例外"规定，该条不适用于第IV条第2款征收与补偿条款和第3款冲突保护条款，也就是说，如果根据第IV条第2款东道国的行为被认定为征收，或根据第IV条第3款在东道国境内发生冲突的情况下，投资者所遭受的损失是由东道国军队或当局征收或损害引起，则东道国须承担补偿责任，不能援引一般例外。② 这种规定虽然在一定程度上涉及了一般例外条款能否免除补偿责任这一问题，但存在不妥之处：首先，一般例外措施具备正当性，但按照前述规定，在补偿上却与其他违法措施并无区别，这对于东道国而言是不公平的；其次，除一般例外不适用于征收与补偿条款和冲突保护条款外，东道国一般例外措施如果违反条约其他实体性义务，例如：违反公平公正待遇，东道国是否一概免除补偿责任不无疑问；再次，如果一般例外不适用于征收与补偿条款和冲突保护条款则不成其为"一般"例外了。因而一般例外条款规定其不适用于其他涉及补偿的条款并不能从根本上解决问题。

有学者提出，为了解决补偿责任问题，可将一般例外条款改为："本协定任何规定都不应解释为要求缔约方因出于善意而采取或实施的措施支付补偿……"③ 按

---

① José E. Alvarez and Kathryn Khamsi, *The Argentine Crisis and Foreign Investors: A Glimpse Into the Heart of the Investment Regime*, in Karl P Sauvant, Yearbook on International Investment Law & Policy 2008-2009 457 (Oxford University Press, 2009).

② See OECD, The Multilateral Agreement on Investment Draft Consolidated Text, DAFFE/MAI (98) 7/REV1 (1998), Art. VI (1), Art. IV (2) （征收与补偿）, Art. IV (3) （冲突保护）, issued on 22 Apr. 1998, available at http://www1.oecd.org/daf/mai/pdf/ng/ng987r1e.pdf, visited on 29 Jan. 2015.

③ Nathalie Bernasconi-Osterwalder, Howard Mann, A Response to the European Commission's December 2013 Document " Investment Provisions in the EU-Canada Free Trade Agreement (CETA) " 4, issued on Feb. 2014, available at http://www.iisd.org/pdf/2014/reponse_eu_ceta.pdf, visited on 29 Jan. 2015.

照这种规定，东道国成功援用一般例外条款可完全排除补偿责任，对无端遭受损失的投资者不公平。反之，如果援用一般例外条款成功，东道国仍需按不存在一般例外情况一样进行补偿，则对东道国不公平。笔者认为，在一般例外条款所适用的情况下，对于损失的发生，东道国与投资者均无过错，由任何一方承担全部损失不能公平合理地解决问题。就我国而言，由于资本输入、输出大国的双重身份，按照前述任一极端设置一般例外条款与补偿责任的关系，均有可能在某些情况下损害我国或我国海外投资者的利益。

在条约法没有规定的情况下，国际习惯法是否对解决这一问题有所启示呢？IIAs 一般例外条款与《国家责任条款草案》第 25 条"危急情况"（necessity）是否同源以及如何处理两者的关系争议很大①，但在国家为维护基本利益采取的行为可排除不法性方面，两者具有相似性。所以《国家责任条款草案》第 27 条（援引排除行为不法性情况的后果）具有借鉴意义，"根据本章援引排除行为不法性的情况不妨碍：（a）在且只在解除行为不法性的情况不再存在时，遵守该项义务；（b）对行为造成的实际损失（material loss）进行补偿。"

上述规定采用了"不妨碍"这一保留形式，对于排除不法性情况援引国究竟应不应该负补偿责任没有作出正面的回答，对此国际法委员会（ILC）的解释是"第 V 章（排除不法性的情况）包含大量可能的情况，就补偿作出详细的规定是不妥当的"。② 根据 ILC 准备文件，所谓"包含大量可能的情况"是指第 V 章涵盖的排除不法性的六种情况是否要进行补偿并不相同，就危急情况而言，"至少在另一国并未因自身的过错或过失促成危急情况时，有很强的理由要求援引危急情况的国家补偿实际损失"；③ 该文件还指出，将条款设置为肯定性权利"是困难的，因为情况非常复杂且实践很少。为了平衡条款采用保留形式，对于无辜的第三国不单独承担由援引危难或危急情况而产生的实际损失，应在一定程度上强化措辞予以明确。"可惜的是，第 27 条并未采用这种较为清晰的规定。

第 27 条对于何为"实际损失"也没有作出解释。ICL 对于"实际损失"仅说

---

① See Kurtz Jürgen, *Adjudging the Exceptional at International Investment Law: Security, Public Order and Financial Crisis*, 59 ICLQ 325-371 (2010).

② James Crawford, The International Law Commission's Articles on State Responsibility 189 (Oxford University Press, 2002).

③ 排除不法性的六种情况分别为同意（Consent）、自卫（Self-Defense）、反措施（Countermeasures）、不可抗力（Force Majeure）、危难（Distress）、危急情况（Necessity），ILC 准备文件逐一分析了援引各项情况是否要进行补偿。See James Crawford, Second Report on State Responsibility, Addendum, A/CN. 4/498/Add. 2, 1999, paras. 342-345, available at http://www. un. org/en/ga/search/view_doc. asp? symbol=A/CN. 4/498/Add. 2, visited on 8 Dec. 2014.

明“比其他任何条款涉及的‘损害’（damage）概念要更为狭窄：第27条仅就在一方依赖第V章涵盖的情况下发生的损失进行调整”，“实际损失”究竟应当包括哪些损失仍不明确。

ILC将问题的解决寄希望于争端当事国——“援引排除不法性情况的当事国需与受影响的国家对特定案件补偿的可能性和范围达成共识。”① 但事实上，争端双方几乎不可能达成“共识”，否则争端也就不会存在，这样争端解决机构将面临决定“补偿的可能性和范围”，立法者将“烫手山芋”扔给了司法者。

国际习惯法对补偿问题还有所涉及，IIAs对于一般例外条款能否免除补偿责任却集体采取了“鸵鸟”政策。要从根本上解决问题，条约制定者需要就援引一般例外条款能否免除补偿责任及免除范围作出规定，即使个案存在各种不同情况，作出原则性的规定仍然是可行的，这将能在很大程度上防止国际仲裁庭作出矛盾的裁决。在参考《国家责任条款草案》第27条的基础上，并尽量排除前文所指出的第27条的缺陷，笔者提出如下建议：第一，当IIAs一般例外情形不再存在时，东道国应当停止执行一般例外措施而使其行为符合IIAs项下的义务；第二，东道国援引一般例外应对投资者遭受的“实际损失”进行补偿；第三，明确限制“实际损失”的范围，例如：是指投资者遭受的直接损失，不包括预期利益；第四，争端双方对补偿范围应进行磋商，如能达成一致意见，该等意见对于仲裁庭具有约束力；第五，东道国对于具有相同或类似情况的外国投资者、本国投资者或第三国投资者给予的补偿应遵守不歧视原则。

四、结论

作为保留国家规制权最为重要的“堡垒”，一般例外条款被纳入IIAs已成为趋势，但其发展仍处在早期阶段。笔者尝试以“平衡”为指导原则——即既能为东道国提供必需的公共政策空间，又能限制东道国滥用规制权侵害投资者的合法权益，就IIAs一般例外条款的构建提出以下建议：

以集中式规定涵盖广泛的正当公共政策目标，但对公共秩序、公共道德等宽泛概念应作出原则性限定；东道国须以“非歧视”的方式实施措施，不得构成对具有相同或相似情况的投资者或其投资的变相限制；多数情况下，东道国采取的措施应是实现正当公共政策目标所“必要的”，而对于重要性较高或易发生紧急情况的公共政策目标，关系要求设置可较为宽松；应规定通知、磋商、形成联合决定等程

① See James Crawford, The International Law Commission's Articles on State Responsibility 189-190 (Oxford University Press 2002).

序性要求使投资者母国参与争端解决，这有助于保护投资者利益，制约仲裁庭过宽的自由裁量权；为避免东道国滥用一般例外条款，自裁决条款宜仅限于安全例外；最后，IIAs 一般例外条款可排除东道国行为的不法性，但如果东道国可将实现自身公共利益导致的损失全部转嫁给无过错的投资者是不合理的，所以应规定东道国须补偿投资者遭受的“实际损失”，从而使“平衡”之目标得以落实。

以“平衡”为原则构建 IIAs 一般例外条款同样适用于已兼具资本输入、输出大国地位的我国。在当前国际投资条约更新换代的背景下，且中美、中欧 BIT 谈判正在积极推进的过程中，若我国能提出适合本国国情且具有说服力的一般例外条款，不仅能维护本国利益，而且能影响国际投资“游戏规则”的形成。

A Research on General Exceptions Clause in International Investment Agreements

—Also on China's Choice

Abstract: In order to broaden the public policy space of host states, it has become a trend that IIAs incorporate General Exceptions Clause (GEs), which allows host states adopt measures deviating from all other IIAs' substantive obligations in pursuit for legitimate public policy objectives. However, there are some problems with GEs at present, such as the concept is obscure, early clause is too simple, and new generation of clause also has design defects. Under the background of IIAs upgrading, it is necessary to structure GEs properly based on the guiding principle of balancing host states' public welfare and investors' property rights, especially to clarify whether GEs could relieve host states of the duty to pay compensation for acts that would otherwise breach an IIA, this should also be china's choice.

Key words: international investment agreements; general exceptions clause; public policy objectives; interests balancing; structure

四、国际谈判见闻

编者按：随着中国国际经济和政治地位的提高，在树立负责任大国形象的同时，要改变过去由其他大国主导国际规则制定的状况，从而积极构建中国在国际规则制定中的话语权体系，并通过积极参与国际规则的制定，影响多边体制和区域体制中重大问题的决策。为此，本刊开设国际谈判见闻专栏，邀请国际谈判的专家和经验丰富的人士畅谈经历，总结经验，以期有所启迪，共谋发展。

一项国际人权文书的问世

——记《消除对妇女一切形式歧视公约〈任择议定书〉》的谈判经历*

□ 孙 昂**

一

1999 年初春，我接到了《消除对妇女一切形式歧视公约〈任择议定书〉①》(以下分别简称“公约”和“议定书”) 的谈判任务。

这项议定书谈判的背景是，当时，若干国际人权公约已规定，权利受到侵害时，受害人可通过提交来文向人权条约机构申诉。含有来文程序的公约包括《公

* 本文仅代表作者的个人观点。文中资料，除注明出处者外，均引自作者本人的笔记。

** 外交部条约法律司参赞

① 任择议定书是国际条约的一种，通常是某项国际公约的补充性法律文书。“任择”的含义是公约缔约国可以自由决定是否接受议定书。

民权利和政治权利国际公约》、《消除一切形式种族歧视国际公约》和《禁止酷刑和其他残忍、不人道或有辱人格的待遇或处罚公约》等，但《消除对妇女一切形式歧视公约》不包括来文程序。1993年世界人权大会通过的《维也纳宣言和行动纲领》提出，妇女必须有效利用国际人权文书规定的各项现行程序，强调必须设立新的程序，要求"（联合国）妇女地位委员会和消除对妇女歧视委员会应迅速拟订公约的任择议定书，研究采纳申诉权的可能性。"1995年北京第四次世界妇女大会也对制订议定书作出承诺。

1994年，荷兰马斯特里赫特人权事务中心等机构召开专家会议，起草了议定书草案。消除对妇女歧视委员会将草案内容编制成议定书要点，请各国政府、国际组织和非政府组织提出意见。包括中国在内的18国政府和19个非政府组织提出了意见。1995年，联合国经社理事会授权成立工作组，正式开始起草议定书。1996年，工作组举行第一次会议，讨论各方对议定书要点的意见，包括中国在内的21国政府、1个国际组织和12个非政府组织提出了补充意见。1997年，工作组举行第二次会议，形成议定书草案并完成"一读"。各方在会上全面陈述立场和依据，并提出修改建议。立场存有分歧之处，一读案文仅罗列各方意见，未全力争取达成一致。1998年，工作组举行第三次会议，通过了争议较小的4项条款，10项主要条款分歧依旧。为争取主动，这次会议临近结束时，中国和印度、埃及、阿尔及利亚、古巴等国共同提出"一揽子案文"，以同时解决所有争议条款。西方拒绝了这一案文。

1999年，工作组举行第四次会议。会议一开始，西方表示，这一年是《消除对妇女一切形式歧视公约》通过20周年，工作组应在本次会议上完成议定书起草，以纪念这一历史性时刻。从国际条约谈判一般实践看，谈判进程与重要时间节点相合拍是常见做法。与会各国代表也多认为，1999年将是议定书谈判的最后一年，成败在此一举。

我接到谈判任务时，是外交部条约法律司副处长。1990年，我从武汉大学毕业后来到外交部条约司工作，分管国际私法和国际刑法。1994年，我成功竞聘联合国难民署驻缅甸联络处副驻地官员一职，离开了条法司。在缅甸，我初次接触了国际人权法实务。若严格按法理，难民所适用的国际难民法有别于国际人权法，但当时我负责照料的难民群体已从庇护国孟加拉返回原籍国缅甸，难民署保护他们时依据的国际法是国际人权法。1997年，我辞去难民署职务，回到外交部条法司任副处长，分管国际人权法，负责的第一项国际人权文书起草谈判就是《消除对妇女一切形式歧视公约〈任择议定书〉》。

接到任务时，我感到肩负千钧，如履薄冰。一项重要国际人权文书的谈判进入了关键的最后一轮，我身为中方首席谈判代表，此前与国际人权法的交集，限于在武大法学院上过的国际人权法课和在缅甸从事过的国际人权实地保护工作。我从未参加过任何人权条约的谈判，而且，作为上任不久的副处长，也从未在任何国际谈判中担任过中方首席谈判代表。

二

临赴纽约联合国总部参加谈判前，我挑灯夜战，加班加点，花费大量业余时间研读前期谈判文件。

文件表明，谈判各方分歧巨大：谁有资格向委员会提交来文（提出申诉）？可就何种事由提交来文？谁有资格代表他人提交来文？提交来文前是否应用尽地方救济？如何处理来文者滥用来文权利的情况？委员会审议来文时依据何种资料？如何启动委员会调查程序？调查程序的结果是否具有强制效力？议定书是否应要求消除对妇女歧视委员会遵循客观、公正原则？如何确保与委员会联系的人免受报复？议定书生效所需的缔约国数目？是否允许对议定书作出保留？所有这些问题，均无一致观点。概括起来，各方立场大体如下：

西方的谈判目标有两项：一要通过议定书赋予条约机构尽可能大的职权。在各人权条约机构，总体上讲，西方影响较大。仅以条约机构人员构成为例，《消除对妇女一切形式歧视公约》所设立的消除对妇女歧视委员会，由 23 名选举产生的专家组成，按公约第 17 条，“选举时须顾及公平地域分配原则及不同文明与各主要法系的代表性”，但实际情况往往不是如此。目前的 23 名委员中，有 7 名来自欧洲①，接近 1/3，超出欧洲的国家数量、人口数量、法律体系多样性所应占的比例。外加有多名来自其他洲的专家也站在西方立场上，甚至比西方专家的立场还要激进，如日本籍专家等，导致西方影响力在各人权条约机构包括在消除对妇女歧视委员会中明显占优势。

西方的另一个谈判目标是为非政府组织在条约机构争取更大的活动空间。非政府组织各国都有，但在国际层面较活跃的主要是西方非政府组织。以我近期主管的另一项国际公约《联合国反腐败公约》为例，在履约活动中，公约为非政府组织参与提供了一定空间。在联合国维也纳总部举行的一次非政府组织参加的会议上，会议室坐满了来自各国非政府组织的代表。发言时，这些非政府组织代表会先自报家门。结果，过半代表来自同一个西方非政府组织，只不过是分别代表这个非政府组织在各个国家的分支机构。

① 消除对妇女歧视委员会这 7 名专家分别来自法国、德国、意大利、荷兰、葡萄牙、斯洛文尼亚和克罗地亚。

因此，无论是赋予条约机构尽可能大的职权，还是为非政府组织在条约机构争取更大的活动空间，都会进一步增强西方对人权条约机构的影响力，而按国际人权法，人权条约机构应体现“不同文明与各主要法系的代表性”。

不过，西方国家的谈判立场也不是铁板一块。一些西方国家本身也存在着歧视妇女的现象。另外，西方国家内部也有一些在妇女领域观点传统、而又颇具能量的非政府组织。这些西方非政府组织反对赋予条约机构过大的职权，它们的观点也在一定程度上反映到官方谈判立场中。结果是，一些本国妇女问题较多或者本国传统势力较强的西方国家，如美国等，对议定书谈判有矛盾的一面，既希望强化议定书机制的作用，又不希望这一机制干预本国妇女事务。这些西方国家在谈判中相对低调。其他西方国家，主要是奥地利和荷兰等西欧国家，则对议定书谈判始终持激进立场，希望赋予条约机构尽可能多的职权，为非政府组织在条约机构提供尽可能大的活动空间。

发展中国家按谈判立场大体分为两个集团。南非等非洲国家，哥伦比亚等拉美国家，菲律宾等少数亚洲国家，立场与西方相近。其原因是多方面的，一是20世纪90年代，冷战以苏联解体告终，西方在全球许多地区的影响空前扩展；二是一些发展中国家妇女组织认为本国政府保护妇女权益不力，希望借条约机构和外国非政府组织之力，推动本国妇女权益保护工作。

一些其他发展中国家，包括中国、印度和埃及等，则希望有一项相对平衡的议定书，既有利于促进和保护妇女权益，也尊重国际法原则和国际关系基本准则，包括国家主权原则。

按上述谈判立场划线，以西方和与其立场相近的发展中国家为一方，以中国和一些其他发展中国家为另一方，大体可分成两个阵营。在谈判力量对比上，前者优势明显，且在会场上较为活跃，经常发言的国家有40个左右。而与中国立场相近且在会场相对活跃的国家只有10个左右（由此可见，联合国193个会员国多属“沉默的大多数”）。此外，议定书最初的草案出自西方非政府组织，工作组主席（奥地利籍）、工作组非正式磋商主持人（罗马尼亚籍）、为谈判提供咨询的消除对妇女歧视委员会专家（新西兰籍）均来自西方。

三

本议定书是人权领域的一项程序性条约。关于国际人权法，法理上相对发达的是实体法，程序法特别是关于人权条约机构的理论著述不多，常见的多囿于介绍现有程序。这在议定书谈判中，表现为辩论时论说难以深入，各方都不易在法理上占据优势。

仅举一例。中国等发展中国家提出，议定书应明确要求消除对妇女歧视委员会履行职权时遵循客观、公正原则。之所以提出这一案文，是考虑到近年一些人权条约机构的工作带有一定的政治色彩，偏离客观、公正原则的情况时有发生。对于这一案文，西方坚决反对。理由有二：一是各人权条约机构，包括消除对妇女歧视委员会，应依客观、公正原则行事，这是不言自明的，议定书无须规定；二是作出这一规定，会造成委员会未按客观、公正原则行事的印象，是对委员会的“冒犯”。中国等发展中国家反驳道：依客观、公正原则行事，是对所有人权条约机构的共同要求，从未有过任何国家反对这点。议定书规定这项原则，讲的是“应然”，不是对委员会“实然”情况的评价。因此，议定书不仅可以、而且有必要规定这一原则。见辩论相持不下，西方提出一项反建议，要求在案文中写明，缔约国应尊重议定书赋予委员会的各项权利。对此，中国等发展中国家指出，“约定必须遵守”是条约法基本原则，无须在各具体条约中再作规定，否则就是对缔约国履约诚意的不信任，是对缔约国的“冒犯”。

对于其他争议条款，双方辩论时法理依据的局限性更加明显。若一方提议的案文是现有人权条约中已有的，提议方会说这是依循先例，反对方会说国际人权法不能拘泥于各人权条约的现有内容。反之亦然。若一方提议的案文是现有人权条约所无，提议方会说国际人权法应有新发展，反对方则会说应依循先例。至于什么事项应依循先例，什么事项应有新发展，则各执一词。

这种各执一词的拉锯战客观上有利于谈判阵营上占少数的中国等发展中国家。因为在发言中，西方阵营人多势众，但发言内容往往重复，无法将发言人数的优势转化为法理上的优势。反复拉锯，也起到了强化发展中国家阵营的效果。在议定书起草工作早期，支持中国的发展中国家数量极为有限。发言时，有的也只是表明政治立场，未能在法理上充分论证己方观点。随着双方反复交锋，支持中国的发展中国家数量上升，且提出的案文和论证的质量也明显提高。可以说，在国际人权程序法领域，许多发展中国家代表边干边学，活学活用。

这种法理上的拉锯战延续到我率团参加的工作组第四次会议。这次会议前期，各方几乎只是重复以往立场和论据，谈判未能取得任何实质性进展。这种状况持续到会议结束前的倒数第四天。根据联合国秘书处的要求，谈判完成后需留出三天时间给秘书处，以便将谈成的英文本译成联合国其他五种官方文字①，并校对各文字文文本，因此，倒数第四天实际上是实质性谈判的最后一天，也可以

① 除英文外，联合国另五种官方文字分别是中文、俄文、法文、西班牙文和阿拉伯文。

说是摊牌的一天。

四

摊牌前一天，担任会议主席的奥地利常驻联合国代表团一等秘书邀请谈判关键国家代表餐叙。

按说在联合国框架内，各国与会地位平等①，不应有“谈判的关键国家”一说。但实际上，不同国家在谈判中的作用不尽一致。部分国家立场明确，发言积极，对谈判结果影响更大。那天受到邀请的就是这样一些国家的代表，我也以中国首席谈判代表身份受到邀请。

从一定意义上讲，这是一场“鸿门宴”。会议主席希望通过小范围聚会，短兵相接，逼对手让步。如果不能奏效，也希望通过餐间交谈流露出的蛛丝马迹，来探寻对手的谈判底线。

餐叙东道主是奥地利常驻联合国大使，地点在大使官邸。官邸坐落在纽约地价最为昂贵的曼哈顿第五大道上，餐厅窗外就是中央公园。奥地利大使在餐厅入口处迎候我时解嘲道：“整个社区的所有居民中，只有我不是亿万富翁。”

按事先安排好的座位入席后，发现坐在我对面和两侧的都是西方国家的代表和专家，正对面是整个谈判中西方集团事实上的首席法律顾问——消除对妇女歧视委员会的某西方专家，她也是本国最高法院大法官。看来，西方集团将我视为整个谈判的主要对手，将我团团围坐在中央。在她们（这几位西方代表和专家全部是女性）看来，这有助于向我施加压力。在我看来，这样安排座位未必不是好事，我能有更多的听众。

侍者端上了沙拉，奥地利大使致了简短的欢迎辞，餐叙就切入了正题。坐在对面的大法官带头，西方各国代表和专家单刀直入，从整个谈判争议最大的“代表资格”问题向我发难。

“代表资格”问题指受害女性因特殊情况无法亲自向条约机构提交来文（行使申诉权）时，谁有权代表受害女性向条约机构提交来文。

要全面理解这一问题，有必要在此简要回顾一下其他国际人权条约的规定和条约机构的实践。《公民权利和政治权利国际公约》关于“来文”的任择议定书没有涉及受害人代表提交来文，但条约机构（即人权事务委员会）《议事规则》允许受

① 常任理事国在安理会的否决权是一个例外。

害人代表提交来文，并且未对代表资格作任何限制①。《禁止酷刑公约》规定受害人代表可向禁止酷刑委员会提交来文，对代表资格也未作任何限制②，但禁止酷刑委员会《议事规则》规定，代表仅限受害者近亲属或经书面授权的代表③。其他国际人权条约和条约机构《议事规则》对代表资格问题也有所涉及，内容和体例大体不超出上述范围。④

在谈判中，西方立场是议定书应规定来文可由受害女性的代表提交，对代表资格不应作任何限制。中国等发展中国家则认为，来文原则上应由受害女性本人向条约机构提交，在特殊情况下，议定书可允许代表提交，但代表应获受害女性明示授权。考虑到这一问题在前期谈判中争议极大，实际上是整个谈判中争议最大的问题，面对西方掌握多数票的实际情况，中国等发展中国家也曾提出，可以采用《公民权利和政治权利国际公约》的先例，在本议定书中不规定代表问题，留待消除妇女歧视委员会《议事规则》规定。

在餐叙中，西方代表和专家向我表示：考虑到一些受害女性可能因特殊情况不能亲自向消除对妇女歧视委员会提交来文，议定书应允许其他人员和组织代表受害女性向委员会提交来文。我回应道：受害女性本人因特殊情况无法亲自向委员会提交来文的情况确有可能发生，但这不意味着任何其他人员和组织因此都有权代表受害女性向委员会提交来文。其他人员和组织要作代表，原则上应获受害女性明示授权。西方代表和专家又道：在受害女性失踪等极端情况下，代表难以获得前者的明示授权，议定书能否规定，如果受害女性未对代表明示提出反对，就视为对代表的授权？我则回应道：若受害女性失踪，她固然难以明示授权他人代其行事，但又如

① 人权事务委员会《议事规则》第 96 条第 2 款规定：一般来讲，来文应由有关个人本人或其代表提交；但当有关个人似无法亲自提交来文时，委员会也可以接受由其他人代表所称受害者提交的来文。

② 《禁止酷刑和其他残忍、不人道或有辱人格的待遇或处罚公约》第 22 条第 1 款规定：委员会有权接受和审议在该国管辖下声称因该缔约国违反本公约条款而受害的个人或其代表所送交的来文。

③ 禁止酷刑委员会《议事规则》第 104 条“申诉登记；新申诉和临时措施问题报告员”规定：“1. 申诉可由秘书长或经委员会的决定或由新申诉和临时措施问题报告员进行登记。2. 任何申诉在下列情况下秘书长不予登记：……（c）不是由指称受害者或由指称受害者的近亲代表其或由一名具有适当书面授权的代表书面提交的。”

④ 例如，《保护所有移徙工人及其家庭成员权利国际公约》第 77 条第 1 款规定：“本公约缔约国可在任何时候根据本条规定宣布它承认委员会受理和审议以下来文的权限：在该缔约国管辖下声称本公约所规定的他们的个人权利受到该缔约国侵犯的个人或其代表送交的来文。”保护所有移徙工人及其家庭成员权利委员会《暂行议事规则》第 32 条规定：“由于《公约》第 77 条规定的程序尚未生效，委员会将在以后阶段审议有关规则。”

何能明示反对他人如此行事呢？这在法理上和事理上都解释不通。

西方代表见从法理上难以突破，就从先例入手，向我表示：人权事务委员会《议事规则》允许他人代表受害者依据《公民权利和政治权利国际公约》提交来文，且未对代表资格作任何限制，本议定书应参照这一先例。如果本议定书对代表资格作出限制，就是歧视妇女，这正是《消除对妇女一切形式歧视公约》所反对的。我针锋相对道：限定代表资格，不仅不是歧视妇女，相反，是为了防止有人借受害女性之名任意行事，对受害女性造成二次伤害。如果本议定书与其他人权条约有所不同，也正是基于妇女的特殊情况而对她们提供的特别保护，并非对她们的歧视。况且，人权条约机构受理来文是否限制代表资格，并无统一做法。人权事务委员会《议事规则》不限制代表资格，禁止酷刑委员会《议事规则》却限制代表资格。本议定书限制代表资格，未超出国际人权法现有实践，更谈不上对妇女的歧视。

我特别对坐在对面的大法官说：作为最高法院大法官，你对代表问题应有更多了解。任何个人和组织到贵国最高法院声称代表某当事人参加诉讼活动，作为大法官，你都会对代表资格提出要求。我对贵国法律了解不多，按一般法律原则，你提出的要求至少会涉及两个方面：一是代表本人须是贵国律师，有在贵国法院出庭资格；二是代表须有当事人授权。我进一步表示：我提到国内法院的相关情况，不仅仅是因为这与议定书的来文程序有可比性，在一定意义上，人权条约机构来文程序可以说是国内司法等救济程序的延伸。国际人权法已有的来文程序，如《公民权利和政治权利国际公约》来文程序就规定，向人权条约机构提交来文必须先在国内法中用尽救济。① 各国国内法限定代表资格，旨意之一就是防止无关人员特别是别有用心的人在国内司法程序中盗用受害人名义行事，作为国内程序的延伸，国际人权条约机构来文程序也应规定相应的保障。

餐叙与谈判不同，除了宣介己方谈判立场和论据外，还可聊聊家常。我谈到了自己的家庭（当然也是结合议定书的起草工作来谈的），说：我祖母和外祖母基本上没有受过多少正规教育，更没有机会在家庭以外工作。我母亲有机会读了中专，是兄弟姐妹里学历最高的，毕业后在幼儿园工作，当时社会认为这是适合女性的工作。我妻子则是名校法学院研究生毕业，与我一样，现在也是一名外交官。我家三

① 《公民权利和政治权利国际公约〈任择议定书〉》第 2 条规定："任何权利受到侵害的个人，如对可以运用的国内补救办法，悉已援用无遗，得向委员会书面提出申请，由委员会审查。"《消除一切形式种族歧视公约》第 14 条第 2 款、《禁止酷刑和其他残忍、不人道或有辱人格的待遇或处罚公约》第 22 条第 5 款和《保护所有移徙工人及其家庭成员权利国际公约》第 77 条第 3 款也有类似规定。

代女性见证的历史岁月不算太长，但她们的生活有如天壤之别。她们的情况不是特例，是中国不同时代的代表。人类历史上还没有其他国家，其他历史时期，见证过如此之多的女性，在如此之短的时间，地位获得如此明显的提高。其中的转折点是中华人民共和国的成立。这充分证明了中国政府对促进和保护妇女权益的诚意和实效。

我还提到，在我之前负责这项工作的中方首席谈判代表是位女性外交官，我接替她的工作来纽约前，她曾对我说：参加这项谈判的各国代表以女性外交官和女性法律专家为主，对于男性代表特别是来自亚洲等历史上有大男子主义传统的国家的男性代表，她们有时会从性别视角来看待。认为这些男性谈判代表之所以有不同的观点，不仅是因为所代表的政府对谈判事项有不同立场，也是他们的性别和大男子主义传统使然。我说自己无权替其他男性与会人员表白，因为我没有“代表资格”，但我有权为自己“申诉”。我父母只有两个孩子，我和妹妹；我只有一个孩子，是个女儿。从这个意义上讲，尽管我是男性，却更关心妇女权益，是妇女事业的天然盟友。我还花了相当长的时间，向参加餐叙的西方女性代表和女性专家讲述了我在缅甸帮助女孩上学的故事。

我作为联合国难民署官员在缅孟边境工作时，发现难民们大多生活贫困，稍有余力，会想方设法送男孩上学。至于女孩，除极少数富裕家庭，多数不上学。如何让女孩们都有机会上学，就成了我工作的重中之重。我苦口婆心地对家长、校长和老师反复讲解教育对女孩身心成长的重要性，强调《消除对妇女一切形式歧视公约》禁止在教育上歧视女孩。若不让女孩上学，家长们就违反了国际法。经反复做工作，并扩建了20余所村寨小学，我照料下的数千名女孩终于高高兴兴地上学去了。一起餐叙的西方代表和专家正听得津津有味，我话锋一转：可过了不久，女孩们又成批地退学了。西方代表和专家露出不解的神情，我让她们猜测原因，结果无人猜中。我接着说：我自己一开始也无法理解，经过反复家访才知道，当地小学厕所很小，往往锁着门，只供老师用。以前学生都是男孩，如厕就在校外稻田。女孩就不好办了。无法解决内急，许多女孩就不肯再去上学。当地没有自来水，要建造安全、卫生的厕所并非易事。最后还是我用自己16岁那年在建筑工地打工时积累的经验，亲自为各小学设计了安全、耐用且无须自来水冲洗的厕所，解决了女生的如厕问题，帮助她们回到学校，继续上学。① 我感慨道（真的是有感而发）：人们坐在纽约中央公园旁的豪宅里边用餐边谈论《消除对妇女一切形式歧视公约〈任择议定书〉》，往往不易想象发展中国家贫困家庭女孩所面对的艰难处境，也

① 关于笔者在缅甸救助难民特别是帮助难民女孩上学的详情，请参见拙文《我和国际法的姻缘》，载《武汉大学报》，网络版见：http：//alumni. whu. edu. cn/info/1042/8625. htm.

许这才是公约和议定书应该真正关心的。

五

前期谈判的唇枪舌剑和餐叙时的虚虚实实都结束了。谈判到了最后一天。这天，我比往常更早一点来到联合国总部，趁着会场清静，仔细研读笔记和谈判文件，对各方即将摊牌的形势再次作了研判。

从谈判内容看，各方立场十分明确而强硬，没有一方会在实质性问题上轻易让步。从谈判力量对比看，西方及盟友占据明显多数，中国等发展中国家处于少数；在谈判进程上，西方及盟友急于求成，力争本次会议完成谈判，中国等发展中国家希望形成内容更加平衡的案文，而不一定要在本次会议结束谈判。

最后一天的谈判何去何从？主动权掌握在西方手中，一是西方握有多数票，二是会议主席来自奥地利。西方下一步有三项选择：一是不作让步，二是将其案文交付表决，三是作出一定的让步，换取与中国等发展中国家达成一揽子解决。

关于西方的第一种选择，中国等发展中国虽处少数，但抱团取暖，在西方压力下不会单方面作出重大让步。如果西方取此选择，本次会议无法完成谈判，并因谈判失去势头，今后数年亦不会有进展。起草工作将陷入久拖不决的僵局。若出现这一情势，西方无法将谈判未能完成的政治责任推给中国等发展中国家。这不会是多数票在手的西方所愿意看到的。对于中国等发展中国家，虽未取得谈判成果，但亦未失分，仍有机会从长计议。

关于西方的第二种选择，西方倚仗其多数，有把握表决通过它满意的案文。然而，表决通过的案文，不反映世界各国的共识，投反对票的国家今后批准或加入议定书的可能性很小，议定书实效将明显缩水。对于中国等发展中国家，这一结果亦有其不利的一面。虽然中国等发展中国家可以选择不批准、不加入仅反映西方立场的议定书，但议定书作为一项国际人权文书的客观存在是无法回避的。此外，国际人权法各领域的发展，既齐头并进，又互相呼应。在妇女权益领域通过的议定书，会在其他人权领域谈判同类条约时被引为先例，形成对西方有利的谈判态势。

关于西方的第三种选择，西方手握多数票，不会轻易让步，但若能以不太大的让步为代价，换取中国等发展中国接受西方一揽子案文，对西方而言，不失为可以接受的结果。问题是，西方能作多大让步？若西方让步不多，即使中国等发展中国家作出幅度相当的让步，也不足以弥合双方之间现有的巨大鸿沟，谈判不会有结果。在这种情况下，西方很可能会通过其在国际媒体中的话语主导权，将谈判破裂诿过于中国等发展中国家，政治上对中国等发展中国家不利。我当时注意到，在最后摊牌前，西方已频频向国际媒体和非政府组织放出风声，称谈判因中国等发展中国家的阻挠而未能取得进展，对双方案文的分歧和各自的政策考虑则避而不谈。

可以说，形势错综复杂，走向不定。需要冷静研判，相机行事，争取最好的结果，做足最坏的准备。

六

最后一天谈判刚开始几分钟，主席就宣布休会，改由罗马尼亚籍主持人引导与会代表作非正式磋商。主席本人则在会场走动，与不同国家代表交头接耳，试图探寻各方的谈判底线。

与此同时，一些西方代表开始放出风声，表示若谈判再无进展，将不惜以表决方式强行通过西方案文，企图以硬的一手逼迫中国等发展中国家让步。在西方压力下，原本与中国等发展中国家立场较接近的日本，准备了一套妥协案文，并私下征求我意见，说西方案文表决迫在眉睫，日本的妥协案文可以避免表决通过更为不利的西方案文。我见日本案文对西方让步较多，就说：若以表决方式通过西方案文，将出现国际社会在一项重要国际人权文书上分歧表面化、长期化的情势，这不是西方最希望看到的结果，在尝试不同折中方案前，西方不会轻易将其案文付诸表决。基于这一判断，我希望日本暂时不要提出其妥协案文，以免自乱阵脚。经我反复劝说，日本代表同意暂不提出其案文。

下午会议临近结束时，非正式磋商仍未取得丝毫进展。罗马尼亚籍主持人抛出了她的一揽子案文。同意在一些争议较小的问题上接受中国等发展中国家的案文，但在“代表资格”等主要问题上，坚持西方案文。中国等发展中国家拒绝了这一案文，并强调，关于“代表资格”问题，即使在受害女性无法表达意志的特殊情况下，也只有与其有特殊关系的人才能出任代表。具体而言，一是代表和受害女性应处于同一国家管辖之下，二是如未获受害女性授权，代表必须证明在此情况下仍有权代表受害女性行事。前一要素的缔约旨意是要排除境外组织和人员的介入，后一要素的缔约旨意是要确保代表与受害女性有特定联系，这种特定联系通常理解成是她的近亲属。

最后一天谈判的上午和下午两场均无果而终。主席宣布为了完成谈判任务，已商请联合国秘书处为这次会议提供额外的同传翻译服务，晚饭后继续谈判，且不设时限。

我和中方代表团的同事们在联合国附近找了家快餐店，匆匆吃了点东西，然后我去超市买了一大塑料袋点心饮料，带到会场。按联合国会场管理规则，会场内不能吃喝（喝白水不受此限）。我不仅将点心饮料带入会场，而且就放在桌面上（从严格的法律意义上讲，此时我并未违反联合国会场管理规则，因为我只是将点心饮料带入会场，未在会场享用它们）。我希望就此传递一个信号：我们已经做好了当晚通宵激辩的物质准备。

晚上的谈判一开始，西方就通过某非洲国家，提出了与此前西方案文思路大不相同的新案文。在“代表资格”问题上全面接受中国等发展中国家的案文，但在其他主要争议问题上，几乎全盘保留西方原案文。

西方新案文提出后，西方及其盟友接连发言，表态支持。而前期与中国立场相近的发展中国家则一片沉默。我分析了原因。西方新案文确实在争议最大的“代表资格”问题上作出重大让步，可能已经满足了许多发展中国家的谈判底线。如果谈判就此结束，这些发展中国家的谈判代表也算完成了任务。

此时，我面临职业生涯中截至当时最困难的局面。一方面，西方新案文在谈判争议最大的问题上接受了中国等发展中国家的主张；另一方面，这一案文总体上更多地采纳了西方立场。消除对妇女歧视委员会获得了比其他人权条约机构大得多的职权。在国际政治现实环境下，这一安排不仅难以维持国家主权与国际人权条约机构职权之间原本就很微妙的平衡，而且会对人权领域其他条约机构扩展职权带来涟漪反应。如果我听任西方新案文获得通过，议定书的谈判结果对中方来说，勉强可以接受，但并非理想。如果我发言拒绝这一方案，而其他原与中国立场相近的发展中国家未跟进支持，将出现因中国独家反对而使谈判破裂的局面，西方必借其媒体大肆炒作，在国际政治影响上陷中国于被动。

在这种情况下，我只有背水一战。当日白天在对案文作最后梳理时，我发现某条款有一处明显的英文错误①。刚发现这一错误时，我吃了一惊。经过各国代表数年谈判，到了案文通过前一刻，文中怎么还会有此种语言错误？为慎重起见，我请中方代表团内英语专业的成员又仔细核对了一遍，确认了这一语言错误。更微妙的是，这一语言错误有两种更正方式，按这两种方式更正后的案文，法律含义和政治倾向明显不同。此时此刻，白天的这一发现派上了用场。我举牌要求发言，获主席同意后，我说：中方代表团完全理解本议定书的谈判工作已经到了最后关头，正是出于对“最后关头”的负责，中方代表团要求会议首先澄清并纠正议定书目前案文中一处可能引起重大法律歧义的语言错误。在纠正错误前，中方无法就案文作最终的正式表态。

这一技术性发言扭转了当时的困难局面。它使西方案文不能马上通过，避免当即就西方案文作正式表态，为进一步周旋留下余地。同时，这一发言也打断了西方

① 按联合国框架下国际公约的谈判惯例，这项议定书的谈判过程只谈英文本，待英文文本谈定后再翻译成联合国其他5种官方语言。不过，从法律上讲，6种语言的文本同为作准文本。

强推其新案文的势头，为发展中国家一方提供了心理支撑。

果然，我发言一结束，沉默良久的发展中国家阵营中有多名代表举牌要求发言。他们或是对西方新案文提出重大修正案，或是明确拒绝西方新案文，导致西方新案文流产。

主席见状立即宣布休会，但未说下一步安排。此时，时间已近午夜。一百多个国家的代表在会场里“放了鸭子”，既不开会，也未散会。我则抓紧机会与中方代表团其他成员评估形势。大家一致认为，西方强推其新案文不成，在急于求成的心态下，不排除有作出重大让步的可能。

正聊着，主席的秘书走过来与我耳语，说主席在一处僻静的小会议室等我，请我立即过去，有要事相商。到了小会议室，发现主席撇开绝大多数国家的谈判代表，私下邀请了10个谈判关键国家代表开小范围闭门会议①。

关上小会议室门后，主席表示，经过数年谈判，她对各方立场已有充分了解，相信这10个国家代表了所有各方的立场。随即，主席提出了她的一揽子方案：在争议最大的“代表资格”问题上全面接受中国等发展中国家的案文，在其他争议问题上对双方案文各有所取。比如，对于争议也比较大的“客观、公正”问题，主席建议，在议定书中既不规定委员会行使职权时应遵循客观、公正原则，也不说缔约国应尊重委员会的职权，而是在联合国大会通过议定书的决议中同时提到这两点。解释完案文后，她发出最后通牒：各国代表可花几分钟时间研究案文，然后立即表态。如果这10国代表都接受这一案文，谈判大功告成，如果有一国拒绝其案文，她将向全体会议宣布，谈判破裂，会议结束。

在短短几分钟的商量过程中，我和其他立场相近的发展中国家代表一致认为，“主席一揽子案文”是截至当时西方在议定书谈判中作出的最大让步，是在西方票数占优的情况下，发展中国家所能取得的最佳结果。在随后的表态中，各方均表示接受主席案文，尽管有一些代表表示以“非常不情愿的心情”接受这一案文。10国代表话音一落，主席立即宣布全体会议复会，让秘书散发“主席一揽子案文”作为谈判的最终结果，并宣布在联合国秘书处备妥议定书6种语言文本后，各国将有机会对议定书正式表态。

次日，联合国秘书处完成翻译工作后，主席召集语言上有代表性的国家②对“主席一揽子案文”作技术和语言上的加工、润色。在这一过程中，一些西方代表

① 正式谈判的会议对联合国全部会员国开放，也对非政府组织代表开放。非政府组织可以听会、发言，但无投票权。

② 中国代表中文，俄罗斯代表俄文，英国、美国代表英文（联合国使用英式英文），法国代表法文，埃及、阿尔及利亚代表阿拉伯文，墨西哥、玻利维亚代表西班牙文。

多次以技术性修改为借口，试图在案文中插入反映其立场的实质性修改，甚至要求增加整整一个新条款，但均被中国等发展中国家代表驳回。

联合国6种官方语言的文本定稿后，各国代表又回到会场，此时，传来消息，说若干代表对“主席一揽子案文”不满，认为这一案文未赋予消除对妇女歧视委员会足够的职权，正酝酿提出修正案。但中国等发展中国家当即表示，主席提出的是“一揽子案文”，对它的任何修改，无论多么微小，都意味着目前“一揽子”解决方案全部失效①，将导致对整个议定书所有争议问题重开谈判。面对这一强硬立场，酝酿提出修正案的国家未再提出任何案文，但要求将其立场以工作组全体成员共同声明的形式记录在案。这一要求也被中国等发展中国家拒绝，因为共同声明虽非议定书约文的正式组成部分，但对议定书的解释和适用有实际影响，并且这些国家所坚持的立场原本就不是工作组全体成员的共同立场，怎么可以作为共同声明记录在案呢？

在随后举行的工作组会议上，各方以协商一致的方式通过议定书案文，与会各国均未提出任何异议，只是要求将各自的立场记录在案。

至此，历时四年的《消除对妇女一切形式歧视公约〈任择议定书〉》谈判宣告完成。②

七

在《消除对妇女一切形式歧视公约〈任择议定书〉》中，各缔约国决心确保妇女充分和平等地享有所有人权和基本自由，防止这些权利和自由遭受侵犯，为此，议定书规定了来文（即申诉）程序和调查程序。

在来文程序下，消除对妇女歧视委员会可以接受缔约国管辖下的个人提交的来文。如果来文由代表提交，代表应处于同一缔约国管辖下，并征得其所代表的个人的同意，除非有理由说明，在未征得同意的情况下，亦可由其代表她（们）行事。来文应书面提出，且不得匿名。委员会受理来文前，必须确定已用尽国内补救办法。若来文涉及委员会已经审查过的事项或由其他国际程序审查的事项，以及不符合规定、证据不足和滥用权利的来文，均不予受理。委员会在确定是非曲直之前，可以要求缔约国采取临时措施，以避免对受害人造成无法弥补的损害。委员会审查来文后，应将其意见和建议转送有关各方。缔约国应考虑委员会的意见和建议，并

---

① 这就是国际条约谈判中常说的：Nothing is agreed until everything is agreed.

② 《消除对妇女一切形式歧视公约〈任择议定书〉》最后一轮谈判的简要经过和正式记录在案的各国立场见联合国文件：E/CN. 6/1999/10。

在6个月内向委员会作出书面答复。

在调查程序下，若有可靠资料表明，缔约国严重或系统地侵犯妇女权利，委员会可前往调查，并将调查结果和建议转送有关缔约国，请缔约国采取相应措施，并请缔约国在6个月后向委员会通报为响应委员会建议所采取的措施。

在上述两项程序中，缔约国均应确保其管辖下的个人不因与委员会通信而受到虐待或恐吓。

联合国大会在通过议定书的决议①中强调缔约国应当承诺尊重议定书确定的权利和程序，在消除对妇女歧视委员会根据议定书行事时与其合作；同时强调委员会在根据议定书履行任务和行使职能时，应继续依循一视同仁、不偏不倚和客观的原则。

2014年10月，我作为中国代表团主要成员，赴日内瓦接受消除对妇女歧视委员会审议中国履行《消除对妇女一切形式歧视公约》国家报告。当委员会专家问及中国政府对《消除对妇女一切形式歧视公约〈任择议定书〉》的立场时，我发言表示：15年前，我曾作为中方首席谈判代表，参加了这项重要人权条约的起草，与其他国家的谈判代表一起，通过努力，达成了一项在联合国大会上为所有国家共同接受的国际人权文书。为此，我深感高兴和荣幸。

① 联合国大会于1999年10月6日第28次全体会议第49号决议正式通过了《消除对妇女一切形式歧视公约〈任择议定书〉》。而此前工作组第四次会议通过这一议定书，只是表明确定文本，近似于双边条约谈判中的草签。

五、书评

理性选择理论视角下的国际法与国家利益

——《国际法的局限性》述评

□ 姚俊倩*

内容摘要：《国际法的局限性》是运用跨学科方法进行国际法研究的典范之作。本文通过对该书的结构安排、研究方法的选用与观点的解读，概括了作者对跨理性选择理论视角下的国际法与国家利益之间的关系探讨。同时，本文也论述了该书的研究方法与观点的可商榷之处，并对我国的国际法跨学科现状以及国际法跨学科研究应注意的问题进行了反思。

关键词：国际法的局限性　理性选择理论　国际法　国家利益

目　　次

---

* 武汉大学国际问题研究院研究生。

三、我国国际法跨学科研究现状与反思

（一）我国国际法跨学科研究现状

（二）我国国际法跨学科研究反思

四、结语

国家利益是国际关系与国际法研究的核心概念，是国家在复杂的国际政治经济环境里维护本国和本民族生存与免受外来侵蚀的根本原则。① 用国家利益来阐述和解释国际法规则的产生、演变和运作，早已有之。早在400多年前，“国际法之父”格劳秀斯就承认，国家间存在利益冲突，但他也乐观地认为国际法能够有效约制国家间的利益冲突。② 在国际法约束力来源的探讨上，现今国内学者的通说是“意志协调说”，即国际法的约束力来源于“各国意志间的协调”。③ 细想之下，何为国家意志？这从本质上来说，不也为国家利益吗？但法律学者们貌似刻意地去回避政治学或经济学上惯常所用，而又略带侵略性的“利益”二字，倾向于“意志”这个温和的词汇。

《国际法的局限性》④ 一书英文原版名为“THE LIMITS OF INTERNATIONAL LAW”,⑤ 2009年被纳入厦门大学国际法译丛，由法律出版社出版，译者为厦门大学助理教授龚宇。该书的两位作者为哈佛大学法学院的杰克·戈德史密斯（Jack L. Goldsmith）教授和芝加哥大学法学院的埃里克·波斯纳（Eric A. Posner）教授，力图突破国际法研究中被含糊的国家利益观，将国家利益观念与简单的理性选择（rational choice）模型相结合，提出了一种综合的国际法理论：国际法产生于各国基于对其国利益及国家间权力分配的认知，理性地追求利益最大化的行为。在国家利益主导下的国际法，并不能令各国罔顾自身利益而遵守之，故其所能实现的目标

① 刘志云：《国家利益观念的演进与二战后国际经济法的发展》，载《当代法学》2007年第1期，第84页。

② 格劳秀斯认为，主权国家组成的国际体系是无政府状态的，在无政府体系中国家之间为争夺权力和安全的斗争不可避免地会产生利益冲突和战争，但由于国家间的经济和社会交往，各国在处理彼此关系时受到国际法与共同规则的约束。正是国际法和共同规则这些纽带保证了一个有序的国际社会的存在，并且使之具有和谐性特征。参见章前明：《试论格劳秀斯主义与英国学派的关系》，载《史学月刊》2008年第7期，第89页。

③ 参见梁西等：《国际法》，武汉大学出版社2010年版，第10页。

④ ［美］杰克·戈德史密斯、埃里克·波斯纳：《国际法的局限性》，龚宇译，法律出版社2010年版，第1~261页。

⑤ Jack L. Goldsmith & Eric A. Posner, The Limits of International Law, 1-262. (1st. ed., Oxford University Press, 2006).

是有限的。

一、全书介绍

（一）结构安排

《国际法的局限性》全书除去导论，一共有八章内容。作者按照国际法的表现形式，把这八章内容划分为三部分：第一部分是习惯国际法，第二部分是条约，第三部分是辞令（rhetoric）、道德与国际法。作者在论述每一部分内容时，先提出理论，进而用国际社会中实际发生的案例来验证，避免空洞化的论证。

这三部分的划分与排序是有内在逻辑可循的：习惯国际法是国际法的先驱，相当于树的主干，国际法上字面化的条约，与口头化的国家外交辞令，从习惯国际法中催生出来，成为树的枝干。只有先理清楚习惯国际法，才能理解条约产生的必要性；弄明白了条约，才能排除国家在国际交往中的说辞干扰，解读出国家的实际行为是否构成对国际法的遵守。

（二）方法创新

在本书中，作者所使用的研究方法区别于国际法学术传统。① 他们综合利用了国际关系中的理性选择理论（rational choice theory）和经济分析中的博弈论（game theory），给长久以来重规范描述而轻实证研究的国际法学界②带来了一股革新之风。

1. 理性选择理论的运用

理性选择是把经济分析运用于政治学的产物，该理论在政治学界的基本假设，即个体是政治过程的核心行动者，个体展开理性行动的目标是个人效用最大化。③

---

① 在作者看来，传统的国际法研究，无视国家的实际行为，并不去解释规则的合理性，是一种教条主义的研究范式。参见［美］杰克·戈德史密斯、埃里克·波斯纳：《国际法的局限性》，龚宇译，法律出版社 2010 年版，第 13 页。

② 学者 Jeffrey L. Dunoff 和 Joel P. Trachtman 认为，传统的国际法学说在对“法律的实然状态”加以细致地描述后，会直接不加解释地给出“法律的应然状态是什么”的解答，缺乏说服力。这是一种重规范描述而轻实证研究的态度。See Jeffrey L. Dunoff & Joel P. Trachtman, *Economic Analysis of International Law*, 24 Yale J. Int. Law, 3 (1999).

③ 转引自戴扬：《新制度主义政治学中的理性选择理论》，载《四川师范大学学报（社会科学版）》2008 年第 3 期，第 27 页。

在本书中，作者的基本假设为："国家的行为是理性的并以增进其利益为目标。"①然而作者也清晰地认识到，这一假设的所有构成要件，即国家是相关的行为者，国家具有可确定的利益，国家通过理性地行为增进这些利益，皆非定论。但作者认为："我们并不认为理性选择理论准确地描述了一个'国家'在所有复杂问题上的决策过程，或理性选择理论能够为有关国际行为的细致预测提供依据。相反，我们只是从实用主义角度将理性选择理论用做一种工具，以构建我们的观点、体系及阐明我们的假设。没有任何理论能够完美、精确地预测所有的现象。"②

2. 博弈论的运用

博弈论自诞生以来，在社会科学领域得到了广泛应用。对于社会科学而言，博弈论可称得上是一种具有高度概括力的"统一场论"。③ 本书作者运用博弈论构建了四种简单的理性选择行为模式，解释与国际法有关的国家行为。如下表：

类型	描述	说明（以边界问题为例）
利益耦合 (coincidence of interest)	每一个国家在无须考虑他国行为的情况下依自身利益行事。	• A 国无意侵占 B 国境内资源，即便 B 国无力抵抗 • A 国仅有能力控制其自身领土，并不想与 B 国产生纠纷 • B 国与 A 国一样，不想产生纠纷 • 结果：互不侵犯边界
协调 (coordination)	每一个国家都希望他国从事与自己一致的或对称的行为，进而从中获益。	• A 国可能通过侵犯 B 国领土获得额外好处，但需要代价 • B 国与 A 国拥有同样的利益与实力 • A 国与 B 国关注划清领土边界，避免冲突 • 结果：划清边界

① ［美］杰克·戈德史密斯、埃里克·波斯纳：《国际法的局限性》，龚宇译，法律出版社2010年版，第2页。

② ［美］杰克·戈德史密斯、埃里克·波斯纳：《国际法的局限性》，龚宇译，法律出版社2010年版，第5~6页。

③ 张培刚、方齐云：《博弈论的应用及其展望》，载《经济评论》1998年第2期，第13页。

续表

类型	描述	说明（以边界问题为例）
合作 (cooperation)	各国达成反映其利益与实力的协议并通过相互报复之威胁来维持，避免采取只能获得眼前利益的行为，以谋取更大的中长期利益。	• A 国和 B 国都能从占领对方领土获益 • A 国和 B 国都会抵抗对方的侵占，战争爆发，双方利益受损 • 结果：两国达成边界划分协议
胁迫 (coercion)	强国迫使弱国从事与其利益相悖的行为。	• A 国强大，试图侵占 B 国土地 • B 国弱小，无力抵抗侵占 • 结果：A 国侵占 B 国土地

（三）观点突破

1. 习惯国际法是各国逐利之行为规律，作用有限

传统观点①认为，习惯国际法是国家基于一种法律义务感，即“法律确念”(opinio juris）而遵行的普遍及一致的实践。作者认为，许多习惯国际法规则只不过是利益偶合的产物，在缺乏交流的情况下形成的习惯国际法非常模糊，而多边国际合作往往需要各国进行明确的讨论和协商，因此习惯国际法作用的范围有限。②

2. 条约是各国逐利之行为“说明书”，作用有限

传统观点认为，条约的规范性力量增强了缔约国的义务感，各国基于“有约必守”(pacta sunt servanda）原则，遵守条约。③ 作者认为，条约的效用不在“规范”行为而在“说明”行为，条约能够明确各国对合作性行为的预期并提供相关信息，但却不能让各国违背自身利益而遵守之，故而条约作用的效果有限。

3. 国家遵守国际法基于国家利益

传统观点认为，国家遵守国际法是因为国际法体现了合乎道德的有效程序，各国在国际交往中频繁而大范围地使用国际性法律辞令（international law rhetoric）是国家对国际法表示遵守的重要证据。作者认为，一国之所以遵守国际法是基于工具

---

① 该传统观点是《国际法的局限性》两位作者所概括的传统观点，并非笔者所认为的传统观点。

② 参见［美］杰克·戈德史密斯、埃里克·波斯纳：《国际法的局限性》，龚宇译，法律出版社 2010 年版，第 35~36 页。

③ 参见［美］杰克·戈德史密斯、埃里克·波斯纳：《国际法的局限性》，龚宇译，法律出版社 2010 年版，第 77 页。

性的利益考量，与道德义务无关。而国际性法律辞令的使用并不是国际法受到遵守的证据，它的使用仅是表明各国在使用策略性言辞掩饰自身的真实意图。

在全书结语部分，作者这样总结道：“国际法是真实存在的现象，然而国际法学者却夸大了其影响力和重要性。我们认为，对于各国在何时以及为何遵守国际法，最合理的解释并不是各国已将国际法内在化，或具有一种遵守国际法的习惯，或受到其道德引力的驱使，而仅仅是国家基于自身利益行事。”① 对于大多数研习国际法的学者来说，《国际法的局限性》可能是一本“离经叛道”的国际法专著，全书的观点用一句话概括，即国际法的作用被国际法学者夸大了。

二、商榷之处

（一）方法局限

1. 理性选择理论视角下的“国本主义”

虽然作者认识到，国家本身并不会实施行为，是作为个体的领导人参与条约的谈判并作出决定是否去加入或者遵守条约。而且国家包含了诸多机构与个体，他们对于结果的偏好，利益的追求不尽相同，国家也并非一直是理性行事。② 但作者仍然坚持了“以国家为中心”的论述视角，整本书都透露出作者对“国本主义”③的执著。作者把国家看成一个单一、统一的行为体，认为国家有自己的意志和利益，国家的利益至高无上。虽然应当承认很多时候国家的方向与个人的方向是一致的，但同时我们也必须清楚地看到，有些时候所谓的国家意志、国家利益仅仅是某些人、某个小集团利益和主张的伪装。④

国家不是国际法的唯一主体，将国家置于分析的中心点必然会限制分析的范围。在当今世界，国际法——不论是其内容还是影响——已随着非政府组织的强大

---

① ［美］杰克·戈德史密斯、埃里克·波斯纳：《国际法的局限性》，龚宇译，法律出版社 2010 年版，第 223 页。

② 参见［美］杰克·戈德史密斯、埃里克·波斯纳：《国际法的局限性》，龚宇译，法律出版社 2010 年版，第 3~6 页。

③ 何志鹏认为，对国际法的研究应持批判现实主义的研究方法，与他所倡导的“人本主义”相对应，“国本主义”是他认为不可取的一种研究视角。参见何志鹏：《国际法哲学导论》，社会科学文献出版社 2013 年版，第 131~150 页。

④ 何志鹏：《国际法哲学导论》，社会科学文献出版社 2013 年版，第 140 页。

而不断地被改变。如今大量的学者研究证实了非政府组织对国际法发展的重要性。① 本书作者“意在提出一种综合的国际法理论”，② 但又忽略非政府组织这一支重要的国际社会力量，这让他们理论的“综合性”大打折扣，这尤其体现在第四章对人权法的研究上。非政府组织通过对个人权利而非国家权利（和主权）的关注，无疑应当为帮助现代国际法（包括条约和习惯）走向人本化而受到肯定。③

2. 博弈论的间接使用

作者对博弈论的间接使用局限了博弈论对国际法的分析功能。与作者构建的四种国家博弈行为相对应，国际关系学界对国家之间的博弈类型也作了四种分类，即包括博弈双方或多方利益对称的“协作型博弈”（collaboration）与“协调型博弈”（coordination），以及博弈双方或多方利益不对称的“劝说型博弈”（suasion）和“保证型博弈”（assurance）。④ 可以这么说，作者秉承了国际关系学界的博弈论分析传统，他们并非直接从经济学中借鉴博弈论，而是套用了国际关系学界的博弈论分析。

然而，与经济学对博弈论的运用相比，国际关系中的博弈论尚处于初始发展阶段。在经济学中，博弈论与经济学的结合已经发展成为一门学科——信息经济学。而在国际关系中，目前还难以直接发展出类似的次学科领域，即使不存在分歧，依靠博弈论发展出形式化、统一化、科学化的国际关系理论也仍然有很漫长的路要走。⑤ 以国际关系学界的博弈论模型作为分析框架，不可避免会局限博弈论对国际法的分析功能。

具体来说，国际关系学者应用博弈理论分析国际制度的构建与遵守等问题时，是以利益为出发点的，功能主义是国际制度博弈理论分析的基本指导思想。⑥ 因而，作者在构建模型的时候，就已经假定了国家的利益导向，而后作者又用这个模

① 转引自［美］史蒂夫·夏诺维茨：《非政府组织与国际法》，黄志雄、居梦译，载《东方法学》2012年第1期，第150页。

② ［美］杰克·戈德史密斯、埃里克·波斯纳：《国际法的局限性》，龚宇译，法律出版社2010年版，第2页。

③ ［美］史蒂夫·夏诺维茨：《非政府组织与国际法》，黄志雄、居梦译，载《东方法学》2012年第1期，第151页。

④ ［美］萨利·马丁、贝思·西蒙斯编：《国际制度》，黄仁伟、蔡鹏鸿等译，上海人民出版社2006年版，第39~40页。

⑤ 参见胡宗山：《博弈论与国际关系研究：历程、成就与限度》，载《世界经济与政治》2006年第6期，第67~74页。

⑥ 转引自刘志云：《当代国际法的发展：一种从国际关系理论视角的分析》，法律出版社2010年版，第239页。

型去论证国家利益至上，国际法无能为力的结论，这是一种循环论证，论证结果是没有意义的。如何跳出国际关系学界对博弈论利用的思维惯性，让间接使用转为直接使用，这是作者应该改进的地方。

除此之外，作为方法本身来说，立足于理性主义认识论的博弈论对国际法发展中的各种现象的解释方面有着不可避免的局限性。① 其一，博弈论作为经济分析方法的一种，有着经济分析固有的"重结果分析而轻价值分析"之倾向，这对法律研究来说，这一个致命的缺陷；其二，在本书中，作者构建的四种行为模式并未穷尽国家间互动的所有可能情形，运用博弈论只是让国际法的分析简单化。然而，每一种模式都具有不同的特性，它们的稳定性和有效性都取决于具体环境。而对于具体环境，如国家实力的认知、国际环境的解读，虽然作者运用了大量的现实国际社会中存在的案例，但是这种解读都有一种"事后诸葛亮"的意味。在事发当时如何去解读，去猜测对方的想法与对方的实力，都是甚为困难的。

3. 有缺陷的案例研究

在习惯国际法部分的案例研究中，作者选取了四个案例：船货自由规则、领海宽度、使节豁免以及战时渔船免遭捕获。然而，作者并未对案例选择的标准和分析方法的客观性作出说明。作者是有意识地对案例进行精挑细选，迎合自己所创设的理论，还是随机抽样，为了验证理论的正确性呢？对此，作者并没有给予过多解释，只是用一句话概括了自己的案例选择标准："我们选择的依据则是他们的显著性以及详细历史资料的可获得性。"② 这一句话的解释力度是远远不够的。

笔者认为，作者的案例研究存在三个方面的缺陷。首先，案例的选择缺乏时效与代表性。作者所选的这四个习惯国际法案例距今都至少有上百年的历史，对现代习惯国际法的演进与解读的指导意义并不大。那么，在此基础上研究所得的结论自然会在"是否具有普遍意义？"这个问题上备受质疑。其次，案例的研究方法有失偏颇。本书中，作者对国家行为的动机认定均来自猜测，因为他们既没有研究直接的历史证据，也没有关注决策者的个人动机。而从猜测中得出的结论是没有客观性可言的。③再次，案例的研究结论经不起重复验证。案例研究得出的结论要经得起

① 刘志云：《当代国际法的发展：一种从国际关系理论视角的分析》，法律出版社 2010 年版，第 9 页。

② ［美］杰克·戈德史密斯、埃里克·波斯纳：《国际法的局限性》，龚宇译，法律出版社 2010 年版，第 40 页。

③ See David M. Golove, *Leaving Customary International Law Where It Is: Goldsmith and Posner's The Limits of International Law*, 34 Ga. J. Int'l & Comp. L., 348 (2006).

其他人的反向追踪或者重复验证，这样做才可以大大提高案例研究信度。① 学者Golove 通过检验美国内战期间的历史证据，他认为船货自由原则作为习惯国际法，拥有遵守推力（compliance pull），能构造利益冲突国之间的稳定均势，进而规制国家行为。② 其结论与作者刚好相反，作者在书中竭力否定船货自由原则内生的规制作用，认为各国对其遵守仅是外在的利益耦合或胁迫使然。

要让案例分析以及与之相对应的理论解读更具说服力，作者有必要对自己的选择依据与分析方法进行详细说明。比如说，作者选择的案例标准是什么，这些案例的代表性体现在哪些方面；对这些案例进行分析选取了哪几种研究方法，研究方法的客观性体现在哪些方面。

（二）观点思量

1. 滞后的传统观点反驳

在每个章节的论述中，作者都以介绍传统观点开篇，展开批驳，进而论述自己的观点。然而传统学者真如作者所想的那样过于理想主义而一味地去夸大国际法的作用吗？要解答这个问题，作者必须先界定，什么是国际法学界的传统观点。然而纵观全文，作者并未作出界定，也未进行梳理，什么才是国际法学界的传统观点，他们只是笼统地以“法律确信”、“有约必守”等观点概括了国际法学界所谓的传统与主流。

无疑，作者所言的国际法传统观点具有滞后性。在 20 世纪前半期的两次世界大战的动乱与后半期冷战的阴影下，国际法学界难道能够熟视无睹，仍然对国际法盲目地乐观而不批判地思考国际法的价值与效用吗？用理性眼光去看待国际法的作用早已是国际法学界的主流。前苏联国际法学者童金（G. I. Tunkin）就曾思索过国际法与国家利益二者的辩证关系，并得出了“没有国际政治就没有国际法”这样一个大胆的结论。③ 英国学派国际法代表学者赫德利·布尔（Hedley Bull）在《无政府社会——世界政治秩序研究》就直言，虽然国际法对于国际秩序的维持能够发挥出很大的作用，但也必须注意到国际法作用的有限性。④ 即便是对于汉斯·凯尔森（Hans Kelsen）这样的理想主义者，国际法也并非万能，需要进一步通过国

① 吕源：《案例研究文献的基本风格与规范———从三篇经典文献看高质量的案例研究》，载《战略管理》2010 年第 2 期。

② See David M. Golove, *Leaving Customary International Law Where It Is: Goldsmith and Posner's The Limits of International Law*, 34 Ga. J. Int'l & Comp. L., 377 (2006).

③ 转引自杨泽伟：《论国际法的政治基础》，载《法律科学》2005 年第 3 期，第 66 页。

④ 参见［英］赫德利·布尔：《无政府社会———世界政治秩序研究》，张小明译，世界知识出版社 2003 年版，第 113 页。

内立法的补充，才能得到有效的执行。① 反过来，即使对于汉斯·摩根索（Hans J. Morgenthau）这样的现实主义国际法学者，“国际法虚无论”也是一种走极端的论断。②

2. 一刀切的研究结论

国际法的作用体现于两方面，一方面是实时作用，比如说及时制止一场非正义战争的发生；另一方面则是观念作用，即国际法对国际社会潜移默化的观念与价值传播效应。③ 在复杂的国际社会交往中，国际法并不能事事都成功发挥实时作用，然而如果说仅因为国际法在发挥实时作用上失败，就去否定国际法的全部作用，那么这个结论是不能让人信服的。④作者本书选用的研究视角在某种程度上决定了他们的结论，他们从国家利益角度出发，利用理性选择模型得出的结论并不会对观念作用加以过多的考量——观念作用具有滞后性又不容易被证实，在强调实证研究的经济分析中是很难被量化与承认的。

研究视角对于国际法研究来说很重要。国际法是一门“不成体系”的法律（fragmentation of international law），⑤ 国际法的研究方法和研究进路直接决定着作为国际法学基础的国际法渊源、性质、效力等理论问题。在某种程度上，主张不同的国际法方法便是主张不同的国际法体系和内容，不同的方法也意味着不同的国际法立场。⑥ 本书从经济分析视角，得出国际法作用“小”的结论。而其他学者也可以从不同的角度研究，得出国际法的作用“大”的观点。例如，杨泽伟教授从“行为规则”视角出发，分析得出国际法在国际政治关系中有效发挥了

① 黄瑶：《世纪之交反思凯尔森的国际法优先说》，载《法学评论》2000 年第 4 期，第 28 页。

② 徐晓明：《国际法是一种弱法——汉斯·摩根索国际法思想述评》，载《上饶师范学院学报（社会科学版）》2002 年第 1 期，第 38 页。

③ See Paul Schiff Berman, *Book Review Essay*: *Seeing Beyond the Limits of International Law*, 84 Tex. L. Rev., 1266 (2006).

④ 有关本书的结论，有一点值得注意，虽然作者一直在否定“国际法作用大”这一命题，却从未否定“国际法在国家交往中起作用”这一命题。作者认为国际法的作用体现在，它为国家间进行协调确定交汇点，并在囚徒困境中明确何种行为构成合作。See Jack L. Goldsmith & Eric A. Posner, *RESPONSE*: *The New International Law Scholarship*, 34 Ga. J. Int'l & Comp. L., 467 (2006).

⑤ 参见何志鹏：《国际法的哲学之维：内涵、功能与路径》，载《法学家》2010 年第 6 期，第 135 页。

⑥ 潘德勇：《国际法方法的源流与发展》，载《重庆理工大学学报》（社会科学）2010 年第 8 期，第 61 页。

四大作用：约束、促进、调整和缓和。① 刘志云教授从建构主义“国际机制理论“的角度分析，认为在一个纯粹的政治系统中，国家将以它们的利益来解释自己的义务；但在一个法律系统中，这种解释将建立在其他国家同意的基础上，国家必须参照法律来解释它们行为的合法性。这充分体现了作为整体的国际法的“有效性”。②

三、我国国际法跨学科研究现状与反思

（一）我国国际法跨学科研究现状

相较于西方国际法学界，中国的国际法跨学科研究仍处于刚起步阶段，国际法跨学科研究领域成体系化研究的学者为数不多。关于国际法跨学科研究，国内学界有两种倾向，一种是强调引入法外③学科的方法来研究国际法，另一种倾向则强调向内挖掘法学学科自身资源对国际法加以研究。④

笔者并未用“观点”而是用“倾向”二字来概括学界对国际法跨学科研究的态度，因为持两种倾向的学者的观点在这一层面上是趋同的——运用法外学科方法来分析国际法是可取的。刘彬教授虽担心泛泛输入外部理论会使国际法研究失去主体意识。但他并无意质疑国际关系理论与国际法交叉研究作为当代国际法学科一种重要流派的存在，而是反对将一个学科的理论基础的智识来源完全寄托于另一个学科上，将意向中的“交叉型研究”变成事实上的“替代性研究”。⑤徐崇利教授也考虑到了国际法主体意识这一问题，他认为如要消除上述顾虑，必

---

① 杨泽伟：《论国际法的政治基础》，载《法律科学（西北政法学院学报）》2005 年第 3 期，第 64~66 页。

② 参见刘志云：《国际法的“有效性”新解》，载《现代法学》2009 年第 5 期，第 118~119 页。

③ 笔者所指“法外”，是指法学学科以外。代表性论文有刘志云：《国际关系与国际法研究的互动方式分析》，载《厦门大学学报》（哲学社会科学版）2007 年第 4 期；徐崇利：《构建国际法之“法理学”国际法学与国际关系理论之学科交叉》，载《比较法研究》2009 年第 4 期；姜世波：《互惠与国际法规则的形成——博弈论视角的考察》，载《政法论丛》2010 年第 1 期；王林彬：《国际法内在“合法性”的经济分析——以交易成本理论分析为视角》，载《法学评论》2011 年第 1 期。

④ 参见刘彬：《广义的国际法跨学科研究之倡导——兼论国际法学科的自主性问题》，《武大国际法评论》，武汉大学出版社 2012 年版，第 16 页。

⑤ 刘彬：《广义的国际法跨学科研究之倡导——兼论国际法学科的自主性问题》，《武大国际法评论》，武汉大学出版社 2012 年版，第 19 页。

须确保以国际关系理论分析国际法之方法的运用，能够孕育出国际法的专门知识和分析框架。为此，必须以国际法律现象为研究对象，探明国际关系法制化的原理。①

学者们一方面担心法外学科“越俎代庖”取代国际法，另一方面又担心国际法学者对运用法外学科方法进行跨学科研究带“有色眼镜”，“因噎废食”而弃之不用。笔者认为，这两种倾向并存的现象是可喜的，这表明了我们学界在国际法跨学科研究方面并不是一味地迎合而失掉自我，也没有过于保守而囿于见闻。不论是刘彬教授提倡的“广义的国际法跨学科研究”，还是徐崇利教授建议构建的“国际法之‘法理学’”，都强调了研究方法作为方法本身的工具意味，研究者必须坚守国际法本体观。②

（二）我国国际法跨学科研究反思

1. 国际法与国际关系

国际法与国际关系，实质上是本质与现象或目的与工具之关系。③ 前文已述，我国国际法学者对国际关系这一法外研究资源的态度包容而端正，二者在学科上的互动成果也呈现出欣欣向荣之势。然而，做国际关系与国际法的跨学科研究，仅仅依靠学者个人的行动是不够的。要保持跨学科研究持久的动力，国际法学界更需要整个教育系统在倡导跨学科研究之路上的持之以恒。

由于历史原因，在前苏联过细的教学模式影响下，国内国际关系学与国际法学

---

① 徐崇利教授建议，国际法学界应致力于构建国际法之“法理学”这样一个意在阐释国际法原理的基础性学科，让国际法原理研究走出分析实证主义的“象牙塔”，继续更为广泛地引入以国际关系理论分析国际法原理的方法，并对两个学科进行“科际整合”，生产出更多的国际法专门知识和分析框架，即在加强原有分析实证主义理论的基础上，推出更多的具有学科交叉性质的国际法新学派。徐崇利：《构建国际法之“法理学”国际法学与国际关系理论之学科交叉》，载《比较法研究》2009 年第 4 期，第 24 页。

② 罗国强教授在国际法哲学研究中引入了本体与本体论概念。他认为，国际法本体与本体论能帮助学者更好地透过国际关系现象把握国际法的本质，促进国际问题的解决与国际法的良性发展。国际法的本体，即关于国际法本质的抽象存在，主要由国际法的概念、性质、分类、效力依据、渊源、运作模式等最为本质、抽象的范畴构成，是一切关于国际法的现象与意识的来源。参见罗国强：《当代中国国际法基本理论研究的加强与创新——国际法哲学的本体研究》，载《黑龙江社会科学》2009 年第 2 期，第 155 页。

③ 刘志云：《试论当代国际关系理论中的国际法角色定位》，载《现代国际关系》2003 年第 2 期，第 30 页。

在教学上处于长期分割的状态，造成学科之间交流的阻隔。① 在全国法学院排名前十的学校中②，仅有3所大学的国际法专业，即武汉大学、复旦大学与吉林大学开设有国际法与国际关系跨学科课程。③ 由此可观，现阶段我国大部分名牌法学院并未给予国际法跨学科教学足够的重视。

在当今中国的法学教育体系下，徐崇利教授认为，中国法学界缺乏充足的跨学科人才，是包括以国际关系理论分析国际法在内的有关法学之交叉学科在中国并不发达的一个根本原因。④ 像法经济学以及国际关系理论与国际法学交叉学科等之所以源发、兴盛于美国，一个很重要的原因就是美国法学教育注重对跨学科人才的培养。当下，要繁荣中国国际关系理论与国际法学的跨学科研究，应推动国际关系理论学界和国际法学界更多的学者关注这种跨学科的研究方法，尤其是抓紧从法学学科中培养兼具国际关系理论与国际法学学术背景的人才，使他们成为这两大学科之间“科际整合”的真正桥梁。⑤

2. 国际法与经济分析

经济学一方面可以为国际法学（特别是国际经济法）的研究提供数据素材，另一方面也为国际法的研究提供思想和思维方式。⑥ 学者马蒂亚斯·戈德曼（Matthias Goldmann）把经济分析引入国际法研究称为国际法学界的“量子力学革命”。⑦ 在美国国际法学界，将经济分析引入国际法研究的“革命成果”丰富，代

---

① 刘志云：《中国国际法学的繁荣之路：一种引入国际关系理论分析的路径》，《武大国际法评论》，武汉大学出版社2011年版，第262页。

② 在中国校友会网最新公布的2014年中国大学法学学科专业排行榜中，排名前十的法学院分别为中国人民大学、北京大学、武汉大学、复旦大学、中央民族大学、清华大学、吉林大学、南开大学、南京大学、华中师范大学。

③ 笔者通过查找各学校的国际法硕博研究生培养计划，以及课程设置，得出以上数据。以武汉大学课程设置最为丰富，开设了《国际关系史》、《现当代国际关系专题》等课程；以吉林大学何志鹏教授的《国际关系与国际法》课程传播最广，在超星发现平台上的观看量已突破8000次；复旦大学则开设了《比较国际关系理论》作为国际法专业博士的选修课。

④ 参见徐崇利：《中美法学教育模式之比较：“法官型”人才v.“律师型”人才》，载《厦门大学法律评论》2006年第1期，第1~9页。

⑤ 徐崇利：《国际关系理论与国际法学之跨学科研究：历史与现状》，载《世界经济与政治》2010年第11期，第112页。

⑥ 何志鹏、王元：《国际法方法论：法学理论与国际关系理论的地位》，载《国际关系与国际法学刊》2012年，第219页。

⑦ Matthias Goldmann, *A Quantum of Solace: Guzman on the Classical Mechanics of International Law*, 1 Göttingen Journal of International Law, 219-226 (2009).

表性著作有《国际法的经济基础》①、《国际法的经济结构》②、《国际法的运行方式——理性选择理论》③、也包括《国际法的局限性》等。反观国内学界，尚无著作专门论述“经济分析与国际法研究”这一议题，译作也寥寥无几，论文则较为零星④。对国际法学学者来说，尤其是我国的国际法学者，如何把经济分析融入到国际法研究中，引发中国国际法学界的“量子力学革命”，是挑战，更是机遇。笔者认为，现阶段要让经济分析融入到国际法研究中，我国国际法学界至少要做三方面的努力。

首先，在使用方法上，应该突破国际关系学界对经济分析的垄断，变间接使用为直接使用。现今国际法学界使用的经济分析，基本上是从国际关系学界那里引进，并非直接来自经济学界。例如，博弈论已经深嵌入国际关系的研究当中，国际法学者对博弈论的运用是以国际关系学者对博弈论的运用为基础的。⑤ 在本书中，对于所使用的研究方法，作者扣上的也是“国际关系中制度主义的传统”的名号。⑥ 然而，一味地使用国际关系学界理解与诠释的经济分析，难免会丧失国际法本学科内的独立思考，局限了经济分析在国际法研究中的应用。

其次，在使用态度上，不盲目使用经济分析方法，注意到经济分析的局限性。任何一种研究方法都有其局限性，经济分析也是如此。尤其在进行跨学科研究中，

① Eric A. Posner & Alan O. Sykes, Economic Foundations of International Law, 1-384 (1st ed., Belknap Press, 2012).

② Joel P. Trachtman, The Economic Structure of International Law, 1-368 (1st ed., Harvard University Press, 2008).

③ Andrew T. Guzman, How International Law Works: A Rational Choice Theory, 1-272 (1st ed., Oxford University Press, 2008).

④ 国内国际法学界对经济分析的应用，集中于两个领域，博弈论分析与成本—收益分析。参见姜世波:《互惠与国际法规则的形成——博弈论视角的考察》，载《政法论丛》2010 年第 1 期，第 43~49 页；刘志云:《国际法律制度构建与维持的博弈分析———一种从国际关系理论视角的探讨》，《武大国际法评论》，武汉大学出版社 2010 年版，第 32~64 页；王林彬:《国际法内在“合法性”的经济分析——以交易成本理论分析为视角》，载《法学评论》2011 年第 1 期，第 100~104 页。

⑤ 例如，刘志云教授以国际关系学者对国家博弈行为的四种分类（协作型、协调型、劝说型、胁迫型）为基础，分析国际立法问题。他认为，国际关系学者对博弈理论的运用，为国际立法的构建与维持等问题的探讨，提供了一种有用的分析框架。参见刘志云:《国际法律制度构建与维持的博弈分析———一种从国际关系理论视角的探讨》，《武大国际法评论》，武汉大学出版社 2010 年版，第 32~64 页。

⑥ 参见［美］杰克·戈德史密斯、埃里克·波斯纳:《国际法的局限性》，龚宇译，法律出版社 2010 年版，第 15 页。

学者更要注意学科间的差异，认识到因学科差异而带来的方法局限。例如，国家交往中成本收益无法可靠计量。国际法市场上交易的“商品”诸如管辖权(jurisdiction)、环境设施、国际安全等无法用统一的标准衡量交易的成本收益。①再加之国家间的交往确实存在的非获利性交易，以“利益”为核心的经济分析将“束手无策”。再如，经济学中的“理性人”假设指的是个体理性，且个体理性人具有稳定的偏好。然而在国际交往中，国家才是行为主体，这就牵涉到集体理性问题。集体偏好下必然会存在相互冲突的个体偏好，因而集体偏好并不能长久如一，将经济学中的个体理性扩张到国际法中的集体理性，必须慎重。②

最后，在学科交流上，应构建跨学科平台，整合经济学界资源以达到更有效率与深度的研究效果。对于运用新制度经济学中包含的分析方法，如价格理论、交易成本与博弈论等，国际法学者并不会感到非常吃力，因为这些方法集中于对价格体系的制度分析，这些制度分析就包括对相关法规与组织机构的研究，这恰好也是法学研究的重点。虽然对于制度研究，国际法学者应该并不陌生，但对于解答一些具体问题，如反倾销、反垄断的市场定义、需求交叉弹性（cross-elasticities of demand）下相似产品认定，缺少经济学者的帮助，国际法学者可能就无从下手。③然术业有专攻，要国际法学者面面俱到可能就是有所苛求了。因而在笔者看来，为不同领域学者提供交流和合作平台是最为有效和便捷的研究途径。相信“2011 计划”④ 之下，国家大力推广的协同创新中心，就意在于此。

四、结　语

这本书不是一本全面学习国际法的教科书，可能对于国际法初学者来说，阅读此书后会对国际法有点“灰心丧气”。然而承认国际法的有限性，承认国际法的内

① See Jeffrey L. Dunoff and Joel P. Trachtman, *Economic Analysis of International Law*, 24 Yale J. Int. Law, 26 (1999).

② See Alan O. Sykes, *The Economics of Public International Law* in A. Mitchell Polinsky & Steven Shavell (ed.), Handbook of Law and Economics (Volume 1), 762 (1st. ed., North Holland, 2007).

③ See Jeffrey L. Dunoff & Joel P. Trachtman, *Economic Analysis of International Law*, 24 Yale J. Int. Law, 6 (1999).

④ “2011 计划”全称高等学校创新能力提升计划，是继国家 985 工程、211 工程之后，中国高等教育系统又一项体现国家意志的重大战略举措。“2011 计划”以协同创新中心建设为载体，协同创新中心分为面向科学前沿、面向文化传承创新、面向行业产业和面向区域发展四种类型。

在驱动是国家利益也未尝不可。不论是对反思国际法的研究方法，抑或是国际法与国家利益之间的互动，这本书都为我们提供了一个全新视角的论证。在理想主义与现实主义间寻求平衡，广泛吸收各学科可用之处，突破国际法研究的局限性，是我们学界现阶段最应努力的方向。正如作者在书中结语所言："我们撰写的并不是一部关于国际法的综合性专著，然而我们希望本书有助于为国际法和国际法学构筑一个更坚实的基础。"①

The Relationship between International Law and National Interest from the Perspective of Rational Choice Theory On The Limits of International Law

Abstract: *The limits of international law* is a model for interdisciplinary research on international law. Through the understanding of this book's structure, research methods, and opinions, the article summarizes the discussion about relationship between the international law and the national interests from a perspective of the rational choice theory. The article also discusses some drawbacks about this book's research methods and perspectives, and has a critical thinking on the current situation as well as the cautions of interdisciplinary research on international law in China.

Key words: the limits of international law; rational choice perspectives; international law; national interest

① ［美］杰克·戈德史密斯、埃里克·波斯纳：《国际法的局限性》，龚宇译，法律出版社2010年版，第226页。